Treinamento Esportivo

Treinamento Esportivo

Editores

Dietmar Samulski

Hans-Joachim Menzel

Luciano Sales Prado

Manole

Copyright © 2013 Editora Manole Ltda., por meio de contrato com os editores.

Editor gestor: Walter Luiz Coutinho
Editoras responsáveis: Eliane Usui e Juliana Waku
Produção editorial: Renata Costa e Renata Siqueira Campos
Editora de arte: Deborah Sayuri Takaishi
Capa: Rubens Lima
Imagens das aberturas de capítulo: iStockphoto®
Projeto gráfico e diagramação: Francisco Lavorini
Ilustrações: Fernando Luís da Silva

Dados Internacionais de Catalogação na Publicação (CIP)
(Câmara Brasileira do Livro, SP, Brasil)

Treinamento esportivo / editores Dietmar
    Samulski, Hans-Joachim Menzel, Luciano Sales
    Prado. -- Barueri, SP : Manole, 2013.

    Bibliografia.
    ISBN 978-85-204-3433-8

    1. Educação física 2. Capacidade motora
3. Esportes - Treinamento I. Samulski, Dietmar.
II. Menzel, Hans-Joachim. III. Prado, Luciano Sales.

12-09987   CDD-796.077

Índices para catálogo sistemático:
1. Treinamento esportivo : Capacidade motora
dos esportistas : Esportes 796.077

1ª edição – 2013

Direitos adquiridos pela:
Editora Manole Ltda.
Av. Ceci, 672 – Tamboré
06460-120 – Barueri – SP – Brasil
Fone: (11) 4196-6000 – Fax: (11) 4196-6021
www.manole.com.br
info@manole.com.br

Impresso no Brasil
Printed in Brazil

Editores

Dietmar Martin Samulski

Doutor em Ciências do Esporte e Psicologia do Esporte pela Universidade de Esporte de Colônia, Alemanha. Professor Titular da Escola de Educação Física, Fisioterapia e Terapia Ocupacional da Universidade Federal de Minas Gerais (UFMG). Subcoordenador do Cenesp.

Hans-Joachim Menzel

Doutor em Ciências do Esporte pela Universidade de Frankfurt (Main), Alemanha. Professor Associado da Escola de Educação Física, Fisioterapia e Terapia Ocupacional da Universidade Federal de Minas Gerais (UFMG). Coordenador do Laboratório de Biomecânica – Biolab/Cenesp/UFMG.

Luciano Sales Prado

Doutor em Ciências Sociais – Ciências do Esporte pela Universität Konstanz, Alemanha. Professor Associado da Escola de Educação Física, Fisioterapia e Terapia Ocupacional da Universidade Federal de Minas Gerais (UFMG). Coordenador Técnico-Científico do Centro de Excelência Esportiva (Cenesp).

Colaboradores

Anderson Aurélio da Silva

Mestre em Ciências da Reabilitação pela Universidade Federal de Minas Gerais (UFMG). Especialista em Fisioterapia Esportiva, formado em Fisioterapia e Educação Física pela Faculdade de Ciências Médicas de Minas Gerais (FCMMG). Professor da Escola de Educação Física, Fisioterapia e Terapia Ocupacional na UFMG. Subcoordenador da Especialização em Fisioterapia Esportiva na UFMG. Coordenador do Laboratório de Prevenção e Reabilitação Esportiva – Laprev/Cenesp – UFMG. Atuou como Fisioterapeuta do América Futebol Clube (1991 a 2008).

Bruno Pena Couto

Doutor em Engenharia Mecânica. Mestrado em Ciências do Esporte pela Universidade Federal de Minas Gerais (UFMG). Professor Adjunto da Escola de Educação Física, Fisioterapia e Terapia Ocupacional da UFMG. Coordenador Técnico-Científico do Centro de Treinamento Esportivo da UFMG.

Camila Nassif

Bacharel e Licenciada em Educação Física pela Universidade Federal de Minas Gerais (UFMG). Mestre em Ciências do Esporte pela UFMG e Doutora pela Charles Sturt University, Austrália. Leciona no ensino superior realizando projetos de pesquisa e dando continuidade aos estudos com carboidratos na Austrália e na Nova Zelândia.

Cleiton Pereira Reis

Bacharel e Licenciado em Educação Física pela Universidade Federal de Minas Gerais (UFMG). Mestre em Ciências do Esporte pela Escola de Educação Física, Fisioterapia e Terapia Ocupacional da UFMG.

Cristiane Rocha Dayrell

Graduada em Nutrição pela Universidade Federal de Ouro Preto. Mestre em Ciências do Esporte – Fisiologia do Exercício – pela UFMG. Experiência como professora universitária da disciplina Nutrição Esportiva no Centro Universitário de Belo Horizonte (Uni-BH) e no Centro Universitário UNA, e como professora do módulo Nutrição Esportiva em diferentes cursos de pós graduação (especialização). Acompanhamento nutricional em consultório na área esportiva.

Edson Soares Medeiros Filho

Doutorando em Psicologia do Esporte pela Florida State University.

Eduardo Macedo Penna

Bacharel em Educação Física pela Universidade Federal de Minas Gerais (UFMG). Mestrando em Ciências do Esporte pela Escola de Educação Física, Fisioterapia e Terapia Ocupacional/UFMG.

Emerson Silami Garcia

Graduado em Educação Física pela Universidade Federal de Minas Gerais (UFMG). Mestre em Educação Física pela University of Colorado. Doutor em Fisiologia do Exercício pela Florida State University. Professor titular da UFMG desde 1995. Líder do Grupo de Pesquisa "Termorregulação e Mecanismos de Fadiga". Diretor da Escola de Educação Física, Fisioterapia e Terapia Ocupacional da UFMG (mandato 2009-2013).

Fernando Vitor Lima

Doutorado em Ciências do Desporto – Universidade do Porto, Portugal. Professor Adjunto da Escola de Educação Física, Fisioterapia e Terapia Ocupacional/UFMG. Coordenador do Laboratório do Treinamento na Musculação.

Franco Noce

Doutorado pela Universidade Federal de São Paulo (UNIFESP/EPM). Professor Adjunto da Universidade Federal de Ouro Preto (CEDUFOP).

Frank Marino

Bacharel em Educação Física pela Universidade do Oeste da Austrália. Mestre em Educação pela Universidade de Sydney e Doutor em Termorregulação pela Charles Sturt University, Austrália. Especialista em Pesquisa Clínica (Neurociência) pela Universidade de Melbourne. Associate Dean (Research) da

Faculdade de Educação da Charles Sturt University, Austrália. Por 11 anos foi diretor da Escola de Movimento Humano dessa mesma instituição.

Giovanna Mendes Amaral

Bacharel em Fisioterapia pela Universidade Federal de Minas Gerais (UFMG). Mestre em Engenharia Mecânica (Bioengenharia) pela UFMG. Doutoranda em Ciências da Reabilitação pela UFMG. Colaboradora do Laboratório de Prevenção e Reabilitação Esportiva – Laprev/Cenesp – UFMG. Professora-assistente I do Departamento de Fisioterapia da Pontifícia Universidade Católica de Minas Gerais (PUC-Minas).

Herbert Ugrinowitsch

Doutor em Educação Física – Aprendizagem Motora pela Universidade de São Paulo (USP). Professor Adjunto da Escola de Educação Física, Fisioterapia e Terapia Ocupacional da Universidade Federal de Minas Gerais (UFMG). Coordenador do Programa de Pós-Graduação em Ciências do Esporte.

Klaus Roth

Doutorado em Ciências da Educação e Psicologia. Habilitação em Ciências do Esporte. Diretor do Institut fur Sport und Sportwissenschaft Universität Heidelberg, Alemanha. Coordenador geral do projeto Ballschule Heidelberg (Escola da Bola Heidelberg).

Leszek Antoni Szmuchrowski

Doutorado em Educação Física pela Academia de Educação Física de Varsóvia. Professor Associado da Escola de Educação Física, Fisioterapia e Terapia Ocupacional da Universidade Federal de Minas Gerais (UFMG). Diretor do Centro de Treinamento Esportivo da UFMG.

Luciana De Michelis Mendonça

Mestre em Ciências da Reabilitação pela UFMG. Especialista em Fisioterapia Esportiva e Acupuntura. Professora do INCISA-IMAM (Instituto Superior de Ciências da Saúde). Colaboradora do Laboratório de Prevenção e Reabilitação Esportiva – Laprev/Cenesp – UFMG. Atuou como fisioterapeuta da Seleção Brasileira de Voleibol Masculino Sub-19 e como fisioterapeuta da equipe de futebol feminino do Clube Atlético Mineiro.

Luiz Carlos Couto de Albuquerque Moraes

Doutor em Psicopedagogia pela University of Ottawa, Ottawa, CA. Professor Associado da Escola de Educação Física, Fisioterapia e Terapia Ocupacional da UFMG.

Márcia Cristina Custódia Ferreira

Graduada e mestre em Ciências do Esporte pela Escola de Educação Física, Fisioterapia e Terapia Ocupacional/UFMG.

Mauro Heleno Chagas

Doutorado em Ciências do Esporte pela Universidade de Frankfurt (Main), Alemanha. Professor Adjunto da Escola de Educação Física, Fisioterapia e Terapia Ocupacional/UFMG. Subcoordenador do Laboratório de Biomecânica – Biolab/Cenesp.

Natália Franco Netto Bittencourt

Mestre em Ciências da Reabilitação pela UFMG. Especialista em Fisioterapia Esportiva (2006) e Acupuntura. Fisioterapeuta do Minas Tênis Clube. Colaboradora do Laboratório de Prevenção e Reabilitação Esportiva – Laprev/Cenesp – UFMG. Atuou como fisioterapeuta da Seleção Brasileira de Voleibol Feminino Sub-19.

Pablo Juan Greco

Doutorado em Psicologia Educacional pela Universidade Estadual de Campinas (Unicamp). Pós-Doutorado em Ciências do Movimento Humano pela Universidade Federal do Rio Grande do Sul (UFRGS). Professor Associado da Escola de Educação Física, Fisioterapia e Terapia Ocupacional da UFMG.

Rauno Álvaro de Paula Simola

Mestre em Ciências do Esporte pela UFMG. Preparador Físico do Programa Time Brasil - Confederação Brasileira de Judô - Comitê Olímpico Brasileiro. Professor de disciplinas relacionas ao desempenho esportivo, saúde e qualidade de vida na Faculdade de Educação Física Pitágoras e Faculdade de Educação Física da Universidade de Itaúna.

Renato Melo Ferreira

Doutorando em Ciências do Esporte pela Escola de Educação Física, Fisioterapia e Terapia Ocupacional da UFMG.

Rodolfo Novellino Benda

Doutorado em Educação Física pela Universidade de São Paulo (USP). Professor Associado da Escola de Educação Física, Fisioterapia e Terapia Ocupacional da Universidade Federal de Minas Gerais (UFMG).

Siomara A. Silva

Doutorado em Ciências do Movimento Humano pela UFRGS. Professora Adjunto da Universidade Federal de Ouro Preto (CEDUFOP). Coordenadora do Grupo de Estudos das Capacidades de Rendimentos dos Esportes Coletivos – GECREC.

Varley Teoldo da Costa

Doutorando em Ciências do Esporte da Escola de Educação Física da UFMG. Professor Assistente do Centro Universitário de Belo Horizonte (UNI-BH). Professor Substituto da Escola de Educação Física, Fisioterapia e Terapia Ocupacional da UFMG.

Sumário

Apresentação

Nas Ciências do Esporte, principalmente no âmbito da Ciência do Treinamento Esportivo, as questões relativas à abordagem sistemática e ao planejamento estruturado e sistematizado do treinamento das qualidades físicas básicas (capacidade aeróbica/resistência, força muscular, velocidade, flexibilidade e coordenação motora) eram frequentemente tratadas de forma empírica, baseada em experiências pessoais. A fundamentação científica em áreas como a fisiologia do exercício, anatomia e cinesiologia, nutrição, psicologia e biomecânica do esporte era negligenciada ou apenas considerada superficialmente.

Atualmente, tanto no treinamento de alto nível visando o rendimento esportivo, quanto no que se refere à atividade amplamente praticada pela população em geral, principalmente objetivando a melhora de aspectos relacionados à saúde, observa-se a urgente necessidade de se dominar amplamente e com profundidade os conteúdos e métodos da Ciência do Treinamento Esportivo. Entretanto, esse conhecimento precisa ser tratado e aplicado não apenas em seu formato "clássico", mas, também, por meio de uma abordagem interdisciplinar, transcendendo os respectivos domínios do conhecimento inerentes ao treinamento esportivo.

É um mérito especial dos editores desta obra – Dietmar Samulski (doutor em Psicologia do Esporte), Hans-Joachim Menzel (doutor em Biomecânica do Esporte) e Luciano Sales Prado (doutor em Fisiologia do Exercício) – terem alcançado o objetivo de, em cooperação com outros 26 renomados especialistas, abordar todo o espectro de fatores determinantes do desempenho esportivo de uma forma que, mesmo sistemática e aprofundada, fosse acessível a todos.

O leitor é conduzido, ao longo de seus 14 capítulos, pelos principais aspectos do treinamento esportivo, incluindo as características especiais do treinamento com crianças e jovens, da biomecânica aplicada, da preparação psicológica para eventos competitivos, do treinamento técnico e tático e da atividade física com fins preventivos.

Sendo assim, o livro não é direcionado apenas a estudantes de Educação Física e Ciências do Esporte, professores de Educação Física, treinadores e atletas, mas vem, ainda, a atender a necessidade de conhecimentos específicos na área de pesquisadores envolvidos com as Ciências do Esporte e com a investigação científica acerca do movimento humano, fisioterapeutas, terapeutas ocupacionais, psicólogos, nutricionistas e médicos. Em suma, o livro é recomendado a todos aqueles que se interessam pelo conhecimento interdisciplinar e aprofundado acerca dos efeitos específicos do treinamento esportivo e dos fatores determinantes do desempenho humano.

Prof. Dr. Jürgen Weineck
Instituto de Ciências do Esporte
Universidade Erlangen-Nürnberg
Alemanha

Prefácio

A publicação deste livro vem coroar todo um ciclo de formação de recursos humanos baseado na busca, no entendimento, no desenvolvimento e na transmissão do conhecimento científico na área das Ciências do Esporte, em especial, nos Fundamentos Científicos do Treinamento Desportivo, pelo grupo de professores do Centro de Excelência Esportiva (Cenesp) da Escola de Educação Física, Fisioterapia e Terapia Ocupacional (EEFFTO) da Universidade Federal de Minas Gerais (UFMG).

Esta obra reflete a interação entre os "ex-orientadores" e os "ex-orientados" que se tornaram atualmente colegas de trabalho, demonstrando uma *expertise* adquirida por este grupo no repasse do conhecimento por parte dos "antigos mestres" para os seus "antigos alunos". Todos esses excelentes profissionais estão em uma nova fase, em igualdade no conhecimento, para a concretização deste livro e demonstrando um "*case* de sucesso" na formação de recursos humanos por parte desses magníficos professores.

Outro ponto a se destacar nesta obra é a sua qualidade e a sua transdisciplinariedade, que está presente em todos os capítulos. Pois em todos os capítulos aqui apresentados há uma integração absoluta de todos os conteúdos que são discutidos nos diferentes tópicos abordados para que o aprendizado seja completo. Esse fato só demonstra a harmonia das linhas de pesquisa que caracterizam o Programa de Pós-Graduação em Ciência do Esporte (nível de mestrado e doutorado) da EEFFTO da UFMG.

Assim, com a concretização e publicação deste livro, sua leitura se torna fundamental para os estudiosos e cientistas da área, bem como para os futuros profissionais de Educação

Física, Fisioterapia, Técnicos Esportivos, Preparadores Físicos e Psicólogos na área do Esporte, que tenham a sabedoria de querer entender o todo e não as partes de um belo conteúdo com cunho extremamente científico e relevante!

Agora é dado mais um passo para que os atuais mestres (que talvez tenham sido os "antigos aprendizes") continuem formando e contribuindo de forma brilhante para o desenvolvimento científico na área do esporte, mas que, acima de tudo, tenham a sabedoria de seus "antigos" mestres em ensinar e formar com dedicação, seriedade e empenho!

Sejam bem-vindos a uma boa leitura e que, neste livro, a busca do conhecimento seja somente o início de um novo caminho e aprendizado! E quem sabe não estamos presenciando o início de um ciclo!

Prof. Dr. Marco Túlio de Mello
Livre-docente
Universidade Federal de São Paulo – Unifesp
Centro de Estudos em Psicobiologia e Exercício – CEPE

Capítulo 1

Sistema integrado do treinamento esportivo

Leszek Antoni Szmuchrowski
Bruno Pena Couto

INTRODUÇÃO

Para que um atleta alcance um elevado nível de rendimento esportivo é necessário submetê-lo a situações rigorosas de treinamento (Szmuchrowski et al., 2011). Atualmente, as exigências impostas a esses atletas são cada vez mais elevadas e mais próximas dos limites toleráveis do rendimento humano. O aumento da exigência esportiva é diretamente proporcional à necessidade de individualização das cargas de treinamento e, por isso, a prescrição individualizada dessas cargas, baseada nos resultados de avaliações físicas, torna-se indispensável nos programas de treinamento. Mesmo quando os atletas são submetidos a cargas individualizadas, as respostas a essas cargas não são totalmente previsíveis e podem influenciar nos efeitos das cargas seguintes. Desse modo, para oferecer a devida segurança e otimização do processo de treinamento esportivo, as cargas de treinamento devem ser constantemente reguladas. Essa regulação implica o monitoramento das respostas ao treinamento e o ajuste das cargas planejadas em função dessas respostas (Claudino et al., 2012). Segundo Gabbett (2010), monitorar as respostas ao treinamento e ajustar as novas cargas a serem aplicadas é determinante para oferecer ao atleta uma adequada recuperação ou progressão de carga. Para se atingir um grande resultado esportivo existe a necessidade da formulação de metas alcançáveis e a previsão de mecanismos de reajuste, pois certamente surgirão novas variáveis não identificadas no planejamento do treinamento ou modificações significativas nas variáveis já consideradas (Tubino, 1980).

A teoria do treinamento esportivo vem da mescla de várias ciências, como fisiologia do exercício, biomecânica, psicologia do esporte, sociologia e pedagogia, que contribuem na fundamentação dos conceitos e métodos de organização do processo de treinamento. Segundo Gabbett, alguns treinadores negligenciam informações importantes obtidas a partir de diferentes tipos de monitoramento e confiam apenas na habilidade intuitiva para regular as cargas de treinamento. O treinamento esportivo representa um processo extremamente dinâmico e complexo. Por isso, na prática, o comportamento intuitivo do treinador, muito importante em todos os processos de treinamento, não pode substituir a ciência.

Além de contribuir para a segurança do treinamento, a regulação das cargas de treinamento é indispensável para o sucesso esportivo. Entretanto, tal procedimento depende da combinação do conhecimento das ciências do esporte com a utilização das tecnologias disponíveis para o treinamento. Perante o exposto é possível identificar a necessidade de uma nova perspectiva para o entendimento da teoria do treinamento esportivo, integrando as ciências do treinamento esportivo, englobando todos os elementos que estão inseridos nesse processo e estabelecendo relações entre esses elementos. A teoria denominada Sistema Integrado do Treinamento Esportivo foi elaborada para atender a essas necessidades e oferecer ao treinamento ferramentas que auxiliem no planejamento, na execução e no controle do processo de treinamento. Essa teoria se baseia na utilização harmônica de ciências diversas, como física (biomecânica), biologia (fisiologia), psicologia, sociologia, matemática (estatística), pedagogia, medicina esportiva e nutrição. Como no treinamento estão presentes diversas ciências auxiliares, o Sistema Integrado do Treinamento Esportivo tem por função reconhecer essas atuações, compreender o processo de treinamento como um sistema e desenvolver hierarquicamente subsistemas específicos do treinamento, fazendo com que eles funcionem de forma harmônica e estruturada. O Sistema Integrado do Treinamento Esportivo possibilita a estruturação do treinamento esportivo fundamentada na Teoria Geral dos Sistemas, que defende exatamente a análise do todo por meio de suas partes interdependentes. Geralmente, os métodos tradicionais de treinamento tratam as necessidades do atleta a partir de etapas independentes e sem qualquer tipo de integração.

TEORIA GERAL DOS SISTEMAS

A Teoria Geral dos Sistemas (TGS) foi desenvolvida a partir dos trabalhos de Ludwig von Bertalanffy entre 1950 e 1958, com base nos conceitos contemporâneos da cibernética e das suas pesquisas sobre os organismos vivos. Um sistema pode ser entendido como um conjunto de elementos dinamicamente relacionados formando uma atividade para atingir um objetivo operando sobre entradas, para fornecer saídas.

A análise sistêmica de qualquer processo, inclusive do treinamento esportivo, se justifica pela necessidade de se avaliar a organização como um todo e não somente em departamentos ou setores, pela necessidade de se identificar o maior número de variáveis possíveis (externas e internas) que influenciam em todo o processo e pela importância da utilização de mecanismos de *feedback* que devem ser utilizados em todos os momentos. Conforme demonstrado na Figura 1, um sistema é composto por elementos (subsistemas) que processam alguns tipos de entradas (*inputs*) em saídas (*outputs*). Os *inputs* podem ser de três tipos:

1. informação – tudo aquilo que orienta, instrui e diminui a incerteza;
2. energia – utilizada para movimentar o sistema;
3. material – recursos para serem utilizados pelos sistemas. As saídas (*outputs*) são resultados finais das operações de um sistema. Através da saída o sistema exporta o resultado de suas operações.

É importante destacar que existe uma hierarquia relativa dos sistemas. Assim, dependendo do ponto de vista, um subsistema pode ser analisado como uma parte maior e, por isso, ser identificado como um sistema. Por sua vez, os elementos que o compõem passam a ser analisados como seus subsistemas. De acordo com a TGS, um sistema pode ser classificado em função de sua natureza como aberto ou fechado. Um sistema fechado recebe essa denominação por estar fechado às influências externas (Figura 1). Não existem sistemas fechados, na exata acepção do termo. Entretanto, muitas vezes o treinamento esportivo é executado e entendido pelas pessoas nele envolvidas como um sistema fechado. Assim, o seu planejamento não considera as influências externas, apesar do fato delas existirem e serem determinantes nos resultados alcançados. O treinamento como um sistema fechado, modelo de treinamento mais difundido e praticado na atualidade, elabora um plano de atuação para o preparo do atleta que não permite modificações ao longo do processo. Por exemplo, mesmo quando um plano de treinamento para uma equipe de futebol apresenta resultados insatisfatórios em uma competição, o programa de preparação permanecerá o mesmo até o fim. Quando o programa sofre alterações, esse recurso geralmente é utilizado em situações extremas, geralmente tardias, e é realizado empiricamente. Muitas vezes opta-se até pela substituição da comissão técnica. Na condução equivocada do treinamento esportivo como um sistema fechado, o treinador, baseado no nível inicial de seu atleta e nos objetivos a serem alcançados, planeja e aplica as cargas de treinamento no atleta (Figura 2). Nesse caso, influências externas e respostas parciais às cargas aplicadas durante o programa de treinamento são desconsideradas.

Um sistema é classificado como aberto quando apresenta relações de intercâmbio com o ambiente. Nesse caso, são utilizados mecanismos de *feedback* a partir dos quais parte das saídas de um sistema (geralmente informação) volta para a entrada do sistema, provocando sua alteração. Essa é justamente a ótica do Sistema Integrado do Treinamento Esportivo, que elimina a imutabilidade do treinamento e se preocupa com os efeitos do preparo na prática esportiva e usa os resultados para se reformular. O planejamento do treinamento deve ser flexível, com o objetivo de responder prontamente às demandas surgidas durante a sua realização.

É importante lembrar que o organismo humano tende para a manutenção de um estado denominado homeostase (Cannon, 1929). Quando submetido a um determinado tipo de estímulo (carga), a homeostase é interrompida e o organismo se adapta momentaneamente para superar o agente estressor. Essas adaptações são denominadas adaptações agudas. Quando o estresse é interrompido, essas adaptações tendem a se encerrar. As alterações fisiológi-

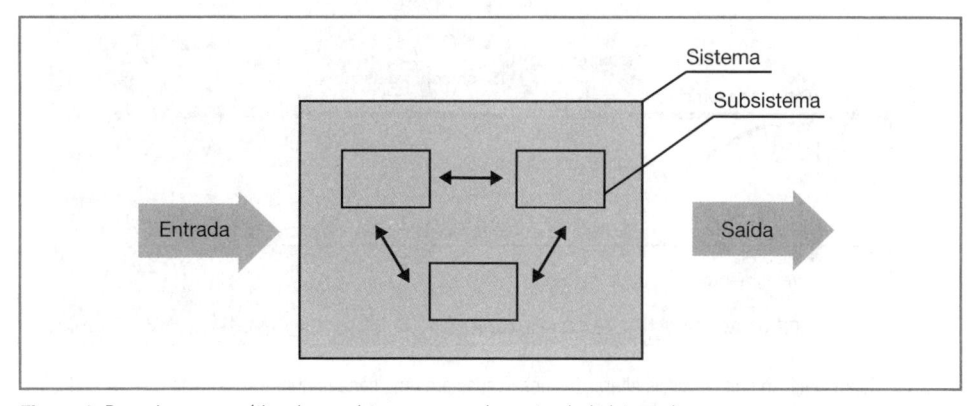

Figura 1 Desenho esquemático de um sistema e seus elementos (subsistemas).

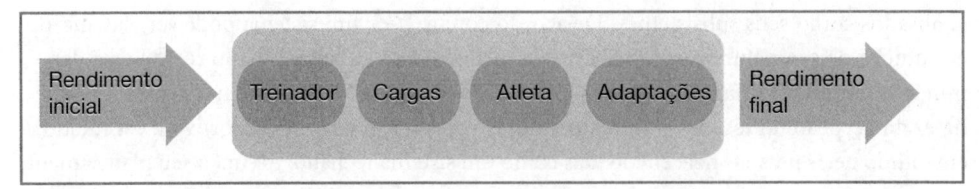

Figura 2 Análise equivocada do treinamento esportivo como um sistema fechado.

cas que ocorrem entre as sessões de treinamento são denominadas adaptações subagudas (Nóbrega, 2005). Contudo, se o estresse gerado pelo estímulo for expressivo e duradouro, além das adaptações agudas e subagudas, o organismo sofre também adaptações crônicas. Essas são alterações estruturais ou funcionais relativamente definitivas, capazes de preparar o indivíduo para uma provável reincidência desse estímulo em nível superior. De acordo com Mrosovsky (1990), esse estado de homeostase adaptada denomina-se reostasia. Portanto, o processo de treinamento esportivo se baseia na aplicação de estímulos para geração de adaptações crônicas que resultarão na melhora do desempenho esportivo (Figura 3).

A adoção do termo "sistema" para classificar o processo de treinamento esportivo é comum entre os estudiosos do treinamento. Tubino (1980) sugere a utilização da TGS como importante ferramenta na organização sistêmica do processo de treinamento. A interpretação da TGS para interesse de organização de treinamento esportivo destaca pontos-chave como a definição do treinamento esportivo como um conjunto de partes inter-relacionadas, que trabalham na direção de um objetivo comum, como o aumento do rendimento esportivo.

Hoje, teorias de sistemas com sofisticados modelos matemáticos e estatísticos permitem estudar sistemas dinâmicos muito complexos, como a previsão do clima e o próprio treina-

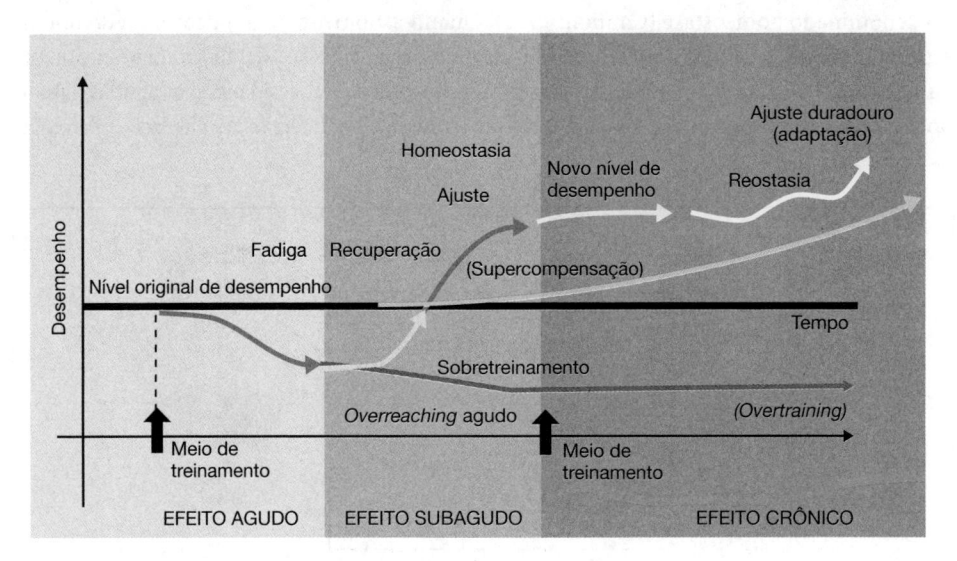

Figura 3 Representação das possíveis alterações observadas em uma série temporal construída com os dados de alguma variável biológica ao longo do tempo.

mento esportivo baseado na teoria de redes neurais artificiais. Para ter fundamentos mais sólidos, importantes para entrar na era dessa sofisticação, é necessário redefinir alguns paradigmas do treinamento esportivo existentes. A reformulação aqui proposta, em um primeiro passo, busca redefinir componentes da carga de treinamento que permitam a construção mais eficiente de sistemas mais funcionais, despertando para a necessidade da construção de rede neural artificial, a determinação do número de camadas dessa rede, do número de unidades necessárias em cada camada, dos parâmetros do algoritmo de treinamento e funções de ativação (Figura 4). Esses passos terão grande impacto no desempenho do sistema resultante. A definição da configuração de redes neurais artificiais é ainda considerada uma arte, que requer grande experiência e conhecimento dos projetistas e experts envolvidos no assunto. Provavelmente, o entendimento da proposta que será apresentada a seguir facilitará a construção de futuras redes neurais específicas para o estudo do treinamento esportivo.

Tendo em vista a complexidade do processo de treinamento e de sua análise sistêmica, será apresentado um modelo para estudo e execução do treinamento esportivo como um sistema integrado e aberto. Esse modelo, denominado Planejamento, Registro e Análise da Carga de Treinamento Esportivo (PRACTE), foi elaborado com o intuito de organizar hierarquicamente os subsistemas que compõem o processo de treinamento e otimizar as interações existentes entre esses subsistemas.

Para o estudo do treinamento como um sistema, três estruturas muito importantes devem ser previamente definidas: limites, hierarquia e interfaces.

- Limites: talvez esse seja um dos pontos mais difíceis de serem definidos e provoca muitos equívocos. Qual a fronteira de um sistema (origem) ou subsistema? Como delimitar o que está dentro ou fora do sistema ou subsistema?
- Hierarquia: a pedra fundamental da TGS na luta contra a complexidade é a ideia de dividir um problema grande (sistema) em problemas menores (subsistemas) para facilitar o domínio do problema.

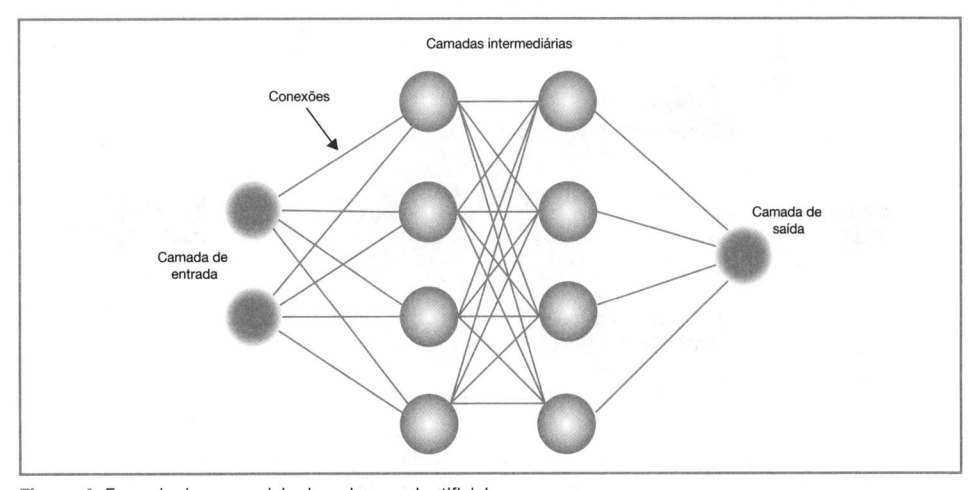

Figura 4 Exemplo de um modelo de rede neural artificial.

- Interfaces: é imprescindível definir qual elemento comunica ou conecta diferentes subsistemas que estão relacionados ao sistema do treinamento esportivo.

PLANEJAMENTO, REGISTRO E ANÁLISE DA CARGA DE TREINAMENTO ESPORTIVO (PRACTE)

O PRACTE é um sistema de informação que integra todos os dados e processos de treinamento em um único sistema. Como se percebe pelo próprio nome do modelo, o PRACTE propõe um planejamento diferenciado, baseado desde o princípio na ótica sistêmica do treinamento. Além disso, o modelo sugere um registro das cargas executadas, uma vez que nem sempre o que se planeja é executado exatamente como planejado. Em última instância, o modelo oferece ferramentas de análise das cargas executadas e das respostas a essas cargas sofridas pelo atleta. Como, a partir do PRACTE, o treinamento esportivo é encarado como um sistema integrado e aberto, as informações analisadas são utilizadas como *feedback* para ajustar o planejamento. Assim, esse modelo foi proposto com o intuito de reorganizar os elementos que compõem o sistema do treinamento esportivo para otimização de seus resultados.

Para o emprego da TGS na modelagem do sistema de treinamento esportivo, a gerência da complexidade é fundamental. Diante de situações complexas, é comum aplicar a máxima atribuída aos romanos *divide et impera* (divide e impera). No entanto, ao dividir algo complexo em muitas partes, corre-se o risco de gerar outro problema, relacionado à comunicação entre essas partes. Para resolver esse problema é importante estabelecer relações hierárquicas entre as partes. A partir do PRACTE, o sistema de treinamento esportivo é dividido em partes denominadas subsistemas fundamentais e esses subsistemas também são subdivididos em subsistemas menores. Portanto, a hierarquia torna-se a chave da organização e do entendimento do sistema de treinamento esportivo. A primeira subdivisão do sistema de treinamento esportivo se dá a partir de três subsistemas fundamentais: subsistema de planejamento; subsistema de execução; subsistema de controle (Figura 5).

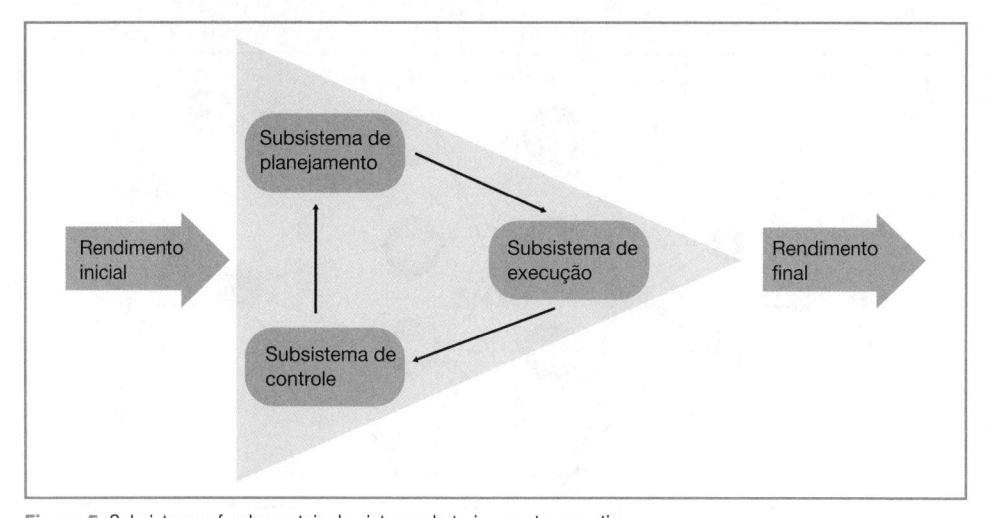

Figura 5 Subsistemas fundamentais do sistema de treinamento esportivo.

Nessa estrutura, as cargas elaboradas pelo treinador no subsistema de planejamento são realizadas pelo atleta no subsistema de execução e as respostas sofridas são monitoradas e interpretadas no subsistema de controle para que sejam realizados os devidos ajustes no planejamento das próximas cargas. Por consequência, tem-se uma potencialização do rendimento esportivo. As interações entre esses subsistemas fundamentais, bem como os elementos que os compõem, serão apresentados a seguir. Vale destacar que essas estruturas e suas respectivas hierarquias relativas serão apresentadas a partir do PRACTE. Esse modelo é utilizado como uma alternativa para suprir a necessidade de reconhecer o processo de treinamento esportivo como um sistema integrado. Assim, esse modelo pode ser adaptado ou outros modelos podem ser elaborados com o intuito de melhor atender a essa necessidade.

Subsistema de planejamento

Aplicar um estímulo de treinamento implica em submeter o atleta à realização de um determinado tipo de trabalho. Por isso, todo estímulo de treinamento recebe o nome de carga de treinamento. Tendo em vista que a carga de treinamento se resume na realização de um trabalho, pode-se dizer que a carga é um fenômeno essencialmente mecânico sustentado por funções fisiológicas responsáveis pelo fornecimento de energia. Desse modo, é de fundamental importância, para fins de controle, que a carga seja expressada mecanicamente. Tal procedimento possibilita a análise quantitativa dessa carga de treinamento, a comparação entre as diferentes cargas e a interação entre os diferentes subsistemas. A lógica dessa visão baseia-se no fato de que o resultado esportivo é sempre mecânico e os regulamentos esportivos sempre determinam a vitória e a derrota com base nos parâmetros mecânicos força, espaço e tempo (exemplos: massa deslocada no halterofilismo; distância em que o dardo é lançado; tempo para correr uma maratona). Assim, compreender a carga como um fenômeno mecânico torna-se, então, indispensável para seu adequado planejamento, execução, registro e controle.

Quando a carga de treinamento é compreendida e expressada mecanicamente, torna-se possível seu registro a partir de variáveis mecânicas objetivas, que permitem a comparação das cargas aplicadas ao longo do processo de treinamento. O planejamento a partir de parâmetros mecânicos e fisiológicos simultaneamente dificulta o registro das cargas e inviabiliza a sua análise apropriada.

- Como comparar um treinamento prescrito pela frequência cardíaca na corrida com um treinamento prescrito pela massa da *medicine ball* arremessada?
- Como comparar o treinamento prescrito pela distância percorrida no ciclismo com um treinamento prescrito por séries e repetições na musculação?

Para responder a essas perguntas é necessário utilizar variáveis mecânicas quantificáveis e universais (sistema internacional de unidades – SI) para a prescrição das cargas de treinamento (Tabela 1).

A utilização de variáveis mecânicas objetivas torna possível também a adequada e direta relação de causa e efeito entre o estímulo aplicado e as consequentes adaptações sofridas. Essa relação entre a carga de treinamento (expressada mecanicamente) e o resultado esportivo

Tabela 1 Exemplos de parâmetros mecânicos para prescrição das cargas de treinamento

Grandeza	Unidade	Símbolo
Comprimento	Metro	m
Massa	Quilograma	kg
Tempo	Segundo	s

(também expressado mecanicamente) viabiliza um controle mais objetivo e preciso dos estímulos aplicados e as suas alterações, quando necessário. Essa ótica não descarta a importância da utilização dos diferentes recursos fornecidos pelas ciências (fisiologia, bioquímica ou psicologia). Esses recursos devem ser utilizados continuamente, de maneira integrada, para informar as respostas às cargas mecânicas aplicadas e respeitar os princípios da TGS.

O planejamento de um processo de treinamento dentro de uma visão de sistema integrado pressupõe a prescrição da carga em interação com diversos fatores, como objetivos que se pretende alcançar, as cargas já aplicadas, as respostas a essas cargas e as demais cargas que se pretende aplicar. Assim, as cargas de treinamento podem e devem ser prescritas a partir de diferentes indicadores, como massa deslocada, consumo de oxigênio, frequência cardíaca, velocidade, distância percorrida, número de repetições, etc. Entretanto, essas cargas tão diferentes precisam ser inter-relacionadas para um planejamento integrado, para serem registradas e para serem comparadas. Como todas as cargas são executadas mecanicamente, nada melhor que convertê-las, já no planejamento, em parâmetros mecânicos quantificáveis. Para entendimento do PRACTE serão apresentadas a seguir as definições fragmentadas dos componentes da carga, dos métodos de treinamento e dos meios de treinamento, para posterior integração delas.

Carga de treinamento

A busca por objetivos específicos no processo de treinamento esportivo pressupõe intervenções no desempenho humano promovidas por exposição crônica a estímulos físicos. Esses estímulos podem ser entendidos como trabalhos mecânicos (interferência externa) que repercutem em desequilíbrios na homeostase e, consequentemente, ações anabólicas responsáveis pelo aumento no desempenho.

A ação transformadora dos estímulos físicos pode ser considerada como uma influência "inteligente", que interfere intencionalmente nos mecanismos de síntese e degradação, na busca pelo alcance eficaz de um novo e superior estado de equilíbrio. Sendo assim, as solicitações externas (realização de trabalho mecânico) são supridas por mecanismos internos (fisiológicos) que se modificam como preparação para novas solicitações. A constante exigência sobre esses mecanismos desencadeia um processo de estresse e adaptação específico à solicitação mecânica. Portanto, o trabalho realizado (carga de treinamento) deve estar coerente com os objetivos do treinamento para que as adaptações desejadas possam realmente ser atingidas.

Para a elaboração de uma adequada carga de treinamento, todos os seus componentes mecânicos, geradores de estresse, devem ser devidamente definidos. Definir esses componentes mecânicos é o mesmo que especificar os componentes da carga de treinamento.

No PRACTE, a carga de treinamento é planejada a partir dos três componentes básicos da mecânica: espaço, força e tempo. Assim, didaticamente, apenas três componentes da carga, equivalentes aos componentes da mecânica, são utilizados no presente modelo: exercício, intensidade e duração (Figura 6).

A composição da carga a partir desses três componentes não nega os componentes da carga frequentemente utilizados na literatura como volume, densidade e frequência. A intenção é simplificar, a partir da definição de apenas três componentes gerais que utilizam unidades universais, para facilitar o registro e a análise das cargas de treinamento. Além disso, tal simplificação possibilita a comparação quantitativa de cargas com finalidades diferentes (indispensável na configuração do treinamento esportivo como um sistema integrado).

Exercício

Durante a realização de trabalho, o corpo do indivíduo preenche, de alguma maneira, o espaço (um dos três componentes da mecânica) no qual ele está situado. Assim, esse preenchimento pode ocorrer a partir de movimentos dos braços, das pernas, mudanças de posição, deslocamentos com mudança de direção, de sentido, entre outros. Portanto, o exercício expressa a forma mecânica com que corpo preenche o espaço. É importante ressaltar que o exercício não representa o espaço preenchido pelo corpo, e sim a forma com que esse corpo preenche esse espaço. Correr, nadar, pedalar, segurar e lançar um equipamento ou realizar alguma jogada são alguns exemplos de como o corpo humano pode preencher o espaço, exercendo movimento ou não (isometria) durante o treinamento.

O exercício geralmente não é considerado como um componente da carga. Segundo Zakharov (1992), a carga de treinamento representa tudo aquilo que provoca adaptações no organismo do desportista. Assim, duas cargas de treinamento idênticas em todos os seus componentes, exceto pelo exercício realizado (p. ex., correr e pedalar com a mesma intensi-

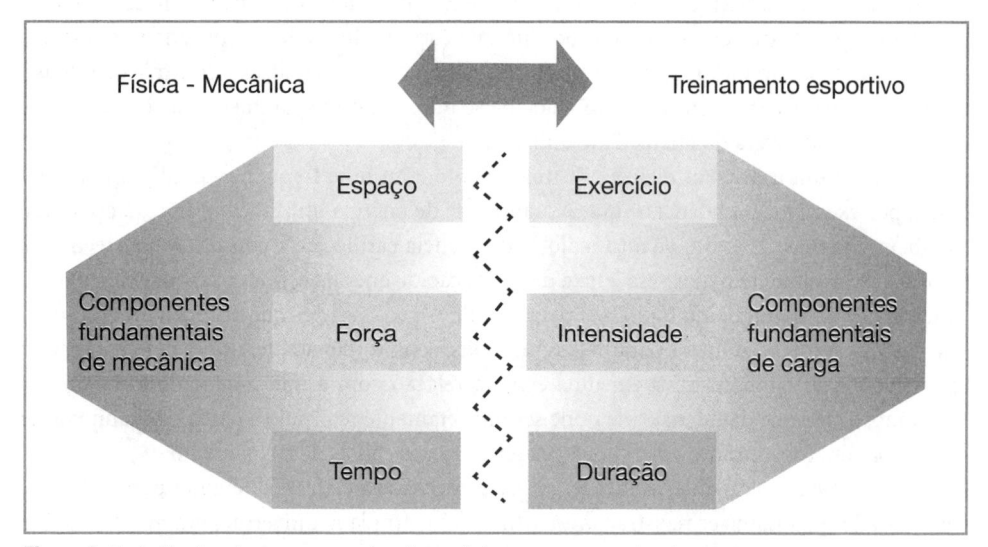

Figura 6 Equivalência entre os componentes da mecânica e os componentes da carga.

dade e com a mesma duração), geram adaptações diferentes. Sendo assim, ao compor uma carga de treinamento é indispensável definir qual exercício será realizado.

Intensidade

A intensidade de treinamento corresponde à taxa de utilização de energia em função do tempo. Segundo Denadai & Greco (2005), quanto maior a intensidade do treinamento, maior será a quantidade de energia utilizada por unidade de tempo (kcal/min). Ainda segundo esses autores, a intensidade é o componente da carga que determina, por exemplo, o tipo de substrato energético que será utilizado com predominância durante a atividade e o tipo de fibra predominantemente solicitado. Conforme discutido anteriormente, a carga de treinamento representa o trabalho mecânico realizado pelo atleta. Imagine que um indivíduo correu 1 hora a 10 km/h e que em um outro momento ele realizou uma outra corrida de 1 hora a 12 km/h. É fácil perceber que no segundo treino ele utilizou o mesmo exercício, mas realizou um trabalho maior para o mesmo tempo de treino. Suponha que no primeiro treino ele tenha um gasto calórico total de 600 kcal e que no segundo treino o gasto calórico tenha sido de 720 kcal. Assim, a taxa de utilização de energia foi de 10 kcal/min e 12 kcal/min, respectivamente. Nesse caso, a intensidade foi maior no segundo treino. É importante destacar que a eficiência mecânica pode influenciar diretamente na intensidade de treinamento. Em exercícios isométricos, por exemplo, como não existe movimento, o trabalho é nulo e o gasto calórico ocorrerá mesmo assim. Além disso, se o mesmo exercício isométrico, com a mesma duração, for realizado com um peso maior, o trabalho realizado será o mesmo (nulo), mas, nesse caso, o gasto calórico será maior. Assim, a intensidade será maior no segundo treino. Em todos os exemplos citados, fica claro que, para um mesmo exercício, aumentar a intensidade (componente da carga) significa aumentar a força (componente da mecânica) gerada pelos grupos musculares envolvidos na atividade.

Para que o controle da intensidade seja realizado com precisão, técnicas avançadas de registro de gasto calórico devem ser utilizadas. Para que isso ocorra, além da necessidade de tecnologias muito dispendiosas, tal procedimento é muito difícil de ser aplicado nos ambientes específicos e sem interferir na rotina do treinamento. Para viabilizar o controle da intensidade do treinamento, existe a possibilidade de se utilizar outros parâmetros de controle, que permitem a estimativa da intensidade utilizada.

Quando um indivíduo realiza um treinamento com uma frequência cardíaca mais elevada, por exemplo, a tendência é que a quantidade de energia utilizada em função do tempo também seja maior. Assim, quanto maior a frequência cardíaca e o consumo de oxigênio de treino, provavelmente maior será a taxa de utilização de energia e, por consequência, maior a intensidade de treinamento (aplicável para trabalhos prolongados que utilizam predominância das vias aeróbias). Outros parâmetros mecânicos como velocidade, ritmo, peso e intervalo de recuperação também possuem uma estreita relação com a intensidade de treinamento. Portanto, o controle da intensidade pode ser indiretamente realizado a partir da manipulação desses parâmetros durante a elaboração e aplicação das cargas de treinamento.

Conforme relatado anteriormente, cargas prescritas a partir de diferentes parâmetros de intensidades precisam ser registradas a partir de uma unidade universal para fins de análise. Como a intensidade determina a via energética utilizada com predominância na atividade

(Denadai & Greco, 2005), conhecendo a relação entre a intensidade do exercício e as vias metabólicas predominantes no exercício, torna-se possível expressar a intensidade da carga de treinamento por meio de uma escala relativa à via metabólica predominante. Assim, no PRACTE, números são atribuídos à intensidade da carga em função de sua solicitação energética e, por isso, torna-se possível inter-relacionar as intensidades de cargas diferentes. Vale lembrar que a utilização de parâmetros universais para planejamento e registro de todas as cargas de treinamento é indispensável para a execução do treinamento esportivo com um sistema integrado. No modelo PRACTE a intensidade é escalonada em seis níveis apresentados na Tabela 2.

A partir dessa tabela, ao planejar ou registrar uma carga de treinamento, deve-se definir o exercício que será executado e em qual dos seis níveis de intensidade esse exercício será realizado.

Tabela 2 Escala de intensidade e sua relação com as vias energéticas

Nível	Via energética predominante
6	Anaeróbia alática
5	Anaeróbia lática
4	Mista – predominância aeróbia com importante participação anaeróbia
3	Aeróbia – correspondente ao limiar anaeróbio
2	Aeróbia – utilizada para treinos aeróbios prolongados
1	Aeróbia – utilizada para treinos de manutenção e recuperação ativa

Duração

Para que uma carga de treinamento seja prescrita por completo, não basta especificar o exercício e a intensidade que serão utilizados. A duração da atividade é determinante nas adaptações geradas pela carga aplicada. Note que esse componente da carga (duração) tem também sua origem na mecânica, a partir do tempo (um dos componentes básicos da mecânica). Muitos autores utilizarão a expressão "volume de treinamento", com o intuito de determinar a quantidade de treinamento realizado. Do ponto de vista da mecânica, volume representa o espaço preenchido por um corpo e é, normalmente, expresso em litros ou metros cúbicos. A proposta aqui apresentada visa utilizar a mecânica para expressar, registrar e controlar as cargas de treinamento de maneira objetiva e sem necessidade de correr para inventos linguísticos. Assim, não faria sentido utilizar a expressão "volume" para representar qualquer outra coisa que não o espaço preenchido pelo corpo. Outro aspecto importante é que parâmetros como o número de séries e a distância percorrida são frequentemente utilizados como componentes da carga. Contudo, caso o indivíduo altere a velocidade ou o ritmo de execução, sem alterar o número de repetições ou a distância percorrida, a duração de treinamento será alterada. Lembre-se que as predominâncias das vias energéticas, as repercussões metabólicas e as respostas ao treinamento são determinadas pela intensidade e pelo tempo de atividade. Conhecer a duração facilita a associação da carga aplicada com os sistemas energéticos mais solicitados. Além disso, o registro do treinamento poderá ser realizado por um parâmetro único e universal, o tempo de treino, que é medido em segundos (s).

Assim como na intensidade, essa proposta não exclui os demais parâmetros, como número de séries, número de repetições e distância percorrida. Na verdade, a intenção é utilizar um parâmetro único para registro e comparação das diferentes cargas. Desse modo, a carga pode ser determinada inicialmente por esses parâmetros tradicionais. Contudo, para utilização do PRACTE é necessário, durante o planejamento, estimar o tempo necessário para realizar a atividade e, durante a execução, registrar o tempo real utilizado.

Métodos de treinamento

Para o alcance dos objetivos do treinamento, ao elaborar uma determinada carga de trabalho, não basta definir um exercício e prescrever aleatoriamente a intensidade e a duração. Após a escolha do exercício, a definição dos demais componentes da carga deve ser realizada garantindo coerência entre a intensidade de trabalho, a duração da atividade e os períodos de recuperação. Desse modo, quando a prescrição é realizada a partir dos métodos de treinamento, podem ser evitadas falhas metodológicas que reduzem a eficiência do treinamento ou até mesmo inviabilizam sua realização.

Segundo Szmuchrowski (1999), os métodos de treinamento representam a organização adequada da relação entre os componentes, intensidade e duração. Os métodos de treinamento tratam da organização dos componentes da carga a partir dos objetivos do treinamento, considerando as vias metabólicas que se pretende priorizar. Eles determinam a duração e a intensidade do treinamento, componentes esses que apresentam uma relação de interdependência. No modelo em questão (PRACTE) optou-se pela distribuição dos métodos de treinamento em três diferentes grupos: métodos contínuos, métodos fracionados e método de repetições (Figura 7).

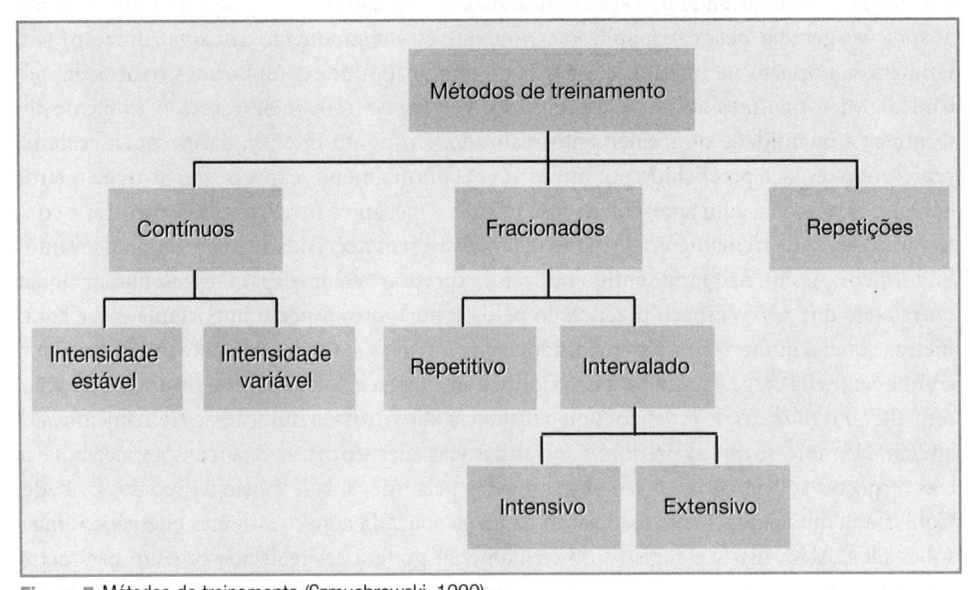

Figura 7 Métodos de treinamento (Szmuchrowski, 1999).

Métodos contínuos

Os métodos contínuos se caracterizam pela realização contínua de um trabalho, sem intervalos de recuperação. Esses métodos são aplicados principalmente a partir de exercícios cíclicos como corrida, natação, esqui, ciclismo e remo. As intensidades utilizadas são relativamente baixas e podem ser aplicadas de forma estável ou variável.

Método contínuo com intensidade estável

O método contínuo com intensidade estável é utilizado em treinos aeróbios e é realizado com intensidade constante, mantendo uma estabilidade nos parâmetros de controle como velocidade, consumo de oxigênio, frequência cardíaca, frequência de pedaladas, etc. Para que isso ocorra é necessário que a intensidade se encontre em um nível correspondente ou abaixo do limiar anaeróbio (níveis 1, 2 ou 3).

Método contínuo com intensidade variável

Durante o método contínuo com intensidade variável, apesar de não existirem intervalos de recuperação, o exercício é realizado com variações na intensidade. Esse método pode ser utilizado para a melhora da capacidade aeróbia ou mista (aeróbia e anaeróbia). Portanto, pode ser aplicado com intensidades que oscilem em uma zona inferior ao limiar anaeróbio (no máximo até o limiar) ou com variações que apresentem momentos com intensidade superior ao limiar anaeróbio.

Métodos fracionados

Os métodos fracionados possuem como principal característica a existência de intervalos para recuperação. A utilização desse tipo de método se justifica para reproduzir exigências semelhantes às existentes em algumas modalidades esportivas, para variar o tipo de estímulos de indivíduos que treinam frequentemente a partir de métodos contínuos e para se treinar com elevadas intensidades.

Dependendo dos objetivos do treinamento, a intensidade, a duração dos estímulos e a duração dos intervalos podem variar. Por isso, os métodos fracionados podem ser subdivididos em métodos repetitivos e intervalados.

Método fracionado repetitivo

O método fracionado repetitivo caracteriza-se pela realização de exercícios com intensidade máxima ou próxima da máxima. Como a intensidade é muito elevada, a duração do estímulo torna-se muito pequena. Além disso, para que seja possível a realização das próximas séries com a mesma intensidade, são necessários intervalos de recuperação completa. Nesse método, a expressão "recuperação completa" é utilizada didaticamente para identificar intervalos que possibilitem a realização de várias séries sem perdas significativas no rendimento. Como os estímulos são muito curtos e as recuperações muito extensas, os treinamentos realizados a partir do método intervalado com recuperação completa são utilizados em treinos anaeróbios aláticos.

Métodos fracionados intervalados

Os métodos fracionados intervalados caracterizam-se por intervalos de esforço intercalados com intervalos incompletos de recuperação e podem ser subdivididos em método intervalado extensivo e método intervalado intensivo. O método intervalado extensivo é composto por intensidades moderadas (níveis 3, 4 e 5), estímulos extensos e períodos incompletos de recuperação e relativamente mais curtos em comparação com o tempo de estímulo. O método intervalado extensivo é geralmente utilizado em treinamentos aeróbios ou no desenvolvimento de alguns tipos de resistência, como resistência de força e resistência anaeróbica lática. O método intervalado intensivo apresenta intensidades elevadas, curta duração de realização de trabalho e períodos de recuperação relativamente longos, apesar de incompletos. Como o próprio nome sugere, esse método de treinamento caracteriza-se pela utilização de intensidades elevadas (nível 5) e, por isso, é utilizado em vários treinamentos com predominância anaeróbia lática.

Método de repetições

O método de repetições caracteriza-se pela realização repetida de um exercício sem alterações importantes nos sistemas energéticos. Esse método é frequentemente utilizado no treinamento das capacidades coordenativas, flexibilidade e treinamento técnico.

Meios de treinamento

Tendo em vista que todas as cargas executadas devem ser registradas e analisadas, a simplificação do registro é indispensável para viabilizar tal análise. A combinação dos diferentes exercícios com diferentes níveis de intensidade e com diferentes métodos de treinamento gera um número ilimitado de combinações, que gera um elevado grau de complexidade. Assim, para viabilizar a análise das cargas aplicadas deve-se simplificar o planejamento e o registro das cargas, sem afetar a qualidade de análise. Para tal, o modelo PRACTE propõe o planejamento das cargas a partir de meios de treinamento (Sozanski & Sledziewski, 1995).

O meio de treinamento representa a combinação do exercício e do método utilizado. Existem três tipos de meios de treinamento: meios gerais, meios direcionados e meios específicos. A caracterização do meio como geral, direcionado e específico é determinada pela relação entre a estrutura do meio e a característica da modalidade. Dois fatores influenciam nessa classificação:

a. a semelhança entre o exercício e os gestos utilizados na modalidade em questão;
b. a semelhança entre o método de treinamento utilizado e as exigências da modalidade.

- Meios gerais: meios de treinamento que visam o desenvolvimento de capacidade gerais. Tais meios não contribuem diretamente para o desempenho esportivo do atleta. Esses meios de treinamento desenvolvem o potencial básico de condicionamento. Representam aquelas atividades que não possuem características específicas da modalidade, mas que são muito importantes e representam o suporte para o desenvolvimento harmônico das adaptações específicas (Szmuchrowski et al., 2005).
- Meios direcionados: meios de treinamento que visam desenvolver as capacidades físicas necessárias para a execução de meios específicos de uma determinada modalidade. Repre-

sentam aquelas atividades que promovem adaptações direcionadas para o condicionamento físico predominante na modalidade. Podem ser considerados como uma ponte entre os exercícios gerais e específicos.

• Meios específicos: meios de treinamento próprios de cada modalidade, que contribuem diretamente no aprimoramento do gesto esportivo específico a partir de uma reprodução da estrutura interna (via energética de suporte e padrão de recrutamento das unidades motoras) e externa (como velocidade de execução e amplitude de movimento) dos exercícios de competição.

A caracterização do meio de treinamento deve ser realizada de maneira criteriosa. A Figura 8 ilustra a verificação de um exercício de musculação como uma atividade geral, direcionada ou específica para a canoagem.

Cabe ressaltar que um mesmo meio de treinamento pode ser classificado de diferentes formas em função da modalidade. Um meio de treinamento que utilize o exercício de agachamento, por exemplo, pode ser considerado geral para a corrida de fundo, direcionado para o voleibol e específico para o levantamento de peso (Szmuchrowski et al., 2005).

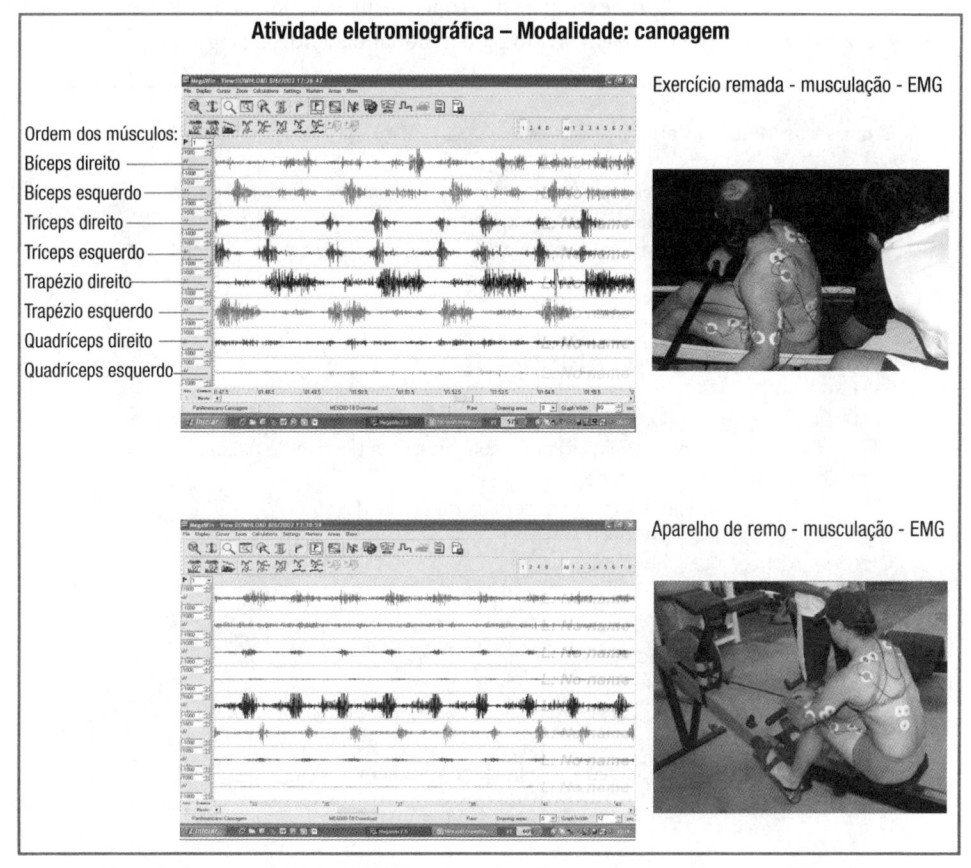

Figura 8 Exemplo de comparação das atividades eletromiográficas registradas durante exercício realizado no ambiente específico da modalidade canoagem e na sala de musculação.

Subsistema de execução

O subsistema de execução é composto pelos elementos envolvidos na realização do treinamento propriamente dito. A interação entre o atleta, os equipamentos necessários para a realização do treino e a realização das cargas planejadas são entendidas aqui como em qualquer modelo de treinamento. Conforme relatado anteriormente, dificilmente as cargas são executadas exatamente como planejado. Assim, para integrar o sistema do treinamento esportivo, o PRACTE inclui dentro do subsistema de execução uma proposta de registro das cargas aplicadas. Como no subsistema de planejamento do PRACTE, para fins de simplificação, as cargas são planejadas a partir de meios de treinamento, no subsistema de execução os meios é que são registrados. Nesse caso, para aumentar ainda mais o nível de simplificação e, por consequência, facilitar a análise das cargas executadas, são registrados grupos de meios de treinamento. Assim, para cada modalidade os meios semelhantes de treinamento são agrupados e catalogados. Cada modalidade deve possuir seu próprio catálogo. Esses catálogos devem ser elaborados por experts (treinadores experientes) na modalidade e validados cientificamente. Os grupos dos meios de treinamento presentes nos catálogos devem ser codificados para fins de registro e análise.

A seguir serão exibidos alguns exemplos de grupos de meios codificados, pertencentes ao catálogo dos grupos dos meios desenvolvido para a modalidade futsal (Figura 9).

Grupos dos Meios Gerais

1 - Exercícios preparatórios de caráter geral incluem exercícios de flexibilidade, calistênicos, diferentes formas de corrida e outros;
2 - Atividades de relaxamento, realizadas após a prática de atividades com alta intensidade;
3 - ...

Grupos dos Meios Direcionados

21 - Exercícios de corrida com objetivo de melhora da capacidade anaeróbica em distâncias menores que 60 metros, com ou sem mudança de direção;
22 - Treinamento de velocidade;
    22.1 - distâncias até 60 metros, com mudança de direção;
    22.2 - distâncias de 30 a 60 metros;
    22.3 - distâncias até 30 metros.
23 - ...

Grupos dos Meios Específicos

29 - Exercícios preparatórios específicos (exemplo: atividades com bola, pequenos jogos);
30 - Exercícios de velocidade com bola, com ou sem mudança de direção;
31 - ...

Figura 9 Exemplo de um catálogo dos grupos dos meios para o futsal.

Codificação dos grupos dos meios no catálogo

A codificação tem por objetivo facilitar a análise dos registros realizados nas unidades de treinamento. Essa codificação é apresentada como uma sequência numérica na seguinte forma:

Meio / Especificidade / Método / Intensidade / Duração (s)
Exemplo da codificação: 22.3 / 2 / 6 / 6 / 300

- Primeiro dígito – representa o meio de treinamento previamente catalogado.
- Segundo dígito – expressa a especificidade do meio de treinamento:
  - 1 = Geral.
  - 2 = Direcionado.
  - 3 = Específico.
- Terceiro dígito – utilizado para indicar o método de treinamento utilizado:
  - 1 = Método de repetições.
  - 2 = Método contínuo com intensidade estável.
  - 3 = Método contínuo com intensidade variável.
  - 4 = Método fracionado intervalado extensivo.
  - 5 = Método fracionado intervalado intensivo.
  - 6 = Método fracionado repetitivo intervalado com recuperação completa.
- Quarto dígito – representa a intensidade em um dos seus seis níveis.
- Quinto dígito – duração da carga aplicada. A duração deve ser descrita como tempo efetivo de realização do meio em segundos (s) ou unidades derivadas, muito utilizadas no cotidiano, como minuto (min), hora (h) e dia (d).

Para o método fracionado intervalado extensivo (4), o intervalo de recuperação é contabilizado como tempo efetivo (do exercício) de realização do meio; nos métodos de repetições (1), fracionado intervalado intensivo (5) e fracionado repetitivo (6) o intervalo de recuperação não é contabilizado. A duração da carga pode ser expressa também relativamente pelo percentil do tempo total de realização dos meios (%).

Após a elaboração do catálogo específico para a modalidade que se pretende treinar, é importante utilizar algum tipo de *software* que permita o registro dos meios de treinamento utilizados, a intensidade em que esse meio foi realizado e a duração de aplicação desse meio. Caso o treinador não possua nenhum programa de computador disponível, é possível ainda realizar todo o processo manualmente.

Subsistema de controle

O controle é parte do sistema de treinamento que, por meio de testes ou observação de outras variáveis, deve ser utilizado para impedir que o treinamento fuja dos objetivos traçados (Tubino, 1980). O entendimento do treinamento esportivo como um sistema aberto exige que mecanismos de *feedback* sejam constantemente utilizados para que o sistema se autoajuste, potencializando os efeitos do programa de treinamento. No PRACTE são utilizados dois tipos de mecanismos de *feedback*:

a. métodos de controle das respostas às cargas aplicadas; e
b. parâmetros de análise das cargas registradas.

As informações fornecidas a partir desses mecanismos são interpretadas e utilizadas na alteração do planejamento, ou seja, no ajuste das cargas de treinamento.

Métodos de controle

A prescrição de cargas individualizadas de treinamento pressupõe a realização de avaliações antes de seu planejamento. Entretanto, as respostas às cargas também são individualizadas e o mesmo atleta pode, em circunstâncias distintas, responder de maneira diferente a uma mesma carga de treinamento. Uma aplicação inadequada das cargas de treinamento pode trazer consequências negativas, como o aumento da probabilidade de lesão. O monitoramento das cargas de treinamento e, quando necessário, a redução das cargas a serem aplicadas, pode reduzir o risco de lesões (Gabbett e Jenkins, 2011). Entretanto, após a obtenção de respostas positivas ao treinamento será necessário realizar a progressão das cargas (Morton, 1997).

Um desafio para os treinadores é determinar o momento em que o treino pode tornar-se inadequado e realizar os devidos ajustes. Assim, mecanismos de controle que forneçam informações sobre as respostas agudas, subagudas e crônicas às cargas de treinamento são indispensáveis para o devido ajuste das cargas (Szmuchrowski et al., 2011). Para tal, no PRACTE são utilizados três tipos de controle:

a. controle direto;
b. controle operacional;
c. controle periódico.

Controle direto

O controle direto é realizado durante a aplicação da carga de treinamento e, por isso, trata das adaptações agudas ao treinamento. Esse tipo de controle pode ser realizado pelo treinador ou pelo próprio atleta. O objetivo do controle direto pode ser garantir a execução da carga prescrita (p. ex., utilização de GPS para controle da velocidade de corrida) ou para monitorar as respostas a essa carga (p. ex., registro da frequência cardíaca durante o treinamento de corrida). Claudino et al. (2012) utilizaram, durante um programa de treinamento pliométrico, uma plataforma de contato para informar *online* o tempo de contato e a altura de salto dos voluntários. Assim, quando em uma sequência de saltos o contato com o solo superava o prescrito, o voluntário recebia essa informação e corrigia esse problema nos saltos seguintes.

Controle operacional

O controle operacional deve ser utilizado para informar o estado operacional do atleta para a realização de uma sessão ou carga de treinamento. Assim, esse tipo de controle monitora os efeitos subagudos gerados pelas cargas aplicadas nas sessões anteriores. Gabbett (2010) desenvolveu um modelo de previsão de lesões que permitia o monitoramento e a regulação das cargas por meio de um limiar de carga de treinamento. Foi demonstrado que, caso o atleta ultrapassasse esse limiar, existia uma probabilidade maior de ocorrência de lesões. O efeito da regulação das cargas de treinamento também foi estudado por Céline et al. (2011) a partir da utilização da percepção subjetiva do esforço e da frequência cardíaca. Os resultados apontaram que as duas variáveis investigadas foram eficazes para regular a carga de treinamento.

Outro exemplo de controle operacional foi testado por Claudino et al. (2012) e Szmuchrowski et al. (2011). Esses autores realizaram a avaliação inicial do salto com contramovimento antes de um programa de treinamento. Os resultados dessa avaliação inicial foram utilizados para determinação de um valor de referência e de uma variação típica de cada sujeito, denominada diferença mínima individual (DMI). O controle operacional era realizado no início de cada sessão de treinamento a partir da realização de saltos com contramovimento e da comparação com o desempenho obtido no início de cada semana. Caso o voluntário apresentasse um desempenho superior aos valores de referência (obtido no início da semana), o voluntário era considerado supercompensado e a carga de treinamento era aumentada. Quando o voluntário apresentava, no início da sessão, um desempenho inferior ao valor de referência, entendia-se que o indivíduo estava fatigado (recuperação insuficiente após a última sessão) e a carga de treinamento era reduzida. Caso o desempenho no início da sessão coincidisse com o desempenho obtido no início da semana, o desempenho era considerado estável e as cargas planejadas eram mantidas (Figura 10).

Controle periódico

O controle periódico consiste no acompanhamento das respostas crônicas ao treinamento. A realização das avaliações no início do programa e a repetição periódica dessas avaliações permite analisar como o atleta está respondendo às cargas aplicadas. É possível verificar se o atleta está correspondendo às expectativas criadas durante o planejamento ou se é necessário alterar o planejamento por causa da não obtenção das adaptações esperadas.

Parâmetros de análise das cargas aplicadas

Conforme descrito anteriormente, durante a realização do treinamento as cargas de treinamento realizadas são registradas no subsistema de execução. Tais registros devem ser pos-

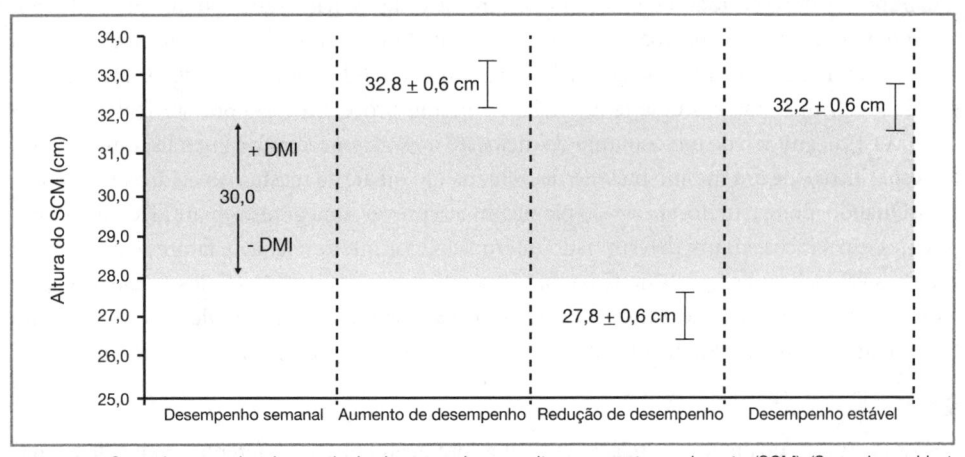

Figura 10 Controle operacional a partir do desempenho no salto com contramovimento (SCM) (Szmuchrowski et al., 2011).

teriormente analisados e as informações obtidas podem também ser utilizadas para ajustar as cargas planejadas. Três parâmetros de análise são propostos a partir do PRACTE:

a. magnitude dos meios;
b. estrutura dos meios;
c. dinâmica dos meios.

Parâmetro representa uma grandeza mensurável que permite apresentar, de forma mais simples, as características principais de um conjunto estatístico. É um elemento importante para se levar em conta na avaliação de uma situação ou para compreender detalhadamente um fenômeno. Esses parâmetros de análise deveriam também ser utilizados durante o planejamento. A análise do planejamento a partir desses parâmetros pode apontar erros importantes na magnitude, na estrutura ou na dinâmica dos meios, que podem ser corrigidos antes mesmo de sua execução. Assim, não será necessário esperar executar as cargas e identificar problemas de planejamento a partir dos métodos de controle. Além disso, após a realização e registro das cargas, é possível comparar os parâmetros magnitude, estrutura e dinâmica das cargas planejadas com os parâmetros das cargas executadas. Esse tipo de procedimento permite a análise do quanto do planejado foi ou não executado.

Esses parâmetros (magnitude, estrutura e dinâmica) representam a organização e a quantificação dos meios de treinamento e dos componentes da carga isoladamente em relação ao tempo. Eles são responsáveis pelo direcionamento das adaptações, principalmente das adaptações crônicas. Os componentes de carga e os meios de treinamento somente atuam nos níveis agudos e subagudos. A eficiência das adaptações crônicas, e o consequente aumento de rendimento, dependem da elaboração e dos ajustes dos planos com base nesses parâmetros de análise.

Magnitude dos meios

É o parâmetro que quantifica a duração dos meios de treinamento. Pode ser utilizado para quantificar a duração total de aplicação de um meio de treinamento. O treinador pode, por exemplo, verificar com qual magnitude (duração total) um grupo de meio foi utilizado em um microciclo. Pode também verificar qual a magnitude total de treinos anaeróbios aláticos (intensidade 6) realizada em uma temporada. O mesmo procedimento pode ser realizado para verificar a magnitude de um conjunto de meios de mesma especificidade (gerais, direcionados ou específicos), de um mesmo método de treinamento ou até da mesma capacidade treinada.

Quando, por exemplo, apesar do planejamento prever uma grande quantidade de treinamentos específicos em um determinado microciclo, por interferência de fatores externos não foi possível realizar boa parte destes treinos, a análise da magnitude total dos treinos específicos pode apontar essa baixa utilização desses meios e essa informação pode ser utilizada para alterar o planejamento e aumentar a quantidade de treinos específicos no próximo microciclo.

Estrutura dos meios

A estrutura dos meios se relaciona com a interação entre os diferentes meios de treinamento. A verificação da ordem em que os meios de treinamento são realizados ou a proporção entre as suas respectivas magnitudes em uma sessão, microciclo, mesociclo ou macrociclo podem ser utilizadas para a análise estrutural dos meios de treinamento (Figura 11).

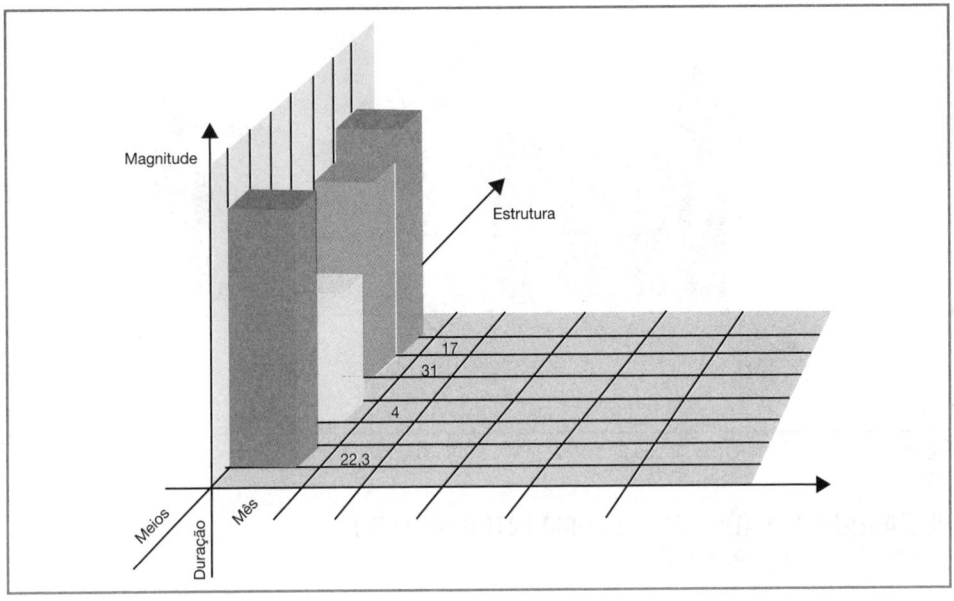

Figura 11 Análise da estrutura a partir de quatro meios de treinamento.

Dinâmica dos meios

É o parâmetro que possibilita o agrupamento da magnitude de cada grupo de meio, de acordo com sua especificidade, intensidade ou método de treinamento utilizado, e sua posterior organização e comportamento ao longo do tempo em um determinado ciclo de treinamento. Representa a distribuição temporal de cada um dos meios ou grupos de meios.

A partir da Figura 12 é possível perceber que houve uma redução gradativa na utilização do grupo de meio 17 e uma progressão do grupo de meio 4. Essas informações podem ser cruzadas com as informações obtidas no controle periódico e verificar se existe coerência entre essas variáveis. Outro aspecto interessante é que muitos treinadores analisam apenas a magnitude de seus treinos. Quando se analisa na Figura 12 o grupo de meios 22.3, percebe-se que sua magnitude total foi elevada. Entretanto, em uma avaliação periódica a capacidade treinada por esse grupo de meio pode não ter sofrido alterações importantes. A análise da dinâmica permite a identificação de um longo período de interrupção desse grupo de meio, fato que pode ter gerado um destreino e pode explicar a estagnação da capacidade.

A utilização do controle operacional aumenta a exigência de se analisar as dinâmicas dos grupos de meios, pois o controle operacional implica em ajustes diários nas cargas planejadas. Tal procedimento pode afetar drasticamente a dinâmica dos meios e exigir um replanejamento de todo o processo.

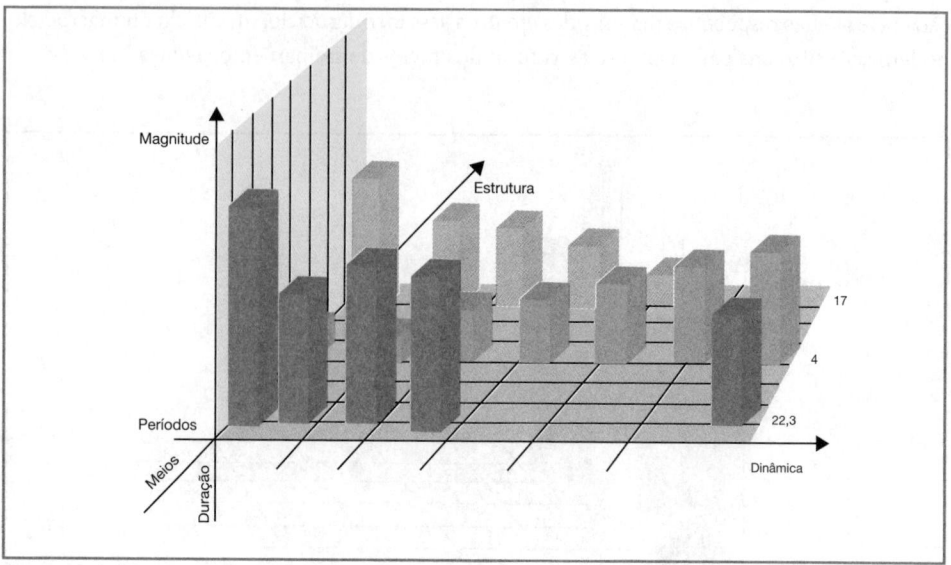

Figura 12 Análise da dinâmica de três grupos de meios (Szmuchrowski et al., 2005).

HIERARQUIA RELATIVA DO SISTEMA INTEGRADO DO TREINAMENTO ESPORTIVO

A seguir serão descritos alguns dos subsistemas que compõem o sistema integrado do treinamento esportivo e suas inter-relações. O esquema apresentado na Figura 13 ilustra resumidamente o processo de treinamento esportivo como um sistema aberto, composto por diferentes subsistemas que se inter-relacionam para a otimização deste processo.

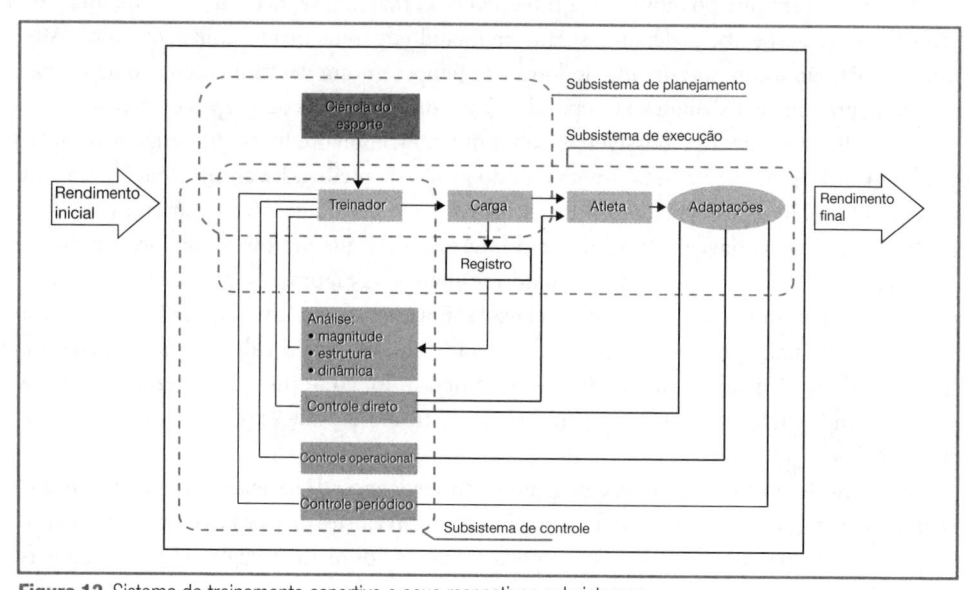

Figura 13 Sistema de treinamento esportivo e seus respectivos subsistemas.

De maneira resumida, o treinador, baseado em seus conhecimentos sobre as ciências do esporte, com base no conhecimento dos meios específicos da modalidade e com base no resultado de avaliações prévias (rendimento inicial), planeja cargas de treinamento. Essas cargas são aplicadas no atleta e são registradas de maneira codificada. As cargas são registradas a partir de grupos de meios previamente catalogados e esses registros são analisados a partir de três parâmetros de análise (magnitude dos meios, estrutura dos meios e dinâmica dos meios). O atleta sofre adaptações agudas (utilizadas para controle direto), adaptações subagudas (utilizadas para controle operacional) e adaptações crônicas (utilizadas para controle periódico). As informações obtidas no controle direto são utilizadas pelo treinador ou pelo próprio atleta para ajustar as cargas durante a sua execução. O controle operacional permite o ajuste do planejamento antes da realização das sessões de treinamento. Os resultados do controle periódico permitem a verificação gradativa da obtenção ou não dos objetivos esperados e devem ser contrapostos com os parâmetros de análise para novos ajustes de planejamento. Todo esse processo deve se autoajustar diante dos mecanismos de *feedback* disponíveis para um maior aumento do rendimento esportivo.

REFERÊNCIAS BIBLIOGRÁFICAS

1. Bertalanffy LV. Teoria geral dos sistemas. Petrópolis: Vozes; 1973.
2. Cannon WB. Bodily changes in pain, hunger, fear, and rage. New York: Appleton-Century-Crofts; 1929.
3. Céline CG, Monnier-Benoit P, Groslambert A, Tordi N, Perrey S, Rouillon JD. The perceived exertion to regulate a training program in young women. J Strength Cond Res. 2011;25:220-4.
4. Claudino JGO, Resende BML, Ribeiro RS, Ferreira JC, Couto BP, Szmuchrowski AS. Pre vertical jump performance to regulate the training volume. Int J Sports 2012;13:101-7.
5. Denadai BS, Greco CC. Educação física no ensino superior: prescrição do treinamento aeróbio. Rio de Janeiro: Guanabara Koogan; 2005.
6. Ferreira JC, Szmuchrowski LA. Training load monitoring and control system. Rio de Janeiro: Comitê Olímpico Brasileiro; 2008.
7. Gabbett TJ. The development and application of an injury prediction model for noncontact, soft-tissue injuries in elite collision sports athletes. J Strength Cond Res. 2010;24:2593-603.
8. Gabbett TJ, Domrow N. Relationship between training load, injury, and fitness in sub-elite collision sport athletes. J Sports Sci 2007; 25:1507-9.
9. Gabbett TJ, Jenkins DG. Relationship between training load and injury in professional rugby league players. J Sci Med Sport 2011; 14: 204-9.
10. Mrosovsky N. Rheostasis: the physiology of change. New York: Oxford University Press; 1990.
11. Nóbrega AC. The subacute effects of exercise: concept, characteristics, and clinical implications. Exerc Sport Sci Rev. 2005;33:84-7.
12. Sledziewski D, Szmuchrowski LA. Method for effort analysis on Brazil V-20 and U-21 selections training. Málaga: Olimpic Scientific Congress. Colección Unisport; 1992.
13. Sledziewski D, Szmuchrowski LA. System rejestracji i kontroli treningu w pilce noznej. Varsóvia: Trening; 1994.
14. Sozanski H, Sledziewski D. Obciazenia Ttreningowe. Warszawa: Biblioteka Trenera; 1995.
15. Szmuchrowski LA. Método de registro e análise de sobrecarga do treinamento esportivo. In: Samulski DM (org.). v. 1. Novos conceitos em treinamento esportivo. Brasília: Publicações INDESP; 1999. p. 73-97.

16. Szmuchrowski LA, Claudino JGO, Neto SLA, Menzel HK, Couto BP. Determinação do número mínimo de saltos verticais para monitorar as respostas ao treinamento pliométrico. Motricidade. 2011 (no prelo).

17. Szmuchrowski LA. Método de registro e análise das sobrecargas de treinos. In: Greco PJ (org.). Temas atuais em educação física. Belo Horizonte: Casa da Educação Física; 1997. v. 1. p. 33-44.

18. Szmuchrowski LA, Santos LPS, Sledziewski D. Componentes e parâmetros da carga no treinamento esportivo. In: Garcia ES, Lemos KLM (orgs.). Temas Atuais X. v. X. Belo Horizonte: Health; 2005. p. 149-60.

19. Tubino MJG. Metodologia do treinamento desportivo. 8ª ed. São Paulo: Harbra; 1980.

20. Zakharov A. Ciência do treinamento desportivo. Rio de Janeiro: Palestra; 1992.

Capítulo 2

Aspectos fisiológicos associados ao exercício físico crônico e ao treinamento esportivo em crianças e jovens

Luciano Sales Prado

INTRODUÇÃO

A participação de crianças e adolescentes em atividades físicas orientadas tem aumentado consideravelmente nos últimos anos no Brasil. Esse movimento se faz perceber não apenas por meio da exigência legal da educação física no âmbito escolar em todo o território nacional, mas também pela popularização das escolinhas de esporte, uma solução contemporânea para suprir a carência de possibilidades de movimento, prática de esportes e lazer para crianças e jovens em todo o Brasil, sobretudo nas grandes cidades. Nota-se ainda cada vez mais a participação da população nessas faixas etárias em programas de treinamento sistematizado, com ênfase e expectativa pelo rendimento esportivo de alto nível. Várias equipes de futebol de campo na primeira divisão nacional mantêm, em sua estrutura, alojamentos para atletas desde a mais tenra idade, e os campeonatos frequentemente ocorrem em nível nacional com grande exigência de sucesso por parte de pais, treinadores e dirigentes. Não raro, negociações e contratos de grande porte financeiro estão envolvidos.

Entretanto, é importante que uma questão seja abordada: até que ponto os profissionais envolvidos na concepção, coordenação e condução dessas atividades e programas estão realmente preparados para a realização adequada dessa tarefa, no que diz respeito à fundamentação teórica que embasa sua ação?

É amplamente conhecido e aceito que sistemas biológicos, quando submetidos a desequilíbrios constantes e repetidos, ou seja, a estímulos repetidos de natureza semelhante, se adaptam a esses estímulos no sentido de uma melhora daquele mecanismo ou função. A síndrome geral da adaptação, proposta por Hans Selye, explica essa relação e deu origem aos princípios que hoje norteiam a elaboração de programas de atividade física e o treinamento esportivo de alto rendimento. Esses princípios seriam, basicamente, o da adaptabilidade biológica (como referido), o da sobrecarga (para que, na linha do tempo, uma adaptação continue a ocorrer, é preciso que os estímulos sejam adequados, mas progressivamente maiores), e o da especificidade (sistemas biológicos adaptam-se quanto à função de forma específica, ou seja, as adaptações ocorrem nos mecanismos que foram "estressados"). Ou seja, para que aspectos biológicos associados à saúde e à melhora do desempenho físico e esportivo tenham lugar quando da aplicação de programas de atividade física e treinamento, é imprescindível que esses estímulos sejam apresentados de forma correta, ou seja, que sejam aplicados e distribuídos dentro do programa de maneira adequada quanto à sua intensidade (em que intensidade, velocidade, carga, resistência a atividade é realizada), à sua frequência (o número de sessões de exercício realizado por período de tempo, como, por exemplo, dentro de uma semana) e ao seu volume (refere-se à quantidade total de exercício realizado) (Weineck, 2005). Para que isso possa ocorrer, em termos práticos, torna-se necessário conhecer as características específicas do indivíduo ou da população que será submetida ao programa de exercícios no que se refere ao estágio inicial de aptidão física, à idade, ao nível de maturação biológica, a aspectos relacionados à saúde ou presença de enfermidades ou limitações, ao sexo e, por fim, ao objetivo final que se pretende alcançar.

Observando-se a literatura pertinente à área do treinamento esportivo e, principalmente no que toca o escopo desse capítulo, examinando-se a literatura disponível em fisiologia do exercício pediátrica e os aspectos médicos e biológicos da atividade física com crianças e adolescentes, tanto em seu aspecto agudo, quanto no que diz respeito às adaptações biológicas crônicas ao exercício, nota-se que, em diversos aspectos, a pesquisa e a evidência científica se mostram carente em muitos aspectos:

- um número considerável de estudos apresenta sérios problemas metodológicos, sobretudo no que se refere à delimitação exata da pergunta/questão científica a ser respondida; à escolha dos voluntários para pesquisa, sendo que os grupos frequentemente são heterogêneos quanto à idade, ao nível de maturação biológica; ao nível de aptidão física e à modalidade esportiva que praticam; não há monitoramento adequado do grau de maturação biológica; à definição das variáveis estudadas, que não se adequam à pergunta proposta pelo estudo;
- em estudos de treinamento (acerca das adaptações ao exercício crônico), o programa de exercícios não é adequadamente monitorado e/ou não é específico para o que se pretende investigar;
- com frequência, as conclusões obtidas apontam para direções diversas, o que também pode ser atribuído aos problemas metodológicos;
- diferentes aspectos das adaptações biológicas e fisiológicas ao exercício crônico simplesmente ainda não foram investigados;
- existe um número consideravelmente menor de investigações com indivíduos do sexo feminino e que contemplem suas peculiaridades hormonais e maturacionais.

Apesar da participação ostensiva de crianças e adolescentes em programas de atividades físicas orientadas, percebe-se, paradoxalmente, um aumento significativo nos índices de obesidade durante a infância e a adolescência no Brasil e em todo o mundo, assim como enfermidades associadas à própria obesidade e decorrentes de baixos níveis de atividade física regular, como dislipidemias, hipercolesterolemia e diabetes (Rowland, 2005; Rowland et al., 2006).

Diante de todas as questões já apresentadas, o objetivo deste capítulo é realizar uma sucinta, mas atualizada e objetiva revisão do conhecimento científico disponível até o presente momento acerca das adaptações fisiológicas decorrentes do exercício físico crônico e do treinamento esportivo em crianças e adolescentes, sempre em comparação com o que se conhece sobre o modelo adulto. A partir das informações apresentadas, será proposta uma abordagem aplicada à concepção e realização de programas de exercício físico regular e treinamento esportivo visando a melhora de aspectos associados à saúde e ao desempenho físico e esportivo. Serão abordados três componentes fundamentais do condicionamento físico, determinantes do rendimento esportivo: a capacidade/potência aeróbica, a capacidade/potência anaeróbica e a força muscular. Para cada um desses aspectos será apresentado, inicialmente, o que se conhece na atualidade acerca das adaptações fisiológicas e de rendimento ao exercício crônico para o modelo adulto. Em seguida, e à luz desse modelo adulto, será apresentado o conhecimento sobre as adaptações que ocorrem em crianças e adolescentes quando submetidos a programas semelhantes, ressaltando-se os aspectos ainda desconhecidos ou controversos na literatura. Finalmente, para cada uma das qualidades físicas abordadas, será realizada uma reflexão sobre as possibilidades de aplicação de programas de exercícios que visem a melhora dos aspectos abordados, respeitando as características e limitações próprias das populações pediátricas. É importante ainda ressaltar que, neste capítulo, os termos "capacidade" e "potência" aeróbica e anaeróbica serão tratados como sinônimos, em virtude da grande diversidade e controvérsia existente na literatura quanto a esses termos. Entretanto, quando necessário, será realizada a devida diferenciação quanto aos mecanismos bioquímicos e/ou fisiológicos envolvidos.

CAPACIDADE AERÓBICA

Definição

A capacidade aeróbica pode ser definida como a habilidade de um indivíduo de, durante um exercício dinâmico, cíclico e prolongado, gerar a maior quantidade possível de energia através das vias metabólicas aeróbicas (oxidação de gorduras e carboidratos), podendo, assim, atingir e manter a maior intensidade de exercício possível. Essa capacidade está associada ao desempenho físico e rendimento esportivo em atividades prolongadas que envolvam corrida, nado, ciclismo e remo, assim como modalidades esportivas coletivas com bola, e também lutas. A variável fisiológica que mais reflete a capacidade aeróbica é o consumo máximo de oxigênio (VO_2máx), amplamente medido ou estimado e utilizado para determinar o nível de condicionamento aeróbico de um indivíduo. É importante ressaltar, entretanto, que essa variável, isoladamente, ainda que considerada o padrão de referência para a estimativa da capacidade aeróbica, não determina por completo o desempenho nas atividades supramencionadas, nas quais vários outros fatores metabólicos, neuromusculares e associados à técnica específica dos movimentos em questão também são relevantes.

Fatores determinantes do consumo máximo de oxigênio – modelo adulto

Os fatores fisiológicos determinantes do consumo máximo de oxigênio e, em grande parte (guardadas as limitações acima mencionadas), da capacidade aeróbica, podem ser divididos em fatores centrais, fatores de transporte e fatores periféricos.

Os fatores centrais referem-se à capacidade máxima de bombeamento de sangue pelo miocárdio, que é determinada pelas seguintes aspectos:

- volume plasmático;
- dimensões cardíacas, em especial, do ventrículo esquerdo;
- volume sistólico máximo;
- débito cardíaco máximo.

A rigor, a capacidade máxima de bombeamento do músculo cardíaco é expressa diretamente pelo débito cardíaco máximo. Entretanto, esse débito é determinado pelos outros fatores mencionados.

Os fatores periféricos referem-se à capacidade sanguínea de transportar oxigênio até a musculatura esquelética em exercício, e são:

- número de hemácias;
- concentração de hemoglobina;
- hematócrito.

Os fatores periféricos determinam a capacidade da musculatura esquelética em extrair e utilizar o oxigênio disponível no sangue venoso. São eles:

- grau de vascularização da musculatura esquelética;
- concentração de mioglobina;
- material mitocondrial (número e volume de mitocôndrias);
- concentração e atividade de enzimas oxidativas;
- nível de vasodilatação aguda ou complacência vascular sistêmica.

Adaptações fisiológicas ao treinamento da capacidade aeróbica – modelo adulto

Os fatores centrais determinantes do VO_2máx e da capacidade aeróbica adaptam-se ao exercício crônico e ao treinamento físico específico no sentido de um aumento da capacidade central de bombeamento de sangue, ou seja, do débito cardíaco máximo. Entretanto, esse aumento do débito cardíaco máximo é propiciado por:

- expansão do volume plasmático, adaptação que pode ser alcançada com algumas semanas de exercício aeróbico regular de intensidade e volume suficientes e é atribuída a alterações no sistema renina-angiotensina-aldosterona ou vasopressina;
- hipertrofia de cavidade no ventrículo esquerdo, o que constitui, em geral, uma adaptação de longo prazo ao treinamento aeróbico sistematizado e pode ser atribuída ao estiramento das paredes do ventrículo causado pelo constante aumento do retorno venoso e, por conseguinte, do volume diastólico final durante o exercício agudo;
- bradicardia sinusal com redução da frequência cardíaca em repouso e submáxima, o que resulta em maior tempo de enchimento durante a diástole e maior volume diastólico final;
- aumento do volume sistólico máximo.

A capacidade total do sangue em transportar oxigênio aos músculos ativos também aumenta, em decorrência basicamente do aumento do número de hemácias e da concentração de hemoglobina. A afinidade da hemoglobina pelo oxigênio no sangue arterial também tende a aumentar, devido à elevação na concentração de 2-3 DPG nas hemácias. É comum, ainda, ser verificada uma redução do hematócrito proporcionada pela maior expansão proporcional do plasma sanguíneo do que o aumento no número de hemácias. Essa redução diminui a viscosidade do sangue, o que favorece suas características como fluido na circulação capilar, aumentando a complacência vascular sistêmica.

Perifericamente, aumenta a capacidade de extração e utilização de oxigênio pelo músculo esquelético, o que é propiciado por:

- aumento na vascularização das regiões especificamente trabalhadas da musculatura esquelética, o que pode ser atribuído, ao menos em parte, à angiogênese;
- aumento do material mitocondrial por elevação do número de mitocôndrias, sua hipertrofia;
- aumento da concentração e da atividade das enzimas oxidativas;
- maior aumento da complacência vascular sistêmica, devido, ao menos em parte, a alterações no metabolismo de óxido nítrico.

O aumento do VO_2máx decorrente das adaptações descritas anteriormente permite a maior produção de energia pelas vias metabólicas aeróbicas e, por conseguinte, a manutenção de uma maior intensidade de exercício prolongado. É importante ressaltar que essa é uma versão simplificada de um modelo teórico dos aspectos relevantes para a capacidade aeróbica e que o desempenho em atividades de longa duração é determinado, também, por diversos outros fatores. Destaca-se ainda, entretanto, a clara relação positiva observada entre o VO_2máx e indicadores de saúde cardiovascular em adultos.

A intensidade, a frequência e o volume nos quais a atividade física regular ou o treinamento da capacidade aeróbica devem ser realizados são determinados pelo nível de aptidão física do indivíduo adulto. Quanto mais elevado esse nível de condicionamento, maior será a carga de exercícios requerida para que adaptações fisiológicas ou ganhos adicionais de rendimento possam ocorrer.

CAPACIDADE ANAERÓBICA

Definição

A capacidade anaeróbica pode ser definida como a habilidade de, em exercícios realizados em intensidade máxima subjetiva (intensidade máxima voluntária), gerar a maior quantidade possível de energia pelas vias metabólicas anaeróbicas. As vias são, basicamente, duas: a produção anaeróbica alática de energia através da degradação de fosfocreatina (PC) para a ressíntese de ATP; e a degradação de carboidrato (glicogênio ou glicose) até lactato. Dessa forma, consideram-se, na literatura, as capacidades anaeróbicas alática e lática.

Fatores determinantes da capacidade anaeróbica – modelo adulto

Os fatores determinantes da capacidade anaeróbica alática são:

- a concentração de ATP e PC nas células do músculo esquelético em questão;
- a concentração das enzimas determinantes do fluxo das reações, ATPase e creatina fosfoquinase (CPK).

Já a capacidade glicolítica é determinada por:

- concentração de glicogênio intramuscular;
- concentração e atividade das enzimas determinantes do fluxo glicolítico, principalmente fosfofrutoquinase (PFK) e lactato desidrogenase (LDH);
- capacidade máxima de produção de ácido lático, o que depende diretamente do fluxo glicolítico;
- capacidade de tamponamento dos íons de hidrogênio e de remoção do lactato oriundo da dissociação do ácido lático no meio aquoso do sarcoplasma.

É fundamental ressaltar, nesse momento, que o desempenho em atividades explosivas ou de velocidade guarda uma estreita relação com as capacidades anaeróbicas alática e lática. Entretanto, o desempenho é também essencialmente determinado por fatores neuromusculares, principalmente associados à força muscular, coordenação e técnica dos movimentos.

Adaptações fisiológicas ao treinamento da capacidade anaeróbica – modelo adulto

Em decorrência de estímulos crônicos de intensidade extremamente elevada e de curta duração, podem ocorrer melhoras no desempenho em atividades explosivas ou que envolvam a velocidade elevada de movimentos. Fisiologicamente, nota-se quanto ao metabolismo anaeróbico um aumento do fluxo das reações envolvidas e da geração de energia por estas, o que significa, no que diz respeito à capacidade alática:

- aumento da concentração intracelular de ATP e PC;
- aumento da concentração e atividade das enzimas ATPase e CPK.

Quanto ao metabolismo anaeróbico lático, o treinamento pode causar:

- aumento da concentração intramuscular de glicogênio;
- aumento do fluxo glicolítico, propiciado por maior concentração e atividade das enzimas determinantes do fluxo, PFK e LDH;
- aumento nas concentrações intracelulares máximas de íons de hidrogênio e lactato;
- aumento nas concentrações sanguíneas máximas de lactato;
- maior redução do pH sanguíneo pós-exercício;
- possivelmente, melhora na capacidade de tamponamento, embora os mecanismos não sejam completamente compreendidos.

FORÇA MUSCULAR

Definição

A força muscular máxima pode ser definida como a tensão máxima que um músculo ou grupo muscular pode gerar. Isso se aplica normalmente a um movimento específico, para segmentos corporais também específicos, em angulações e velocidades de movimento individuais. A força muscular é componente de diferentes variáveis biomecânicas inerentes ao movimento humano e é determinante na capacidade de realizar movimentos rápidos, explosivos.

Fatores determinantes da força muscular – modelo adulto

A força muscular é determinada por fatores de natureza diversa, como morfológicos, neurais/fisiológicos ou bioquímicos. São eles:

- área de secção transversa do músculo/grau de hipertrofia;
- capacidade de gerar energia pelas vias metabólicas anaeróbicas (fator, portanto, diretamente associado à capacidade/potência anaeróbica);
- número de unidades motoras voluntariamente recrutadas (o que depende, por sua vez, da própria frequência de estímulos, da ação inibitória dos órgãos tendinosos de Golgi e de complexos mecanismos neurais de integração do *input* sensorial, processamento de informações em nível cortical e resposta eferente);
- frequência de estímulos;
- coordenação intramuscular (coordenação do recrutamento de unidades motoras dentro de um músculo) e coordenação intermuscular (coordenação da ação de músculos ou grupamentos musculares agonistas, sinergistas e antagonistas para um dado movimento);
- nível de cocontração (ação de antagonistas para um determinado movimento, o que pode implicar ação inibitória e reguladora para a ação agonista, o que tem grande relevância para a estabilização do sistema locomotor e proteção contra lesões).

É fundamental, ainda, mencionar que a força muscular depende da composição dos tipos de fibra muscular, sendo que indivíduos que possuam, num determinado músculo ou porção deste, um maior percentual de fibras rápidas, glicolíticas, tendem a ser capazes de gerar maior tensão.

Adaptações ao treinamento da força muscular – modelo adulto

A sobrecarga mecânica imposta sobre um determinado músculo ou grupamento muscular provoca alterações que propiciam às estruturas em questão a habilidade de gerar maior tensão. É fundamental ressaltar que as características de carga (intensidade/carga, volume, frequência, velocidade de execução dos movimentos e tipo de trabalho muscular) do programa de exercícios vão determinar a velocidade e a magnitude nas quais estas adaptações se manifestarão. Seriam elas:

- aumento da área de corte transversal do músculo;
- aumento do número de unidades motoras recrutadas (o que pode ocorrer pelo aumento da frequência de estímulos, pela redução da ação inibitória de órgãos tendinosos de Golgi, pelo melhor ajuste dos mecanismos de cocontração e pela melhor integração dos estímulos sensoriais aferentes, com aprimoramento da resposta eferente);
- aumento da frequência de estímulos;
- melhora da coordenação intramuscular;
- melhora da coordenação intermuscular;
- melhor ajuste dos mecanismos de cocontração (com consequente diminuição de sua ação inibitória).

CAPACIDADE AERÓBICA: ASPECTOS MATURACIONAIS

A principal variável para determinação da capacidade aeróbica e para a classificação quanto ao nível geral de aptidão física aeróbica de grupos populacionais é o consumo máximo de oxigênio, que pode ser expresso de forma absoluta, normalmente em litros consumidos de oxigênio por unidade de tempo, usualmente por minuto ($L.min^{-1}$). Entretanto, como obviamente a massa corporal total dos indivíduos, assim como sua massa muscular, a massa de tecido adiposo e a massa corporal representada pelas vísceras interferem diretamente no consumo de oxigênio total do indivíduo, tanto em repouso como durante a atividade física, é importante relativizar o consumo de oxigênio total (absoluto) pela massa corporal do indivíduo. Dessa forma, é possível comparar de maneira razoavelmente fidedigna indivíduos de massa corporal ou de dimensões corporais diferentes. Já a comparação do VO_2máx de indivíduos que apresentem composição corporal muito diversa representa um desafio consideravelmente maior, o que pode ser exemplificado pela dificuldade em se comparar tal variável entre os gêneros masculino e feminino, uma vez que o último, mesmo em níveis correspondentes à normalidade, possui quantidade consideravelmente maior de massa gorda, ao menos em termos percentuais. Sendo assim, a avaliação da capacidade aeróbica de um indivíduo durante a infância e a adolescência e, principalmente, sua comparação com adultos, representa um desafio por envolver não apenas considerações quanto à massa corporal e composição corporal, mas também porque considera aspectos relativos à proporcionalidade, ou seja, por impreterivelmente precisar considerar alterações nas dimensões corporais que não representem meramente aspectos quantitativos, como massa e composição corporais, mas também aspectos qualitativos, como a relação entre os segmentos corporais e a representação das vísceras, membros e musculatura na massa corporal total. Têm sido realizados esforços no sentido de equalizar, matematicamente, essas diferenças, ainda sem consenso definitivo. Não é intenção do presente capítulo tratar desses assuntos, mas, para aprofundamento acerca do tema, recomendamos o texto clássico de Rowland (2005).

Em termos populacionais, o VO_2máx de crianças, em números absolutos, é menor que o de adultos, o que parece ser fato óbvio, dado que sua massa corporal total é significativamente menor, ou seja, a quantidade total de tecidos corporais que consomem oxigênio é menor, e isso para qualquer intensidade de exercício, assim como para o repouso. É consenso na literatura que o consumo máximo de oxigênio absoluto aumenta em um padrão praticamente linear em relação à idade cronológica durante a infância e a puberdade, embora os dados não sejam tão consistentes para meninas, para as quais a variável parece se estabilizar após cerca de 14 anos de idade (Armstrong et al., 2011). Entretanto, essa variável não permite uma real comparação da capacidade aeróbica entre indivíduos de populações pediátricas e adultos. Para isso, necessita-se considerar o consumo de oxigênio relativizado pela massa corporal ou quaisquer outras variáveis que considerem aspectos dimensionais.

Apesar das citadas limitações metodológicas para a comparação da capacidade aeróbica de indivíduos de composição corporal e dimensões corporais diferentes, a literatura indica que o VO_2máx relativo (pela massa corporal total) de meninos pré-púberes é semelhante ao de adultos jovens do sexo masculino, sendo que essa variável diminui para meninas entre os primeiros anos da puberdade e o início da vida adulta, indicando uma redução da capacidade aeróbica nessa fase. Tal fato parece surpreender, uma vez que nota-se frequentemente uma melhora do rendimento nessa fase. Entretanto, existem alterações com a puberdade que parecem explicar esse comportamento. O primeiro e mais evidente fator é quantitativo: a massa corporal total de gordura aumenta consideravelmente durante essa fase da vida no sexo feminino, assim como o percentual de gordura. Isso faz com que não apenas matematicamente essa massa adicional seja desvantajosa, quando do cálculo do VO_2máx relativo, mas o tecido adiposo adquirido durante a puberdade representa, ainda, massa extra a ser deslocada, principalmente em atividades que envolvam locomoção, como a caminhada e a corrida. Além disso, existe uma tendência, no sexo feminino, de haver uma redução nos níveis de atividade física habitual durante a adolescência, o que pode resultar num real decréscimo do nível geral de desempenho. Em meninos, a ausência de melhora do VO_2máx não acompanha o incremento no rendimento físico e nível de desempenho esportivo frequentemente observado nessa idade. Essa melhora de rendimento pode ser atribuída simplesmente às alterações nas dimensões corporais associadas ao crescimento geral do corpo e ganho de massa muscular e força nessa fase. Todavia, não se pode descartar a possibilidade de que eventuais melhoras do VO_2máx durante a puberdade possam ser mascaradas por aspectos associados às alterações de proporcionalidade das dimensões e massa corporal, o que seria condizente com a melhora de desempenho em exercícios predominantemente aeróbicos observada durante este período da vida, assim como com os mecanismos biológicos envolvidos nessa melhora. Cálculos alométricos procuram identificar eventuais tendências nesse sentido (Rowland, 2005; Armstrong et al., 2011).

CAPACIDADE AERÓBICA: ADAPTAÇÕES FISIOLÓGICAS E DE DESEMPENHO AO TREINAMENTO

É estabelecido na literatura que o VO_2máx em crianças responde ao treinamento da capacidade aeróbica de forma menos sensível do que quando treinamentos de natureza e características semelhantes são aplicados à população adulta. Examinando-se a literatura disponível sobre o tema, nota-se que os aumentos do VO_2máx típicos observados em estudos de treinamento da capacidade com crianças correspondem a cerca de 1/3 dos aumentos observados em adultos. Entretanto, ao se realizar uma abordagem histórica acerca da pesquisa da treinabilidade da capacidade aeróbica em crianças e jovens, é importante notar que os primeiros estudos realizados sobre o tema incorriam em falhas metodológicas importantes, que possivelmente influenciavam os dados obtidos. As principais limitações metodológicas eram amostras heterogêneas quanto ao gênero, nível de condicionamento, idade cronológica e nível de maturação biológica, a ausência de monitoramento dos programas de treinamento ou o uso de programas inadequados para causar adaptações biológicas quanto ao desempenho ou à capacidade aeróbica, no que diz respeito à intensidade, frequência ou duração dos estímulos. De modo geral, esses estudos apontavam para adaptações no VO_2máx de crianças e adolescentes de aproximadamente 5%, o que corresponde a um percentual consideravelmente inferior às adaptações típicas verificadas em adultos (Payne & Morrow, 1993).

Estudos mais recentes procuraram sanar essas limitações metodológicas, por utilizarem grupos pediátricos de controle, cargas de treinamento adequadas e monitoradas quanto à intensidade, duração e frequência, e utilizar voluntários não treinados, tanto nos grupos experimentais quanto nos grupos controle (era comum serem usados como grupo experimental crianças e jovens fisicamente ativos ou atletas). Procurou-se utilizar para comparação grupos experimentais que possuíam níveis de maturação biológica semelhante. Os dados obtidos nesses estudos mais recentes e modernos, no entanto, vieram a corroborar aqueles já observados nos estudos anteriores: a treinabilidade da capacidade aeróbica permaneceu relaticamente baixa, inferior ao percentual usualmente verificado em pós-púberes ou adultos (Armstrong et al., 2011)

É interessante notar que, quando uma comparação entre sexos é realizada quanto ao nível de adaptação ao treinamento aeróbico, nota-se que meninas tendem a apresentar maior treinabilidade (Mandigout et al., 2001). Entretanto, os próprios autores (Mandigout et al., 2001) sugerem ser a diferença entre o nível de aptidão inicial dos voluntários (inferior nas meninas) a principal causa para a maior adaptabilidade no sexo feminino (foi observada, ainda, uma correlação inversa entre o percentual de melhora no VO_2máx e os níveis iniciais de condicionamento aeróbico). Em estudos com adultos, essa correlação inversa é quase sempre uma constante, ou seja, quanto maior o nível inicial de condicionamento dos voluntários, menor o percentual de adaptação do VO_2máx ao treinamento específico (Rowland et al., 2006). Os valores iniciais de VO_2máx normalmente observados em estudos com crianças são superiores aos níveis de adultos e são considerados altos. Tal fato pode ser a razão para uma reduzida resposta ao treinamento da capacidade aeróbica em crianças. Armstrong et al. (2011) apontam para uma "baixa, mas significativa" correlação inversa entre os níveis iniciais de aptidão aeróbica e o percentual de melhora após intervenção de treinamento. Alguns autores afirmam serem as crianças naturalmente "pré-treinadas" devido ao seu nível geral de atividade física habitual, o que as tornaria mais aerobicamente condicionadas. Em detalhada revisão de literatura acerca do assunto, Armstrong et al. (2011) não constataram, entretanto, qualquer relação entre os níveis de atividade física habitual e a capacidade aeróbica em crianças e adolescentes, embora apontem para o fato de que, nesses grupos, a atividade física habitual não costuma atingir os critérios mínimos de intensidade e volume para que haja uma melhora desta qualidade física, como os sistematizados em documento do Comitê Olímpico Internacional (Mountjoy et al., 2008).

Ainda assim, mesmo em situações em que o nível inicial de condicionamento aeróbico é baixo, como no caso do estudo de Ignico & Mahon (1995), no qual as crianças voluntárias de 8 a 11 anos de idade eram incapazes de atingir pelo menos 3 de 4 critérios mínimos de condicionamento em avaliações escolares de rotina, um programa de 10 semanas de condicionamento aeróbico foi incapaz de suscitar quaisquer adaptações na capacidade aeróbica. Os autores do referido estudo sugerem que a duração dos estímulos pode representar um papel determinante na adaptação: embora a intensidade e a frequência dos estímulos utilizados tenham sido consideradas adequadas ou suficientes, os autores reportam que os voluntários tinham dificuldade em manter a frequência cardíaca elevada por um período prolongado.

Rowland (2005), ao revisar a literatura pertinente à área, sugere ainda ser o volume total do programa ou a sua duração um fator a ser considerado quanto à magnitude das adaptações. Para tal, o autor cita o estudo de Yoshizawa et al., de 72 semanas de duração e com estímulos aeróbicos aplicados 6 vezes por semana, no qual a diferença estatística somente atingiu significância entre o grupo experimental e o grupo controle (meninas, 4 a 6 anos de idade) após 12 meses de duração do estudo (de um total de 18 meses).

Após a análise de 21 estudos de intervenção com programas de treinamento com crianças e adolescentes que atendiam a controle metodológico rígido e adequado, Armstrong et al. (2011) concluem que, em média, aumentos entre 8 e 9% do VO_2máx são observados em programas de treinamento com cerca de 12 semanas de duração, independentemente de sexo, idade e nível de maturação biológica. Todavia, os autores sugerem que programas de maior duração podem, eventualmente, ser capazes de suscitar melhoras ainda mais expressivas.

É importante ressaltar que crianças e adolescentes atletas apresentam valores de VO_2máx maiores que indivíduos de mesma idade, porém sedentários. Entretanto, em estudos transversais é impossível identificar se essa diferença ocorre devido ao treinamento ou à seleção natural dos atletas (Nottin et al., 2002; Rowland et al., 2002; Armstrong et al., 2011). As diferenças quanto ao VO_2máx entre jovens atletas e sedentários pode ser atribuída a maiores volume sistólico e índice sistólico nos praticantes de atividade física (Nottin et al., 2002; Rowland et al., 2002), embora os dados sejam conflitantes na literatura e adaptações morfológicas no miocárdio nem sempre sejam identificadas como resposta a programas de treinamento (Obert et al., 2003; George et al., 2005). Os maiores volume e índice sistólicos em atletas podem ter origem em adaptações periféricas ao treinamento, como um maior volume plasmático ou uma maior eficiência da bomba muscular periférica.

O limiar anaeróbico de lactato, outra variável indicadora da capacidade aeróbica, costuma ocorrer, em jovens treinados, em um percentual maior do VO_2máx, assim como a velocidade de corrida correspondente a uma concentração plasmática de lactato de 4 mmol/L normalmente é maior em crianças e adolescentes treinados, quando comparados com jovens sedentários (Pfitzinger et al., 1997; Danis et al., 2003). O treinamento da capacidade aeróbica envolvendo estímulos de alta intensidade parece estar associado a melhoras mais expressivas da capacidade aeróbica avaliada através do limiar anaeróbico de lactato (Danis et al. 2003).

Um consenso do Comitê Olímpico Internacional publicado em 2008 (Mountjoy et al., 2008) a partir de criteriosa análise da literatura então disponível acerca dos efeitos do treinamento sobre a capacidade aeróbica e o desempenho em exercícios que dependam dessa qualidade física sugere que programas elaborados no intuito de melhorar tal capacidade física devam possuir as seguintes características: combinação de exercícios contínuos e intervalados utilizando grandes grupos musculares; frequência mínima de 3 a 4 sessões semanais; duração de 40 a 60 minutos; intensidade de exercício entre 85 e 90% da frequência cardíaca máxima.

Programas com essas características levariam a melhoras significativas do condicionamento aeróbico após cerca de 12 semanas.

CAPACIDADE ANAERÓBICA: ASPECTOS MATURACIONAIS

No que diz respeito à capacidade metabólica para geração de energia pelas vias anaeróbicas aláticas, não existe evidência clara na literatura que indique uma menor capacidade em crianças e adolescentes. Dados escassos obtidos através de ressonância magnética indicam que a concentração intramuscular dos substratos energéticos ATP e PC é semelhante nas diversas faixas etárias, assim como a atividade das enzimas catalizadoras de sua degradação (Zanconato, 1993). Entretanto, Tonson et al. (2010) observaram, em um protocolo de exercícios para a flexão de dedo da mão, uma menor degradação de fosfocreatina em crianças, compensada por uma maior participação das vias oxidativas de produção de energia, em comparação a adultos. Nesse estudo, o metabolismo glicolítico das crianças não apresentou diferenças em relação aos voluntários adultos. A investigação do metabolismo energético de crianças e adolescentes durante diferentes formas de exercício é relativamente recente e constitui uma linha promissora de estudo, mas os resultados disponíveis até o momento ainda são contraditórios e não permitem uma posição conclusiva acerca desse assunto (Zanconato et al., 1993; Barker et al., 2008; Ratel et al., 2008; Tonson et al., 2010).

Prado (1997) observou concentrações de amônia sanguínea pós-exercício significativamente menores em nadadores pré-púberes do sexo masculino após exercícios realizados em intensidade máxima e de curta duração (*sprints* máximos realizados em natação, com duração entre 15 segundos e 1 minuto e 30 segundos), quando comparados a nadadores adultos. Essa situação se manteve mesmo após um período de seis semanas de treinamento da capacidade anaeróbica. A amônia sanguínea é indicadora da atividade do ciclo da purina nucleotídeo (Lowenstein, 1990; Katz et al. 1986), e pode estar associada à capacidade de manter níveis adequados de ATP e o fluxo de sua degradação, por reduzir os níveis intracelulares de ADP ao degradar AMP à IMP. A enzima adenilato ciclase, catalisadora dessa reação, é estimulada alostericamente pelos íons de hidrogênio provenientes da glicólise, o que indica que o ciclo das purinas e a concentração sanguínea de amônia podem, ainda, estar associadas à capacidade glicolítica da célula musculoesquelética. A diferença observada entre as concentrações de amônia sanguínea pós-exercício entre crianças e adultos indica que possam haver diferenças na capacidade metabólica anaeróbica entre essas faixas etárias. Entretanto, não é possível, no presente momento, precisar em que nível se encontrariam essas diferenças.

A capacidade anaeróbica, tanto no que se refere à capacidade metabólica alática quanto à lática, está associada ao desempenho em atividades de alta intensidade e curta duração, que envolvam velocidade e explosão. O desempenho de crianças nesse tipo de atividade é significativamente inferior quando comparadas a adultos, sendo que esse desempenho melhora progressivamente durante a adolescência, em ambos os sexos. Obviamente, é uma dificuldade metodológica inerente à pesquisa científica nessa área a comparação entre indivíduos jovens, no fim da infância, com pessoas adultas. O teste anaeróbico de Wingate tem sido frequentemente utilizado como ferramenta para a avaliação da capacidade funcional, principalmente de membros inferiores, nesse tipo de atividade. Durante os trinta segundos do teste, realizado em bicicleta estacionária em intensidade máxima subjetiva, são registradas a potência máxima atingida e a potência média mantida durante a atividade, dentre outras variáveis. A resistência dos pedais contra o movimento de rotação é aplicada mecanicamente, e corresponde à massa corporal total do indivíduo. Dessa forma, pode-se, pelo menos parcialmente, relativizar a carga pelas dimensões do indivíduo e, com isso, embora com limitações, comparar crianças com adultos. Apesar de ser considerada a massa corporal total dos indivíduos, crianças apresentam desempenho, ou seja, potência máxima e média no teste anaeróbico de Wingate, claramente inferiores àquelas observadas em adultos, sendo que essa capacidade de exercício aumenta durante a puberdade.

Essa progressiva melhora de desempenho ao longo do processo de maturação biológica sugere uma relação entre eventos maturacionais associados à puberdade e à capacidade física para esse tipo de atividade. Embora não haja indícios suficientemente significativos que sugiram uma menor capacidade anaeróbica alática em crianças, a capacidade glicolítica parece ser menor em indivíduos pré-púberes e melhorar progressivamente durante a adolescência (Prado, 1997). Em crianças de ambos os sexos são observadas regularmente concentrações sanguíneas de lactato significativamente inferiores à de adultos, assim como o pH sanguíneo não atinge níveis tão baixos nas faixas etárias mais jovens (Prado, 1997). Tais observações poderiam ser atribuídas a uma maior capacidade de remoção de lactato do sangue após o término do exercício. Entretanto, Diallo et al. (2001) não observaram uma melhor capacidade de remoção de lactato em indivíduos jovens. Por outro lado, dados escassos indicam que a concentração intramuscular de íons de hidrogênio após exercício intenso é também reduzida em crianças e adolescentes, quando comparados a adultos, o que condiz com a observação de menor concentração de enzimas glicolíticas na musculatura esquelética de indivíduos pré--púberes (Eriksson, 1973).

Os processos maturacionais que explicariam a melhora da capacidade glicolítica durante a puberdade são, entretanto, desconhecidos. É importante observar que o desempenho em atividades explosivas ou de velocidade e de curta duração pode ser influenciado por aspectos neuromusculares e pela força muscular (Rowland, 2007). Guimarães (2004) observou correlações positivas elevadas entre a potência máxima e a potência média obtidas durante exercício realizado em intensidade máxima subjetiva no cicloergômetro de 15 segundos de duração e componentes da força máxima registrada em movimento isocinético com velocidades angulares de 90 e 180°.seg^{-1} em jogadores de futebol de campo pré-púberes e meninos sedentários de idade e nível de maturação sexual semelhantes. Entretanto, os níveis de força muscular e as potências atingidas eram significativamente superiores nos indivíduos treinados, mas as concentrações de lactato sanguíneo registradas após o exercício no cicloergômetro eram praticamente idênticas entre treinados e sedentários.

CAPACIDADE ANAERÓBICA: ADAPTAÇÕES FISIOLÓGICAS E DE DESEMPENHO AO TREINAMENTO

As informações relativas à treinabilidade da capacidade anaeróbica são limitadas, o que se deve principalmente a sérias limitações metodológicas na literatura pertinente ao assunto até o momento (Prado, 1997). Em diferentes estudos realizados até o presente momento:

- o protocolo escolhido para treinamento não enfatizou adequadamente o treinamento específico da capacidade anaeróbica ou não procurou eliminar os efeitos do treinamento concomitante da capacidade aeróbica, o que pode alterar os resultados de forma significativa. Com frequência, os programas envolviam atividades de caráter variado, como jogos coletivos;
- o nível inicial de aptidão física e motora dos voluntários era muito diverso, assim como seu nível de maturação biológica ou até mesmo a faixa etária;
- não houve monitoramento adequado das cargas de treinamento;
- a escolha dos testes ou protocolos de exercício para a avaliação de desempenho antes e após o programa de treinamento não foi adequada e específica para o que estava sendo testado.

Além disso, um problema inerente ao estudo da capacidade anaeróbica é a inexistência de variáveis diretas de desempenho e metabólicas para a avaliação desta que sejam universalmente aceitas, o que advém da natural dificuldade em se definir exatamente o que seria a própria capacidade anaeróbica e suas formas de expressão em termos fisiológicos/metabólicos e de desempenho. Como Rowland (2005) afirma, frequentemente a capacidade anaeróbica é analisada a partir do comportamento de variáveis metabólicas, o que poderia ser visto como a forma "mais pura" de capacidade anaeróbica. Entretanto, o desempenho em testes de curta duração que avaliam a produção de potência, como o teste de Wingate, não são determinados apenas pela produção metabólica de energia, mas, também, pela força muscular. Essa suposição do supracitado autor é corroborada pelos dados de Guimarães (2004), nos quais fortes correlações significativas e positivas foram encontradas entre o desempenho em exercício realizado em intensidade voluntária máxima de 15 segundos de duração em um cicloergômetro e a força muscular de membros inferiores avaliada em diferentes velocidades angulares em dinamômetro isocinético. Nesse estudo, as correlações entre as concentrações máximas de lactato pós-exercício (um indicador indireto da capacidade metabólica anaeróbica) e o desempenho no exercício descrito foram baixas e não significativas. Além disso, o estudo de Cabral (2004) não verificou diferenças nas concentrações máximas de lactato entre jogadores de futebol de campo pré-púberes altamente treinados e indivíduos sedentários de mesma idade cronológica e nível maturacional.

Dos estudos disponíveis que procuraram identificar alterações metabólicas como resposta ao treinamento em jovens, a maior parte deles utilizou programas de exercício que enfatizavam prioritariamente ou significativamente aspectos aeróbicos do desempenho, exercícios prolongados ou atividades mistas. Além disso, são raros os estudos realizados com indivíduos pré-púberes, e em que o nível de maturação biológica tenha sido controlado.

Fournier et al. (1982) estudaram o comportamento da enzima fosfofrutoquinase (PFK), considerada uma enzima determinante do fluxo glicolítico e, portanto, um aspecto fundamental para a produção anaeróbica de energia durante exercícios de curta duração realizados em intensidade máxima, como resposta ao treinamento de corrida de velocidade com 3 meses de duração. O programa causou um aumento no consumo máximo de oxigênio, mas também uma elevação significativa da atividade da enzima, de 21%.

Prado (1997) estudou aspectos metabólicos relativos ao metabolismo anaeróbico (concentrações plasmáticas pós-exercício de lactato, amônia, adrenalina e noradrenalina) como resposta ao treinamento de velocidade na natação em indivíduos pré-púberes e adultos do sexo masculino. O treinamento foi constituído de séries realizadas em intensidade voluntária máxima e que são utilizadas tipicamente para o treinamento da capacidade anaeróbica lática. Os voluntários treinaram 3 vezes por semana, por 6 semanas, e o treinamento foi concebido de tal forma que atividades aeróbicas foram praticamente eliminadas da rotina de treinamento, estando presentes apenas nos exercícios preparatórios realizados antes que as séries de treinamento propriamente ditas fossem executadas. O nível de maturação biológica dos voluntários foi aferido por meio das concentrações plasmáticas de testosterona, sendo que o grupo das crianças tinha idade cronológica média de $10,8 \pm 0,7$ anos e o dos adultos, $24,0 \pm 5,7$ anos. Após o programa de treinamento, o desempenho dos adultos melhorou significativamente nos testes aplicados, assim como as concentrações máximas de adrenalina e noradrenalina plasmática também aumentaram. As concentrações máximas de amônia plasmática diminuíram sensivelmente, o que indica uma menor atividade do ciclo da purina nucleotídeo (PNC) (Lowenstein et al., 1990; Katz et al., 1986), possivelmente em razão de um aumento da capacidade do sistema ATP-fosfocreatina. O treinamento, entretanto, não causou qualquer alteração no grupo das crianças, tanto no que diz respeito ao desempenho, quanto aos aspectos metabólicos analisados. Evidentes, entretanto, são as crassas diferenças entre as concentrações plasmáticas dos metabólitos estudados (lactato, adrenalina, noradrenalina e amônia), que foram sempre menores nos meninos. Ressalta-se, aqui, que por considerar a fundamental importância de aspectos motivacionais sobre o desempenho e as respostas fisiológicas ao exercício em intensidade máxima voluntária, prestou-se especial cuidado nessa questão durante a realização dos testes e das séries de treinamento.

A capacidade anaeróbica é, frequentemente, analisada por meio do desempenho motor em protocolos de exercício que englobam atividades de curta duração e alta intensidade, como previamente mencionado. A evidência científica disponível até o momento indica que crianças podem melhorar seu desempenho em atividades como essa, embora os incrementos sejam de magnitude inferior aos observados em estudos com adultos.

Diallo et al. (2001) observaram melhora em atividades explosivas como resposta ao treinamento pliométrico e de velocidade em bicicleta ergométrica em jogadores de futebol de campo pré-púberes. Nesse estudo, tanto o desempenho em saltos em contramovimento quanto em *sprints* realizados em bicicleta ergométrica melhorou em todos os grupos experimentais (treinamento de salto pliométrico ou velocidade na bicicleta), sem que tenham havido alterações significativas no grupo controle (sem qualquer treinamento). McManus et al. (1997) não observaram alterações na potência média de 30 segundos durante o teste de Wingate em dois grupos de treinamento da capacidade aeróbica ou da capacidade anaeróbica. Entretanto, melhoras significativas foram observadas na potência após 5 segundos de teste (o que sugere uma adaptação em aspectos motores, independente de alterações na capacidade metabólica anaeróbica), assim como melhoras semelhantes do $VO_2máx$ para ambos os grupos, indicando que ambos os programas de treinamento foram capazes de melhorar a capacidade aeróbica dos indivíduos, de forma indiscriminada. Da mesma maneira, Obert et al. (2001) observaram melhoras da potência máxima no cicloergômetro (indicativo de melhora da capacidade anaeróbica) como resposta a um programa de corridas de longa distância, sugerindo, mais uma vez, a melhora indiscriminada da capacidade anaeróbica, independentemente da especificidade do programa de exercícios utilizado, o que é reforçado pelos resultados de Gutin et al. (1988), que observaram capacidade anaeróbica significativamente maior em corredores de longa distância pré-púberes altamente treinados, quando comparados a indivíduos de mesma idade sedentários. Nota-se, ainda, que a massa muscular foi monitorada no estudo supracitado de Obert et al. e que o programa de treinamento não induziu qualquer alteração significativa nesse aspecto.

Mosher et al. (1985), por sua vez, não observaram alterações no desempenho de corrida de 40 jardas como resposta ao treinamento de jogadores de futebol de campo pré-púberes. Entretanto, o desempenho em corrida de velocidade máxima de 30 metros, assim como o desempenho em saltos verticais e em exercício realizado em intensidade máxima voluntária de 15 segundos de duração no cicloergômetro foi consistentemente superior em indivíduos treinados (jogadores pré-púberes de futebol de campo altamente treinados), quando comparados a meninos da mesma idade cronológica e nível de maturação biológica, mas sedentários. As concentrações sanguíneas de lactato também foram levemente, mas significativamente superiores nas crianças treinadas (Carneiro, 2004; Guimarães, 2004). Entretanto, nove semanas de treinamento de corridas máximas de velocidade não foram capazes de alterar as concentrações sanguíneas máximas de lactato após exercício em intensidade voluntária máxima de curta duração em cicloergômetro em jogadores de futebol de campo antes da puberdade, embora o desempenho de corrida e saltos verticais tenha melhorado (Ávila, 2003).

FORÇA MUSCULAR: ASPECTOS MATURACIONAIS

O desenvolvimento natural (sem efeitos de programas de atividade física) da força muscular durante a infância apresenta um padrão linear, acompanhando a idade cronológica, até o início da puberdade, sendo que meninos e meninas apresentam níveis de força muscular semelhantes. Basicamente, o desenvolvimento nessa fase acompanha o crescimento do sistema locomotor, mas podem ser enumerados os seguintes fatores que contribuiriam para um aumento dessa variável em crianças:

- aumento da massa muscular, mas não apenas no que diz respeito à área de secção transversa, como também ao volume do músculo como um todo (aumento também do número de sarcômeros em série) (Kanehisa et al., 1995);
- alterações na penação dos músculos em razão das citadas alterações de volume/proporção da musculatura;
- alterações no padrão de recrutamento neural, sobretudo no que diz respeito à coordenação intramuscular e intermuscular, o que pode ser atribuído tanto à maturação do sistema nervoso como, também, à vivência motora adquirida durante a infância.

O papel relativo das adaptações listadas durante o processo de crescimento e desenvolvimento ainda não foi seguramente estabelecido, havendo controvérsias importantes na literatura. De forma geral, quando a força muscular é relativizada pela massa corporal, estatura ou massa dos membros avaliados, aparentemente o ganho de massa muscular durante a infância parece não ser o principal fator determinante do aumento da força nesse período, o que reforça a importância da melhora dos fatores neurais para a melhora dessa variável observada no período (De Ste Croix et al., 2002; Halin et al., 2003; Kanehisa et al., 1995; Pääsuke et al., 2000; Schneider et al., 2002).

Após o início da puberdade, a força muscular em garotas tende a se estabilizar. Em garotos, no entanto, verifica-se uma aceleração do aumento de força muscular, o que costuma ser atribuído ao ganho acentuado de massa muscular nessa fase em virtude da elevação das concentrações séricas de testosterona, hormônio sexual masculino envolvido na síntese proteica e no ganho de massa muscular (Rowland et al., 2005).

FORÇA MUSCULAR: ADAPTAÇÕES FISIOLÓGICAS E DE DESEMPENHO AO TREINAMENTO

A literatura é consistente em afirmar que crianças e jovens respondem positivamente ao treinamento específico da força muscular, sendo que aumentos significativos da força têm sido observados mesmo em indivíduos pré-púberes. Entretanto, as melhoras verificadas parecem ser consequência primariamente de adaptações neurais, enquanto aumentos na massa muscular ou na área de secção transversal parecem não ocorrer, pelo menos como resposta aos programas de treinamento adotados nos estudos (Faigenbaum et al., 1999; Ozmun et al., 1994; Ramsay et al., 1990).

Ramsay et al. (1990) estudaram o efeito de 20 semanas de treinamento em garotos pré-púberes de 9 a 11 anos de idade, no que constitui o estudo mais prolongado acerca do tema até o momento. Foram observados aumentos significativos da força de contração isométrica e isocinética máxima e da contração induzida eletricamente para os movimentos de flexão de ombro e extensão de joelho. Não foram detectados, entretanto, aumentos na massa muscular (área de secção transversal), no tempo de contração (o período compreendido entre o início da produção de torque e seu pico) e na metade do tempo de relaxamento (tempo requerido para que o valor atingido de torque alcance metade de seu valor).

Ozmun et al. (1994) submeteram crianças de 9 a 12 anos de idade a um treinamento de força por oito semanas. Foram observados aumentos significativos na força isotônica e isocinética na flexão de ombro, sem aumento concomitante tanto na circunferência de braço quanto na espessura das dobras cutâneas do braço. Nesse estudo, foi analisada a atividade elétrica nos músculos trabalhados através da amplitude do traçado eletromiográfico, que aumentou significativamente em 16,8%, indicando elevação na atividade neural naquela região da musculatura como resposta ao programa de exercícios de força.

Guimarães (2004) comparou nove jogadores de futebol de campo altamente treinados pré-púberes com nove meninos sedentários da mesma idade cronológica e mesmo nível de maturação biológica. Os garotos atletas não se diferenciaram significativamente dos sedentários quanto à potência, torque e trabalho produzidos em exercício isocinético de extensão do joelho numa velocidade angular de 60 graus/segundo. Entretanto, em uma velocidade angular de 180 graus/segundo, todos os valores mencionados foram superiores nos indivíduos treinados, quando relativizados pela massa corporal total dos indivíduos não treinados. Tais observações indicam um nível superior de força muscular dos indivíduos treinados, mas relacionado à especificidade de seu treinamento usual. É interessante mencionar, ainda, que os valores associados à força muscular apresentaram correlações altamente significativas com o desempenho em exercício realizado em intensidade voluntária máxima no cicloergômetro, com 15 segundos de duração, em ambos os grupos. Esses dados apontam para uma relação entre a força muscular e o desempenho em atividades utilizadas comumente para a avaliação da capacidade anaeróbica, como já sugerido por Rowland (2005). Correlações semelhantes foram também observadas por Cabral (2004) em 16 jogadores de futebol de campo, treinados, pré-púberes.

Ressalta-se, aqui, o consenso na literatura de que o desenvolvimento da força muscular é aspecto fundamental na prevenção de doenças do sistema musculoesquelético, principalmente após a meia-idade (Faigenbaum et al., 2009; Stenevi-Lundgren et al., 2010). O impacto da atividade física no âmbito escolar precisa ainda ser sistematicamente estudado, principalmente no que diz respeito aos tipos de exercício a serem empregados e ao efeito dose-resposta da atividade física. Nesse sentido, Stenevi-Lundgren et al. (2010) observaram uma melhora significativa da força muscular em indivíduos pré-púberes após programa de atividade física escolar de 200 minutos semanais, um ganho superior ao promovido pelo programa regular de Educação Física escolar utilizado na Suécia, de 60 minutos semanais, em média.

CONSIDERAÇÕES FINAIS

Após considerar as informações fornecidas pela literatura, percebe-se que, de uma forma geral, crianças e adolescentes respondem satisfatoriamente a programas de exercício específicos para o desenvolvimento da capacidade aeróbica, anaeróbica e da força muscular. Entretanto, o VO_2máx de indivíduos antes da puberdade parece responder de forma menos sensível que o de adolescentes e adultos, pelo menos para os programas de treinamento utilizados até o momento, que mimetizam o tipo de carga de exercícios aplicado a adultos. Estudos recentes sugerem que, quando o tipo de treinamento considera estímulos mais intensos, ainda que intermitentes, crianças podem adaptar-se num padrão semelhante ao de adultos. A treinabilidade do metabolismo anaeróbico lático, embora possível, parece ser limitada na infância e durante os primeiros estágios da puberdade, fator que deve ser considerado ao se elaborar programas de treinamento, uma vez que estímulos que visem à melhora desse aspecto costumam ser altamente taxativos do ponto de vista psicológico. A força muscular também responde a estímulos específicos de treinamento e talvez na mesma magnitude que adultos, se levada em consideração a força relativa à massa muscular. É importante considerar que ganhos de força ocorrem em crianças e pré-púberes sem aumentos significativos da massa muscular como resposta aos programas de exercício.

REFERÊNCIAS BIBLIOGRÁFICAS

1. Ávila AA. Efeitos de um programa de treinamento da capacidade anaeróbica em meninos jogadores de futebol de campo. Dissertação de Mestrado em Educação Física – Área de concentração em Treinamento Esportivo. Belo Horizonte: Escola de Educação Física, Fisioterapia e Terapia Ocupacional da Universidade Federal de Minas Gerais; 2003.
2. Barker AR, Welsman, JR, Fulford J, Welford D, Armstrong N. Muscle phosphocreatine kinetics in children and adults at the onset and offset of moderate-intensity exercise. J Appl Physiol. 2008;105: 446-456.

3. Cabral AS. A relação entre força muscular e crianças treinadas do sexo masculino. Dissertação de Mestrado em Educação Física – Área de concentração em Treinamento Esportivo. Belo Horizonte: Escola de Educação Física, Fisioterapia e Terapia Ocupacional da Universidade Federal de Minas Gerais; 2005.

4. Carneiro AC. Estudo de desempenho em testes específicos para a capacidade anaeróbica e do metabolismo de lactato e amônia em indivíduos pré-púberes do gênero masculino treinados e não treinados. Dissertação de Mestrado em Educação Física – Área de concentração em Treinamento Esportivo. Belo Horizonte: Escola de Educação Física, Fisioterapia e Terapia Ocupacional da Universidade Federal de Minas Gerais; 2004.

5. Danis A, Kyriazis Y, Klissouras V. The effect of training in male prepubertal and pubertal monozygotic twins. Eur. J. Appl. Physiol. 2003;89:309-18.

6. De Ste Croix MBA, Deighan MA, Armstrong N. Assessment and interpretation of isokinetic muscle strength during growth and maturation. Sports Med. 2002;33(10):727-43.

7. Diallo O, Doré E, Duche P, Van Praagh E. Effects of plyometric training followed by a reduced training programme on physical performance in prepubescent soccer players. J Sports Med Physical Fitness. 2001;41(3):342-8.

8. Eriksson BO, Gollnick PD, Salti B. Muscle metabolism and enzyme activities after training in boys 11-13 years old. Acta Physiol Scand. 1973;87:485-97.

9. Faigenbaum AD, Kraemer WJ, Blimkie CJR, Jeffreys I, Micheli LJ, Nitka M, Rowland TW. Youth resistance training: updated position statement paper from the National Strength and Conditioning Association. J Strength Cond Research. 2009; 23(Supp 5):S60-S79.

10. Faigenbaum AD, Milliken LA, Westcott WL. Maximal strength testing in healthy children. J Strength Cond Research. 2003;17(1):162-6.

11. Fournier M, Ricci J, Taylor AW, Ferguson RJ, Montpetit RR, Chaitman BR. Skeletal muscle adaptation in adolescent boys: sprint and endurance training and detraining. Med Sci Sports Exerc. 1982;14(6):453-6.

12. George KP, Gates PE, Tolfrey K. Impact of aerobic training upon left ventricular morphology and function in pre-pubescent children. Ergonomics. 2005;48:1378-89.

13. Guimarães ASO. Desempenho durante exercício máximo de curta duração em cicloergômetro e durante extensão do joelho em movimento isocinético em garotos treinados e não treinados. Dissertação de Mestrado em Educação Física – Área de concentração em Treinamento Esportivo. Belo Horizonte: Escola de Educação Física, Fisioterapia e Terapia Ocupacional da Universidade Federal de Minas Gerais; 2004.

14. Gutin B, Mayers N, Levy JA, Herman MV. Physiologic and echocardiographic studies in age-group runners. In: Competitive sports for children and youth. Brown, Branta CF (eds.). Champaign, IL: Human Kinetics; 1988. p.117-28.

15. Halin R, Germain P, Bercier S, Kapitaniak B, Buttelli O. Neuromuscular response of young boys versus men during sustained maximal contraction. Med Sci Sports Exerc. 2003 Jun;35(6):1042-8.

16. Ignico AA, Mahon AD. The effects of a physical fitness program on low-fit children. Res Q Exerc Sports. 1995;66:85-90.

17. Kanehisa H, Yata H, Ikegawa S, Fukunaga T. Cross-sectional study of the size and strength of the lower leg muscles during growth. Eur J Appl Physiol. 1995;72:150-6.

18. Katz A, Broberg S, Sahlin K, Wahren J. Muscle ammonia and amino acid metabolism during dynamic exercise in man. Clin Physiol. 1986 Aug;6(4):365-79.

19. Lowenstein JM. The purine nucleotide cycle revisited [corrected]. Int J Sports Med. 1990 May;11 Suppl 2:S37-46.

20. Mandigout SA, Melin AM, Lecoq D, Courteix D, Obert P. Effect of gender in response to an aerobic training programme in prepubertal children. Acta Pediatr. 2001;90:9-15.
21. Maughan R, Gleeson M, Greenhaff PL. Bioquímica do exercício e do treinamento. 1ª ed. São Paulo: Manole; 2000. 240 p.
22. McComas AJ, Sica REP, Petito F. Muscle strength in boys of different ages. J Neurol Surg Psychiatry. 1973;36:171-3.
23. McManus AM, Armstrong N, Williams CA. Effect of training on the aerobic and anaerobic performance of prepubertal girls. Acta Pediatrica. 1997;86(5):456-9.
24. Mosher RE, Rhodes EC, Wenger HA, Filsinger B. Interval training; the effects of a 12-week programme on elite prepubertal male soccer players. J Sports Med. 1985;25:5-9.
25. Mountjoy M, Armstrong N, Bizzini L, Blimkie C, Evans J, Gerrard D, et al. IOC consensus statement on training the elite child athlete. Clin J port Med. 2008;18:122-3.
26. Obert P, Mandigout M, Vinet A, Courteix D. Effect of a 13-week aerobic training programme on the maximal power developed during a force-velocity test in prepubertal boys and girls. Int J Sports Med. 2001;22(6):442-6.
27. Ozmun JC, Mikesky AE, Surburg PR. Neuromuscular adaptations following prepubescent strength training. Med Sci Sports Exerc. 1994;26(4):510-4.
28. Pääsuke M, Ereline J, Gapeyeva H. Twitch contraction properties of plantar flexor muscles in pre- and post-pubertal boys and men. J Appl Physiol. 2000;82:459-64.
29. Payne VG, Morrow JR. The effect of physical training on prepubescent VO_2max: a meta-analysis. Res. Q. 1993;64:305-13.
30. Pfitzinger P, Freedson P. Blood lactate responses to exercise in children: part 2. Lactate threshold. Pediatr Exerc Sci. 1997;9:299-307.
31. Prado LS. Lactate, ammonia and catecholamine metabolism after anaerobic training. In: Armstrong N, Kirby BJ, Welsman JR (eds.). Children and exercise XIX. London: Human Kinetics; 1997. p. 306-12.
32. Ramsay JA, Blimkie CJR, Smith K, Garner S, MacDougall JD, Sale DG. Strength training effects in prepubescent boys. Med Sci Sports Exerc. 1990;22(5):605-14.
33. Rowland TW. Children's exercise physiology. Champaign, IL: Human Kinetics; 2005.
34. Rowland TW, Bar-Or O, Bouchard C. Pediatric exercise medicine. Champaign, IL: Human Kinetics; 2006.
35. Schneider P, Rodrigues LA, Meyer F. Dinamometria computadorizada como metodologia de avaliação da força muscular de meninos e meninas em diferentes estágios de maturidade. Ver Paul Educ Fis. 2002;16(1):35-42.
36. Stenevi-Lundgren S, Daly RM, Karlsson MK. A school-based exercise intervention program increases muscle strength in prepubertal boys. Int J Pediatrics. 2010;1-9.
37. Weineck J. Biologia do esporte. Barueri: Manole: 2005.
38. Zanconato S, Buchtal S, Barstow TJ, Cooper DM. 31P-magnetic ressonance spectroscopy of leg muscle metabolism during exercise in children and adults. J Appl Physiol. 1993;74(5):2214-8.

Capítulo 3

Biomecânica aplicada ao treinamento

Hans-Joachim Menzel

ÁREAS DE ATUAÇÃO DA BIOMECÂNICA DO ESPORTE

Como ciência interdisciplinar, o objetivo geral da ciência do treinamento é a obtenção de conhecimento científico sobre o treinamento esportivo. Diferentes disciplinas científicas contribuem para esse fim, e a biomecânica do esporte é uma delas. A biomecânica do esporte analisa o corpo humano e o movimento esportivo do ponto de vista mecânico, ou seja, baseado nas leis e métodos da mecânica, nas condições anatômicas e fisiológicas. Assim, a biomecânica do esporte representa uma parte da biomecânica geral e da biofísica. Segundo Ballreich (1996a), a biomecânica do esporte pode ser definida como *"... uma disciplina científica que descreve e explica (área de tarefas) os movimentos esportivos (área de objetos) utilizando termos, métodos e leis da mecânica (conceito metodológico)"*. Assim, as tarefas da biomecânica do esporte se diferenciam nas categorias "rendimento", "antropometria" e "prevenção" (Ballreich, 1996a). A cada uma dessas áreas ainda podem ser atribuídas tarefas específicas (Figura 1).

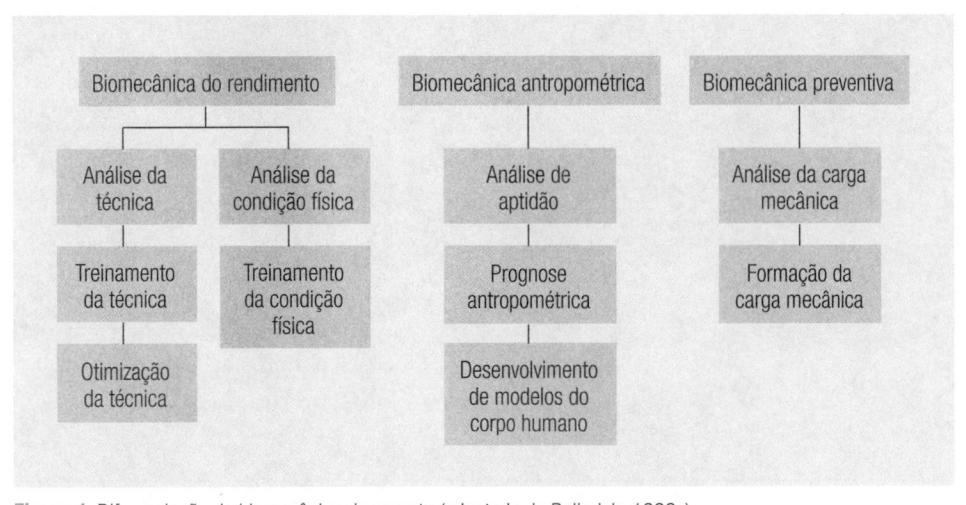

Figura 1 Diferenciação da biomecânica do esporte (adaptado de Ballreich, 1996a).

Além da análise de aptidão antropométrica, que se refere à identificação de características mecânicas do corpo humano em diferentes modalidades esportivas, e da prognose do desenvolvimento antropométrico para a identificação de talentos esportivos (objetivos da biomecânica antropométrica), os objetivos da biomecânica do esporte no contexto do treinamento esportivo são a otimização do desempenho esportivo (biomecânica do rendimento) e a diminuição do risco de lesão (biomecânica preventiva). Quanto ao desempenho, a biomecânica do esporte analisa a técnica de movimento e componentes da condição física, como a força muscular, a flexibilidade e a velocidade motora.

FUNDAMENTOS MECÂNICOS PARA A ANÁLISE DE MOVIMENTOS

Na descrição simplificada do movimento humano, o corpo será reduzido a um único ponto, onde sua massa total pode ser assumida. Esse ponto é chamado centro de massa (CM) ou centro de gravidade (CG) e ele é o ponto de referência para as equações que descrevem o movimento. Além disso, a localização do CG é importante como critério da estabilidade e equilíbrio e como característica de aptidão em diversas modalidades.

Movimento significa a alteração da posição de um corpo, ou seja, a alteração das coordenadas de um ponto, em um intervalo de tempo. Sendo assim, o movimento somente pode ser verificado em relação a outro corpo, baseado em um sistema de referência. No esporte, a origem desse sistema de referência pode ser uma marcação no campo (quadra) ou em um implemento (por exemplo, um gol ou a barra fixa na ginástica olímpica).

Em geral, são utilizadas coordenadas cartesianas ortogonais (Figura 2) como sistema de referência, onde o eixo "x" se orienta na direção principal do movimento, o eixo "y" na direção lateral do movimento principal e o eixo "z" na direção contrária da gravidade (para cima). Para a descrição de movimentos entre os segmentos é utilizado um sistema de coordenadas com seus devidos eixos e planos principais, cuja origem se encontra no centro geométrico (centro de volume) do corpo (Figura 3).

Figura 2 Sistema externo de coordenadas (adaptado de Ballreich & Kuhlow, 1986).

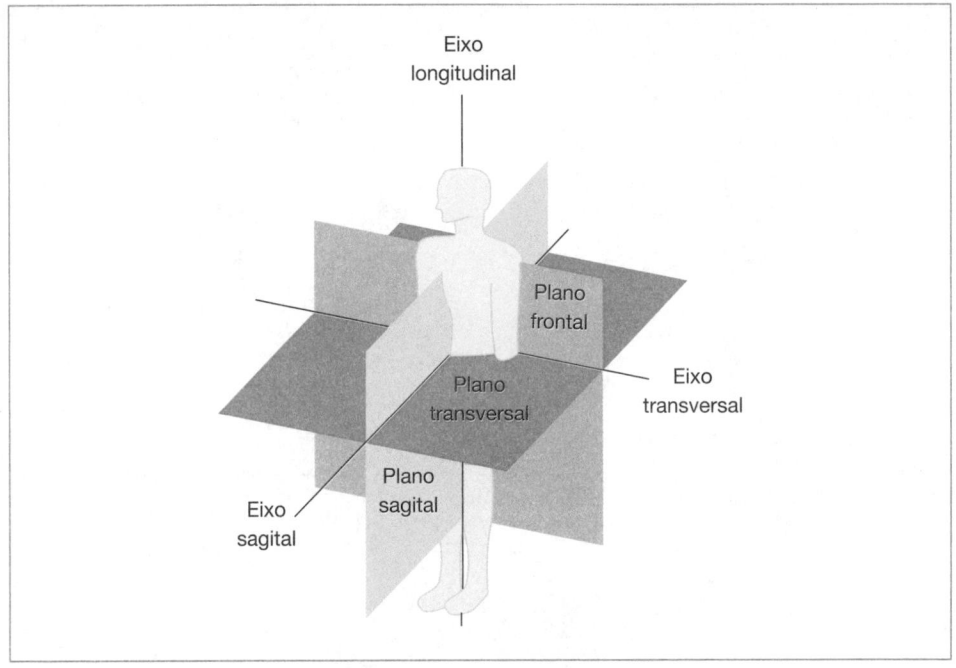

Figura 3 Eixos e planos principais do corpo humano.

De acordo com a característica espacial, é possível distinguir entre translação (movimento linear) e rotação (movimento angular). Na translação, as trajetórias de todos os pontos de um corpo são paralelamente transpostas. Tal movimento também pode ocorrer em uma trajetória curvilínea ou circular. Na rotação, as trajetórias de todos os pontos do corpo descrevem círculos concêntricos em torno do centro de rotação, que pode ser situado dentro ou fora do corpo (Figura 4). Na prática esportiva, raramente existe uma translação ou uma rotação isolada. Geralmente os movimentos esportivos são transposições de uma rotação e translação. Nesse caso, o corpo gira em torno de um eixo, o qual se desloca em uma trajetória específica. O deslocamento do centro de rotação na sua trajetória específica representa a parte translatória e a rotação em torno desse eixo, a parte rotatória. Exemplos que representam uma sobreposição de movimentos são a trajetória do pé ao pedalar, quando acontece uma rotação em torno do eixo do pedal e ao mesmo tempo uma translação da bicicleta (Figura 5), ou o movimento do corpo do atleta no salto aquático, quando o corpo gira em torno do seu centro de gravidade (rotação), que por sua vez se desloca na trajetória da queda livre (translação).

Uma translação é o efeito de uma força cuja linha de ação passa pelo CG, e quando o corpo não for suspenso em um determinado ponto, uma força cuja linha de ação passa fora do CG causa um movimento composto por translação e rotação.

De acordo com a característica temporal, os movimentos podem ser distinguidos em movimentos uniformes e não uniformes. No caso de movimentos uniformes, são percorridas as mesmas distâncias em intervalos iguais de tempo, e no caso de movimentos não uniformes as distâncias percorridas nos mesmos intervalos de tempo são diferentes. Esses movimentos

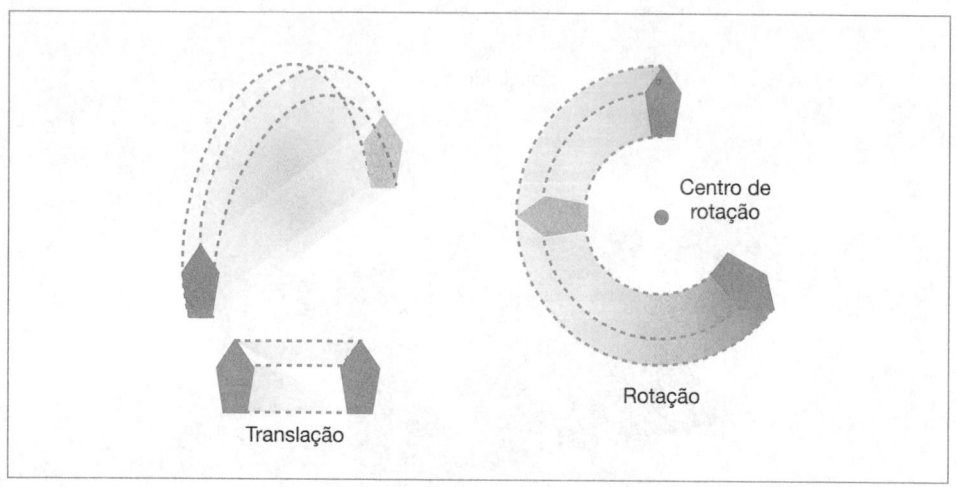

Figura 4 Translação e rotação (adaptado de Baumann, 1989).

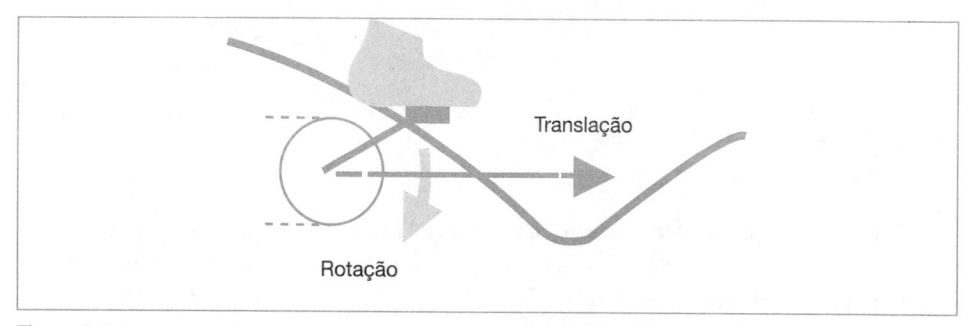

Figura 5 Sobreposição de translação e rotação (adaptado de Bäumler & Schneider, 1981).

ainda podem ser diferenciados em movimentos acelerados (com aceleração – aumento da velocidade – constante ou variável) e movimentos desacelerados (com desaceleração – diminuição da velocidade – constante ou variável).

A cinemática trata da descrição geométrica do movimento sem considerar suas causas. A dinâmica, por sua vez, analisa as causas (ação de forças) do movimento e se diferencia em estática e cinética. Na estática, tais forças estão em equilíbrio e não causam um movimento acelerado. O objetivo da cinética é a determinação de forças que aceleram (ou desaceleram) o corpo. Para a descrição de movimentos e das forças é necessário simplificar o corpo humano e as condições em que o movimento se realiza. Essas simplificações, que facilitam a aplicação das leis mecânicas nos movimentos humanos de uma forma mais compreensível, são:

- A desconsideração da deformação do corpo, que é considerado como um corpo rígido.
- A substituição de forças que são distribuídas no espaço ou em uma área por forças resultantes.
- As articulações são consideradas como capsulares ou em dobradiça.

A velocidade descreve a mudança da posição de um ponto (Δd) em função do tempo (Δt). Dessa forma, é a derivada da distância percorrida para o tempo. A unidade de medição é [m/s].

$$\frac{\Delta d}{\Delta t} = v$$

Equação 1

Se o intervalo de tempo não for devidamente curto, será determinada a velocidade média no intervalo. Para determinar a velocidade instantânea, o intervalo de tempo, Δt, deve se aproximar de zero.

$$\lim_{\Delta t \to 0} \frac{\Delta \vec{d}(t)}{\Delta t} = \vec{v}(t)$$

Equação 2

A aceleração descreve a mudança da velocidade (Δv) em função do tempo (Δt). Dessa forma, é a derivada da velocidade em função do tempo e a segunda derivada do deslocamento em função do tempo. A unidade de medição é [m/s²].

$$\frac{\Delta v}{\Delta t} = a$$

Equação 3

Aceleração média e instantânea são definidas em analogia com a velocidade. Portanto, a aceleração instantânea é definida como:

$$\lim_{\Delta t \to 0} \frac{\Delta \vec{v}(t)}{\Delta t} = \vec{a}(t)$$

Equação 4

Para os movimentos angulares, as variáveis cinemáticas são o ângulo (φ) medido em [°] ou [rad], a velocidade angular (ω) medida em [rad/s], que descreve a alteração de um ângulo no tempo, e a aceleração angular (α), definida como a derivada da velocidade angular em função do tempo e medida em [rad/s²].

A causa da alteração do estado de movimento, que significa a alteração da velocidade ou velocidade angular de um corpo, é a ação de uma força na translação e de um torque na rotação. Além da força ou do torque, a alteração do estado de movimento depende da característica inercial do corpo. A massa, que é uma variável básica da mecânica, caracteriza a inércia na translação e é medida em kg. A distribuição da massa de um corpo é caracterizada pela densidade (ρ), definida como o quociente entre massa (m) e volume (V) com unidade de medição [kg/m³].

$$\frac{m}{v} = \rho$$

Equação 5

Na rotação, a característica inercial é o momento de inércia (I) que depende da distribuição da massa em relação ao centro de rotação (eixo de rotação). É proporcional à massa (m) e ao quadrado da distância entre a massa e o centro de rotação (r).

$$I = m \cdot r^2$$

Equação 6

Devido ao fato de que o corpo inteiro é composto por inúmeras partes de massas com distâncias distintas do centro de rotação, o momento de inércia é definido como a integral de distância. Pelo fato que existem três eixos principais de rotação (eixo longitudinal, sagital e transversal), cada corpo/segmento possui três momentos principais de inércia. O momento de inércia se calcula como a integral espacial da densidade (d, massa por volume).

$$\iiint \delta(x,y,z)r^2 \, dxdydz = I$$

Equação 7

Enquanto a massa de um corpo é constante, o momento de inércia depende da localização do eixo de rotação (centro de rotação) e, no caso do corpo humano, da localização das massas parciais em relação ao eixo de rotação (Tabela 1).

Tabela 1 Momentos de inércia do corpo humano em diferentes rotações (segundo Hochmuth, 1972 e Brügge-mann, 1984)

Posição	Eixo de rotação	Momento de inércia [kgm²]
Ereto, braços estendidos e encostados	Longitudinal	1,0 – 1,2
Ereto, braços estendidos horizontalmente	Longitudinal	2,0 – 2,5
Encolhido	Transversal	4,0 – 5,0
Ereto, braços estendidos e encostados	Transversal	10,5 – 13,0
Ereto, braços estendidos acima da cabeça (giro gigante na barra fixa)	Transversal deslocado	130 – 135

O efeito de uma força (torque na rotação) que age em um objeto pode ser uma aceleração (angular) ou uma deformação sobre ele. Assim, a definição de força (torque) é deduzida do efeito da aceleração (angular). Sendo assim, a força (F) é definida como o produto entre massa

(m) e aceleração (a), medida em [kg·m/s²] ou [N] (Newton), e o torque (M) como produto entre momento de inércia (I) e aceleração angular (α), medido em [Nm].

$$M = I \cdot \alpha$$

Equação 8

Uma força específica é o peso (P), que é definido como o produto entre massa (m) e a aceleração gravitacional (g = - 9,8 m/s²):

$$P = m \cdot g$$

Equação 9

Sendo assim, o peso é a força que age entre qualquer objeto e a Terra. No movimento humano, agem, além das forças externas (p. ex., força gravitacional, atrito, resistência da água ou do ar), as forças musculares. Elas variam, ou seja, não são constantes no decorrer do tempo e causam um torque em relação ao centro articular. A pressão (p) é definida como a força distribuída por uma determinada área (A). Sendo assim, a unidade de medição é [N/m²] ou [Pa] (1 N/m² = 1 Pa).

$$p = \frac{F}{A}$$

Equação 10

$$F = m \cdot a$$

Equação 11

A pressão é uma variável importante na biomecânica preventiva para determinar a distribuição de forças nos segmentos (p. ex., distribuição de forças no pé em diferentes situações e diferentes modelos de sapatos) e/ou tecidos (por exemplo: distribuição de forças no menisco).

Com base na definição da força (F = m · a) e da aceleração (a = Δv/Δt), tem-se as seguintes equações:

$$F = m \cdot \Delta v/\Delta t$$

Equação 12

$$F \cdot \Delta t = m \cdot \Delta v$$

Equação 13

Isso significa que o impulso (p = F · Δt) é igual ao momento (p = m · Δv). Sendo assim, o impulso é definido como o produto entre a força e a sua duração e a unidade de medição é [Ns]. Como as forças que agem durante os movimentos humanos nunca são constantes, ou seja, pelo fato que elas variam com o tempo de sua duração, o impulso é a integral temporal da força:

$$\int_{t_0}^{t_1} F(t)\, \Delta t = m \cdot \Delta v$$

Equação 14

Essa equação descreve a ligação entre dinâmica e cinemática no sentido de causa e efeito da seguinte forma: uma força que age durante um intervalo de tempo (impulso) representado por F · Δt causa a alteração da velocidade de uma massa, representada por m · Δv. Em analogia, vale para os movimentos angulares que o impulso angular (L), definido como o produto entre o torque e sua duração, ou seja, a integral temporal do torque, é igual ao momento angular, definido como o produto entre momento de inércia e alteração da velocidade angular.

$$\int_{t_1}^{t_0} M(t)\, dt = I \cdot \Delta \omega$$

Equação 15

Assim, um torque que age durante um intervalo de tempo altera a velocidade angular de um corpo com um determinado momento de inércia.

Outras variáveis importantes para a análise biomecânica de movimentos são trabalho, energia e potência, cujas definições serão apresentadas em seguida apenas para a translação. As definições dessas variáveis para movimentos angulares valem em analogia com as variáveis descritas.

Trabalho

O trabalho (W) é definido como o produto escalar entre força e distância/trajetória e caracteriza o aspecto espacial da ação da força, ou seja, é o produto entre a força que age ao longo de uma distância na mesma direção do deslocamento. A unidade de medição do trabalho mecânico é [Nm]. O ângulo φ na equação da definição do trabalho mecânico é o ângulo entre a força e a direção do deslocamento. Além disso, o trabalho pode ser medido em [J] no trabalho termodinâmico e em [Ws] no trabalho eletrodinâmico. Entre essas unidades de medição existe equivalência, ou seja, 1 Nm = 1 J = 1 Ws.

$$W = F \cdot d \cdot \cos \varphi$$

Equação 16

Equivalente à definição do impulso, o trabalho é a integral da força para a distância, pelo fato que as forças que agem durante os movimentos humanos variam com o tempo de sua duração:

$$\int_{x_0}^{x_1} F(x)\Delta x = W$$

Equação 17

Nem sempre a ação de uma força resulta em trabalho. Quando a mão segura um peso em repouso, a musculatura tem que realizar uma força. Porém, essa força não causa um movimento e, em função disso, ela também não resulta em trabalho mecânico. O gasto energético necessário para realizar a força muscular que sustenta o peso pode ser determinado por meio de variáveis fisiológicas que determinam o trabalho fisiológico. Sendo assim, trabalho fisiológico nem sempre se manifesta na transferência em trabalho mecânico, como no caso de ações musculares isométricas.

Existem várias manifestações do trabalho mecânico: trabalho de elevação, trabalho de aceleração, trabalho de deformação, trabalho de fricção. Para a análise biomecânica de movimentos humanos, o trabalho de elevação e o trabalho de aceleração são as manifestações mais importantes.

Trabalho de elevação

O trabalho de elevação sempre acontece contra a gravidade. Quando se levanta uma massa (peso = m · g) sem alteração da sua velocidade, ou seja, com velocidade constante ($a = 0$ m/s^2), por uma determinada altura (h), o trabalho de elevação (W_h) é:

$$W_h = m \cdot g \cdot h$$

Equação 18

Trabalho de aceleração

Quando se acelera uma massa (na mesma direção da trajetória) com uma força constante ($F = m \cdot a$), o trabalho de aceleração (W_a) é:

$$W_a = F \cdot x$$

Equação 19

Substituindo F por m · a, a equação será:

$$W_a = m \cdot a \cdot x$$

Equação 20

Se a aceleração, ou seja, a força que acelera a massa, for constante, a equação é:

$$W_a = \tfrac{1}{2}\, m \cdot \Delta v^2$$

Equação 21

A variável Δv significa a alteração da velocidade. Se a massa no início da aceleração estiver em repouso (v = 0 m/s), a variável v será a velocidade final.

Energia

A variável energia é ligada ao trabalho. A energia significa a capacidade de realizar trabalho. Sendo assim, energia possui as mesmas unidades de medição que o trabalho: [Nm], [J] e [Ws]. Os alimentos contêm energia química que o músculo pode transformar em energia mecânica através de trabalho de elevação ou trabalho de aceleração. Sendo assim, a energia mecânica pode ser diferenciada em energia potencial (E_{pot}) e energia cinética (E_{cin}).

Para elevar uma massa (m) por uma determinada altura (h) é necessário realizar o trabalho de elevação, $W_h = m \cdot g \cdot h$. Quando a massa estiver elevada, tal energia estará armazenada na massa que possui a energia potencial:

$$E_{pot} = m \cdot g \cdot h$$

Equação 22

Sendo assim, a energia potencial é proporcional à massa e à altura de elevação. Tal altura depende das circunstâncias ambientais do movimento; geralmente ela corresponde à altura máxima de queda (trajetória durante a fase de voo), à altura máxima do CG em relação à altura mínima do CG durante o movimento (giro gigante na barra fixa) ou à altura máxima de descida (esqui).

Para aumentar a velocidade (v) de uma massa (m) é necessário realizar o trabalho de aceleração, $W_a = \tfrac{1}{2}\, m \cdot v^2$. Após a fase de aceleração, quando a massa tiver uma velocidade maior, sua energia cinética será:

$$E_{cin} = \tfrac{1}{2} \cdot m \cdot v^2$$

Equação 23

A energia pode ser transformada de uma para outra forma de manifestação, ou seja, da energia potencial para a energia cinética e vice-versa. De acordo com a lei da conservação de energia, que diz que, em um sistema fechado, a soma de todas as formas de energia sempre é constante, essa transformação acontece sem gerar ou gastar energia. Porém, essa lei se refere a todas as formas de energia, ou seja, também à energia química e termodinâmica. Na prática dos movimentos humanos, estas duas últimas formas de energia também fazem parte. Sendo assim, uma análise de energia de movimentos humanos é complexa e não pode partir do pressuposto que a soma das energias potencial e cinética seja constante, desprezando as outras formas de energia.

Potência

A potência mecânica é definida como o trabalho (W) em função do tempo (t). Sendo assim, a unidade de medição é [N·m/s] ou [W], para a potência termodinâmica [J/s].

$$\frac{W}{t} = \frac{F \cdot d}{t} = F \cdot v = P$$

Equação 24

Sendo assim, a potência também é o produto entre a força e a velocidade.

A Tabela 2 mostra de forma resumida os símbolos, unidades de medição e definições de todas as variáveis mecânicas mencionadas.

Tabela 2 Variáveis mecânicas*

Variável	Símbolo	Unidade (SI)	Definição
Tempo	t	[s]	Unidade básica
Frequência	f	[1/s]	Número de ciclos/tempo
Distância	d	[m]	Unidade básica
Velocidade	v	[m/s]	$\Delta d/\Delta t$
Aceleração	a	[m/s^2]	$\Delta v/\Delta t$
Massa	m	[kg]	Unidade básica
Força	F	[N]; [kg m/s^2]	$m \cdot a$
Impulso	p	[N s]	$F \cdot t$
Momento	p	[kg m/s]	$m \cdot v$
Trabalho	W	[Nm]; [kg m^2/s^2]	$F \cdot d \cdot \cos\varphi$
Energia	E	[J]	cin: ½ · m · v^2 ; pot: mgh
Potência	P	[W]	$\Delta W/\Delta t$; F · v
Ângulo	φ	[rad]; [º]	Arco de circunferência/raio
Velocidade angular	ω	[1/s]; [º/s]	$\Delta\varphi/\Delta t$
Aceleração angular	α	[1/s^2]; [º/s^2]	$\Delta\omega/\Delta t$
Momento de inércia	I	[kg m^2]	$m \cdot r^2$
Torque	M	[N m]; [kg m^2/s^2]	$F \cdot d$; I · α
Impulso angular	L	[N m s]	$M \cdot t$
Momento angular	L	[kg m^2/s]	I · ω

* Algumas definições foram simplificadas e não contêm as integrais.

BIOMECÂNICA DE RENDIMENTO

O objetivo da biomecânica de rendimento é a análise da técnica de movimento e da condição física, ou seja, das manifestações mecânicas das capacidades motoras, especialmente da velocidade motora e da força muscular.

Análise da técnica de movimento

Variáveis de meta e de influência

Os objetivos da análise da técnica de movimentos esportivos são a descrição mecânica por meio de variáveis cinemáticas e dinâmicas e a identificação das variáveis de influência. Variáveis de influência são aquelas variáveis que determinam o desempenho e cuja alteração leva à alteração do desempenho. Portanto, além da identificação dessas variáveis, deve ser estimada a importância delas, ou seja, o grau de determinação do desempenho por elas. Essa análise da técnica pode ser baseada em variáveis discretas, que são variáveis definidas em um determinado momento, como a velocidade de saída do dardo, ou as séries temporais dessas variáveis podem ser analisadas para determinar o padrão de movimento e sua alteração ou diferenças intra e interindividuais.

As Figuras 6 e 7 e as Tabelas 3 e 4 informam sobre a definição e os valores de diferentes variáveis biomecânicas de descrição da técnica de impulsão para a cortada no voleibol. Tais variáveis podem ser utilizadas, por exemplo, para uma análise padronizada da impulsão no voleibol.

Devido à especificidade de cada técnica de movimento no esporte, é necessário desenvolver um sistema específico para a análise. Isso implica a escolha e definição de variáveis apropriadas para a descrição e análise da técnica e o conhecimento das variáveis de influência, ou seja, das variáveis que definem independentemente entre si o resultado do movimento.

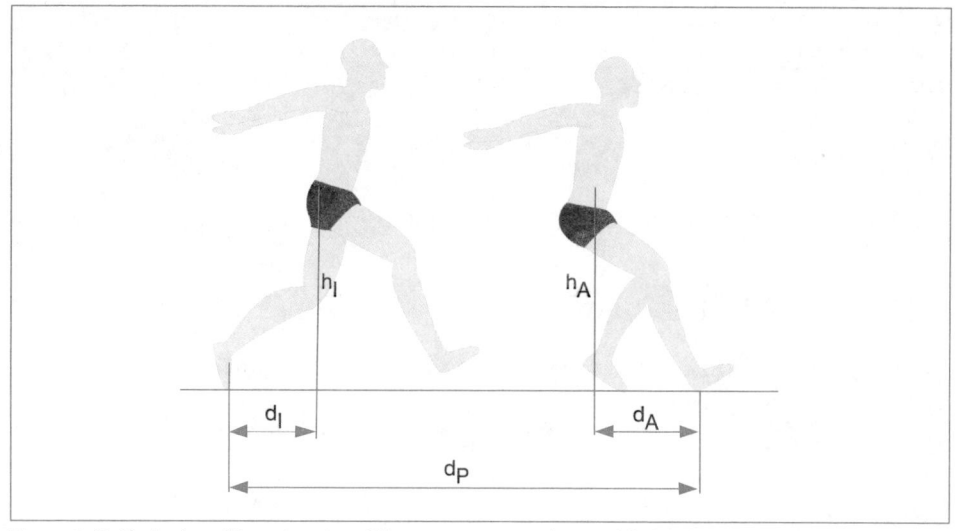

Figura 6 Variáveis cinemáticas durante o último passo na cortada no voleibol (adaptado de Dübotzky & Leistner, 1992).

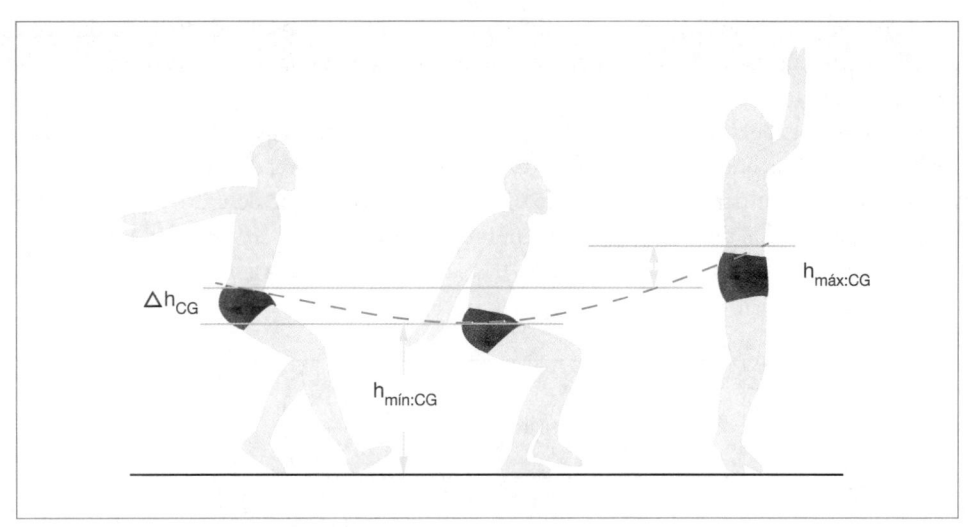

Figura 7 Variáveis da altura do centro de gravidade (CG) durante a fase de impulsão na cortada (adaptado de Dübotzky & Leistner, 1992).

Tabela 3 Média (x) e desvio padrão (s) das variáveis cinemáticas durante o último passo na cortada (Dübotzky & Leistner, 1992)

Símbolo	Variável	x ± s
d_p	Comprimento do passo	1,52 ± 0,20 m
d_I	Distância de apoio na impulsão	0,67 ± 0,08 m
h_I	Altura da impulsão	1,03 ± 0,05 m
d_A	Distância de apoio na aterrissagem	0,38 ± 0,08 m
h_A	Altura da aterrissagem	1,04 ± 0,06 m
t_V	Tempo do voo	0,09 ± 0,03 s

Tabela 4 Variáveis da altura do centro de gravidade (CG) durante a fase de impulsão na cortada (Dübotzky & Leistner, 1992)

Símbolo	Variável	x ± s
t_I	Tempo da impulsão	0,36 ± 0,06 s
Δt_1	Intervalo entre o primeiro contato até altura mínima do CG	0,14 ± 0,02 s
Δt_2	Intervalo entre o momento da altura mínima do CG até o fim	0,23 ± 0,03 s
Δt_3	Tempo de duplo apoio na impulsão	0,17 ± 0,03 s
Δh_{CG}	Diminuição máxima da altura do CG	0,10 ± 0,03 m
$h_{mín}$: CG	Altura mínima do CG	0,10 ± 0,03 m
$h_{máx}$: CG	Elevação máxima do CG no voo	0,40 ± 0,04 m

Para a identificação das variáveis de influência existem duas possibilidades: ou uma lei ou princípio mecânico é conhecido e descreve em forma de uma equação a relação entre a variável de meta (variável dependente que representa o desempenho) e as variáveis de influência (variáveis independentes), ou uma análise estatística, como uma análise fatorial e de regressão leva a uma equação que descreve a relação estatística entre a variável de meta e as variáveis de influência. Exemplo para o primeiro caso é a equação a seguir, que descreve a relação entre a distância horizontal do voo do peso (d) em função da velocidade de soltura (v_0), ângulo de soltura (α_0) e altura de soltura (h_0) (Figura 8). Essa equação não leva em consideração efeitos aerodinâmicos.

$$d = \frac{v_0^2 \cos\alpha_0}{g} \left(\operatorname{sen}\alpha_0 + \sqrt{\operatorname{sen}^2\alpha_0 + \frac{2 h_0 g}{v_0^2}} \right)$$

Equação 25

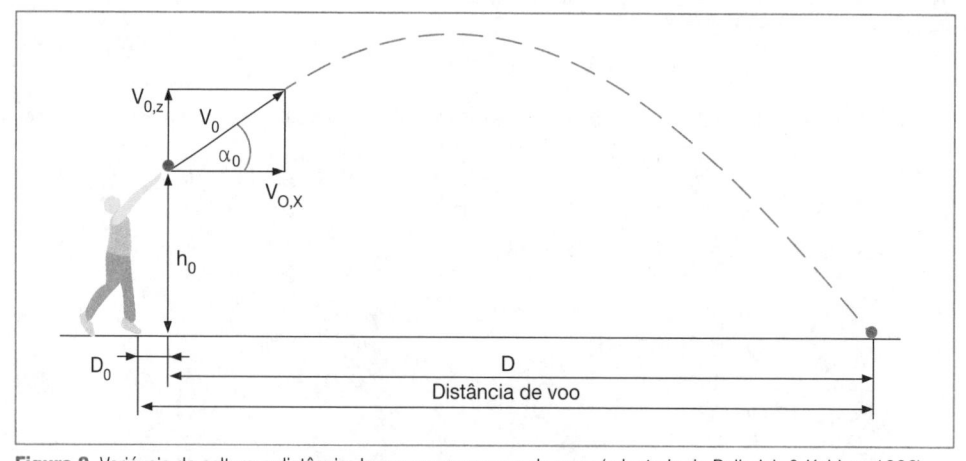

Figura 8 Variáveis de soltura e distância do voo no arremesso de peso (adaptado de Ballreich & Kuhlow, 1986).

A distância, de acordo com as regras, é a soma da distância horizontal do voo (D) com a distância horizontal inicial (D_0). Atletas de alto nível conseguem uma distância D_0 positiva, ou seja, o peso será solto atrás da delimitação do círculo. A influência da altura de soltura na distância do voo é pequena e depende da altura do atleta. Uma diminuição da altura de soltura por 0,10 m resulta em uma diminuição da distância de vôo D_0 de 0,10 m (v_0 =14 m/s; α_0 = 41°). O ângulo ótimo de soltura depende da velocidade e da altura de soltura. Sendo assim, cada atleta possui um ângulo ótimo de soltura dependendo da sua velocidade e altura de soltura (Tabela 5 e Figura 9). Porém, na prática esse valor pode ser até 5° menor, se o atleta é capaz de realizar uma velocidade de soltura maior enquanto ele altera o ângulo de soltura. Nesse caso, o aumento da velocidade de soltura deve supercompensar o desvio do ângulo de soltura do seu valor ótimo.

Tabela 5 Distância do voo em função da velocidade de soltura v_0 e ângulo de soltura α_0, com uma altura de soltura de 2,00 m (Wank et al., 2009)

v_0/α_0	36°	38°	40°	42°	44°	46°
10 m/s	11,93 m	12,00 m	12,03 m	12,01 m	11,95 m	11,85 m
11 m/s	14,03 m	14,14 m	14,19 m	14,19 m	14,13 m	14,02 m
12 m/s	16,32 m	16,46 m	16,54 m	16,56 m	16,51 m	16,40 m
13 m/s	18,79 m	18,97 m	19,08 m	19,12 m	19,09 m	18,97 m
14 m/s	21,44 m	21,68 m	21,82 m	21,89 m	21,86 m	21,74 m
15 m/s	24,29 m	24,54 m	24,76 m	24,85 m	24,83 m	24,71 m

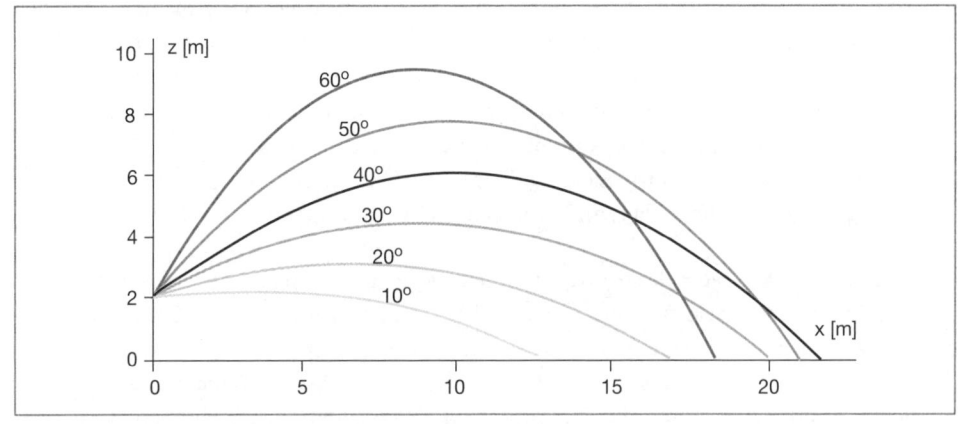

Figura 9 Trajetória do peso com velocidade de soltura de 14 m/s, altura de soltura de 2,00 m e diferentes ângulos de soltura (Wank et al., 2009)

A relação descrita na Equação 25, entre distância horizontal (variável de meta, variável dependente) e velocidade inicial, ângulo e altura de soltura (variáveis de influência, variáveis independentes), vale para todos os movimentos do centro de gravidade (centro de massa) na fase de voo, portanto, vale para saltos, corridas e arremessos e lançamentos.

Um exemplo para a relação entre variável de influência e desempenho descrita por uma equação de regressão é a influência da velocidade de aproximação e do desempenho no salto em distância e no salto triplo.

Para o salto triplo, Nixdorf (1986) relata uma correlação $r = 0,90$ ($N = 35$) entre velocidade de aproximação e desempenho (distância horizontal). Lara (2011) apresentou uma equação de regressão que explica 88% da variância da distância horizontal no salto em distância para atletas com desempenho entre 7,25 m e 8,60 m:

$$D = 0,88\, v_x + 1,08\, v_z + 0,05\, \alpha_0 - 2,11$$

D – Distância do salto
V_x – Velocidade horizontal do CG no início da impulsão
V_z – Velocidade vertical do CG no início da impulsão
α_0 – Ângulo de soltura do CG no final da impulsão

Equação 26

Nessa análise de regressão, a velocidade de aproximação (v_x) possui uma correlação de 0,66 (N = 17) com a distância horizontal do salto.

Mesmo quando a relação entre a variável de meta e as variáveis de influência for conhecida, ainda não se sabe a relação de importância dessas variáveis, ou seja, o peso da influência de cada uma das variáveis de influência no desempenho. O exemplo da relação entre a velocidade de locomoção na marcha e corrida (v), e o comprimento (d) e frequência da passada (f) mostra bem o problema. Para alterar a velocidade de locomoção existem cinco possibilidades lógicas descritas nas seguintes equações (Ballreich, 1996b):

a. $v + \Delta v = f_c \cdot (d_c + \Delta d_c)$, aumento do comprimento enquanto a frequência permanece constante;
b. $v + \Delta v = (f_c + \Delta f_c) \cdot d_c$, aumento da frequência enquanto o comprimento permanece constante;
c. $v + \Delta v = (f_c + \Delta f_c) \cdot (d_c + \Delta d_c)$, aumento tanto do comprimento quanto da frequência;
d. $v + \Delta v = (f_c - \Delta f_c) \cdot (d_c + \Delta d_c)$, aumento do comprimento e da diminuição da frequência (supercompensação do efeito da diminuição pelo efeito do aumento);
e. $v + \Delta v = (f_c + \Delta f_c) \cdot (d_c - \Delta d_c)$, aumento da frequência e diminuição do comprimento (supercompensação do efeito da diminuição pelo efeito do aumento).

Para baixas velocidades de corrida, geralmente vale que o aumento da velocidade acontece, em primeiro lugar, pelo aumento do comprimento e que o aumento da frequência contribui menos para o aumento da velocidade. Porém, em altas velocidades de locomoção, quando um aumento do comprimento é impossível pelas restrições anatômicas, o aumento da frequência é responsável pelo aumento da velocidade enquanto o comprimento permanece constante ou diminui ligeiramente (Figura 10). O mesmo pode ser observado como efeito

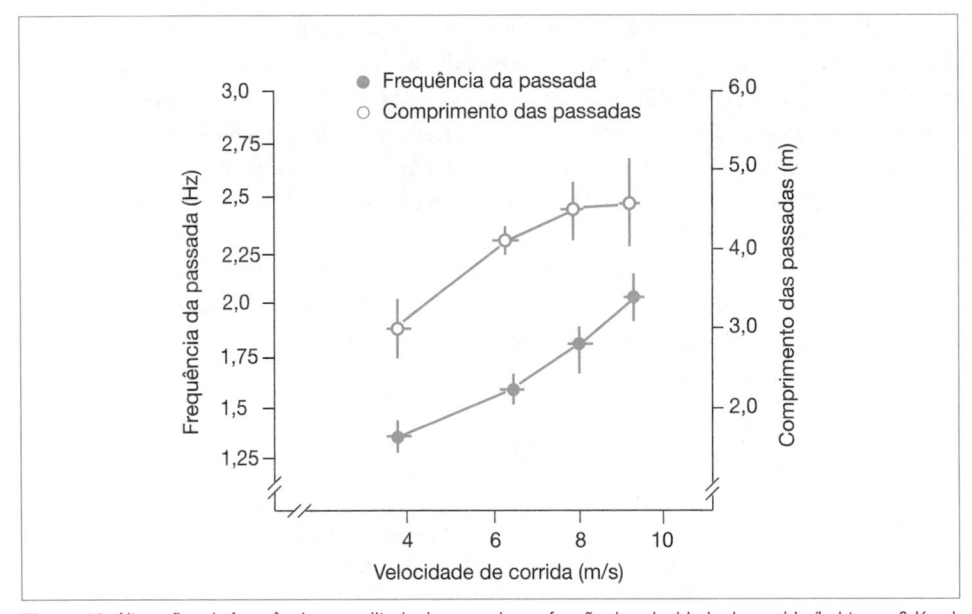

Figura 10 Alterações da frequência e amplitude de passada em função da velocidade de corrida (Luhtanen & Komi, 1978).

de fadiga na corrida de fundo. Em função da fadiga, o comprimento da passada diminui, e tentando manter a velocidade o mais alta possível, o atleta tende a aumentar a frequência para compensar o efeito da diminuição do comprimento (Kyröläinen et al., 2000).

Metodologia da análise da técnica

Segundo Ballreich (1996b), a identificação de déficits individuais em relação à técnica de movimento pode se basear em uma comparação entre os valores individuais do atleta das variáveis de influência e padrões de referência. Os padrões de referência podem ser estabelecidos por meio da variação intraindividual (de um indivíduo) ou por meio da variação interindividual, ou seja, de um grupo de referência que representa o mesmo nível de rendimento (p. ex., decatletas com rendimento no salto em distância entre 6,30 e 7,10 m).

Os intervalos de variação do rendimento (da variável de meta) e das variáveis de influência podem ser diferenciados em cinco grupos de acordo com os conceitos descritos na Tabela 6 (p. ex., rendimento de decatletas no salto em distância segundo Ballreich & Brüggemann, 1986).

Por meio da classificação tanto do rendimento (variável de meta) quanto das variáveis de influência, é possível conseguir um perfil que permite a identificação dos déficits individuais. Tais variáveis de influência que obtêm um conceito inferior ao da variável de meta são consideradas como déficits. A Tabela 7 mostra um exemplo da conceituação das variáveis de influência para o salto em distância de dois decatletas.

De acordo com esses resultados, o atleta A, que tem uma velocidade de arranque extremamente acima da média, apresenta um déficit na redução da velocidade horizontal durante a impulsão. Em consequência disso, a velocidade horizontal inicial está apenas na média. Se ele conseguir uma menor redução da velocidade horizontal durante a impulsão (causada por déficits de movimento na fase do amortecimento) espera-se uma distância maior do salto. Para o atleta B, o rendimento médio é uma consequência da velocidade vertical abaixo da média, que deveria ser maior para melhorar o desempenho.

Tabela 6 Conceitos de classificação no salto em distância para decatletas (adaptado de Ballreich & Brüggemann, 1986)

Código	Conceito de classificação	Rendimento
1	Extremamente acima da média	> 6,89 m
2	Acima da média	6,89 m – 6,76 m
3	Média	6,75 m – 6,62 m
4	Abaixo da média	6,61 m – 6,48 m
5	Extremamente abaixo da média	< 6,48 m

Tabela 7 Exemplo de conceituação das variáveis de influência no salto em distância (Ballreich & Brüggemann, 1986)

Atleta	Rendimento	Velocidade de arranque	Redução da velocidade durante a impulsão	Velocidade inicial horizontal e vertical		
A	7,05 m (1)	9,9 m/s (1)	1,9 m/s (4)	8,1 m/s (3)	3,5 m/s (1)	Conceito
B	6,70 m (3)	10,1 m/s (1)	1,5 m/s (2)	8,7 m/s (1)	2,8 m/s (4)	Conceito

No caso de uma discrepância entre resultados obtidos por uma análise baseada em padrões interindividuais e resultados baseados em padrões intraindividuais, o resultado que tem como referência a tendência individual (sistema de referência intraindividual) deve ser preferido para a interpretação.

Tradicionalmente, a análise quantitativa da técnica de movimentos se restringe às variáveis discretas, ou seja, às variáveis que são definidas em um determinado momento durante a execução do movimento (p. ex., velocidade inicial, maior ou menor ângulo, velocidade angular no final do movimento). Sendo assim, a redução aos estados, por meio da utilização de variáveis discretas, não leva em consideração que, devido à variabilidade dos graus mecânicos de liberdade do sistema humano de movimento, é possível começar um movimento da mesma posição inicial e terminá-lo em uma posição idêntica, com movimentos parciais diferentes. Enquanto as variáveis discretas informam sobre os estados em diferentes momentos durante a fase do movimento, as séries temporais descrevem o processo da transformação do estado inicial para o estado final.

Para analisar do ponto de vista mecânico o movimento por completo, é necessário descrevê-lo por meio de "n" variáveis (ângulos e velocidades angulares das articulações e orientação dos segmentos). Sendo assim, o padrão de movimento é representado pelo conjunto das séries temporais (curvas de intensidade-tempo dessas variáveis; "n" séries temporais). Essas séries temporais são os dados de entrada para diferentes métodos que visam à identificação do grau de semelhança entre os movimentos, possibilitando assim a sua classificação em diferentes grupos. Diferentes métodos para a classificação são descritos por vários autores (Begg & Kamruzzaman, 2005; Chau, 2001; Gioftsos & Grieve, 1995; Holzreiter & Kohle, 1993; Schöllhorn, 2004; Wu & Su, 2000).

A Figura 11 mostra um dendrograma representando a estrutura hierárquica de diferentes lançamentos de uma atleta de alto nível no lançamento de dardo (57,96 m – 68,82 m) baseado na análise cinematográfica com alta velocidade. A análise diferencia dois padrões principais de movimento, de acordo com a velocidade de soltura do dardo (v > 25 m/s ou v < 25 m/s).

Os métodos mencionados permitem a comparação de processos de movimento entre diferentes atletas ou do mesmo atleta, o que é uma informação importante para a otimização individual da técnica.

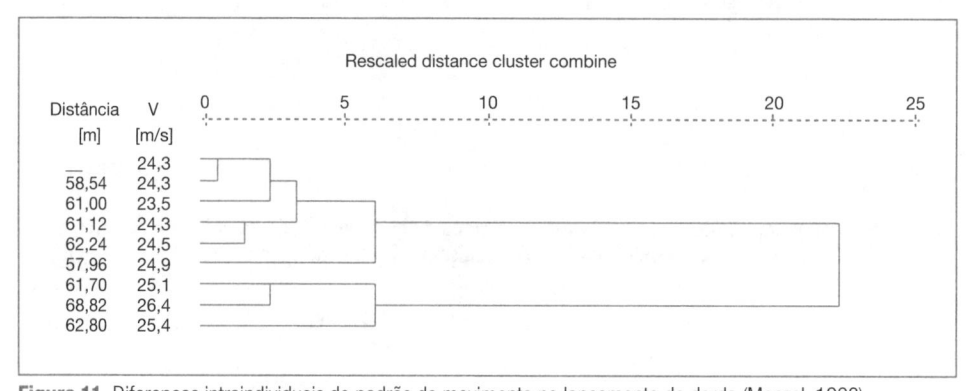

Figura 11 Diferenças intraindividuais do padrão de movimento no lançamento de dardo (Menzel, 1998).

Análise da condição física

Quanto à condição física, a biomecânica do esporte analisa a velocidade motora e a força muscular. É importante distinguir entre os termos "velocidade motora" e "força muscular" porque essas capacidades motoras são medidas, de acordo com suas manifestações, por diferentes variáveis mecânicas.

Manifestação biomecânica da velocidade motora

Na análise do movimento horizontal do CG durante uma prova de 100 m, o tempo desde o início da corrida será registrado a cada 10 m (Tabela 8). Baseado nessas informações, é possível calcular as velocidades médias nos intervalos espaciais e temporais. Considerando essas velocidades médias como velocidades instantâneas na metade de cada intervalo temporal, é possível calcular as acelerações médias para os intervalos, que por sua vez podem ser consideradas acelerações instantâneas na metade de cada intervalo temporal. Baseado nessas informações sobre velocidades parciais e acelerações ao longo da corrida, é possível elaborar uma análise mais detalhada e comparar diferentes atletas com o objetivo da identificação de possíveis deficiências individuais. Dessa forma, as informações servem para a elaboração dos gráficos velocidade-tempo (Figura 12) e aceleração-tempo (Figura 13) e assim, para a otimização do treinamento.

Tabela 8 Tempos, velocidades e acelerações parciais na corrida de 100 m

Distância [m]	Tempo [s]	Velocidade [m/s]	Aceleração [m/s²]
0	0	0	0
	0,97	5,15	5,31
10	1,94		2,85
	2,47	9,43	
20	3,00		0,98
	3,48	10,42	
30	3,96		0,74
	4,41	11,11	
40	4,86		0,43
	5,295	11,49	
50	5,73		0,16
	6,16	11,63	
60	6,59		0,15
	7,015	11,76	
70	7,44		- 0,16
	7,87	11,63	
80	8,30		0
	8,73	11,63	
90	9,16		- 0,17
	9,595	11,49	
100	10,03		

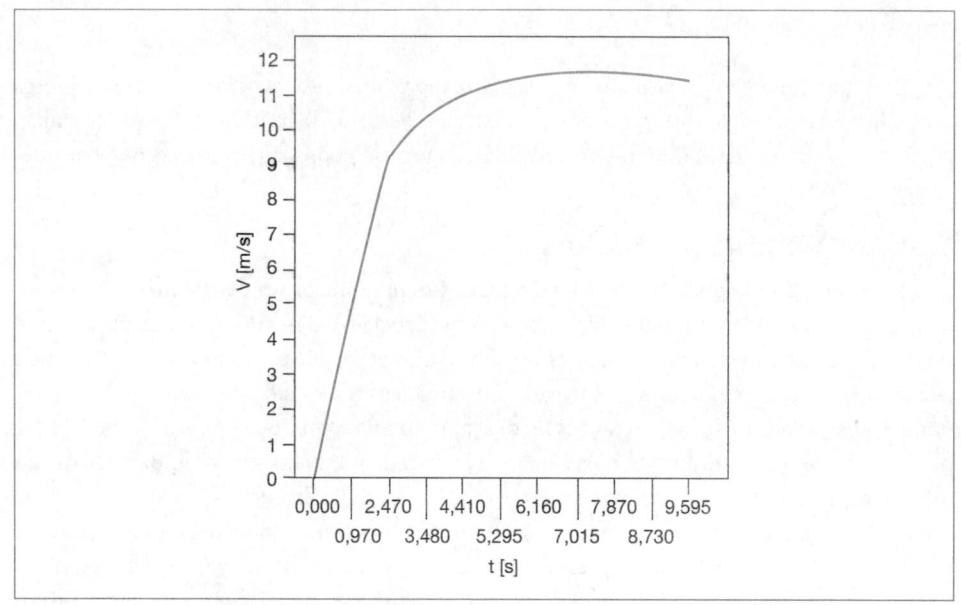

Figura 12 Característica velocidade-tempo.

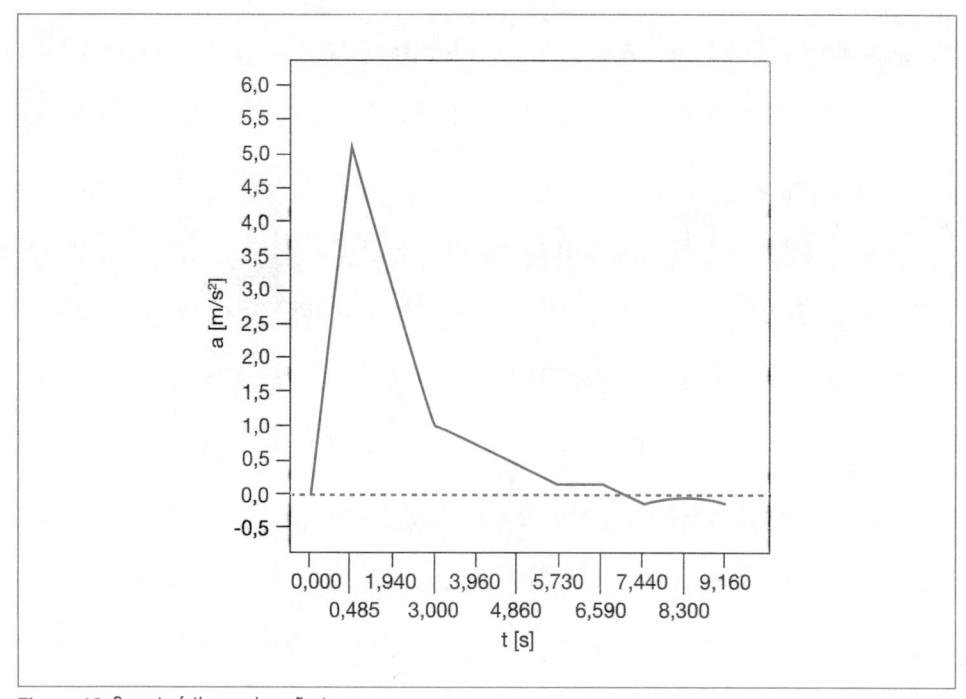

Figura 13 Característica aceleração-tempo.

A determinação da aceleração é importante, já que a velocidade motora se manifesta pelas variáveis mecânicas de velocidade e de aceleração. Segundo o princípio da tendência ótima de aceleração (Hochmuth, 1972), os movimentos podem ser classificados de acordo com seus objetivos: maximização da velocidade final (velocidade final do implemento nos arremessos e lançamentos) e minimização da duração do movimento (golpe no boxe ou nos movimentos de ataque ou defesa na esgrima). Porém, o objetivo da minimização de tempo requer a maximização de acelerações iniciais. Na corrida, um atleta de alto nível precisa, dependendo das características da modalidade e do nível de desempenho, entre 30 e 60 m para alcançar sua velocidade máxima. Porém, em várias modalidades, as distâncias percorridas durante as arrancadas com intensidade máxima são bem inferiores àquelas distâncias. Já pelas dimensões da quadra no basquetebol, voleibol ou handebol, os atletas não possuem uma distância suficiente para alcançar suas velocidades máximas de locomoção. Portanto, o objetivo é percorrer uma dada distância inferior no menor tempo possível, o que requer a capacidade de desenvolver a maior aceleração inicial.

Os métodos para a análise da força muscular dependem da ação muscular (concêntrica, excêntrica, isométrica, ciclo de estiramento-encurtamento) e da característica da força muscular (força explosiva, força máxima) a ser diagnosticada. Sendo assim, a força máxima isométrica é a maior força realizada em uma ação isométrica; sendo medida em [N]; a força máxima excêntrica é a maior força realizada em uma ação excêntrica, também sendo medida em [N]. A força explosiva é a maior alteração (aumento) da força em um intervalo de tempo, portanto, a unidade de medição é [N/s]. Ela pode ser medida como a alteração inicial, como o aumento da força nos primeiros 0,030 s (força de partida, sendo a força realizada após 0,030 s, ou gradiente inicial da curva de força-tempo nos primeiros 0,030 s), ou como o gradiente máximo da curva de força-tempo. A ação muscular que possibilita as maiores intensidades dessas variáveis é a ação máxima isométrica.

Se o objetivo de uma ação concêntrica for a maior alteração da velocidade, como, por exemplo, nos saltos, o critério mecânico para o desempenho é o impulso, porque ele define a alteração da velocidade. Portanto, nesse caso, a unidade de medição é [Ns]. Para não confundir os termos, recomenda-se o uso do termo "força muscular", que possui diferentes manifestações e, de acordo com elas, é definida do ponto de vista mecânico como força, gradiente da curva força-tempo ou impulso. Diferentes autores e fontes bibliográficas descrevem detalhadamente os fundamentos anatômicos-fisiológicos e os métodos diagnósticos (Schmidtbleicher, 1992; Komi, 2003; Herzog, 2008). Métodos diagnósticos e de treinamento da força muscular estão descritos mais detalhadamente no Capítulo 4 – Capacidade força muscular: estruturação e conceito básico.

BIOMECÂNICA ANTROPOMÉTRICA

A biomecânica antropométrica trata das características mecânicas do corpo humano e dos seus segmentos. Assim, seus objetivos são:

- A identificação de perfis antropométricos, caracterizando a aptidão para diferentes modalidades esportivas.

- A predição (prognose) da intensidade de medidas antropométricas, especialmente da altura de atletas juvenis e o desenvolvimento de modelos do corpo humano para a identificação da localização do centro de gravidade.
- O cálculo de forças e momentos que agem dentro do corpo.

Análise de aptidão

O objetivo da análise de aptidão antropométrica é a identificação de variáveis antropométricas que influenciam o rendimento esportivo. Baseado nesse conhecimento, perfis antropométricos que caracterizam diferentes modalidades podem ser elaborados (Tabela 9). Uma das variáveis antropométricas mais analisadas é a altura, devido à sua fácil determinação, sua alta correlação com os comprimentos dos segmentos e sua importância para muitas modalidades. Stefanicki et al. (1996) concluíram que o sucesso no voleibol mundial é diretamente ligado à altura dos jogadores. Baseado em estudos durante campeonatos mundiais de juniores, foram publicadas tabelas com padrões para jogadores de voleibol de acordo com a posição no jogo (Tabela 9).

Tabela 9 Altura como critério de seleção para jogadores de voleibol (Stefanicki et al., 1996).

Posição	Altura [cm]	
	Masculino	Feminino
Levantador	185-190	168-179
Polivalente	190-200	175-185
Atacante/bloqueador	> 200	> 185

Além da medição das variáveis antropométricas tradicionais (comprimento, circunferência, diâmetro transversal, diâmetro sagital dos membros), a determinação das características da inércia dos segmentos e do corpo inteiro (massa, localização do centro de gravidade e momentos de inércia de acordo com os eixos articulares e os eixos principais do corpo) é um objetivo da identificação do perfil antropométrico. A altura do CG é uma variável que influencia a aptidão em modalidades que exigem um nível elevado de equilíbrio. Na ginástica artística, na patinação e no esqui, modalidades que são caracterizadas pelas exigências em relação ao equilíbrio, atletas com alturas do corpo e do CG mais baixas possuem vantagem em relação àqueles com maiores alturas. Em outras modalidades esportivas, como voleibol, basquetebol, salto em altura e arremesso de peso, uma altura maior significa uma vantagem mecânica para o desempenho. Sendo assim, mulheres possuem geralmente maior aptidão antropométrica para disciplinas esportivas como patinação e ginástica olímpica (em especial na trave) do que os homens, devido à altura mais baixa do CG. Em contrapartida, a maior altura do CG dos homens significa uma melhor aptidão antropométrica para arremessos e saltos. Além da altura do corpo e da altura do CG, existem outros critérios antropométricos que caracterizam a aptidão para saltos. Spurgeon et al. (1981) identificaram que a relação entre o comprimento dos membros inferiores e a altura em posição sentada (*skelic index*) caracteriza a aptidão para saltos (basquetebol, voleibol, saltos no atletismo). Para jogadoras de basquetebol, por exemplo, esta relação é 6-8% maior do que na população geral. Bloomfield et al. (1994) constataram que a relação entre o comprimento da perna e o da coxa (*crural index*) caracteriza as condições antropométricas para a aptidão da impulsão em saltos.

Para o nado livre, vários autores (Siders et al., 1993; Carter & Ackland, 1994; Pelayo et al., 1996) comprovaram a influência de medidas antropométricas no desempenho em competições de curta (50 e 100 m) e média (400 m) distância. Essa influência de variáveis antropométricas parece ser maior para o sexo feminino do que para o masculino. A Tabela 10 apresenta as correlações entre medidas antropométricas e a velocidade, distância (amplitude) e frequência de braçada no nado livre em provas de 50 a 400 m.

Tabela 10 Correlações entre medidas antropométricas e velocidade, distância (amplitude) e frequência de braçada no nado livre de atletas femininas (Pelayo et al., 1996)

Prova	Velocidade	Distância da braçada	Frequência da braçada
50 m		Envergadura (r = 0,69)	Envergadura (r = 0,46)
100 m	Altura (r = 0,72)	Altura (r = 0,57)	Altura (r = 0,44)
		Envergadura (r = 0,57)	Envergadura (r = 0,44)
400 m	Massa (r = 0,44)		

Na análise da locomoção da corrida, por exemplo, as variáveis que determinam a velocidade de locomoção (frequência e comprimento da passada) dependem das características antropométricas do atleta. Na mesma velocidade de locomoção, o indivíduo com uma altura maior e, consequentemente, com comprimento maior do membro inferior, alcança certa velocidade com comprimento de passada maior e frequência de passada menor do que um indivíduo com menor altura. Porém, a relação entre essas variáveis (comprimento e frequência da passada) e o comprimento do membro inferior é relativamente constante. Para velocistas de alto nível (prova de 100 m), o índice do comprimento da passada (comprimento da passada/ comprimento do membro inferior) varia entre 2,37 e 2,40 e o índice da frequência da passada (frequência da passada × comprimento do membro inferior), entre 4,7 e 4,8 m/s (Ballreich, 1996b). Hof (1996) apresenta uma visão geral sobre as variáveis biomecânicas que podem ser relacionadas às características antropométricas (normalização de variáveis biomecânicas) para a análise da marcha e corrida.

Prognose antropométrica

O objetivo da prognose antropométrica é a estimação do futuro desenvolvimento individual das características antropométricas. Uma das variáveis que possui um valor prognóstico importante, não somente por causa da sua influência direta no desempenho em modalidades como basquetebol, voleibol, atletismo, remo, ginástica artística, mas também por causa da alta correlação com outras características antropométricas, é a altura. A possível estimação da altura final por meio da determinação da altura atual se baseia no seguinte fenômeno: em condições normais de vida, as curvas individuais do desenvolvimento da altura seguem de forma paralela à tendência do grupo de referência até a fase da pré-puberdade. Como o início da pré-puberdade pode variar, é necessário determinar a altura atual antes do início dela. A precisão da prognose é melhor quando se baseia em medidas tomadas entre 7 e 9 anos da idade, ou seja, durante a infância.

Com a repetição da medição da altura em intervalos de 8 a 15 meses é possível aumentar a precisão da previsão. A Tabela 11 mostra os resultados de Walker (1974), que são equações de regressão para a estimação da altura final baseada em uma única medição ou em medições repetidas no intervalo de 8 a 15 meses.

Equação de regressão para uma única medição:

$$\text{Altura final} = A1 + (B1 \times \text{altura atual na devida idade})$$

Equação 27

Equação de regressão para duas medições:

$$\text{Altura final} = A2 + (B2 \times \text{altura atual na devida idade}) + (B3 \times \text{taxa de crescimento})$$

Equação 28

Taxa de crescimento: diferença de altura [cm] durante um intervalo de 8 a 15 meses.

Tabela 11 Coeficientes e constantes das equações de regressão para a previsão da altura por meio de uma única medição ou duas medições (adaptada de Walker, 1974)

Idade cronológica [anos:meses]	Uma medição				Duas medições					
	Sexo masculino		Sexo feminino		Sexo masculino			Sexo feminino		
	A1	B1	A1	B1	A2	B2	B3	A2	B2	B3
6:0 – 6:11	73,09	0,88	50,09	0,97	75,40	0,84	0,35	44,23	1,03	-0,20
7:0 – 7:11	71,85	0,85	51,68	0,91	74,31	0,82	0,25	49,10	0,94	-0,20
8:0 – 8:11	70,89	0,82	54,57	0,85	72,24	0,81	-0,03	53,25	0,86	-0,25
9:0 – 9:11	71,86	0,78	68,63	0,71	70,85	0,80	-0,30	63,34	0,76	-0,25
10:0 – 10:11	71,87	0,75	90,89	0,52	68,04	0,80	-0,65	73,07	0,69	-1,05

Modelos do corpo humano

Os modelos do corpo humano fornecem informações a respeito da geometria, da distribuição de massa e dos momentos de inércia, que são pré-requisitos para a análise do movimento humano tanto da biomecânica de rendimento quanto da biomecânica preventiva. Por meio desses modelos é possível determinar a localização do CG do corpo inteiro e dos seus segmentos, simular movimentos para otimizar a técnica ou para calcular variáveis da carga mecânica, como forças e momentos que agem nas articulações e tendões.

Os diversos modelos podem ser baseados em:

• análise de cadáveres;
• análise de corpos vivos;
• modelos matemáticos (geométricos).

As limitações dos modelos baseados em experimentos com cadáveres são:

- Os tecidos de cadáveres são diferentes dos corpos vivos devido à diferença na distribuição de líquidos.
- A dissecação causa transposição dos tecidos.
- A aplicação de métodos estatísticos não é possível devido ao pequeno número da amostra.
- As características antropométricas de cadáveres são diferentes daquelas de atletas quanto à idade, à constituição corporal e ao estado de treinamento.

Se nenhuma informação antropométrica do indivíduo está disponível, o uso do modelo de Dempster (1955) permite a estimação da localização dos CG de cada membro e do CG do corpo inteiro (Tabela 12). Esse modelo se baseia em experimentos com cadáveres para os quais foram determinadas as massas relativas de cada segmento (massa de cada membro em proporção à massa total) e a localização do CG de cada segmento (relação entre distância do CG da articulação proximal e o comprimento do segmento). Porém, esse modelo não leva em consideração diferenças individuais em relação à distribuição da massa.

Tabela 12 Variáveis do modelo de Dempster (1955)

Segmento	Massa relativa [%]	Densidade [g/cm³]	Distância do CG [%]
Cabeça	8,1	1,11	
Tronco	49,7	1,03	66,0*
Braço	2,8	1,07	43,6
Antebraço	1,6	1,13	43,0
Mão	0,6	1,16	50,6
Coxa	9,9	1,05	43,3
Perna	4,6	1,09	43,4
Pé	1,4	1,10	50,0

*A distância foi calculada para tronco e cabeça juntos, contando do quadril para cima.

Os 14 segmentos do modelo, que são considerados corpos rígidos, são: cabeça, tronco, braço, antebraço, mão, coxa, perna e pé. O princípio da determinação do CG do corpo inteiro se baseia na adição das duas massas (Figura 14). O novo centro de gravidade comum se encontra entre os dois centros parciais e a relação das distâncias entre ele e os centros parciais (d_1/d_2) é o inverso das massas (m_2/m_1). A massa do novo segmento é a soma das massas parciais $(m_1 + m_2)$.

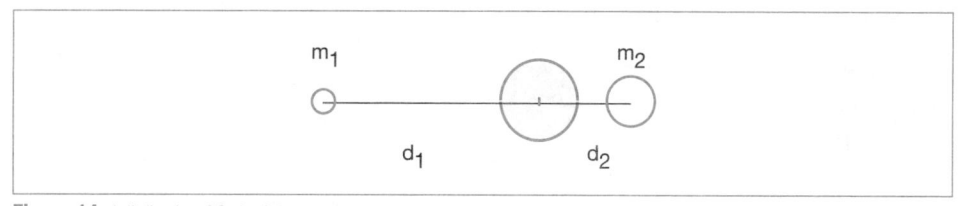

Figura 14 Adição dos CG de dois segmentos.

$$m_1 d_1 = m_2 d_2$$

Equação 29

$$d_1 + d_2 = d$$

Equação 30

$$m_1 + m_2 = m$$

Equação 31

m_1 – massa do segmento 1; m_2 – massa do segmento 2; d_1 – distância entre o CG do segmento 1 e o CG comum; d_2 – distância entre o CG do segmento 2 e o CG comum; d – distância entre os CG dos dois segmentos

A Figura 15 mostra um *stickfigure* (figura de palito) de uma postura durante uma fase de movimento, onde são indicadas as localizações dos CG de cada segmento. Conhecendo as coordenadas das articulações (por meio de filmagem) e utilizando as informações do modelo de Dempster (1955) a respeito da localização dos CGs em cada segmento, é possível identificar as coordenadas de cada CG.

As equações para os momentos nos eixos x e y são:

$$m \cdot y_{CG} = m_1 \cdot y_1 + m_2 \cdot y_2 + m_3 \cdot y_3 + \ldots + m_{14} \cdot y_{14}$$

Equação 32

$$m \cdot x_{CG} = m_1 \cdot x_1 + m_2 \cdot x_2 + m_3 \cdot x_3 + \ldots + m_{14} \cdot x_{14}$$

Equação 33

Ou seja, as coordenadas do CG são:

$$y_{CG} = 1/m \cdot (m_1 \cdot y_1 + m_2 \cdot y_2 + m_3 \cdot y_3 + \ldots + m_{14} \cdot y_{14})$$

Equação 34

$$x_{CG} = 1/m \cdot (m_1 \cdot x_1 + m_2 \cdot x_2 + m_3 \cdot x_3 + \ldots + m_{14} \cdot x_{14})$$

Equação 35

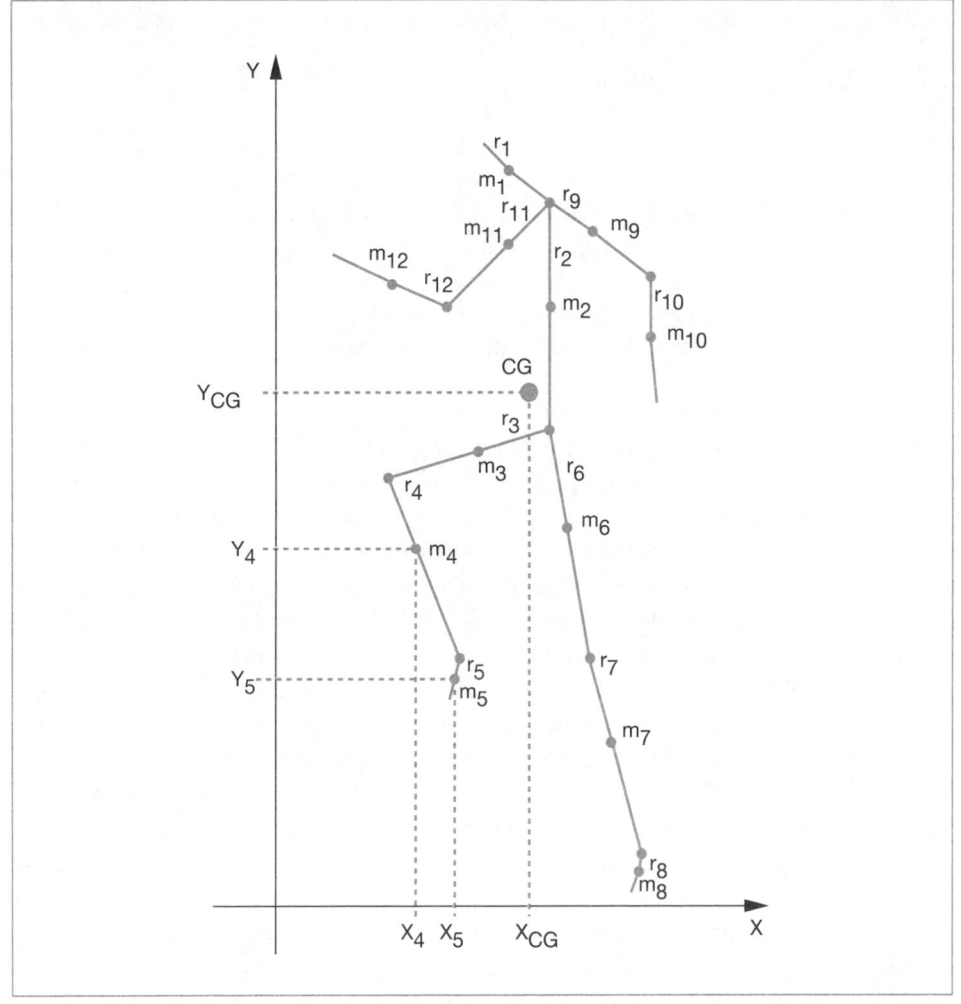

Figura 15 Determinação das coordenadas do CG pelos centros de gravidade e massas parciais (Baumann, 1989).

Outros modelos mais complexos, frequentemente utilizados na análise biomecânica de movimentos esportivos, são os de Hanavan (1964) e Clauser et al. (1969). Nesse caso, trata-se de uma combinação de dois modelos, dos quais o de Clauser et al. (1969) fornece as informações sobre as massas de cada segmento em função de medidas antropométricas individuais, e o de Hanavan (1964) informa sobre a localização do CG de dado segmento, dependendo também de medidas antropométricas individuais. Portanto, aplicam-se os dois modelos juntos, já que é necessário o conhecimento da relação entre as massas dos segmentos (modelo de Clauser et al., 1969) e a localização do CG em cada segmento (modelo de Hanavan, 1965). O modelo de Clauser et al. (1969) se baseia em equações de regressão, nas quais a variável dependente é a massa de cada segmento e as variáveis independentes são medidas antropométricas do referido segmento (Tabela 13).

Tabela 13 Equações de regressão múltipla segundo Clauser et al. (1969) (massas em [kg], outras medidas em [cm])

Massa parcial	Equação de regressão
Cabeça	0,104 circunferência da cabeça + 0,015 massa do corpo - 2,189
Tronco	0,349 massa do corpo + 0,423 comprimento do tronco + 0,229 circunferência do tórax - 35,460
Braço	0,007 massa do corpo + 0,092 circunferência do braço + 0,05 comprimento do braço - 3,101
Antebraço	0,081 circunferência do pulso + 0,052 circunferência do antebraço - 1,650
Mão	0,029 circunferência do pulso + 0,075 envergadura do pulso + 0,031 envergadura da mão - 0,746
Coxa	0,074 massa do corpo + 0,123 circunferência da coxa + 0,27 dobra cutânea - 4,216
Perna	0,111 circunferência da perna + 0,047 altura do joelho + 0,074 circunferência do tornozelo - 4,208
Pé	0,003 massa do corpo + 0,048 circunferência do tornozelo - 0,027 comprimento do pé - 0,869

O modelo de Hanavan (1965) é composto por 15 segmentos representando os pés, as pernas, as coxas, as mãos, os antebraços, os braços, o tronco, parte superior e parte inferior, e a cabeça (Figura 16). A diferenciação entre tronco superior e inferior é necessária devido às flexões do tronco em diversos movimentos esportivos (salto em altura, saltos ornamentais, lançamentos e arremessos). A parte superior do tronco representa a parte com os pulmões cheios de ar, enquanto a parte inferior é composta pelos órgãos que contém líquidos. As formas geométricas dos segmentos são bolas (mãos), um elipsoide rotatório (cabeça), cilindros (tronco superior e inferior) e cones truncados (braço, antebraço, coxa, perna e pé). Considerando uma distribuição homogênea da massa em cada segmento, o centro de volume coincide com o centro de gravidade. O cálculo da localização do centro de volume de cada corpo geométrico do modelo requer apenas o conhecimento da altura e circunferência deles. Como as dimensões geométricas dos segmentos do modelo são representadas por medidas antropométricas (comprimento e circunferência dos segmentos), a localização do centro de gravidade (centro de volume) de cada segmento é determinada individualmente.

Outros modelos antropométricos aplicados na biomecânica do esporte são os de Zatsiorsky et al. (1990), Hatze (1980) e Gubitz (1979).

A vantagem do modelo de Zatsiorsky et al. (1990) é o fato de que o modelo se baseia em corpos vivos com uma condição física acima da média da população e parecida com a de atletas. Além disso, esse modelo apenas precisa da altura e da massa corporal para calcular as variáveis inerciais, variáveis que podem ser determinadas com grande facilidade e rapidez.

O modelo de Hatze (1980) possui 17 segmentos: um segmento toracoabdominal, um segmento da cabeça e do pescoço, dois segmentos do ombro, dois segmentos do braço, dois segmentos do antebraço, dois segmentos da mão, um segmento abdome-pélvico, dois segmentos da coxa, dois segmentos da perna e dois segmentos do pé. De acordo com Hatze (1980), o erro médio na determinação das variáveis da simulação é de 2,6% e o erro máximo da determinação de uma variável isolada é de 5%. Embora o autor considere o cálculo dessas variáveis como "conveniente", é necessário determinar 242 variáveis antropométricas como pré-requisito do procedimento matemático. Sendo assim, a aplicação desse modelo, apesar da sua suposta precisão, se torna difícil, devido ao tempo necessário para a determinação das variáveis antropométricas.

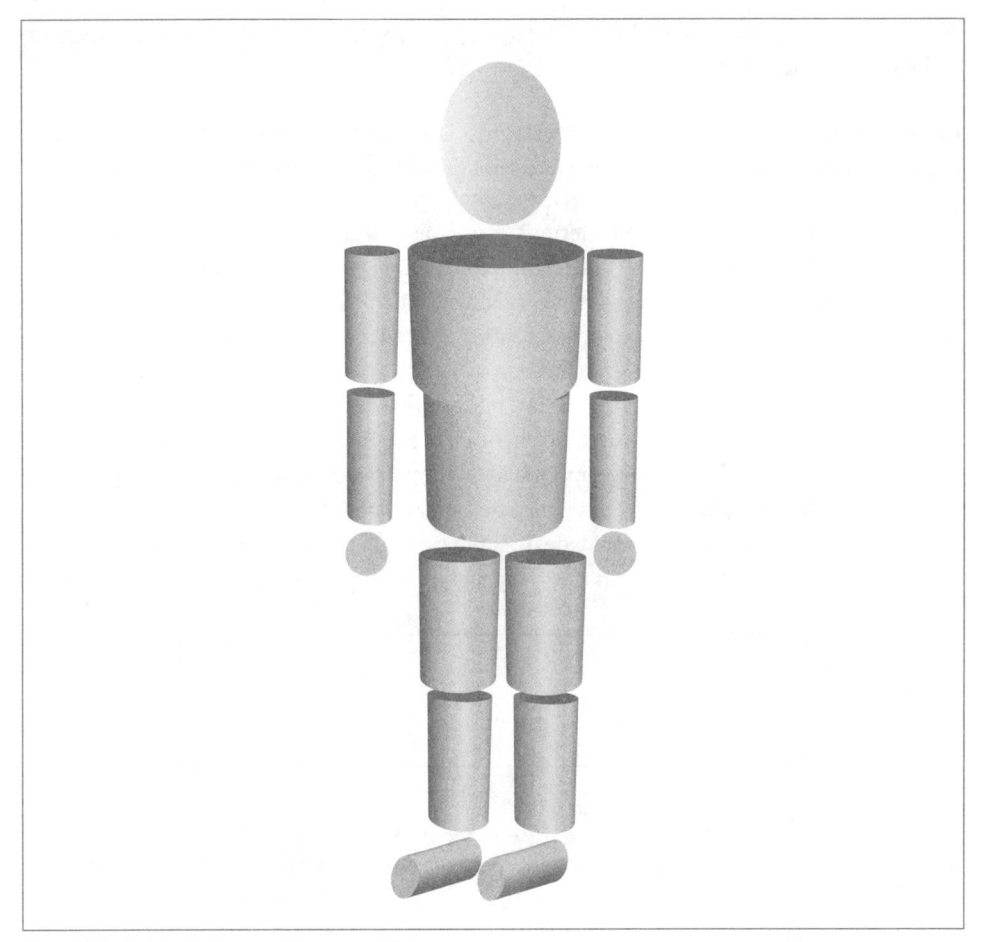

Figura 16 Modelo de Hanavan (Hanavan, 1964).

Comparando a localização do CG determinada por meio de pesagem de atletas em diferentes posições em plataformas de reação com os modelos de Dempster (1955) e Clauser et al. (1969), Gubitz (1978) encontrou equações de regressão que levam em consideração as diferenças das propriedades antropométricas entre atletas. As equações de regressão para a determinação das coordenadas do CG se referem somente às coordenadas de articulações como variáveis independentes, que podem facilmente ser determinadas em imagens (filmagem). Sendo assim, o modelo de Gubitz (1978) não requer a determinação de variáveis antropométricas, o que significa uma grande vantagem quando existem somente dados cinemáticos e quando não for possível coletar dados antropométricos.

BIOMECÂNICA PREVENTIVA

A análise da carga mecânica que age no corpo humano em relação à capacidade de suportar tais cargas é uma das funções elementares da biomecânica preventiva para diminuir o risco de lesões e sobrecarga mecânica. Sendo assim, os objetivos da análise da carga mecânica podem ser distinguidos em:

- Identificação de fatores mecânicos da carga e solicitação do aparelho motor ativo e passivo.
- Análise do efeito de diferentes cargas mecânicas no aparelho motor ativo e passivo.

É necessário distinguir entre os termos carga mecânica, solicitação mecânica e capacidade de suportar carga mecânica. Na terminologia da engenharia, carga mecânica e solicitação mecânica correspondem aos termos ação e reação, respectivamente. Dessa forma, tais fatores que causam uma reação no aparelho motor são denominados como fatores da carga mecânica, enquanto a reação do aparelho motor a esses fatores é chamada solicitação mecânica. Como fatores da carga mecânica agem, por exemplo, as forças externas (peso, forças de reação no solo, resistência do ar, forças de atrito). A carga mecânica e a solicitação mecânica são correlacionadas pela capacidade individual de suportar carga mecânica. Isso significa que uma carga mecânica média (p. ex.: uma força de extensão que age no tendão calcâneo) resulta em uma solicitação baixa se a capacidade de suportar carga mecânica for alta, porém, a mesma força significa uma solicitação alta se a capacidade de suportar carga mecânica for baixa.

$$\text{Solicitação mecânica} \rightarrow \frac{\text{Carga mecânica}}{\text{Capacidade de suportar carga mecânica}}$$

Assim, a solicitação mecânica pode ser reduzida por meio da diminuição da carga mecânica ou do aumento da capacidade de suportar carga (princípio da adaptação funcional segundo Roux, 1895). A carga mecânica existe independentemente do sistema (corpo humano) em que ela age, apenas a estrutura interna desse sistema estabelece os tipos e as intensidades da solicitação. Forças externas (p. ex., peso, de reação ou de atrito) que agem no aparelho motor como carga mecânica resultam em forças internas (forças que agem dentro do corpo). Essas forças internas são forças de tensão que reúnem o conjunto de moléculas dos sistemas parciais até o limiar de deformação. Dentro de certo intervalo específico de acordo com o sistema, a deformação do material é proporcional à força externa, ou seja, após a ação da força externa, a deformação será restituída completamente (intervalo de elasticidade). Se as forças externas excedem o limiar da elasticidade, as forças de tensão não aumentam mais, o que significa que elas não mais serão capazes de reunir o conjunto de moléculas. A consequência é uma deformação plástica definitiva. A deformação plástica acontece se as forças externas se encontram entre o limiar da elasticidade e da ruptura (Figura 17).

De acordo com o ponto de ação, magnitude e direção das forças em relação à geometria do esqueleto e à localização dos segmentos, se distinguem cinco tipos básicos de solicitação:

- solicitação de extensão;
- solicitação de pressão;
- solicitação de cisalhamento;

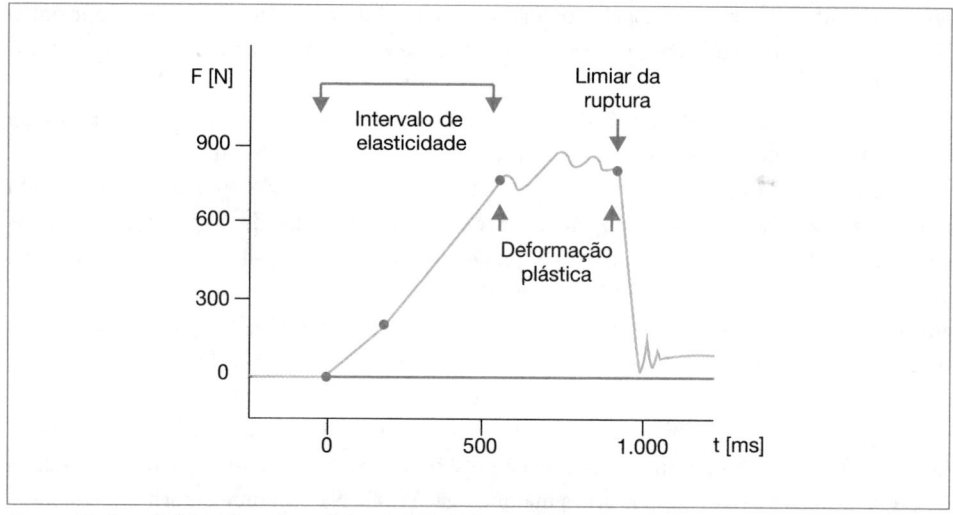

Figura 17 Característica "força-tempo" da extensão do ligamento cruzado anterior com uma velocidade de 0,66% do comprimento original por segundo (adaptado de Zatsiorski et al., 1984, p.52).

- solicitação de flexão;
- solicitação de torção.

Os sistemas parciais do aparelho motor possuem funções específicas e, consequentemente, são especificamente resistentes a uma forma de solicitação especial. A Tabela 14 mostra as solicitações específicas e seus efeitos patogenéticos dos sistemas parciais do aparelho motor.

Tabela 14 Efeitos patogenéticos da solicitação mecânica de sistemas parciais do aparelho motor (adaptado de Debrunner, 1985, p. 86)

Sistema parcial	Solicitação mecânica específica	Efeitos patogenéticos
Ossos	Flexão, cisalhamento	Fratura, fratura por fadiga
Cartilagem articular	Cisalhamento, pressão	Degeneração, artrose
Ligamentos	Tensão	Hiperextensão, articulação instável
Musculatura	Tensão	Tensão, enrijecimento
Inserções de tendão	Tensão	Tendoperiostite

Limites da carga mecânica de tecidos biológicos

A literatura fornece várias informações sobre a carga máxima (limiar de ruptura) dos sistemas do aparelho motor. O tendão do calcâneo, um dos mais solicitados no esporte, especialmente nos saltos, nas arrancadas e nas corridas, possui uma resistência à ruptura de 60 N/mm² (Yamada, 1973). Isso corresponde a um alongamento de 10% do comprimento original. Segundo Wilhelm (1972), a resistência à ruptura do tendão do calcâneo depende da dinâmica da solicitação, ou seja, da velocidade da extensão. Se a velocidade de extensão for pequena, a resistência à ruptura está entre 5.500 e 8.250 N; com altas velocidades de extensão, entre 6.450 e 9.125 N. Essa capacidade de suportar carga mecânica depende de vários fatores. Ela pode ser aumentada até certo limite pela adaptação funcional do material à solicitação, por outro lado ela pode ser reduzida como consequência do envelhecimento do material biológico (Cochran, 1982).

Para a fáscia plantar, Wright & Rennels (1964) encontraram uma resistência à ruptura de 27 N/mm² e um alongamento de 4,5% para a tensão de tração a 20 N/mm².

A cartilagem do joelho é o sistema parcial do aparelho motor extremamente solicitado nos saltos e no agachamento completo. Se esse exercício for realizado com cargas adicionais e com muita frequência, o limiar da resistência do material, que é de 500 N/cm² (Yamada, 1973), pode ser ultrapassado. Em um exemplo (atleta com massa de 80 kg com uma carga adicional de 100 kg), Brüggemann (1984) calculou a força axial no joelho que age como carga mecânica na cartilagem, como 2.420 N, que é significativamente acima do limiar de 2.000 N, supondo uma área congruente de 4 cm² de cartilagem.

As propriedades mecânicas dos ossos dependem da direção na qual a carga age. Lippert & Laasko (1972) determinaram a resistência à pressão dos ossos tarsianos na direção principal da carga. O tálus é o osso que suporta a maior carga (12.000 N) com uma deformação máxima de 12,5%, enquanto o navicular suporta uma deformação máxima de 22%, correspondendo a uma carga de 4.920 N. Para o calcâneo e as vértebras L3 – L5, Weaver & Chalmers (1966) determinaram a resistência à pressão de acordo com a idade e o sexo. Segundo essa pesquisa, a resistência à pressão das vértebras é menor do que a do calcâneo, os ossos de mulheres são menos resistentes do que os de homens, e a resistência diminui com a idade. De acordo com Cochran (1982), a resistência máxima à ruptura de ossos é de 140 MPa (1 Pa = 1 N/m²) e a resistência máxima à compressão, de até 210 MPa. O limite de elasticidade de ossos é de apenas 0,3%, ou seja, um alongamento de 0,3% do seu comprimento original. Dependendo das condições de carga, a sua estrutura será destruída por um alongamento entre 1 a 4%. Devido à sua característica viscosa, os módulos de elasticidade e rigidez aumentam com o aumento da velocidade de extensão. A Tabela 15 mostra os limiares da tenacidade e da extensão dos sistemas do aparelho motor.

Tabela 15 Limiares da tenacidade e da extensão máxima dos sistemas do aparelho motor (adaptado de Cochran, 1982)

Material biológico	Tenacidade [MPa]		Extensão máxima [%]
	Extensão	Compressão	
Músculo	0,2	---	60
Pele	8	---	100
Cartilagem hialina	4	10	25
Fáscia	10	---	5
Tendão	70	---	10
Osso cortical	100	175	2
Osso esponjoso	2	3	4

Carga mecânica e solicitação do aparelho motor durante atividades físicas e esportivas

Para a avaliação da carga mecânica e do nível de desgaste (solicitação mecânica) de uma atividade motora, o conhecimento das propriedades mecânicas dos sistemas do aparelho motor e do histórico temporal das forças internas é de fundamental importância. Baseado nesse conhecimento, é possível identificar situações com o perigo de cargas excessivas e alto risco de lesão. A determinação das forças internas é possível por meio de medidas diretas ou de um procedimento analítico indireto que se baseia na medida de forças externas e da cinemática do movimento. Com essas informações e a aplicação de modelos mecânicos e antropométricos do corpo humano, forças internas e momentos podem ser calculados. Medições diretas de forças no esqueleto ou nos tendões são invasivas e só podem ser realizadas em situações excepcionais e experimentais devido aos efeitos de *feedback* e do risco cirúrgico. Resultados de medições diretas foram publicados por Komi (1990), que relatou uma medida *in vivo* das forças no tendão do calcâneo, e de Bergmann et al. (1993), que fixaram tensiômetros (transdutores de força) nas endopróteses de quadril de dois pacientes para medir diretamente as cargas no quadril durante a marcha e a corrida. Portanto, as forças internas geralmente são estimadas por meio de medição de variáveis mecânicas externas e da aplicação de modelos. Segundo Collins (1995), os sistemas biológicos representam uma construção redundante, que é composta por muito mais componentes (músculos, ligamentos, ossos) do que necessário para a execução de certo movimento. A consequência é a existência de mais variáveis incógnitas do que equações disponíveis. Portanto, a única solução desse problema é a simplificação do modelo do corpo, que induz a desconsideração das atividades dos antagonistas, a não discriminação de elementos com funções semelhantes e a exclusão dos efeitos de músculos biarticulares. Essas restrições permitem a equação na qual a soma dos momentos internos é igual à soma dos momentos externos.

$$\sum_{i=1}^{n} M_{Fe;n} = \sum_{i=1}^{n} M_{Fi;n}$$

M_{Fe} - Momento de forças externas
M_{Fi} - Momento de forças internas

Soma dos momentos das forças externas   Soma dos momentos das forças internas

Equação 36

Assim, esse método requer a determinação das seguintes variáveis:

- forças de gravitação;
- forças de inércia;
- forças de reação (no solo);
- coordenadas dos centros das articulações;
- orientação dos eixos das articulações.

As forças reativas no solo podem ser distinguidas em forças de alta e de baixa frequência. As de alta frequência são definidas como forças cujo pico é alcançado em um período de tempo inferior ao período de latência dos músculos envolvidos. Dentro de um intervalo de até 0,05 segundo, a musculatura não muda seu nível de ativação. Essas forças de alta frequência também são denominadas "impactos". Os impactos dependem de vários fatores, como:

- velocidade de locomoção;
- propriedades mecânicas e geométricas do calçado;
- propriedades mecânicas da superfície, do equipamento e de implementos esportivos;
- técnica de movimento.

Os impactos mais altos são encontrados na impulsão no atletismo e nas aterrissagens na ginástica artística. Baseado em análises de atletas de alto nível, Preiß (1996) relata um impacto de 12.000 N para um saltador em distância (massa: 100 kg; distância do salto: 7,50 m). No salto em altura, Deporte & van Gheluwe (1990) encontraram impactos verticais correspondentes a até 9,7 vezes o PC (peso corporal) em um salto de 2,34 m. Nessa pesquisa, em que foram analisados saltos entre 2,00 m e 2,42 m de atletas masculinos, a média do impacto resultante era de 7.950 N (10,6 PC) ± 450 N. Em outro estudo (Killing, 1990) que tinha como objetivo a comparação entre exercícios de treinamento e o salto vertical, o impacto vertical máximo encontrado em exercícios de treinamento foi de 9.150 N, correspondente a 170% do impacto no salto vertical a uma altura de 2,30 m. Nos jogos coletivos, especialmente no voleibol e basquetebol, o número de saltos é muito grande e a fadiga muscular no decorrer do treinamento ou do jogo pode resultar em uma técnica de aterrissagem não adequada. Nesse caso, quando o calcanhar se choca com o solo, os impactos também são bem altos. Para jogadores de voleibol, Stacoff et al. (1987) mediram impactos de até 6.500 N.

Na ginástica artística, Brüggemann (1993) calculou forças entre 10.000 e 13.000 N no tendão do calcâneo na impulsão no salto mortal para trás após um *flick-flack*. Esse resultado também indica que os resultados obtidos em material morto estão bem abaixo dos valores de carga calculados *in vivo*. Nissinen (1993) mediu as forças que agem nas argolas quando se faz o enloque. Essas forças máximas reativas podem atingir até 11 vezes o valor do peso corporal. Porém, os impactos dos ginastas que apresentam dores nos ombros não são tão altos, a técnica deles é caracterizada por dois impactos mais baixos, mas com gradientes maiores de força. Esse resultado indica que nesse caso a gradiente da força é um fator mais importante da solicitação mecânica do que a força máxima.

Para estimar os impactos que agem na cabeçada, Bührle et al. (1983) filmaram uma cabeçada e em seguida deixaram cair uma bola até que ela apresentasse a mesma deformação que ocorre na cabeçada. A velocidade da bola era de cerca de 11 m/s, causando um impacto de 1.600 N. Como a velocidade de uma bola após um escanteio pode ter até 15 m/s, os impactos podem ser superiores a 1.600 N. Mesmo assim, Schneider & Sernicke (1988) somente consideram com risco de lesões cerebrais as situações em que jogadores de uma massa corporal média realizam cabeçadas frequentemente com bolas extremamente velozes. No boxe, as forças que atingem a cabeça são bem mais altas e podem chegar até 4.000 N nos pesos pesados (Atha et al., 1984).

REFERÊNCIAS BIBLIOGRÁFICAS

1. Atha J, Yeadon MR, Sandover J, Parsons K. Measuring the mechanical properties of a heavy weight's punch. In: Abstract of the "Sport and Science" Conference, Bedford, 1984. J Sports Sciences. 1984;2:188-9.
2. Ballreich R. Einführung in die Biomechanik des Sports. In: Ballreich R, Baumann W (eds.). Grundlagen der Biomechanik des Sports. Stuttgart: Enke Verlag; 1996a. p. 1-12.

3. Ballreich R. Untersuchungsziele des sports. In: Ballreich R, Baumann W (eds.). Grundlagen der Biomechanik des Sports. Stuttgart: Enke Verlag; 1996b. p. 13-53.

4. Ballreich R, Brüggemann GP. Biomechanik des Weitsprungs. In: Ballreich R, Kuhlow A (eds.). Biomechanik der Sportarten, Band 1: Biomechanik der Leichtathletik. Stuttgart: Enke Verlag; 1986. p. 28-47.

5. Ballreich R, Kuhlow A. Biomechanik des Kugelstoßens. In: Ballreich R, Kuhlow A (eds.). Biomechanik der Sportarten, Band 1: Biomechanik der Leichtathletik. Stuttgart: Enke Verlag; 1986. p. 89-109.

6. Baumann W. Grundlagen der biomechanik. Studienbrief 14 der Trainerakademie Köln des deutschen Sportbundes. Schorndorf: Hofmann-Verlag; 1989.

7. Bäumler G, Schneider K. Sportmechanik. BLV München: Sportwissen; 1981.

8. Begg R, Kamruzzaman J. A machine learning approach for automated recognition of movement patterns using basic, kinetic and kinematic gait data. Journal of Biomechanics. 2005;38:401-8.

9. Bergmann G, Graichen F, Rohlmann A. Hip joint loading during walking and running, measured in two patients. Journal of Biomechanics. 1993;26(8):969-90.

10. Bloomfield J, Ackland TR, Elliott BC. Applied anatomy and biomechanics in sport. Melbourne: Blackwell Scientific Publications; 1994.

11. Brüggemann GP. Mechanische Belastungen und Verletzungen im Kunstturnen. In: Brüggemann GP, Rühl JK (eds.). Biomechanics in Gymnastics – Conference Proceedings, First Int. Conference, Cologne, 1992. Koln: Sport und Buch Strauß; 1993. p. 237-49.

12. Brüggemann GP. Biomechanik des Sports. In: Carl K, Kayser D, Mechling H, Preising W (eds.). Handbuch Sport, Band 1. Düsseldorf: Schwann Verlag; 1984. p. 259-302.

13. Bührle M, Schmidtbleicher D, Schweizer A. Extreme Belastungen im Sport. In: Keul J, Reindell H (eds.). Der sporttreibende Bürger – Gefährdung oder Genesung. Erlangen: Perimed Verlag; 1983. p. 74-82.

14. Carter JEL, Ackland TR. Kinanthropometry in aquatic sports: a study of world class athletes. HK Sport Science Monograph Series. Vol. 5. Champaign: Human Kinetics; 1994.

15. Chau T. A review of analytical techniques for gait data. Part 2: neural network and wavelet methods. Gait and Posture. 2001;13(2):102-20.

16. Clauser C, McConville J, Young J. Weight volume and center of mass of segments of the human body. AMRL Technical Report 69-70. Ohio: Wright-Patterson Air Force Base; 1969.

17. Cochran G. A primer of orthopedic biomechanics. New York: Churchill Livingstone; 1982.

18. Collins JJ. The redundant nature of locomotor optimization laws. Journal of Biomechanics. 1995;28:251-67.

19. Debrunner AM. Orthopädie. Bern-Stuttgart-Toronto: Huber Verlag; 1985.

20. Dempster WT. Space requirements of the seated operator. WADC Technical Report 55-159. Ohio: Wright-Patterson Air Force Base; 1955.

21. Deporte E, van Gheluwe B. Force platform data in elite high jumping: competiton versus training conditions. In: Brüggemann G-P, Rühl JK (eds). Techniques in athletics, Conference Proceedings of the First International Conference, Cologne, 1990. Köln: Sport und Buch Strauß; 1990. p. 762-6.

22. Dübotzky V, Leistner M. Volleyball. In: Ballreich R, Kuhlow-Ballreich A (eds.) Biomechanik der Sportarten, Band 3: Biomechanik der Sportspiele, Teil II: Mannschaftsspiele. Stuttgart: Enke Verlag; 1992. p. 72-119.

23. Gioftsos G, Grieve DW. The use of neural networks to recognize patterns of human movement: gait patterns. Clinical Biomechanics. 1995;10:179-83.

24. Gubitz H. Zur analytischen Bestimmung der Lage des Körperschwerpunktes. In: Marhold G (ed.). Biomechanische Untersuchungsmethoden im Sport – Beiträge zum Internationalen Symposium. Leipzig: DHfK Eigendruck; 1979. p. 171-80.

25. Hanavan EP. Mathematical model of the human body (AMRL-TR-64-102). Ohio: Wright-Patterson Air Force Base; 1964.

26. Hatze H. A mathematical model for the computational determination of parameter values of anthropometric segments. Journal of Biomechanics. 1980;13:833-43.

27. Herzog W. Mysteries of muscle contraction. J Appl Biomech. 2008;(24):1-13.

28. Hochmuth G. Biomecánica de las técnicas deportivas. Madrid, 1972.

29. Hof L. Scaling gait data to body size. Gait & Posture. 1996;4:222-3.

30. Holzreiter SH, Kohle ME. Assessment of gait patterns using neural networks. Journal of Biomechanics. 1993;26:645-51.

31. Killing W. Zur Bedeutung der lateralen Dimension im Hochsprung. In: Brüggemann G-P, Rühl JK (eds.). Techniques in Athletics, Conference Proceedings of the First International Conference, Cologne, 1990. v. 2. Köln: Sport und Buch Strauß; 1990. p. 779-89.

32. Komi PV. Força e potência no esporte. São Paulo: Artmed; 2003.

33. Komi PV. Relevance of in vivo force measurements to human biomechanics. Journal of Biomechanics. 1990;23(supl. 1):23-34.

34. Kyröläinen H, Pullinen T, Candau R, Avela J, Huttunen P, Komi PV. Effects of marathon running on running economy and kinematics. Eur J Appl Physio. 2000;82:297-304.

35. Lara JPR. Análise cinemática tridimensional do salto em distância de atletas de alto nível em competição. Dissertação de Mestrado em Educação Física. Campinas: Faculdade de Educação Física, Universidade Estadual de Campinas; 2011.

36. Lippert H, Laasko UK. Druckfestigkeit menschlicher Fußwurzelknochen. Zeitschrift für Orthopädie. 1972;110:556-63.

37. Luhtanen P, Komi PV. Mechanical factors influencing running speed. In: Asmussen E, Jorgensen K (eds.). Biomechanics VI-B. Baltimore: University Park Press; 1978.

38. Menzel H-J. Intra-individual differences of movement patterns in the javelin throw. In: Riehle M, Vieten M (eds.). Proceedings I of the XVIth International Symposium on Biomechanics in Sports. Konstanz: Universitätsverlag Konstanz GmbH; 1998. p. 525-8.

39. Nissinen M. Kinematische und dynamische Analyse der Riesenfelge an den Ringen. In: Brüggemann GP, Rühl JK (eds.). Biomechanics in Gymnastics – Conference Proceedings, First Int. Conference, Cologne, 1992. Sport und Buch Strauß; 1993, p. 73-8.

40. Nixdorf E. Biomechanik des Dreisprungs. In: Ballreich R, Kuhlow A (eds.). Biomechanik der Sportarten, Band 1: Biomechanik der Leichtathletik. Stuttgart: Enke Verlag; 1986. p. 60-70.

41. Pelayo P, Sidney M, Kherif T, Chollet D, Tourny C. Stroking characteristics in freestyle swimming and relationships with anthropometric characteristics. J Appl Biomech. 1996;12:197-206.

42. Preiß R. Biomechanische Merkmale. In: In: Ballreich R, Baumann W (eds.). Grundlagen der Biomechanik des Sports. Stuttgart: Enke Verlag; 1996. p. 54-74.

43. Roux K. Gesammelte Abhandlungen über Entwicklungsmechanik des Organismus. Bd. I, Funktionelle Anpassung. Leipzig, 1895.

44. Schmidtbleicher D. Training of power events. In: Komi PV (ed.). Strength and power in sports. Oxford: Blackwell Scientific Publications; 1992. p. 381-95.

45. Schneider K, Sernicke RF. Computer simulation of head impact: estimation of head injury risk during soccer heading. International Journal of Sport Biomechanics. 1988;4:358-71.

46. Schöllhorn W. Applications of artificial neural nets in clinical biomechanics. Clinical Biomechanics. 2004;19:876-98.

47. Siders WA, Lukaski HC, Bolonchuck WW. Relationships among swimming performance, body composition and somatotype in competitive collegiate swimmers. J Sports Med Phys Fitness. 1993;33(2):166-71.

48. Spurgeon JH, Spurgeon NL, Giese WK. Measures of body size and form of elite female basketball players. Medicine and Sport. 1981;15:192-200.

49. Stacoff A, Kaelin X, Stüssi E. Belastungen im Volleyball bei der Landung nach dem Block. Deutsche Zeitschrift für Sportmedizin. 1987;11:458-64.

50. Stefanicki E, Kosova A, Flora K. Sportartspezifische Darstellung ausgewählter Körperbaumerkmale von Weltklasse-Volleyballspielern und –Volleyballspielerinnen. Leistungssport. 1996;26(2):17-23.

51. Walker RN. Standards for somatotyping children: I. the prediction of young adult height from children's growth data. Annals of Human Biology. 1974;2:149-56.

52. Wank V, Menzel H-J, Wagner H. Werfen und Stoßen. In: Gollhofer A, Müller E (eds.). Handbuch Sportbiomechanik. Schorndorf: Verlag Hofmann; 2009. p. 282-316.

53. Weaver JK, Chalmers J. Cancellous bone: Its strength and an evaluation of some methods for measuring its mineral content. J Bone Joint Surg. 1966;48A:289-99.

54. Wilhelm K. Die statische und die dynamische Belastbarkeit der Achillessehne. Research of Experimental Medicine. 1972;157:221-3.

55. Wright DG, Rennels DC. A study of the properties of plantar fascia. J Bone Joint Surg. 1964;46A:482-92.

56. Wu W-L, Su F-C. Potential of the back propagation neural network in the assessment of gait patterns in ankle arthrodesis. Clinical Biomechanics. 2000;15:143-5.

57. Yamada H. Strength of biological materials. New York: Williams & Wilkins; 1973.

58. Zatsiorsky VM, Seluyanov V, Chugunova LG. Methods of determining mass-inertial characteristics of human body segments. In: Chernyi GG, Regirer SA (eds.). Contemporary problems of biomechanics. Massachusetts: CRC Press; 1990. p. 272-91.

59. Zatsiorsky WM, Aruin AS, Selujanov WN. Biomechanik des menschlichen Bewegungsapparates. Berlin: Sportverlag; 1984.

Capítulo 4

**Capacidade
força muscular:
estruturação e
conceito básico**

Mauro Heleno Chagas
Fernando Vitor Lima

DEFINIÇÃO

A força (F) é entendida na física como o produto da massa (m) pela aceleração (a). Porém, enquanto manifestação do desempenho humano, a força não pode ser adequadamente descrita pela segunda lei de Newton (F = m · a) (Martin et al., 2008). Embora a aceleração de uma massa, como a massa corporal ou de um objeto externo, dependa da capacidade da musculatura em produzir força, uma distinção entre os conceitos é necessária. Para uma diferenciação inicial, as particularidades do idioma utilizado para apresentá-los são uma questão importante a ser considerada. No idioma inglês, existe um termo específico para expressar o conceito de força enquanto grandeza da física (*force*) e outro para se referir à força como uma capacidade motora (*strength*). Por esse motivo, uma definição como "...*strength can be defined as the ability to produce force*..." ("força pode ser definida como a habilidade de produzir força") (Siff, 2004, p. 84) apresenta-se como um fator de confusão e até de controvérsia, quando se trata de literatura traduzida para a língua portuguesa. Essa é uma das particularidades dos diferentes idiomas, pois na língua portuguesa uma mesma palavra (força) é usada em ambos os contextos. Além disso, a falta de concordância sobre a terminologia e os conceitos entre aqueles interessados na aplicação prática e no desenvolvimento dessa capacidade do sistema neuromuscular potencializa as contradições e confusões (Enoka, 1988). Enquanto *strength* vem sendo definida como "a força ou torque máximo que um músculo ou grupo muscular pode gerar a uma velocidade determinada ou específica" (Komi, 2003, p. xii), outros autores apresentam conceitos que buscam se aproximar da complexidade que representa essa capacidade humana. Por exemplo, Platonov (2004, p. 298) define a força do ser humano como "a capacidade de superar ou opor-se a uma resistência por meio da atividade muscular". Esse é um aspecto que ainda merece a atenção dos pesquisadores no futuro, pois pode influenciar o progresso científico nessa área. Contudo, não é objetivo deste capítulo defender algum dos conceitos já existentes ou mesmo fornecer uma discussão mais aprofundada sobre essa problemática. O foco principal está relacionado com a apresentação e discussão dos modelos de estruturação da força, como uma manifestação do desempenho motor humano.

Contudo, antes da abordagem sobre os modelos de estruturação da força, outro problema de tradução envolvendo a capacidade força diz respeito à tradução do termo *resistance training*. A tradução desse termo vem sendo frequentemente realizada de maneira inadequada na abordagem do treinamento de força em vários textos traduzidos do idioma inglês, especialmente na tradução de livros. Esse termo foi traduzido equivocadamente como treinamento de resistência (McCardle et al., 2008; Kraemer e Bush, 2003; Kraemer et al., 2003). Essa tradução aparece inclusive no endereço eletrônico dos Descritores em Ciências da Saúde, voltado para a indexação de artigos científicos. Esse equívoco provoca uma dificuldade no entendimento e na discussão sobre o treinamento de força, uma vez que a maioria dos graduandos em educação física utiliza os livros-texto como referência principal de leitura. Do ponto de vista das capacidades motoras, no idioma português, a força e a resistência apresentam conceitos, conteúdos e adaptações fisiológicas bem distintas. Portanto, traduzir o termo *resistance training* como treinamento de resistência é inadequado, porque essa tradução está fazendo referência à capacidade resistência e não à força, como está originalmente no conteúdo dos textos escritos na língua inglesa. Isso porque a utilização do termo *resistance* não deve ser entendida, nos textos em inglês, com o sentido direto de resistência enquanto capacidade física. Para essa capacidade, o idioma inglês utiliza o termo *endurance*. Portanto, o entendimento mais apropriado para *resistance training* é treinamento contra resistência, que é o sentido adequado utilizado nas fontes literárias da língua inglesa e faz referência ao treinamento da força, que é realizado tradicionalmente contra alguma resistência[1]. Portanto, treinamento de resistência configura-se como uma tradução inadequada quando se faz referência ao treinamento da força.

ESTRUTURAÇÃO

Entendendo que um direcionamento efetivo do treinamento de força será adequadamente alcançado quando a estrutura da capacidade força for levada em consideração, torna-se então necessária uma abordagem mais detalhada dessa temática.

Letzelter (1982) apresentou um modelo fenomenológico em que a estruturação da força estava relacionada com a capacidade de realizar movimentos específicos. Nesse modelo, a capacidade motora força apresentava suas manifestações divididas em: força de *sprint* (corrida), força de salto, força de lançamento, força de chute, etc. Em paralelo à grande vantagem dessa estruturação, que é a relação direta com a especificidade dos movimentos esportivos, são identificadas também duas desvantagens. Esse modelo não considera a existência de características comuns entre as manifestações, como entre a força de *sprint* e a força de salto. Além disso, uma diferenciação na importância dos fatores coordenativos e da condição física (força) para um determinado desempenho é restrita, pois o desempenho será o resultado da contribuição combinada desses fatores. Como não existe um critério para distinguir qual o nível de importância desses aspectos isoladamente para um desempenho, um direcionamento

---

1 Para uma discussão adicional sobre a utilização deste termo, consultar: Chagas & Lima, 2008.

nos programas de treinamento para melhorar um desses aspectos não é possível nesse modelo proposto por Letzelter (1982).

Analisando a literatura relacionada ao treinamento esportivo é possível identificar outra estruturação da capacidade força baseada em três formas principais de manifestação: força máxima, força rápida e resistência de força (Matwejew, 1981; Harre, 1982). Essa estruturação, desconsiderando algumas variações terminológicas, é reproduzida em outros livros traduzidos para o idioma português (Weineck, 1999; Platonov, 2004). A Figura 1 mostra um modelo esquemático e representativo dessa estruturação comumente relatada na literatura.

De acordo com esse modelo de estruturação, podem ser identificadas três importantes informações sobre a capacidade força:

- possui três formas de manifestação;
- essas formas são independentes entre si – o modelo não indica uma ligação entre elas;
- cada uma dessas manifestações necessita de métodos para desenvolvê-las isoladamente das outras.

Embora essa divisão das formas de manifestação da força tenha se sustentado ao longo de muitos anos, especialmente no contexto da prática do treinamento, esse modelo de estruturação (Figura 1) apresenta algumas limitações que precisam ser discutidas. Partindo dessas colocações, é possível realizar os seguintes questionamentos sobre esse modelo de estruturação: é adequado considerar que essas manifestações de força não se inter-relacionam e que a alteração em uma delas não exerça nenhuma influência nas demais? Sabe-se que o aprimoramento no desempenho da força máxima, por exemplo, poderá exercer uma influência no desempenho de força rápida (Bührle & Schmidtbleicher, 1981; Cronin et al., 2000) ou de resistência de força (Campos et al., 2002). A Tabela 1 ilustra de maneira esquemática essa possibilidade: na situação A, na qual há maior força máxima, o desempenho relacionado a mover mais rapidamente um determinado peso (80 kg) poderá ser melhor do que na situação B, em que a força máxima é menor. Da mesma forma, para uma determinada resistência a ser vencida (80 kg) é esperado que um maior número de repetições seja alcançado na situação A, na qual a força máxima disponível é maior. Nesse caso, a tarefa de realizar um esforço repetido contra uma determinada resistência poderia ser associada a um exemplo de desempenho de resistência de força (Bloomfield et al., 1994). Se essa argumentação é considerada lógica,

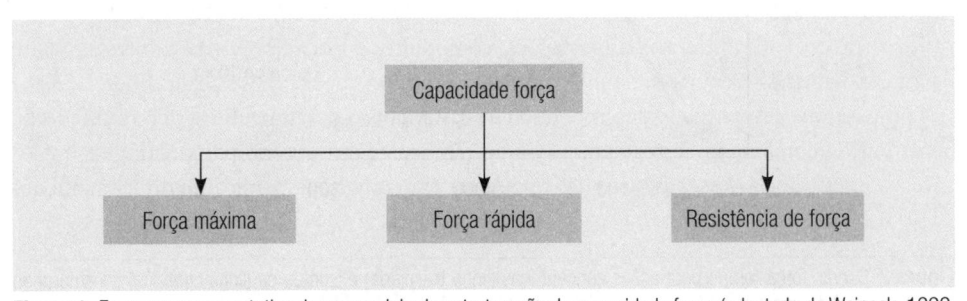

Figura 1 Esquema representativo de um modelo de estruturação da capacidade força (adaptado de Weineck, 1999, p. 225).

então é possível que a força máxima tenha um papel importante no desempenho, envolvendo as formas de manifestação da força. Portanto, a força máxima não estaria no mesmo nível de categorização da força rápida e da resistência de força. Com isso, torna-se evidente a limitação do modelo de estruturação da capacidade força apresentado na Figura 1. Além disso, segundo Schmidtbleicher (1987), se fosse aceito que essas três manifestações de força estivessem no mesmo nível hierárquico e fossem independentes uma das outras, a consequência seria a necessidade de métodos de treinamento isolados para cada uma das manifestações, o que tornaria inviável a organização temporal do treinamento de um atleta, que necessita apresentar um bom desempenho nessas diferentes manifestações de força.

Tabela 1 Representação ilustrativa da importância da força máxima

	Força máxima (kg)	Velocidade de movimento (resistência: 80 kg)	Número máximo de repetições (resistência: 80 kg)
A	160	A > B	A > B
B	100	A > B	A > B

Deve ser ressaltado, no entanto, que a força máxima não é o único fator determinante nos desempenhos das manifestações da força. Schmidtbleicher (1992) relata que o nível da relação entre a velocidade de movimento e a força isométrica máxima aumenta quando a resistência a ser vencida na ação muscular concêntrica também aumenta (Figura 2). Coeficientes de correlação entre a força isométrica máxima e a velocidade de movimento para resistências de 3,5, 10 e 25 kg foram de 0,50, 0,66 e 0,85, respectivamente. Isso significa que

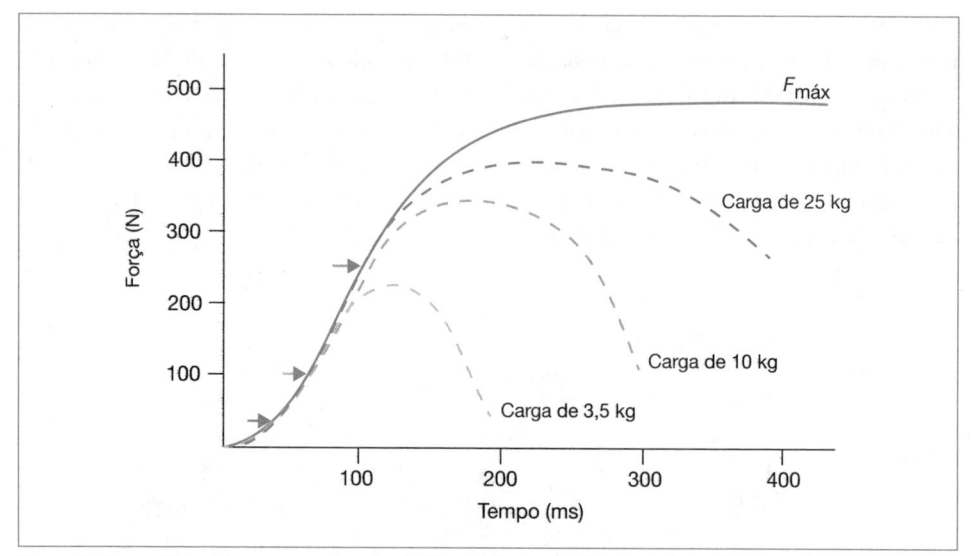

Figura 2 Curvas força-tempo para ações concêntricas (linha tracejada) e isométrica (linha contínua) considerando diferentes resistências a serem vencidas. A seta sinaliza a mudança da ação isométrica para concêntrica (adaptado de: Schmidtbleicher, 1992, p. 382).

resistências de 3,5, 10 e 25 kg foram de 0,50, 0,66 e 0,85, respectivamente. Isso significa que outros fatores podem ser mais relevantes para o desempenho de força quando pequenas resistências são vencidas.

Considerando as reflexões apresentadas anteriormente, fica demonstrada a inadequação do modelo de estruturação da força apresentado na Figura 1. Uma discussão sobre outro possível modelo de estruturação da capacidade força foi apresentada mais concretamente pelo grupo de pesquisadores na Universidade de Freiburg, na Alemanha, nos anos de 1980 (Schmidtbleicher, 1980; Bührle & Schmidtbleicher, 1981). Nesse modelo, os autores relataram que a capacidade motora força apresenta duas formas de manifestação, a força rápida e a resistência de força (Figura 3). Essa estruturação foi baseada em resultados de vários estudos, que mostraram a existência de uma relação significativa da força máxima com a força rápida (Schmidtbleicher, 1980; Bührle & Schmidtbleicher, 1981; Rutherford et al., 1986; Schmidtbleicher, 1987) e com a resistência de força (Shaver, 1970a, 1970b). O estudo de Moss et al. (1997), que investigou o nível de correlação entre o desempenho de 1 RM e o pico de potência em diferentes percentagens de 1 RM em uma tarefa de flexão de cotovelo, reforça a ideia de uma relação significativa entre a força máxima e a força rápida relatada em estudos anteriores (Schmidtbleicher, 1980; Bührle & Schmidtbleicher, 1981). O resultado da pesquisa de Moss et al. (1997) indicou um coeficiente de correlação forte e significativo (r = 0,93) entre as variáveis. Contudo, Cronin et al. (2000) sugerem que a importância da força máxima para a produção de potência mensurada em ações musculares concêntricas e no ciclo de alongamento-encurtamento pode ser diferente. Esses autores não encontraram alteração na resposta da produção de potência em ações musculares concêntricas após um período de treinamento de força.

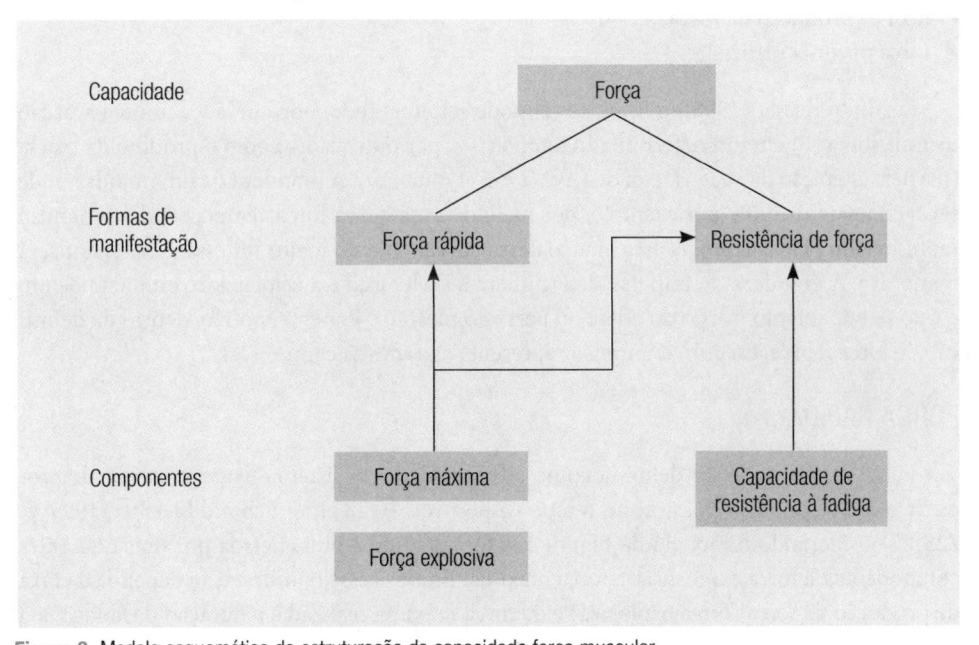

Figura 3 Modelo esquemático da estruturação da capacidade força muscular.

No estudo de Shaver (1970a) foi verificada uma alta correlação (r = 0,93) entre força máxima concêntrica e o número máximo de repetições realizadas contra uma determinada resistência. Essa resistência foi estabelecida a partir do desempenho do indivíduo que alcançou o maior valor no teste de 1RM e todos os sujeitos investigados realizaram o número máximo de repetições com o peso correspondente a 75% desse desempenho. Como o peso absoluto a ser movido era o mesmo para todos os voluntários, denominou-se a tarefa motora de resistência de força absoluta. Coeficientes de correlação significativos foram encontrados quando a força máxima isométrica (r = 0,68) e concêntrica (r = 0,70) da musculatura extensora do joelho foi correlacionada com a resistência de força absoluta, definida como o número máximo de repetições para um peso de 100 kg (Shaver, 1970b).

Contudo, de acordo com Nicolaus (1995), a relação entre força máxima e a resistência de força relativa não apresenta a mesma consistência da resistência de força absoluta. Baseando-se nesses resultados, a força máxima seria um componente importante associado com o desempenho da força rápida e resistência de força (absoluta). Dessa forma, o modelo desenvolvido considera que a força máxima é um componente que influencia as manifestações da força, não estando no mesmo nível hierárquico (Figura 3).

Para um melhor entendimento da estruturação e das definições das formas de manifestação força rápida e resistência de força é necessário um detalhamento do parâmetro impulso. A vantagem da utilização do impulso como referência é a possibilidade de discutir a estruturação da capacidade força muscular e seus componentes dentro dos pontos de vista da fisiologia humana e da física (Schmidtbleicher, 1987, p. 357). O impulso apresenta-se na dependência de três variáveis:

- duração de atuação da força;
- taxa de produção da força;
- força máxima realizada.

Segundo Kassat (1993), o impulso (I) pode ser entendido, por um lado, como a atuação de uma força (F) em um determinado tempo (t) e, por outro lado, como o produto da massa (m) pela alteração da sua velocidade (Δv) ($I = F \cdot t = m \cdot \Delta v$). A grandeza de um impulso pode ser facilmente medida, por exemplo, por meio de uma curva força-tempo, sendo o impulso representado pelo cálculo da área abaixo dessa curva. Quanto maior for essa área, maior será o impulso. A grandeza do impulso determinará a aceleração e a velocidade resultante de um corpo (equipamento, corpo do atleta ou parte do mesmo). Por esse motivo, dentro da definição de força rápida a seguir, o impulso representa a grandeza central.

FORÇA RÁPIDA

Força rápida pode ser definida como a "capacidade do sistema neuromuscular de produzir o maior impulso possível no tempo disponível" (Güllich & Schmidtbleicher, 1999, p. 225). Considerando o modelo da Figura 4, a força rápida é influenciada por dois diferentes componentes: a força explosiva e a força máxima. Embora essa manifestação dependa da taxa de produção de força (força explosiva) e da força máxima realizada, a duração da atuação da

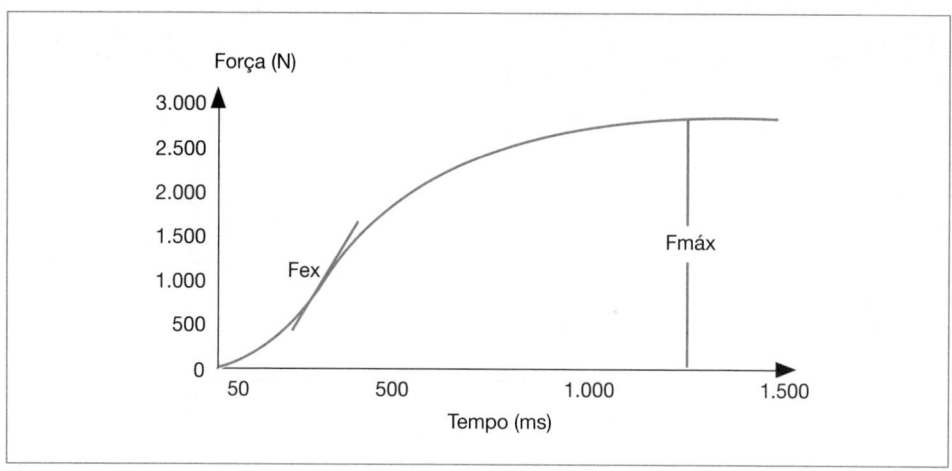

Figura 4 Principais componentes da força rápida. Fmáx = força máxima; Fex = força explosiva (adaptado de Bührle, 1985, p. 18).

força é outro aspecto relevante para o desempenho da força rápida. Isso porque a magnitude do impulso é influenciada pelo tempo em que a força foi aplicada.

Dessa forma, para análise do desempenho da força rápida, assim como da importância dos componentes que a influenciam, é fundamental considerar a importância do tempo disponível para a realização da tarefa motora. Nesse sentido, é possível entender que o tempo disponível para a realização da tarefa terá uma relação com o tempo disponível para aplicação de força. A duração da atuação da força é determinada pela trajetória para a aceleração do segmento corporal e/ou objeto e pela forma da aceleração. Dessa forma, se as informações da Figura 4 forem utilizadas como exemplo, é possível verificar que, na dependência da duração utilizada como referência (250 ou 500 ms) para análise do desempenho da força rápida (área sob curva F · t), diferentes respostas de força rápida irão ocorrer.

Dessa forma, a análise do desempenho da força rápida deverá levar em consideração a influência dos componentes força explosiva e força máxima, assim como da duração disponível para a realização da tarefa. A Figura 5 possibilita exemplificar essa afirmação. Dois atletas diferentes (A e B) podem apresentar desempenhos de força rápida distintos se o tempo disponível para a realização da tarefa for considerado. Exemplificando, se compararmos a força rápida do atleta A e B na condição T1, ou seja, para aquele intervalo de tempo específico, que pode representar o tempo disponível para uma determinada tarefa motora, podemos concluir que: a) o atleta A irá apresentar um melhor desempenho de força rápida comparado com o atleta B; b) esse melhor desempenho foi influenciado pela capacidade do atleta A de produzir uma maior elevação da força naquele período de tempo; c) o melhor desempenho de A não foi determinado pela sua capacidade em produzir um maior pico de força na curva F · t.

Uma importante questão sobre a forma de manifestação força rápida diz respeito ao termo potência. A utilização do termo potência para se referir à produção de força em curtos intervalos de tempo deve ser analisada com mais cuidado e atenção, quando se trata do desempenho motor humano. Potência considera tanto a força (F) produzida quanto a velocida-

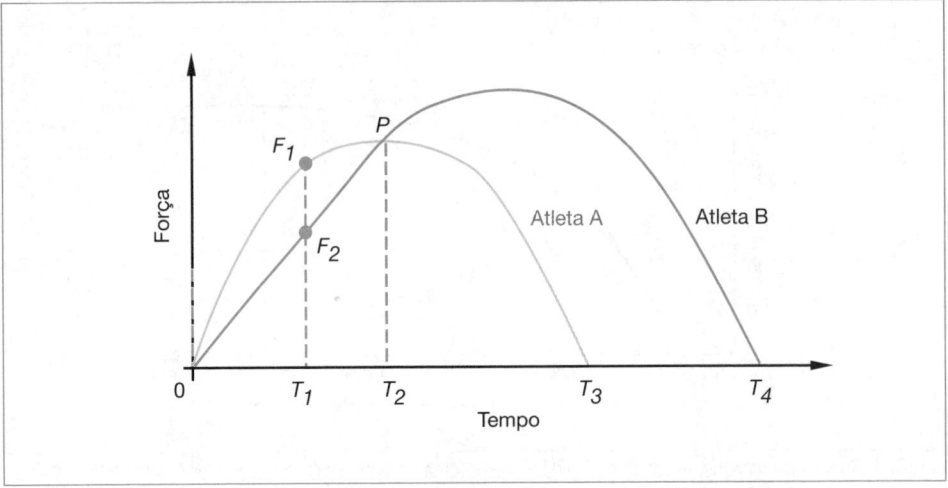

Figura 5 Importância do tempo disponível para o desempenho de força rápida (adaptado de Siff, 2004, p. 99).

de (v) em que esta produção ocorre (P = F · v), assim como a relação do trabalho produzido por tempo (P = W/t , sendo W = F · d). Sendo assim, esses conceitos somente se aplicam a ações dinâmicas, não sendo adequados para descrever e analisar ações isométricas em que a força também poderá ser produzida rapidamente. Isso porque nesse tipo de ação a velocidade é zero ou o deslocamento não ocorre. Logo, a potência também será zero. Nesse momento, o impulso se apresenta como a referência mais adequada para a descrição e análise das situações em que a força deve ser produzida rapidamente, pois não depende de variáveis como a velocidade ou o deslocamento, mas sim do registro do tempo e da força aplicada nesse tempo (I = F . t). Logo, em ações isométricas, pode-se falar em força rápida, mas dificilmente de potência. Sendo assim, a utilização desses termos adequadamente e o entendimento técnico associado com ambos garante uma melhor integração entre os profissionais envolvidos com o treinamento de força e facilita a discussão sobre essa temática.

FORÇA EXPLOSIVA

A elevação da taxa de produção de força (*rate of force development – RFD*) tem sido representada em uma curva força-tempo e vem sendo denominada força explosiva (Andersen & Aagaard, 2006), que foi definida primeiramente como a capacidade de um desenvolvimento rápido da força muscular (Werschoshanskij, 1972). Força explosiva descreve a "capacidade do sistema neuromuscular de desenvolver uma elevação máxima da força após o início da contração, ou seja, a maior taxa de produção da força por unidade de tempo" (Schmidtbleicher, 1984, p. 1787). Se o tempo disponível para o desenvolvimento da força está reduzido, por exemplo, por causa de uma trajetória pequena de aceleração, ou quando é realizado um movimento contra resistências leves ou moderadas, o impulso será determinado essencialmente pelo valor máximo alcançado da força explosiva (Werschoshanskij, 1988; Schmidtbleicher, 1992). Para visualizar essa afirmação, retorne à Figura 5 e compare novamente o desempenho dos atletas A e B (Siff, 2004).

A força explosiva tem grande importância em um amplo espectro de ações esportivas. Diferentes modalidades necessitam de um ótimo desenvolvimento desse componente, como os esportes coletivos, o atletismo, a natação, esportes de raquete, lutas, ginásticas, entre várias outras. Essas ações incluem saltos, chutes, lançamentos, largadas e golpes em geral.

FORÇA MÁXIMA

A força máxima representa o maior valor de força que pode ser produzido pelo sistema neuromuscular por meio de uma contração voluntária máxima (Güllich & Schmidtbleicher, 1999, p. 224) e tem sido mensurada envolvendo tarefas motoras estáticas e dinâmicas. Nesse contexto, ações musculares isométricas, concêntricas, excêntricas e dentro do ciclo de alongamento-encurtamento (CAE) são utilizadas nos testes para determinação da força máxima (Sale, 1991; Wilson, 1994).

Güllich & Schmidtbleicher (1999) relatam que o coeficiente de correlação significativo entre a força máxima isométrica e a força máxima concêntrica para indivíduos treinados (atletas envolvidos em esportes de força e "potência") é maior do que 0,90. Uma possível explicação é o fato de que durante uma ação muscular concêntrica sempre existirá uma participação isométrica. Ou seja, a ação muscular irá permanecer isométrica até que o nível de força produzido seja suficiente para vencer a resistência (ação muscular concêntrica). Dessa forma, se o objetivo é identificar o maior valor de força produzido, espera-se que durante a realização de uma ação concêntrica ocorrerá também uma maior ação isométrica, o que pode justificar a relação significativa entre essas ações. Uma condição especial envolvendo a força máxima está relacionada com a ação muscular excêntrica. Vários estudos têm indicado que nessa condição específica o desempenho de força é maior comparado com as demais (Tesch et al., 1990; Enoka, 1996). Um coeficiente de correlação significativo (r > 0,85) entre a força máxima excêntrica e a isométrica foi relatado por Güllich & Schmidtbleicher (1999).

As capacidades de desenvolver força máxima e de elevação rápida da produção de força representam os componentes básicos determinantes da força rápida. A importância da força máxima aumenta com a elevação da resistência externa a ser vencida e com o aumento do tempo disponível para a realização do movimento (ver Figura 2).

A força máxima é determinante para o desempenho em esportes como o levantamento de peso ou em ações específicas de outras modalidades, como nas lutas (greco-romana, *jiu-jitsu*) em que existem situações de tentativas de imobilização no solo ou de provocar um desequilíbrio deslocando o corpo inteiro de um adversário, entre outras.

Resumindo, pode-se dizer que o aprimoramento da força rápida de acordo com as características da modalidade esportiva será obtido com o desenvolvimento da força máxima e/ou da força explosiva.

RESISTÊNCIA DE FORÇA

Além da força rápida, outra forma de manifestação da capacidade motora força é a resistência de força. Resistência de força é entendida como a "capacidade do sistema neuromuscular de produzir o maior somatório de impulsos possível sob condições metabólicas predominantemente anaeróbias e de fadiga" (Frick, 1993, p. 14). A resistência de força é influenciada pela grandeza de cada impulso e pela capacidade de manter o valor desse impulso o mais constante possível durante um determinado tempo (capacidade de resistir à fadiga). A grandeza do impulso está relacionada com o desempenho nos componentes força máxima e força explosiva, enquanto a capacidade de resistir à fadiga está associada com a redução do rendimento durante a execução de uma tarefa contínua, ou seja, com a diferença do rendimento registrada entre o início e o final de uma tarefa motora. Embora esse aspecto seja importante para o entendimento da resistência de força, sua análise isolada não é suficiente para explicar o desempenho nessa forma de manifestação da força. Com isso, segundo Frick (1993), para alcançar um melhor desempenho de resistência de força seria determinante que uma alta somatória de impulsos fosse alcançada dentro do tempo disponível.

A resistência de força é uma forma de manifestação complexa. Por esse motivo, Güllich & Schmidtbleicher (1999) mencionam que é importante uma diferenciação entre os comportamentos das capacidades força e resistência. Para que essa manifestação possa ser considerada na análise de uma determinada tarefa motora é necessário que essa tarefa apresente uma exigência mínima de força. Esses mesmos autores têm sugerido que a exigência não deveria ser menor do que 30% da força isométrica máxima individual. Ou seja, a partir dessa intensidade a importância de aspectos relativos à resistência aeróbia teria menor importância para o desempenho na tarefa. É possível pensar que em intensidades superiores a 30% da força isométrica máxima, o suprimento sanguíneo já seria reduzido devido ao nível de oclusão vascular, o que poderia demandar uma maior participação do sistema de fornecimento de energia anaeróbio. Dessa forma, ao discutir sobre a forma de manifestação resistência de força deve-se considerar que a energia fornecida para a realização da tarefa é proveniente predominantemente do sistema anaeróbio de fornecimento de energia. Para análise da resistência de força em exigências intermitentes ou em ações musculares submáximas poderia ser necessário um tempo mais prolongado, para que dessa forma, na atividade ou no teste realizado, a fadiga (redução do desempenho) possa ocorrer, assim como para uma maior participação do sistema de fornecimento de energia anaeróbio (Frick, 1993).

A resistência de força se manifesta em tarefas motoras estáticas e dinâmicas. Nesse contexto, ações musculares isométricas, concêntricas, excêntricas e dentro do ciclo de alongamento-encurtamento podem ser utilizadas nos testes para determinação do desempenho da resistência de força (Sale, 1991; Frick, 1993).

Várias modalidades esportivas demandam desempenhos de resistência de força em situações tanto dinâmicas como isométricas, como o remo, as lutas e os esportes coletivos. Do ponto de vista da prática, deve-se tomar o cuidado de não associar a resistência de força somente com a capacidade de resistir à fadiga em determinado desempenho de força. Veja os exemplos na Tabela 2:

Tabela 2 Capacidade de resistir à fadiga e resistência de força

Força máxima (kg)	3 s	6 s	9 s	12 s
A – 100	90	80	70	60
B – 90	85	80	75	70

Nesse exemplo, dois indivíduos estão exercendo forças um contra o outro em um movimento com os braços. O indivíduo A atinge uma força máxima de 100 kg no início da tarefa e o indivíduo B, de 90 kg. Nessa situação, o quadro mostra o tempo que eles continuam exercendo forças contrárias. Como pode ser visto, a cada 3 segundos ao longo da tarefa, o indivíduo A apresenta uma queda de 10 kg de força e ao final de 12 segundos somente consegue produzir uma força de 60 kg. Já o outro indivíduo apresenta uma queda menor, de 5 kg a cada 3 segundos. Ao final de 9 segundos, o desempenho do indivíduo B já é de 75 kg, superior ao do indivíduo A. Caso se trate de uma disputa de forças em uma situação de luta no solo (imobilização), o indivíduo B levaria vantagem. Apesar de apresentar um menor valor de força máxima no início, apresentou uma melhor resistência à fadiga ao longo do tempo. Nesse exemplo, a maior somatória de impulso ($I = F \cdot t$) foi alcançada pelo indivíduo B devido à maior capacidade de resistir à fadiga e não ao desempenho de força máxima alcançado no início da tarefa. Isso exemplifica uma situação em que o desempenho de resistência de força foi influenciado significativamente pela capacidade de resistir à fadiga. Contudo, considerar somente esse aspecto para analisar o desempenho nessa forma de manifestação não é suficiente. Veja uma variação da mesma situação na Tabela 3:

Tabela 3 Força máxima e resistência de força

Força máxima (kg)	3 s	6 s	9 s	12 s
A – 100	90	81	72,9	65,61
B – 90	81	72,9	65,61	59,05

Considerando que ambos têm a mesma capacidade de resistência à fadiga, ou seja, os atletas reduzem o desempenho de força em 10% a cada 3 segundos, o indivíduo A levaria vantagem, ou seja, teria um melhor desempenho de resistência de força. Mas isso não se deve à sua melhor resistência à fadiga (ambos estão iguais nesse componente), mas ao fato de que ele iniciou a tarefa com um valor de força máxima maior. Dessa forma, como o indivíduo A iniciou com uma maior força máxima e a diminuição da força foi similar entre os indivíduos (redução de 10%), o indivíduo A apresentou maiores valores de força durante a realização da tarefa. Com isso, a magnitude do impulso produzido a cada 3 segundos ($I = F \cdot t$) foi maior, o que resultou em uma maior somatória de impulsos para o mesmo período de tempo (12 segundos).

Esses dois exemplos chamam a atenção para o fato de que um desempenho específico de resistência de força pode não ser determinado somente pela capacidade de suportar a fadiga, mas também depende dos valores de força produzidos no decorrer de um determinado tempo (somatório de impulso). Fica claro, então, que ambos os componentes são determinantes para o desempenho da resistência de força e devem ser analisados para o treinamento dessa forma de manifestação.

PRESCRIÇÃO DO TREINAMENTO DE FORÇA NA MUSCULAÇÃO

O desenvolvimento da força muscular tem importância significativa para diversos objetivos relacionados à preparação física de atletas, ao condicionamento físico de diferentes indivíduos, à capacidade funcional de idosos, à reabilitação esportiva, entre outros. O planejamento do treinamento de força muscular é um processo complexo e multifatorial. Dentro do planejamento, a fase da elaboração de programas de treinamento de força muscular está associada com diversas tomadas de decisão referentes ao tipo de treinamento (isométrico, excêntrico, pliométrico, etc.), aos meios de treinamento (equipamentos disponíveis, etc.) e à carga de treinamento.

A prescrição do treinamento para o aprimoramento da força muscular leva em consideração os diferentes componentes da carga (volume, intensidade, duração, etc.) que são manipulados com o objetivo de alcançar uma determinada configuração da carga de treinamento. Essa configuração da carga de treinamento baseia-se frequentemente em valores de referência (normativas) sugeridos na literatura (Wernbom, Augustsson e Thomeé, 2007; ACSM, 2009; Schmidtbleicher, 1992). Esses valores de referência são recomendações para a prescrição do treinamento e estão associados com a expectativa de que podem conduzir o organismo para adaptações específicas. Essas adaptações específicas irão permitir alterar o desempenho nas diferentes formas de manifestação da força muscular e seus componentes. Como são amplas as possibilidades de prescrição da carga de treinamento, uma vez que várias estratégias de treinamento da força muscular são relatadas na literatura (ACSM, 2009; Keogh, Wilson e Weatherby, 1999; Schmidtbleicher, 1992), serão dados exemplos direcionados ao treinamento de força muscular na musculação.

Dessa forma, segundo Güllich & Schmidtbleicher (1999), a prescrição de valores de referência caracterizados por baixo volume (≤ 3 repetições) e intensidade elevada (≥ 90% 1RM) conduzirá ao aprimoramento da força máxima e à reduzida adaptação morfológica (hipertrofia). Por esse motivo, essa prescrição tem sido associada com o termo "treinamento de força (máxima)", enquanto que a prescrição de volume moderado (6 a 20 repetições) e intensidade moderada (60–85% 1RM) resultará em hipertrofia muscular mais significativa. Por essa razão, essa prescrição tem sido denominada de "treinamento de hipertrofia". Partindo dessas duas prescrições de carga de treinamento anteriores, os seguintes pontos podem ser considerados para reflexão sobre a terminologia:

- Força máxima é um dos componentes da capacidade força muscular, enquanto hipertrofia é uma adaptação ao treinamento. Logo, treinamento de força (máxima) e de hipertrofia são termos inadequados para expressar uma determinada prescrição do treinamento, porque não fazem uso do mesmo critério para diferenciação.
- "Treinamento de hipertrofia" muscular também resultará em aumento da força máxima, assim como o "treinamento de força (máxima)". A diferença está na magnitude das adaptações morfológicas e neurofisiológicas associadas com cada uma das prescrições, uma vez que essas adaptações podem resultar em aumento da força máxima do indivíduo. Por isso, ambas as prescrições deveriam ser denominadas de treinamento de força (máxima), o que reforça a inadequação das terminologias treinamento de força (máxima) e de hipertrofia associadas com aquelas prescrições anteriormente relatadas.

Nesse sentido, Güllich & Schmidtbleicher (1999) propuseram uma nomenclatura mais apropriada para se referir às diferentes configurações da carga de treinamento. Para o treinamento que objetiva o desenvolvimento da força máxima e força explosiva por meio de adaptações neurofisiológicas predominantemente pode ser utilizado o termo "forma de contração máxima", uma vez que a intensidade estará no limite máximo ou próximo desse limite. Já para o treinamento voltado para alcançar a adaptação morfológica (nesse caso a hipertrofia muscular), o termo proposto é "forma de contração submáxima". Esses termos permitem uma diferenciação adequada entre os dois objetivos utilizando-se mesmo parâmetro, ou seja, a intensidade da contração muscular. Esses autores sugeriram valores de referência para a prescrição da carga de treinamento na musculação, assim como indicaram as principais adaptações esperadas com o treinamento (Tabelas 4 e 5).

Tabela 4 Valores de referência para a prescrição da carga de treinamento na forma de contração máxima e o nível das adaptações esperadas

Configuração da carga	Valores de referência	Adaptações	Nível das adaptações
Peso	90%–100% 1RM	Hipertrofia	+
Repetições por série	1–3	Ativação muscular	+ + +
Número de séries	3–6	Força máxima	+ +
Pausa (min)	≥ 6	Força explosiva	+ + +
Velocidade da contração	Explosiva	Resistência de força	+

Adaptada de Güllich & Schmidtbleicher, 1999, p.230.

Tabela 5 Valores de referência para a prescrição da carga de treinamento na forma de contração submáxima e o nível das adaptações esperadas

Configuração da carga	Valores de referência	Adaptações	Nível das adaptações
Peso	60%–85%	Hipertrofia	+ + +
Repetições por série	6–20	Ativação muscular	+
Número de séries	5–6	Força máxima	+ + +
Pausa (min)	2–3 min	Força explosiva	+
Velocidade da contração	Lenta-moderada	Resistência de força	+

Adaptada de Güllich & Schmidtbleicher, 1999, p.229.

Embora esses valores de referência abranjam a maioria das outras faixas de valores sugeridas na literatura, ainda é possível identificar algumas pequenas diferenças quando comparados com outras fontes (Kraemer e Hakkinen, 2004; Badillo e Ayestaran, 2001; Platonov, 2004).

Contudo, é fundamental entender a necessidade de relativizar a expectativa generalizada quanto à possibilidade de realização de um programa de treinamento cuja prescrição é baseada nos valores de referência. Serão utilizados os valores de referência sugeridos na Tabela 5 como exemplo para discutir essa afirmação anterior: a prescrição de 4 séries, 12 repetições, 70% 1RM e pausa de 3 minutos estaria dentro da configuração de uma carga de treinamento baseada nos valores de referência sugeridos na Tabela 5. Veja abaixo, na Tabela 6, os resultados do estudo de Lima et al. (2006), cujo objetivo era a realização de dois protocolos de treinamento no exercício supino baseados em valores de referência para a hipertrofia muscular e diferenciados apenas pelas pausas de 90 e 120 segundos entre séries.

Dessa forma, os dados dessa pesquisa suportam uma importante crítica ao entendimento de como os valores de referência previstos na literatura deveriam ser considerados na elaboração dos programas de treinamento na musculação que se propõem baseados nesses valores de referência. Analisando os resultados é possível perceber que apenas na primeira série os indivíduos treinados se aproximaram das 12 repetições desejadas, que estavam dentro das normativas previstas por diferentes autores (Güllich & Schmidtbleicher, 1999; Fleck e Kraemer, 1997). Percebe-se que foi verificada uma diminuição estatisticamente significante no número de repetições a partir da segunda série independentemente dos intervalos de pausa utilizados. Contudo, também é muito importante não esquecer que esse estudo limitou-se a investigar determinados valores da carga de treinamento (4 séries, 12 repetições, 70% de 1RM), o que não permite afirmar que, caso esses valores fossem outros, mas ainda dentro dos valores de referência existentes na literatura para hipertrofia muscular, ou mesmo se fossem realizados em outro exercício diferente do supino, os indivíduos também não conseguiriam realizar o treinamento. Além disso, deve ser considerado que os programas de treinamento sempre são constituídos de vários exercícios, o que tornaria ainda mais difícil a aplicação desses valores de referência para o treinamento. Então, como se deve entender esses valores de referência?

- Os profissionais responsáveis pela prescrição da carga de treinamento devem estar atentos ao fato de que os valores de referência podem não estar ao alcance de grande parcela do público-alvo específico (atletas, praticantes de musculação, etc.).
- Determinadas configurações baseadas nesses valores de referência são metas a serem atingidas com o planejamento do treinamento, considerando que a progressão da carga ao longo do processo de treinamento irá possibilitar ao indivíduo alcançar essa meta e consequentemente as adaptações associadas com a progressão do treinamento.
- É necessário relativizar a expectativa generalizada quanto à realização dos valores de referência de treinamento de força na musculação.

Tabela 6 Médias e desvios-padrão do número de repetições realizadas em cada uma das quatro séries, utilizando pausas de 90 e 120 segundos entre as séries

Pausas (s)	1ª série	2ª série	3ª série	4ª série
90	11,5 (1,0)	9,4 (1,9)*	6,5 (2,4)*	4,7 (1,8)*
120	11,7 (0,7)	10,4 (1,4)*	7,2 (2,2)*	5,5 (1,2)*

* $p < 0,05$ comparado com a série precedente.
Adaptada de Lima et al., 2006, 177.

Partindo das argumentações anteriores, a prescrição de cargas de treinamento deve ser considerada com cuidado, para que não sejam geradas expectativas uniformizadas em relação aos parâmetros de desempenho, conduzindo a interpretações não realistas do processo de treinamento. Para reforçar ainda mais esse raciocínio, estudos têm mostrado que a realização de determinado número de repetições para percentuais de 1RM preestabelecidos pode ser influenciada, por exemplo, pelo tipo de exercício (Hoeger et al., 1990; Chagas, Barbosa e Lima, 2005) e nível de treinamento do indivíduo (Fröhlich e Marschall, 1999; Braith, 1993).

A Tabela 7 apresenta resultados do estudo de Chagas, Barbosa e Lima (2005), que mostraram claramente as limitações da expectativa de uma relação entre valores percentuais de 1RM e número de repetições que possa ser utilizada de maneira generalizada.

Os dados da Tabela 7 indicam que o número de repetições realizadas no exercício supino foi estatisticamente menor comparado ao exercício *leg-press* 45° tanto para a intensidade de

40 quanto para 80% de 1RM no grupo masculino. No grupo feminino foi verificado o mesmo resultado somente quando os exercícios foram realizados a 80% de 1RM. Esses resultados do estudo de Chagas, Barbosa e Lima (2005) deixam claro que a fixação da intensidade de treinamento associada a um determinado número máximo de repetições não deve ser generalizada. Isso sugere que a prescrição da carga de treinamento não deve fundamentar-se exclusivamente nessa relação.

Tabela 7 Valores mínimos, máximos, média e desvios-padrão (DP) do número de repetições realizadas nas intensidades de 40 e 80% de 1RM nos exercícios supino e *leg press* 45° para os grupos masculino e feminino

Exercício	Gênero	Percentual	Mínimo	Máximo	Média	DP
Supino	Masculino	40	13	20	17,0*	2,1
		80	3	5	4,3*	0,7
	Feminino	40	14	29	19,1	4,0
		80	3	7	5,1	1,2
Leg press 45°	Masculino	40	14	27	20,8	4,4
		80	5	10	7,6	1,4
	Feminino	40	18	32	20,7	3,5
		80	6	11	7,7	1,7

* $p < 0,05$ em relação ao gênero masculino no exercício *leg press* 45°, # $p < 0,05$ em relação ao gênero feminino no exercício *leg press* 45° (80%).
Adaptada de Chagas, Barbosa e Lima, 2005, p. 8.

Outra perspectiva sobre os valores de referência e a prescrição da carga de treinamento leva em consideração a prescrição através de um número de repetições máximas (nRM). Esse procedimento deve ser abordado cuidadosamente, pois pode sugerir que talvez seja esperada uma resposta linear entre nRM e intensidade do esforço para um indivíduo, independentemente do exercício, por exemplo. Nesse caso, o treinamento para os diferentes componentes da força muscular seria prescrito em RM. Exemplificando, para a força máxima com predominância de adaptações neurais, sugere-se a prescrição de até 5RM (Campos et al., 2002; Goto et al., 2004.). Porém, haverá diferenças entre os exercícios na capacidade de se realizar um determinado número de RM considerando-se o percentual de 1RM (Shimano e Sinclair, 2006). Por exemplo, no exercício agachamento é possível realizar um número maior de repetições com uma mesma intensidade (percentual de 1RM) do que no exercício supino ou rosca direta. Logo, um mesmo número de RM poderá representar intensidades relativas (percentual de 1RM) diferentes.

Além disso, outros pontos relacionados a essa questão também devem ser considerados. A pesquisa de Sakamoto e Sinclair (2006) chama a atenção para a importância da influência da duração da repetição na relação entre número de repetições realizadas em determinados percentuais de 1RM. A Figura 6 apresenta os resultados dessa pesquisa. Esses autores utilizaram o termo velocidade para diferenciar os protocolos experimentais, mas utilizaram como unidade de medida o tempo (s), o que configura uma medida de duração da repetição. Por essa razão, usa-se o termo duração da repetição, e não velocidade.

Nesse estudo, os autores verificaram o número máximo de repetições realizados em uma série única no exercício supino em diferentes intensidades (40, 50, 60, 60 e 80% 1RM) e durações da repetição (lenta – 5,6 s; média – 2,8 s; rápida – 2 s; e balística). A menor duração da repetição corresponde à situação denominada rápida e a maior duração, à situação lenta. De uma forma geral, um maior número de repetições foi realizado em menores durações da repetição (rápida × lenta) e em menores intensidades (Figura 6).

Porém, a diferença no número de repetições, favorável à menor duração (2 s), foi reduzida quando a intensidade foi aumentada. Nesse caso, a diferença foi maior a 40% do que a 80% de 1RM. Sendo assim, percebe-se a influência da duração da repetição na expectativa de desempenho medido em RM.

Portanto, de acordo com essas análises, sugere-se sempre uma atenção especial ao dimensionamento da carga de treinamento, fundamentado nas adaptações fisiológicas esperadas e possíveis de serem alcançadas. Deve-se estar atento também para a utilização de métodos e equipamentos supostamente novos que muitas vezes carecem de fundamento científico que indique sua utilização. Tais situações podem ainda colocar em risco a integridade física do praticante, além de não promoverem benefícios adicionais ao que já é tradicionalmente conhecido e estudado (Kraemer e Häkkinnen, 2004).

ATENÇÃO

Para a prescrição do treinamento de força é importante considerar a influência de diferentes variáveis que estão na estrutura de um programa de treinamento de força na muscula-

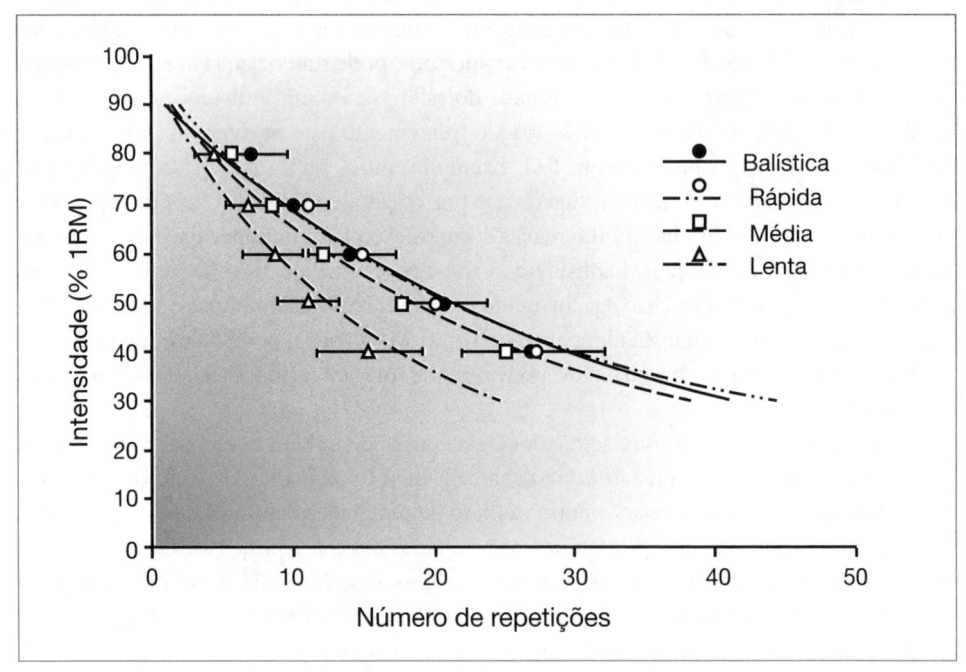

Figura 6 Número máximo de repetições realizadas em série única no exercício supino nas intensidades 40, 50, 60, 70 e 80% de 1RM com diferentes durações da repetição (lenta – 5,6 s; média – 2,8 s; rápida – 2 s; e balística). Adaptada de Sakamoto e Sinclair, 2006, p.525.

ção. A literatura vem apresentando uma série de variáveis para a elaboração do treinamento (Tan, 1999; Kraemer e Ratamess, 2004). Contudo, é fundamental levar em consideração para a prescrição do treinamento a relevância de cada variável isoladamente, assim como as possíveis relações entre elas. A Figura 7 representa uma perspectiva integrada de diferentes variáveis, que devem ser entendidas como elementos primários para elaboração de um programa de treinamento na musculação (Chagas e Lima, 2008). Essa abordagem leva em consideração o que o profissional objetivamente escreve no programa de treinamento.

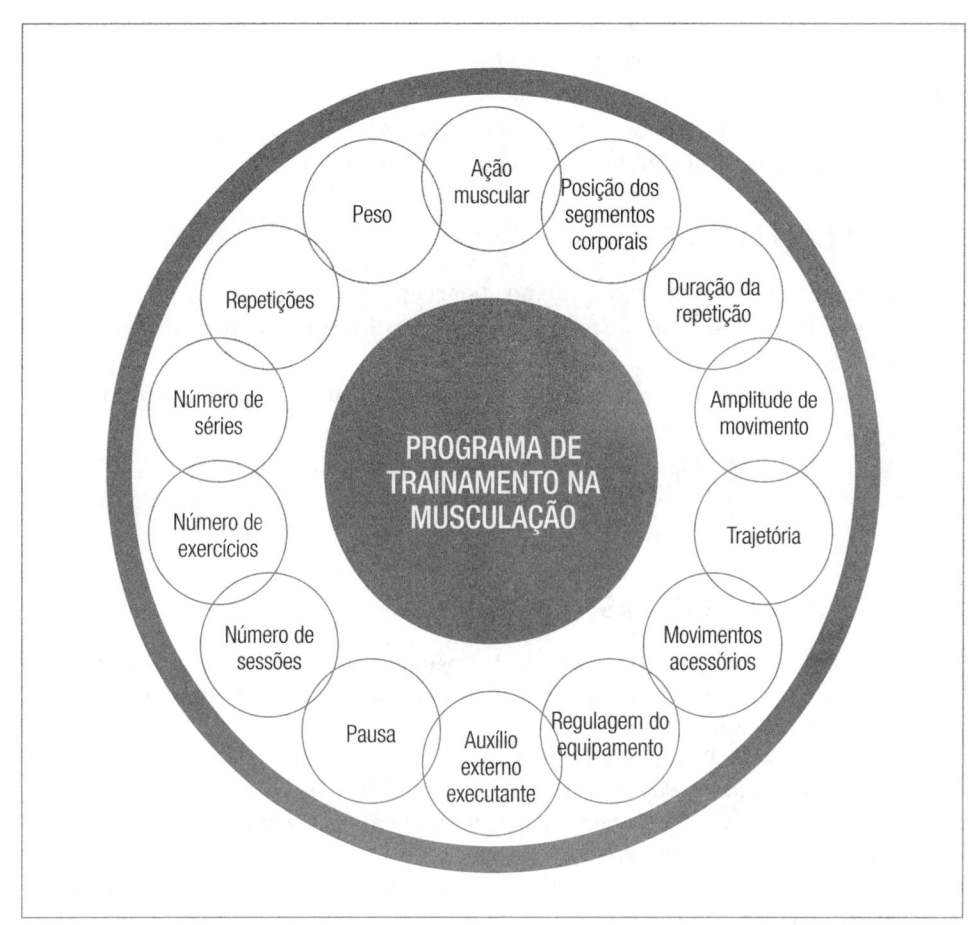

Figura 7 Variáveis estruturais do programa de treinamento na musculação (adaptada de Chagas e Lima, 2011, p.35).

PARA REFLEXÃO

"A musculação é um meio de treinamento caracterizado pela utilização de pesos e máquinas desenvolvidas para oferecer alguma carga mecânica em oposição ao movimento dos segmentos corporais. A utilização deste meio de treinamento, de maneira sistematizada, objetiva predominantemente o treinamento da força muscular. Dessa forma, deve ser entendida diferentemente de outros termos que vêm sendo frequentemente utilizados no Brasil como sinônimos de musculação: treinamento com pesos, exercício contra resistência, exercício resistido e treinamento neuromuscular. Esses termos podem ser utilizados para caracterizar outras formas de exercício físico, como por exemplo: praticar jiu-jitsu implica em um treinamento com pesos, sendo nesse caso o peso do corpo do oponente; correr implica em um exercício contra uma resistência, nesse caso deslocar o peso do próprio corpo. O treinamento pliométrico ou o método Pilates também são uma forma de treinamento neuromuscular. Esses exemplos mostram a inadequação desses termos como sinônimos de musculação. Desta forma, pode ser concluído que não existe, na prática, treinamento (utilizando o movimento) que não seja contra uma resistência ou resistido. Sendo assim, estes termos citados expressam uma variedade de possibilidades de treinamento muito ampla, incluindo-se nela também, mas não somente, a musculação" (Chagas e Lima, 2011, p. 19-20).

QUESTÕES PARA ESTUDO

1. Como diferenciar os conceitos de força no idioma português e inglês?
2. Qual o problema em se utilizar o termo "treinamento de resistência" para se referir à força muscular?
3. Identifique três diferenças entre os modelos de estruturação da força propostos nesse capítulo.
4. Como diferenciar os termos força máxima, força explosiva e resistência de força?
5. Quais limitações devem ser consideradas na utilização dos valores de referência para o treinamento de força?

REFERÊNCIAS BIBLIOGRÁFICAS

1. ACSM (American College of Sports Medicine). Progression models in resistance training for healthy adults: exercise and physical activity for older adults. Medicine and Science in Sports and Exercise. 2009;41(2):687-708.
2. Andersen LL, Aagaard P. Influence of maximal muscle strength and intrinsic muscle properties on contractile rate of force development. Eur J Appl Physiol. 2006;96:46-52.
3. Badillo JJG, Ayestarán EG. Fundamentos do treinamento de força: aplicação ao alto rendimento desportivo. Porto Alegre: Artmed; 2001.
4. Bloomfield J, Ackland TR, Elliott BC. Applied anatomy and biomechanics in sport. London: Blackwell Scientific Publications; 1994.
5. Braith RW, Graves JE, Leggett SH, Pollock ML. Effect of training on the relationship between maximal and submaximal strength. Medicine and Science in Sports and Exercise. 1993;25(1):132-8.
6. Bührle M. Dimensionen des Kraftverhaltens und ihre spezifischen Trainingsmethoden. In: Bührle M (ed.). Grundlagen des maximal- und schnellkrafttrainings. Schondorf: Verlag Karl Hofmann; 1985. p. 82-111.
7. Bührle M, Schmidtbleicher D. Komponenten der maximalkraft und schnellkraft. Sportwissenschaft. 1981;11:11-27.

8. Campos GER, Luecke TJ, Wendeln HK, Toma K, Hagerman FC, Murray TF, et al. Muscular adaptations in response to three different resistance-training regimens: specificity of repetition maximum training zones. Eur J Appl Physiol. 2002;88:50-60.

9. Chagas MH, Lima FV. Musculação variáveis estruturais. Belo Horizonte: Casa da Educação Física; 2008.

10. Chagas MH, Barbosa JRM, Lima FV. Comparação do número máximo de repetições realizadas a 40 e 80% de uma repetição máxima em dois diferentes exercícios na musculação entre os gêneros masculino e feminino. Revista Brasileira de Educação Física e Esporte. 2005;19(1):5-12.

11. Cronin JB, McNair PJ, Marshall RN. The role of maximal strength and load on initial power production. Med Sci Sports Exerc. 2000;32(10):1763-9.

12. Enoka RM. Muscle strength and its development: new perspectives. Sports Med. 1988;6(3):146-68.

13. Enoka RM. Eccentric contractions require unique activation strategies by the nervous system. J Appl Physiol. 1996;81(6):2339-46.

14. Fleck SJ, Kraemer WJ. Designing resistance training programs. 2ª ed. Champaign: Human Kinectis; 1997.

15. Frick U. Kraftausdauerverhalten im Dehnungs-Verkuerzungs-Zyklus. Koeln: Sport und Buch Strauss; 1993. 388 p.

16. Fröhlich M, Marschall F. Überprüfung des Zusammenhangs von Maximalkraft und maximaler Wiederholungszahl bei deduzierten submaximalen Intensitäten. Deutsche Zeitschrift für Sportmedizin. 1999;50(10):311-5.

17. Güllich A, Schimdtbleicher D. Struktur der Kraftfähigkeiten und ihrer Trainingsmethoden. Deutsche Zeitschrift für Sportmedizin. 1999;7:223-34.

18. Harre D. Trainingslehre. 9a ed. Berlin: Sportverlag; 1982.

19. Kassat G. Biomechanik fuer Nicht-biomechaniker: Alltaegliche bewegungstechnisch-sportpraktische Aspekte. Bielefeld: Fitness-Contur Verlag; 1993.

20. Keogh JWL, Wilson GJ, Weatherby RP. A Cross-sectional comparison of different resistance training techniques in the bench press. Journal of Strength and Conditioning Research. 1999;13(3):247-58.

21. Komi P. Strength and power in sport. London: Blackwell Scientifics Publications; 2003.

22. Kraemer WJ, Bush JA. Fatores que afetam as respostas neuromusculares agudas ao exercício de resistência. In: ACSM (American College of Sports Medicine). Manual de pesquisa: das diretrizes do ACSM para os testes de esforço e sua prescrição. Rio de Janeiro: Guanabara Koogan; 2003. p. 167-76.

23. Kraemer WJ, Häkkinenn K. Treinamento de força para o esporte. Porto Alegre: Artmed; 2004.

24. Kraemer WJ, Ratamess NA. Fundamentals of resistance training: progression and exercise prescription. Medicine and Science in Sports and Exercise. 2004;36(4):674-88.

25. Kraemer WJ, Volek JS, Fleck SJ. Adaptações musculoesqueléticas crônicas ao treinamento de resistência. In: ACSM (American College of Sports Medicine). Manual de pesquisa: das diretrizes do ACSM para os testes de esforço e sua prescrição. Rio de Janeiro: Guanabara Koogan; 2003. p. 177-84.

26. Letzelter H. Kraft als konditionelles Trainingsziel. Sportpraxis. 1982;4:73-4.

27. Lima FV, Chagas MH, Corradi EFF, Silva GF, Souza BG, Moreira Jr. LA. Análise de dois treinamentos com diferentes durações de pausa entre séries baseadas em normativas previstas para a hipertrofia muscular para indivíduos treinados. Rev Bras Med Esporte. 2006;12(4):175-8.

28. Martin D, Carl K, Lehnertz K. Manual de teoria do treinamento esportivo. São Paulo: Phorte; 2008.

29. Matwejew LP. Grundlagen des sportlichen Trainings. Berlin: Sportverlag; 1981.

30. McArdle WD, Katch FI, Katch VL. Fisiologia do exercício: energia, nutrição e desempenho humano. Rio de Janeiro: Guanabara Koogan; 2008.

31. Moss BM, Refsnes PE, Abildgaard A, Nicolaysen K, Jensen J. Effect of maximal effort strength training with different loads on dynamic strength, cross-sectional area, load-power and load-velocity relationships. Eur J Appl Physiol. 1997;75(3):193-9.

32. Nicolaus J. Kraftausdauer als Erscheinungsform des Kraftverhaltens. Koeln: Sport und Buch Strauss; 1995.

33. Platonov VN. Teoria geral do treinamento esportivo olímpico. Porto Alegre: Artmed; 2004.

34. Rutherford O, Greig C, Sargent A, Jones D. Strength training and power output: transference effects in the human quadriceps muscle. J Sports Sci. 1986;4:101-7.

35. Sale DG. Testing strength and power. In: MacDougall J, Wenger H, Green H (eds.). Physiological testing of the high-performance athlete. Champaign: Human Kinetics; 1991. p. 21-106.

36. Schmidtbleicher D. Training for power events. In: Komi PV. Strength and power in sport. London: Blackwell Scientifics Publications; 1992. p. 381-95.

37. Schmidtbleicher D. Maximalkraft und Bewegungsschnelligkeit. Beitraege zur Bewegungsforschung im Sport – Band 3. Bad Homburg: Verlag Limpert; 1980.

38. Schmidtbleicher D. Motorische Beanspruchungsform Kraft – Struktur und Einflussgroessen, Adaptionen, Trainingsmethoden, Diagnose und Trainingssteuerung. Deutsche Zeitschrift fuer Sportmedizin. 1987;38:356-77.

39. Schmidtbleicher D. Strukturanalyse der motorischen Eigenschaft Kraft. Lehre der Leichtathletik. 1984;30:1785-92.

40. Shaver LG. Maximum dynamic strength, relative dynamic endurance and their relationships. Research Quarterly. 1971a;42:460-5.

41. Shaver LG. Maximum isometric strength and relative muscular endurance gains and their relationships. Research Quarterly. 1971b;42:194-202.

42. Siff MC. Fundamentos biomecânicos do treinamento da força e de potência. In: Zatsiorsky VM. Biomecânica no esporte: performance do desempenho e prevenção de lesão. Rio de Janeiro: Guanabara Koogan; 2004. p. 81-108.

43. Tan B. Manipulating resistance training program variables to optimize maximum strength in men: A review. Journal of Strength and Conditioning Research. 1999;13(3):289-304.

44. Tesch PA, Dudley GA, Duvoisin MR, Hather BR, Harris RT. Force and EMG signal patterns during repeated bouts of concentric or eccentric muscle actions. Acta Physiologica Scandinavica. 1990;138:263-71.

45. Weineck J. Treinamento ideal. São Paulo: Manole; 1999.

46. Wernbom M, Augustsson J, Thomeé R. The influence of frequency, intensity, volume and mode of strength training on whole muscle cross-sectional area in humans. Sports Medicine. 2007;37(3):225-64.

47. Werschoshanskij JV. Grundlagen des speziellen Krafttrainings. In: Adam D, Werschoshanskij JV. Modernes Krafttraining im Sport. Trainerbibliothek. Bd. 4. Berlin: Bartels & Wernitz; 1972. p. 37-148.

48. Werschoshanskij JV. Effektiv trainieren. Berlin: Sportverlag; 1988.

49. Wilson GJ. Strength and power in sport. In: Bloomfield J, Ackland TR, Elliott BC. Applied anatomy and biomechanics in sport. London: Blackwell Scientific Publications; 1994. p. 110-208.

Capítulo 5

Treinamento mental de atletas olímpicos e paraolímpicos

Dietmar Samulski
Franco Noce
Varley Teoldo da Costa

CONCEITOS SOBRE TREINAMENTO MENTAL

A psicologia do esporte é uma das disciplinas que compõem o núcleo das ciências do esporte (Samulski, 2009). Para Nitsch (1989, p.29) "a psicologia do esporte analisa as bases e efeitos psíquicos das ações esportivas, considerando por um lado a análise de processos psíquicos básicos (cognição, motivação, emoção) e, por outro lado, a realização de tarefas práticas do diagnóstico e da intervenção". A função da psicologia do esporte consiste na descrição, explicação e no prognóstico de ações esportivas, com o fim de desenvolver e aplicar programas cientificamente fundamentados de intervenção, levando em consideração os princípios éticos (Nitsch, 1986). Para Becker Jr. (2000), a psicologia do esporte e do exercício é o estudo científico de pessoas e seus comportamentos no contexto do esporte e dos exercícios físicos e a aplicação desses conhecimentos.

Existem diferentes conceitos e visões sobre o treinamento mental. Vários autores (Unestahl, 1989; Gould & Damarjian, 2000; Eberspächer, 1995; Orlick, 1986a, 1986b; Nideffer, 1985; Suinn, 1993) entendem por treinamento mental (*mental practice*) um conceito complexo de diferentes habilidades mentais (*mental skills*), como, por exemplo, estabelecimento de metas, aumento da autoconfiança, desenvolvimento da concentração, visualização e imaginação, controle da ativação e da ansiedade, rotinas mentais para a competição, etc.

O treinamento psicológico (Figura 1) tem como meta desenvolver, estabilizar e aplicar as capacidades e habilidades psíquicas em diferentes situações, de forma variada e flexível. Aborda, segundo Nitsch (1986), os aspectos comportamentais (treinamento de autocontrole) e cognitivos (treinamento das capacidades psíquicas).

No treinamento de capacidades psíquicas, distinguem-se o treinamento mental e o treinamento de concentração.

Por treinamento mental, entende-se a imaginação de forma planejada, repetida e consciente das habilidades motoras e técnicas esportivas. O treinamento da concentração constitui a melhoria da capacidade de focalizar a atenção em um ponto específico do campo da percepção e a capacidade de manter um bom nível de concentração durante um longo período de tempo (resistência de concentração).

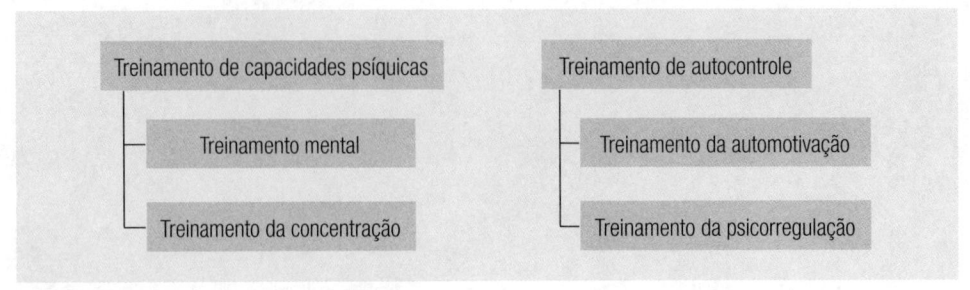

Figura 1 Formas de treinamento psicológico.

Com o treinamento de autocontrole, o atleta deve aprender a se controlar (sem ajuda externa) nas situações extremas e difíceis de treinamento e de competição, a fim de evitar reações psicofísicas exageradas (p. ex., ansiedade e raiva) e comportamento social inadequado (p. ex., conduta agressiva).

Este capítulo visa apresentar alguns conceitos e aplicações básicas do treinamento mental na perspectiva da psicologia do esporte, contemplando também sugestão de programa de treinamento e rotinas psicológicas para a competição.

Samulski (2000, p. 45) entende por treinamento mental "a imaginação de forma planejada, repetida e consciente de habilidades motoras, técnicas esportivas e estratégias táticas".

Eberspächer (1995, p. 80) entende por treinamento mental "a repetição planificada da imaginação consciente de uma ação de forma prática".

Para Hackfort & Munzert (2005), o treinamento ou simulação mental é uma representação mental de um evento ou de uma série de eventos; envolve a lembrança de eventos que já aconteceram; envolve a construção cognitiva de cenários hipotéticos. O treinamento mental pode ser útil também para prever eventos futuros, visto que remete-se a duas tarefas fundamentais de autorregulação e de enfrentamento, ou seja, a gestão dos estados emocionais e a capacidade de planejar e resolver problemas.

A simulação mental inclui técnicas mentais ou estratégias cognitivas. No que diz respeito à aquisição de habilidades motoras, o foco é a regulação do processo psicomotor. Em relação à regulação de processos psicovegetativos, o foco é a ativação ou o relaxamento.

Imaginação é um tipo especial de simulação mental baseado na representação visual da ação do movimento a partir de uma perspectiva interna ou externa de realização.

O termo "preparação mental" é usado quando se fala a respeito do controle do estado interior, de técnicas para manipular o estado psíquico antes da competição; em outras palavras, se está falando sobre psicorregulação. A psicorregulação se refere à regulação dos processos psicofisiológicos que são essenciais para uma participação ativa e para se preparar para uma atuação ideal. A psicorregulação apresenta uma importância especial em situações de estresse, quando reações como o nervosismo e a ansiedade se apresentam.

De acordo com Sirigu & Duhamel (2001), a simulação mental (Figura 2) pode ser definida como um estado dinâmico no qual o sujeito imagina ativamente uma determinada ação, sem executá-la de fato.

Hackfort & Munzert (2005) relacionam alguns aspectos primários fundamentais para a individualização do treinamento ou simulação mental:

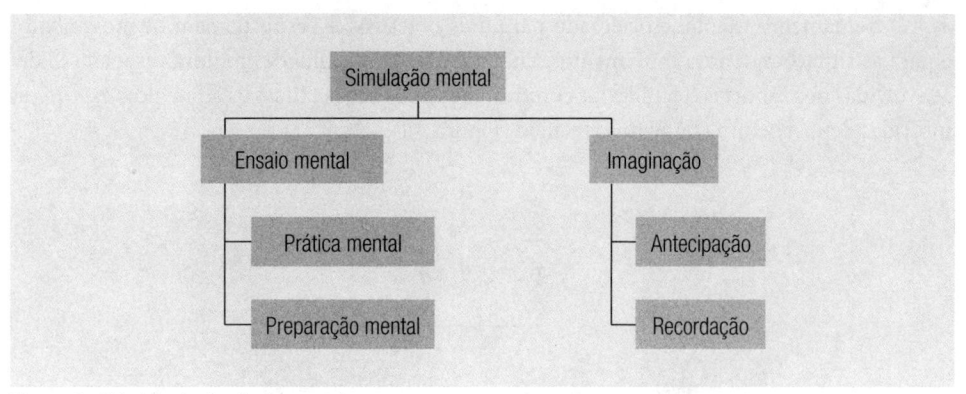

Figura 2 Objetivos da simulação mental.

- canal sensorial preferido;
- vivência da imaginação;
- perspectiva da imaginação mental;
- controle da imaginação.

Segundo Eberspächer (1995, p. 81), existem três formas de realizar o treinamento mental:

- Treinamento por autoverbalização: consiste em repetir mentalmente a prática do movimento de forma consciente por meio da autoverbalização.
- Treinamento por auto-observação: o indivíduo deve observar por meio de "olhos mentais" um filme bem definido sobre a prática do movimento que ele próprio realiza, tentando imaginar-se num filme sobre a prática de um movimento. Aqui o indivíduo assume o papel de espectador de si próprio, ou seja, ele se observa de uma perspectiva externa.
- Treinamento ideomotor: em contraposição com o treinamento de auto-observação, no treinamento ideomotor o indivíduo deve atualizar intensa e profundamente a perspectiva interna do movimento. Ele deve procurar se autotransferir no movimento para poder sentir, vivenciar a sensação dos processos internos que ocorrem na execução do movimento.

Particularmente aqueles esportistas que, no começo do treinamento ideomotor, tenham dificuldades para identificar-se com a perspectiva interna do movimento, ou para aqueles que não tenham experiência em treinamento mental, é aconselhável utilizar o treinamento da autoverbalização, de forma que possam melhorar gradativamente sua capacidade de imaginar o movimento.

O segundo passo metodológico seria o treinamento da auto-observação e, finalmente, o treinamento ideomotor, como objetivo final do trabalho de treinamento.

A meta do treinamento mental consiste em transferir-se a um estado psíquico que possibilite o desenvolvimento real das próprias possibilidades de rendimento.

Segundo Weinberg & Gould (1999, p. 266), "um atleta pode reconstruir, através da imaginação, experiências positivas do passado ou visualizar eventos futuros com o fim de preparar-se mentalmente para a performance".

O treinamento mental é orientado para dois objetivos no esporte: para os movimentos e para as situações. Como movimentos, entendem-se as habilidades motoras específicas desenvolvidas nos esportes (técnicas), e como situações, as ações táticas e estratégicas esportivas inseridas dentro de um contexto específico (Figura 3).

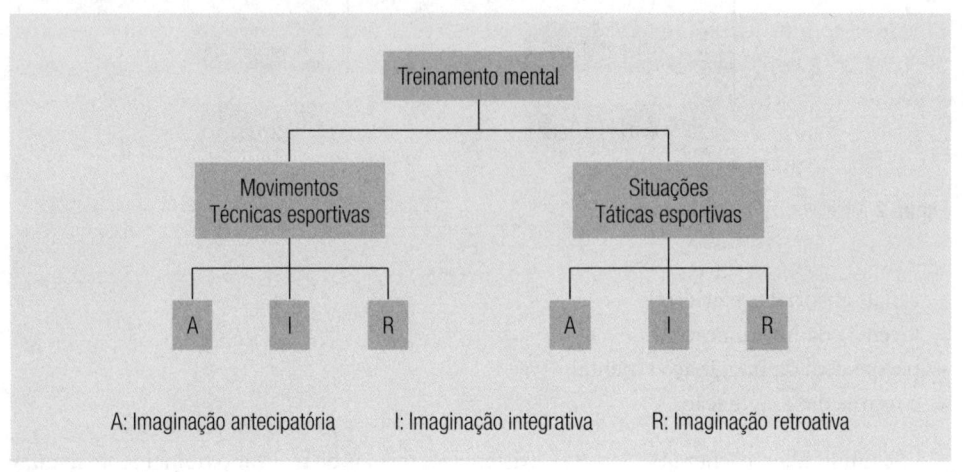

A: Imaginação antecipatória   I: Imaginação integrativa   R: Imaginação retroativa

Figura 3 Estratégias do treinamento mental.

A imaginação desses objetivos pode ser realizada em três estratégias temporais: antecipatória, integrativa e retroativa.

Na imaginação antecipatória, procura-se imaginar uma ação a ser realizada, de maneira a analisá-la, procurando controlar os fatores internos e externos, de modo a otimizar as condições técnicas, táticas e psicológicas para a realização da ação.

Na imaginação integrativa, procura-se imaginar a ação durante a competição como uma forma de integrar os estímulos cognitivos, motores e psicológicos, buscando atingir uma melhor performance.

Na imaginação retroativa (*mental replay*), ou seja, visualização de uma ação já realizada, a função básica é analisar e avaliar as ações anteriores, de modo a possibilitar um *feedback* positivo para a regulação das ações futuras sob os aspectos motor, técnico e psicológico.

Segundo Grosser & Neumaier (1982, p. 68), a imagem do movimento é composta de diferentes componentes sensoriais.

Paivio (1985) diferencia diferentes funções cognitivas e motivacionais durante o processo de imaginação.

TEORIAS SOBRE O PROCESSO DE IMAGINAÇÃO (*IMAGERY*)

Diferentes psicólogos do esporte propuseram quatro teorias básicas com a finalidade de explicar o funcionamento do sistema de imaginação e visualização (Weinberg & Gould, 1999, p. 269-73).

Teoria psiconeuromuscular (*psychoneuromuscular theory*)

Essa teoria tem sua origem no princípio ideomotor da imaginação, descoberto por Carpenter (1984). De acordo com esse princípio, a imaginação facilita o processo de aprendizagem de habilidades motoras, por causa da ativação de padrões neuromusculares durante a imaginação. Isso significa que a pura imaginação inerva os músculos que participam na execução do movimento imaginado. Esses impulsos neuromusculares produzidos pela imaginação são idênticos aos impulsos neuromusculares produzidos durante a execução real do movimento, mas a intensidade de seus impulsos é bem menor. Embora a magnitude da atividade muscular seja reduzida durante o processo de imaginação, a atividade é uma imagem de espelho (*mirror image*) do padrão atual de performance.

Os trabalhos científicos de Jacobson (1931) verificaram esse fenômeno. Esse autor verificou que a visualização do movimento de flexão de braço produz microcontrações nos músculos flexores do braço.

Através da imaginação de um movimento real (p. ex., saque no tênis), o atleta acredita que realmente o está praticando, preparando seu corpo para realizar a performance através de estimulação neuromuscular.

Teoria de aprendizagem simbólica (*symbolic learning theory*)

Sackett (1934) argumentou que a imaginação pode ajudar as pessoas a entender melhor seus movimentos. A teoria de aprendizagem simbólica desenvolvida por Sackett sugere que o processo de imaginação funciona como um sistema de códigos com o fim de ajudar pessoas a entender e adquirir melhores padrões de movimento. Dessa forma, elas aprendem habilidades através do conhecimento do que é necessário para realizar movimentos bem-sucedidos.

Com a criação de um programa motor no sistema nervoso central, forma-se um esquema mental, o qual é responsável pela execução bem-sucedida da habilidade motora.

Feltz & Landers (1983) descobriram que pessoas que utilizam a imaginação ou outras formas de prática mental executam movimentos com características cognitivo-mentais bem melhor que os movimentos com características puramente motoras.

Teoria bioinformacional (*bioinformational theory*)

Essa teoria de Lang (1977; 1979) é baseada na hipótese de que a imagem é um conjunto organizado de proposições mentais (*mental propositions*) armazenadas no cérebro. A imagem contém dois tipos importantes de proposições: as relacionadas ao estímulo (*stimulus propositions*) e as relacionadas às respostas (*response propositions*). As primeiras proposições são afirmações que descrevem estímulos específicos do cenário imaginário (p. ex., imaginar a torcida). As segundas proposições são afirmações que descrevem a resposta comportamental (p. ex., sentir a reação emocional durante uma competição). Em resumo, a imaginação não é somente um estímulo central de uma pessoa, mas também uma resposta fisiológica e comportamental. Por esse motivo, programas de treinamento mental deveriam considerar ambas as formas de proposições (estímulos e respostas).

Outro modelo recente que enfatiza a importância dos processos psicofisiológicos durante o processo de imaginação é o modelo de código triplo (*triple code model* – ISM). Esse modelo, segundo Ashen (1984), destaca três partes essenciais da imaginação: (1) a própria imagem (I): a imagem representa uma sensação interna de objetos externos; (2) a resposta somática (S): a imaginação resulta em mudanças psicofisiológicas do corpo; e (3) o significado da imagem (M). O último aspecto não é considerado nas outras teorias. Em resumo, todas as teorias apresentadas afirmam que a imaginação e a visualização podem ajudar a preparar o atleta mentalmente.

PROGRAMA DE TREINAMENTO MENTAL DE EBERSPÄCHER

Requisitos para a implantação de um programa

Os requisitos para o treinamento mental, segundo Eberspächer (1995), são:

- estado de relaxamento;
- a própria experiência;
- a própria perspectiva;
- vivência de forma profunda.

Para começar qualquer sessão de treinamento mental, o esportista deve ter adquirido primeiramente um estado de relaxamento, pois somente dessa forma, com a mente livre de pensamentos que o perturbem ou distraiam a sua concentração, é possível trabalhar a 100%. A capacidade de concentração deve ser mantida.

As habilidades motoras e técnicas esportivas devem ter sido experimentadas previamente, ou seja, devem ter sido executadas anteriormente, pois algo que nunca tenha sido executado não pode ser treinado mentalmente.

O movimento imaginado, que será empregado como base para o treinamento mental, deve estar inserido no movimento que o indivíduo é capaz de realizar. Naturalmente, é possível a qualquer um adotar determinados aspectos ou características do movimento de um modelo, transformá-los em seu nível de possibilidades e, depois, dirigir sua imaginação do movimento a eles.

O treinamento mental funciona quando se está em condições de vivenciar, de atualizar naturalmente a prática do movimento que se deseja treinar. Para poder conseguir que cada detalhe do movimento transcorra no nosso pensamento de forma correta, devem ser "vistas" as cores, "escutados" os ruídos, "aspirado" o perfume, "sentido" o movimento na sua totalidade e em partes dele, etc., de forma mental. Esse tipo de "vivência da imaginação" permite – como comprovam diferentes experimentos e investigações científicas – reações fisiológicas, como, por exemplo, o aumento da frequência cardíaca, sudorese, contração muscular, etc.

Na prática, tem sido comprovado como altamente efetivo treinar a prática do movimento primeiro na forma de "autoconversa", ou seja, marcar por meio da autoverbalização o transcurso do movimento, já que a autoconversação não "corre" para trás ou se transfere de um lugar para outro, não se distrai para outros conteúdos do treinamento. Dessa forma, consegue--se um melhor controle do treinamento.

Modelo de quatro passos de treinamento

Eberspächer (1995) desenvolveu um programa de treinamento mental em quatro passos de treinamento. São eles:

1º passo

A prática do movimento a ser treinado deve ser estimulada no cérebro através de diferentes canais de nossos sentidos. Será exigido do esportista que descreva a experiência adquirida na imaginação, ou seja, ele deve descrever o transcurso do movimento em palavras, de modo que o treinador possa averiguar se a imaginação do movimento que se objetiva está correta ou não. Dessa forma, são eliminados a tempo possíveis falhas ou equívocos no processo. A descrição do movimento pode ser oral ou escrita.

2º passo

O atleta deve aprender o correto transcurso do movimento recitado no "sermão" contínuo do treinador. Dessa forma, estará em condições de repetir pela "autoverbalização", de forma subvocal, o transcurso do movimento, atualizando-o na ação. Ou seja, o indivíduo se expõe nas fases e principais características do movimento a ser treinado e as repete internamente. Quando essas frases puderem ser imaginadas sem problemas, pode-se passar para o 3º passo.

3º passo

Consiste em sistematizar os elementos individuais de cada fase do movimento e disponibilizá-los em uma estrutura. Aqui é necessário que se destaquem os chamados pontos-chave do movimento, ou seja, os momentos que são decisivos para a sua realização. Pontos-chave do movimento são, por exemplo, no tênis: 1. lançar a bola para cima; 2. arco de contração; 3. levar a raquete para trás; 4. a extensão total do corpo; 5. o golpe na bola com a raquete. Se a bola não é lançada de forma ótima sobre a cabeça, não é possível realizar o saque de forma correta. Enquanto não for superado o primeiro ponto-chave, não é possível estabelecer bases corretas para que o movimento transcorra com êxito. Quando os diferentes pontos-chave do movimento estiverem marcados, será possível passar à fase seguinte do treinamento mental.

4º passo

Os pontos-chave do movimento devem ser marcados simbolicamente. Esses símbolos reúnem os diferentes passos/pontos-chave da ação de uma forma resumida, de tal forma que o programa motor para a realização do movimento possa ser "chamado" de forma veloz e sem problemas.

Um lançador de disco marcou simbolicamente os pontos-chave do movimento de seu lançamento da seguinte forma: giro, tomada de posição para o lançamento, lançamento. Por meio dessa marcação simbólica dos pontos-chave do movimento, o esportista consegue dar ênfase ao ritmo do movimento, e reforçar, dessa forma, a sua condução de uma maneira mais fácil. Quando o esportista tiver adquirido o nível do 4º passo, já poderá "chamar" o movimento na imaginação a qualquer momento. A correta passagem pelos quatro passos possibilita ao esportista que, de acordo com a necessidade, um ou mais passos possam ser lembrados sem cometer erros, ou seja, assimilando correções por parte do treinador.

Procedimentos na prática

A aquisição da técnica do treinamento mental (TM), segundo Eberspächer (1995), acontece em oito passos:

1º passo

Escolha a técnica esportiva que deseja treinar mentalmente.

2º passo

Escreva de forma detalhada e concreta o transcurso de todo o movimento e o que é necessário para a execução da técnica esportiva. Não deixe de incluir as sensações internas do movimento.

3º passo

Nos três dias seguintes, durante meia hora por dia, leia e analise várias vezes o que escreveu e descreveu a respeito do movimento. Procure memorizar o transcurso do movimento de forma bem intensa. Procure imaginar, no momento da leitura, que está realizando e executando o movimento. Se conseguir esse nível de perfeição, tente obter a primeira e detalhada "análise da perspectiva interna em câmera lenta". Observe essa perspectiva interna durante vários dias, durante 15 minutos, de forma bem intensa.

4º passo

Quando a perspectiva interna é reproduzida sem problemas, pode-se buscar os cinco ou seis pontos centrais ou "chaves" do movimento que, de acordo com sua opinião, são determinantes para a correta execução do movimento.

Procure mudar, no pensamento, de um ponto-chave a outro, de tal forma que a imaginação da técnica ocupe um espaço de tempo semelhante ao que é necessário na prática. Exercite a perspectiva interna reduzida até que se sinta seguro para dominá-la.

5º passo

Descreva e classifique os pontos-chave do movimento com palavras curtas. Apoiando-se nesses pontos, procure adaptar-se ao ritmo do movimento. Exercite o uso dessa perspectiva (não mais de 15 minutos por vez), até que ela tenha uma duração interna semelhante à que é concretizada na execução motora da técnica.

6º passo

Exercite mentalmente esse nível em outras duas ou três sessões. Se encontrar dificuldades na imaginação do movimento, retroceda ao 2º ou 3º passo, de acordo com a necessidade.

7º passo

Combine (depois de chegar a um acordo com seu treinador) o treinamento mental com a execução prática (por exemplo, duas repetições mentais, dez execuções motoras), conforme a técnica ou combinação técnica proposta.

8º passo

Treine de forma mental as fases de pré e pós-preparação nas pausas ou nas interrupções curtas de uma competição ou jogo.

Resumo

Observe:

- Treine somente os movimentos nos quais já tenha experiência prévia. Ou seja, aqueles que já executou pelo menos uma vez.
- Principalmente no começo, exercite de forma detalhada e precisa. Comece sempre o treinamento mental em um estado relaxado.
- Permaneça profundamente concentrado durante a execução.
- Exercite sempre a partir de sua própria perspectiva.
- A imaginação mental da realização da técnica não deve ser mais prolongada que a própria execução da ação.
- Atualize a situação da forma mais real possível (utilize todos os sentidos).

Evite:

- Exagerar sua aplicação.
- Saltar fases do movimento nos passos 2 e 3.
- Pensamentos negativos (p. ex., pensar em ações fracassadas).
- Bloquear seus pensamentos.
- Uma medição inadequada do tempo total de duração da técnica (mental ou prática).

EXERCÍCIOS DE TREINAMENTO MENTAL

Os exercícios a seguir foram modificados e adaptados de um programa de treinamento de concentração de Syer & Connolly (1987).

Visualização do modelo ideal

Aqui se trata de uma das quatro variações do exercício mental de fundamento, todas estruturadas no mesmo esquema. A capacidade da imaginação cinestésica será aperfeiçoada por meio de exercícios. Caso parte do exercício de fundamento não possa ser visualizado, significa que o movimento que se deseja treinar não é conhecido em todos os seus detalhes, ou que se executa o movimento de forma diferente a cada vez. O seguinte exercício pode ajudar nesse caso porque se apresentam dificuldades numa certa sequência de movimentos.

Imagine um atleta que executa perfeitamente uma sequência de movimentos, a qual você deseja melhorar. Pode ser um atleta do seu próprio time, ou do próprio clube, ou ainda um atleta a que você assiste com frequência na televisão. Preste atenção para que o seu estilo e o do outro atleta não se oponham. Melhor seria escolher alguém que tenha altura e peso semelhantes aos seus. Um esgrimista que seja doze centímetros mais alto certamente tem uma técnica diferente daquela utilizada por outro atleta menor.

Sente-se confortavelmente em uma cadeira, feche os olhos e relaxe. Imagine seu local de treinamento. Agora, em vez de você, veja o atleta que tomou como exemplo. Preste bastante atenção no modo como ele maneja o próprio corpo enquanto executa o movimento que você deseja treinar.

Observe-o algumas vezes, relaxe e concentre-se novamente na quadra de esportes.

O seu modelo é perfeito, e dessa vez você se concentra em uma de suas mãos, até ter a impressão de que seja a sua própria mão. Você pode agora transportar-se para o corpo do modelo e verificar como é a sensação quando se executa o exercício com perfeição. Preste atenção na agilidade, na força/intensidade, na naturalidade e no prazer da execução do movimento correto e, após você (ainda dentro do modelo) ter feito o movimento correto algumas vezes, carregue essa sensação para o quarto onde você está executando o exercício mental.

Esse exercício teve um efeito especial sobre uma tenista inglesa que desejava treinar o trabalho de perna no golpe de passada. Ela tinha dificuldade para treinar esse movimento. Ivan Lendl, na sua opinião, dominava perfeitamente esse movimento. Ela então fez o exercício de visualização com Lendl. Observou-o primeiro fazendo o movimento, se transportou para a pessoa do Lendl e vivenciou a sensação de executar o movimento de forma perfeita. Após o exercício, perguntamos a ela o que teve a impressão de estar executando de forma diferente, e ela respondeu: "Eu começo a correr mais cedo, tenho um melhor controle sobre os meus pés e termino o movimento com o meu pé direito". Através desse exercício mental, ela tornou-se consciente de como poderia complementar o seu treinamento corporal.

Visualização do rendimento perfeito

Essa variação do exercício de fundamento ocupa-se de um aspecto do rendimento esportivo que já se dominava perfeitamente no passado. Por isso, não deve haver dificuldades na visualização desse rendimento.

Caso se apresentem dificuldades no momento da execução prática, pode-se, talvez, por meio da visualização, reconhecer o que se fazia de diferente anteriormente. Quando um jogador de rúgbi, por exemplo, visualiza um jogo passado e se vê correndo agressivamente com a bola, talvez ele perceba que, naquele tempo, dava passos largos. Ele pode conseguir referências para poder atingir novamente uma boa forma.

Essa visualização deve ser observada de vários ângulos, a fim de encontrar qual aspecto da técnica é o responsável pelo rendimento perfeito. Então, deve-se transferir para a própria pessoa, que deve se concentrar nesse aspecto e conscientizar-se da sensação de executar o movimento perfeito. Caso haja mais de um aspecto importante para o resultado do rendimento, o atleta deve visualizar novamente a sequência de movimentos, transferir novamente a imagem para si próprio e se concentrar na sensação, enquanto a outra parte importante evolui perfeitamente.

Essa visualização deve ser concluída com a própria observação de uma sequência de movimentos, em que tudo seja executado com perfeição e com a sensação de alegria e segurança ao realizar um bom rendimento. Essa sensação positiva deve ser transportada da visualização para a realidade do quarto em que você se encontra.

Imaginação do lugar certo na hora certa

Nesse exercício, também se visualiza um rendimento perfeito do passado. No entanto, não se deseja melhorar um aspecto do rendimento atual, mas reviver a sensação que o atleta teve quando conseguiu um perfeito rendimento.

Relaxe completamente, feche os olhos. Imagine que você está confortavelmente sentado em um sofá e que está olhando para fora através de uma janela. Deixe surgir espontaneamente uma cena diante de seus olhos: deve ser um momento de sua carreira esportiva em que você, sem pensar, soube que foi o local certo na hora certa, que você simplesmente não podia fazer nada errado; você parecia saber o que aconteceria, porque você pode, ao mesmo tempo, observar de fora e, assim, fixar o lance.

Preste atenção no que você faz nessa cena, onde você se encontra, com quem você está. Mas concentre-se, acima de tudo, na sensação quando tudo ocorreu corretamente. Deixe essa cena acontecer mais uma vez e preste atenção na fluência natural e harmônica do seu movimento. Volte novamente ao quarto e abra os olhos.

Para poder realizar um exercício mental, deve-se, primeiro, aprender tranquilamente a técnica do exercício de fundamento. Em todo caso, deve-se, primeiro, exercitar suficientemente o *replay* no treinamento, antes da utilização do método da situação de competição. A duração dessa visualização depende do tipo de tarefa e de quanto tempo se tem antes da competição. Pode-se precisar, para isso, de cinco segundos ou dois a três minutos; pode-se deixar "correr o filme" uma ou várias vezes. O atleta deve decidir o que é melhor para ele e descobrir onde e quando é mais apropriado fazer esse exercício mental. Por exemplo, pouco antes de realizar um salto em distância, quando está diante da barreira ou atrás da linha de saque no voleibol.

Provavelmente você estará de pé. Inspire profundamente e, durante a expiração, solte toda a tensão, como se um casaco de inverno estivesse caindo de seus ombros. Você não precisa fechar os olhos, mas deve imaginar com todos os sentidos como executa corretamente a devida sequência de movimentos com toda a complexidade e velocidade exigida. Melhor seria que você recebesse/ocupasse durante a visualização o seu ponto de vista interno.

Se o seu esporte depende de uma meta/objetivo local, visualize a esfera, a seta, a bola. Imagine como ela atinge exatamente o local correto, como você executa o movimento perfeito. Respire mais uma vez profundamente, coloque-se no seu ambiente e execute a tarefa sem hesitação, assim como você acabou de visualizar.

Imaginação mental após a execução de rendimento (*mental replay*)

Você deve exercitar o *replay* quando, durante o treinamento, terminar um certo movimento ou habilidade e tiver tempo de deixá-los mais uma vez "correr" em sua mente.

Permaneça na posição em que você se encontra (sentado, deitado ou de pé). Inspire profundamente e relaxe durante a expiração. Imagine a cena passada: que impressão você teve quando se preparou para executar esse rendimento? Imagine que você deixe toda a cena "correr" novamente. Como o seu corpo se comporta, como ele se movimenta e como você controla esse movimento? Qual qualidade se manifesta?

Se você tem tempo, volte novamente ao início e torne-se o observador de seu próprio rendimento. Você se descuidou de alguma parte de seu corpo? Isso pode ser importante. Se você puder imaginar a cena novamente, transfira-se para o seu interior, para a sua própria consciência e preste atenção em que você pensou antes do início da execução. O que você sentiu? Esse pensamento ou sentimento espontâneo o ajudou ou atrapalhou? Existe alguma pequena modificação técnica que você deve efetuar?

Repita novamente o rendimento passado, fixe todos os aspectos positivos e modifique aquilo que melhoraria o seu rendimento.

Por fim, visualize a versão revista. Pouco antes da execução, utilize a versão do *replay* como preparação.

Como foi dito, pode-se utilizar a decorrência controlada do *preplay*[1], execução, *replay* sem dificuldades, também em uma situação de competição.

ROTINAS PSICOLÓGICAS PARA A COMPETIÇÃO

Estudos relataram que atletas que aplicam rotinas de preparação mental, antes ou durante a competição, tiveram um melhor desempenho que os atletas que não aplicaram essas técnicas (Loehr, 1986, 1990; Eberspächer, 1995; Orlick, 2000; Gould & Damarjin, 2000; Crews, 1993).

Uma rotina psicológica representa uma combinação de diferentes técnicas fisiológicas e psicológicas com o fim de estabilizar o comportamento emocional de atletas na competição e de ajudá-los a dirigir sua atenção aos estímulos relevantes da tarefa a ser realizada. Elementos de uma rotina psicológica podem ser: estabelecimento de metas; regulação do nível de estresse e ativação; técnicas de imaginação e visualização; técnicas de atenção e concentração mental; autoafirmações positivas para motivar-se em situações decisivas.

As rotinas psicológicas podem ser desenvolvidas e aplicadas em esportes individuais e coletivos.

Exemplos práticos de rotinas psicológicas para a competição

Exemplos dos esportes individuais

Exemplo 1: natação (Tabela 1).

Tabela 1 Rotina mental na fase pré-competitiva da natação (Pussieldi, 2000)

Rotina mental em quatro fases	PB	PC	PR
Primeira fase: relaxamento através da respiração profunda. Meta: nível ótimo de ativação	2'	1'	30"
Segunda fase: visualização de situações de sucesso. Meta: criar uma sensação de vitória	4'	2'	30"
Terceira fase: autoverbalização positiva Meta: autoconfiança e atitude positiva	2'	1'	10"

(continua)

---

[1] Imaginação anterior do jogo.

Tabela 1 Rotina mental na fase pré-competitiva da natação (Pussieldi, 2000) *(continuação)*

Rotina mental em quatro fases	PB	PC	PR
Quarta fase: mentalização de técnicas esportivas Meta: nível ótimo de concentração mental	2'	1'	50"
Tempo total de rotina mental	10'	5'	2'

Duração do programa mental
PB = Programa básico: 10'; PC = Programa curto: 5'; PR = Programa relâmpago: 2'

Exemplo 2: boxe (Tabela 2).

Tabela 2 Rotina no intervalo do boxe (Frester & Wörz, 1997)

1. Relaxar/recuperar: Concentrar, controlar a frequência respiratória Expirar profundamente Relaxar através de exercícios de imaginação	20 segundos
2. Informar: Instruções do técnico para o próximo assalto	10 segundos
3. Concentração interna: Reprodução mental das instruções do técnico	20 segundos
4. Ativação: Aumentar a frequência respiratória Imitação de ações motoras (golpes específicos)	10 segundos
TOTAL:	1 minuto

Exemplo 3: tênis (Quadro 1).

Quadro 1 Rotinas psicológicas para o tênis (Samulski, 2000)

Rotina para o saque (8-10 segundos)

1. Atitude e postura positivas

2. Fase de relaxamento

3. Ritual

4. Decisão mental sobre a execução

5. Visualização dos pontos-chave:
   - posição inicial
   - lançamento
   - contato com a bola
   - direção da bola

6. Execução da técnica do saque

Roteiro psicológico para o comportamento durante as jogadas

1. Atitude positiva

2. Relaxamento e respiração

3. Preparação: concentração na próxima ação

4. Ritual do comportamento

Roteiro psicológico para a organização do intervalo

1. Sentar-se e respirar profundamente (duas ou três vezes)

2. Secar-se com uma toalha

(continua)

125

Quadro 1 Rotinas psicológicas para o tênis (Samulski, 2000) (*continuação*)

3. Tomar água

4. Toalha em cima da cabeça: respirar profundamente duas ou três vezes; concentração na expiração: efeito de relaxamento

5. Levantar-se, tensionar a musculatura: efeito de motivação

6. Concentrar-se na próxima tarefa: concentração

Exemplo 4: atletismo – salto em altura (Quadro 2).

Quadro 2 Rotina psicológica para o salto em altura

1. Pensamento positivo

2. Postura correta

3. Visualização da sequência do movimento (duas vezes). Visualização e sensação cinestésica

4. Respiração profunda e imaginação do salto bem-sucedido

5. Execução automática da sequência de movimentos

Exemplo 5: atletismo – corrida de 100 m (Quadro 3).

Quadro 3 Rotina psicológica para a corrida de 100 m no atletismo

1. Atitude positiva/pensamento positivo

2. Alongamento e mentalização da corrida (*tunnel vision*)

3. Respiração profunda

4. Antecipação mental de uma saída explosiva

5. Execução do movimento

Exemplos dos esportes coletivos

Exemplo 1: futebol (Tabela 3).

Tabela 3 Rotina mental no intervalo de futebol (Frester & Wörz, 1997)

1. Recuperação: Tratamento fisioterápico Relaxamento mental	5 minutos
2. Informação e orientação sobre o comportamento tático: Orientações táticas Orientações para melhor atitude Técnicas de motivação	4 minutos
3. Preparação mental individual: Mentalização das instruções táticas	3 minutos
4. Ativação psicomotora: Alongamento Exercícios de imitação de movimentos	3 minutos
Tempo total Visualização de situações táticas	15 minutos

Exemplo 2: handebol (Tabela 4).

Tabela 4 Rotina no intervalo de handebol (15 minutos) – Sistema ROM (Recuperar, Orientar e Motivar) (Samulski, 2000)

Primeira fase: recuperar Objetivos: reduzir o nível de ativação e recuperar energia Medidas: respiração profunda, reidratação, exercícios de alongamento e relaxamento	5 minutos
Segunda fase: orientar Objetivo: determinação do plano tático Medidas: análise tática do primeiro tempo por parte do técnico; instruções táticas para o segundo tempo; visualização das estratégias táticas por parte dos jogadores	8 minutos
Terceira fase: motivar Objetivo: aumentar o nível de ativação e concentração Medidas: técnicas de motivação; rituais; exercícios	2 minutos

Exemplo 3: basquetebol (Quadro 4).

Quadro 4 Rotina psicológica para o arremesso livre no basquetebol (Samulski, 2000; Gama Filho, 1998)

Primera fase: Atitude e postura positivas

Segunda fase: Respiração profunda (duas vezes)

Terceira fase: Focalizar a cesta

Quarta fase: Visualização do sucesso: a bola entrando na cesta

Quinta fase: Execução motora do arremesso

Exemplo 4: voleibol (Quadro 5).

Quadro 5 Rotinas psicológicas para a competição de voleibol (Samulski, 2000)

Rotina antes do jogo

1. Orientação para o sucesso

2. Aquecimento físico e mental

3. Visualização de estratégias

4. Motivação para o jogo

5. Concentração para as primeiras ações do jogo

Rotina para o saque no voleibol (8-10 s) - modelo de sete fases

1. Atitude e postura positivas

2. Fase de relaxamento através da respiração

3. Ritual

4. Decisão mental sobre o programa de execução

5. Visualização dos pontos importantes:
   • posição inicial
   • lançamento
   • contato com a bola
   • objetivo final

6. Execução da técnica de saque

7. Reintegração à equipe

Rotina no intervalo (30 s)

1. Relaxamento através da respiração

2. Concentração nas instruções do técnico

(continua)

Quadro 5 Rotinas psicológicas para a competição de voleibol (Samulski, 2000) (*continuação*)

3. Imaginação e repetição mental das instruções

4. Ativação e concentração nas próximas ações

Rotina após o jogo

1. Fase de recuperação: relaxamento mental e vegetativo

2. Análise positiva do jogo

3. Medidas físicas de recuperação

4. Medidas recreativas de recuperação

5. Motivação positiva para as próximas ações

ROTINAS COMPETITIVAS

Comitê Paraolímpico Brasileiro

Departamento Médico – Setor de Psicologia do Esporte

Rotina competitiva para natação

Antes (1 dia)

Cuidados com a qualidade do sono; alimentação leve à noite; banho morno para relaxar; e música calma (em volume baixo) para induzir relaxamento.

Antes (no dia)

Acordar no horário (mentalização: sucesso).

Café da manhã sem excessos.

No local: procedimentos de aquecimento (nadar solto e realizar autoverbalização positiva).

Check-in: 15 minutos antes do início.

Na sala de concentração: rotina de psicorregulação, visualização da prova, motivação através da autoverbalização e do pensamento positivo.

Durante

Na cadeira: rotina de psicorregulação seguida de visualização da prova.

No bloco de saída: rotina de psicorregulação, mentalização da meta, estado de alerta (concentração máxima no tiro de largada).

Após

Descanso.

Relaxamento físico e mental.

Análise pós-prova: aspectos positivos (reforçar) e negativos (o que melhorar).

Análise pré-prova: determinação e análise da próxima prova.

Rotina de psicorregulação

As rotinas de psicorregulação têm a finalidade de sustentar o atleta em seu nível ótimo de rendimento. Existe, para o melhor desempenho, uma concentração de energia de ativação ótima, sendo que tanto abaixo quanto acima desse nível o desempenho do atleta cai (Figura 4).

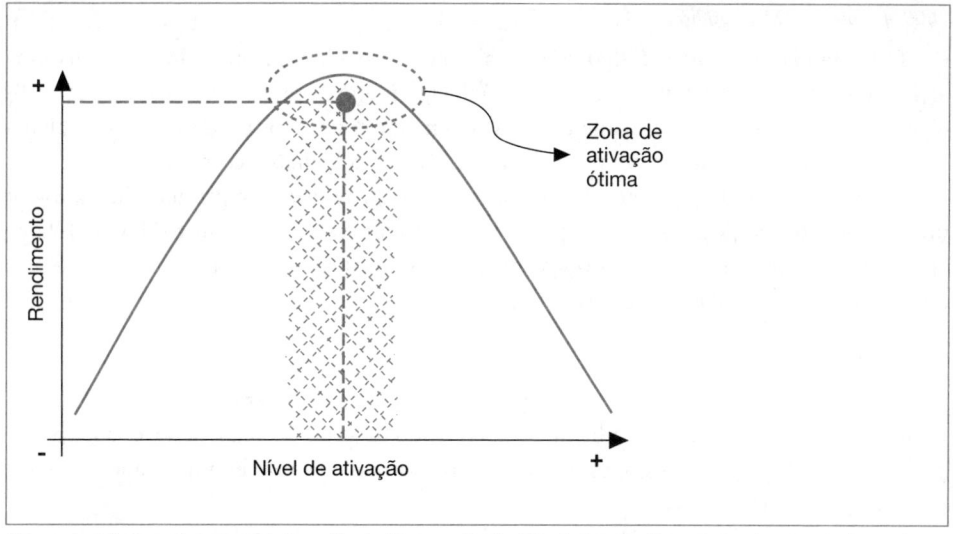

Figura 4 A área verde representa a região de ótima avaliação. Circulada no gráfico, a zona de ativação ótima. Quando o nível energético flutua, para mais ou para menos, o atleta deve aplicar técnicas de psicorregulação.

Para efetuar a psicorregulação, trabalha-se com quatro indicadores básicos (respiração, linguagem, pensamento e movimento), que são manipulados de acordo com a necessidade (ativar ou relaxar):

- Para ativar:
  - Respiração: aumentar a frequência respiratória.
  - Linguagem: verbalizar palavras ou frases de força ("garra!", "vamos!").
  - Pensamento: visualizar imagens de velocidade, força e estímulo.
  - Movimento: movimentar-se mais rapidamente.
- Para relaxar:
  - Respiração: diminuir a frequência respiratória (inspirar profundamente e expirar lentamente).
  - Linguagem: verbalizar palavras ou frases tranquilizantes ("calma!", "relaxe!").
  - Pensamento: visualizar imagens tranquilas (um lago, o mar, as montanhas).
  - Movimento: movimentar-se mais lentamente.

Visualização da prova (treinamento mental)

O atleta deve, em primeiro lugar, induzir um estado de relaxamento. Para isso, ele pode utilizar uma das técnicas de psicorregulação descritas anteriormente. Um nível ótimo de ativação mais baixo é o ideal para tarefas cognitivas.

Após alcançar o estado de relaxamento, o atleta deve, de olhos fechados, imaginar em tempo real a execução de sua prova. Normalmente, o tempo bate ou se aproxima muito do tempo que o atleta realiza na prova.

Impedir o pensamento negativo

O pensamento negativo é algo comum na mente de atletas, principalmente após uma ação inapropriada ou quando ele se encontra sob algum tipo de pressão. O ideal para impedir o pensamento negativo é fazer o atleta ocupar sua mente com coisas produtivas, como planejamento tático, elaboração de um plano para solução de problemas, dentre outras.

Quando acometido por pensamentos negativos, o atleta deve, em primeiro lugar, impor uma imagem de bloqueio sobre eles (p. ex., pensar em uma placa de trânsito "PARE"). Logo após, o atleta deve realizar a mentalização de imagens positivas, seguida de pensamentos produtivos (conforme relatado anteriormente).

Estado de alerta

Ponto máximo da concentração que permite ao atleta responder de forma ótima aos estímulos que se apresentam no ambiente. Dependendo da situação, o atleta deve saber manipular o estado de alerta, pois se o estímulo demorar demais ou aparecer muito rápido, o atleta perderá na resposta.

Para atingir o estado de alerta, é necessário um determinado tempo. Acontece um aumento gradativo do nível de concentração, sendo que isso pode ser sustentado por um determinado tempo. Após esse tempo, o nível de concentração cai gradativamente.

O tempo que um atleta consegue sustentar o estado de alerta varia de acordo com cada um. Se praticado, é possível aumentar o tempo de manutenção desse estado.

Rotina competitiva para tênis de mesa

Antes

Vinte minutos antes do início:

- Verificar e analisar o adversário (mentalização de estilo, pontos fortes e fracos).
- Fazer o planejamento do comportamento tático (A-ofensivo; B-segurança).
- Por 2 minutos, realizar aquecimento físico e mental – rotina de motivação.

Durante

- Entre *sets* (2 minutos).
- Entre pontos (A-sacando; B-recebendo).
- 1 tempo por *set* (1 minuto).
- aplicar técnica de respiração.
- pensamento tático/preparação para próximo ponto.

Após

- Promover relaxamento físico e mental.
- Fazer análise pós-jogo: observar aspectos positivos (reforçar) e negativos (o que melhorar).
- Fazer análise pré-jogo: determinação e análise do próximo adversário.

Orientação sobre a influência de fatores psicológicos

A Figura 5 mostra que o erro é uma relação entre o nível de exigência da tarefa e um nível de concentração incompatível com tal ação.

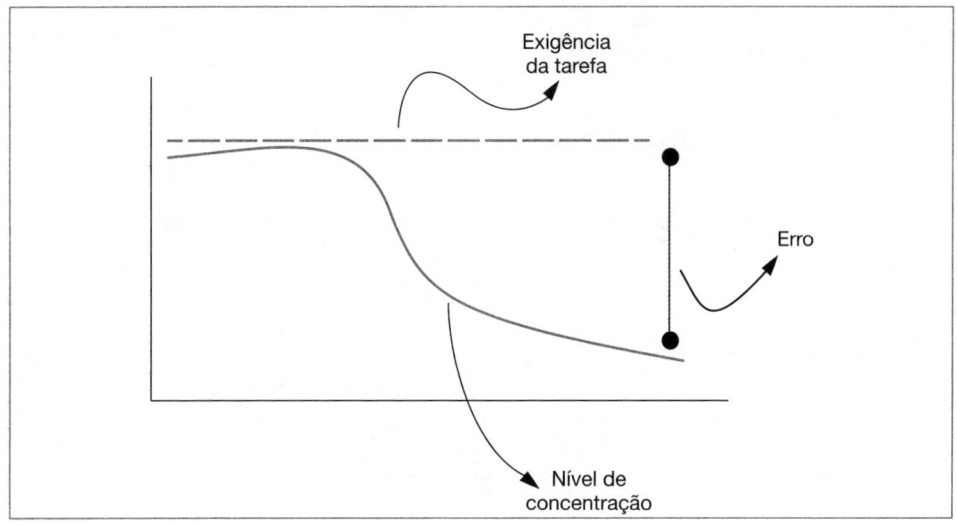

Figura 5 Influência de fatores psicológicos na ocorrência de um erro.

O atleta deve ser capaz de perceber as oscilações em seu nível de concentração e ajustar a exigência da tarefa a ser desempenhada, com o objetivo de minimizar as possibilidades de erro.

A autoconsciência, por parte do atleta, de fatores como seu nível de prontidão, aspectos cognitivos e emocionais, bem como sua capacidade técnica, ajuda a determinar a tática de jogo a ser empregada (Figura 6).

Assim, o atleta avalia sua condição no momento e opta pela tática: ofensiva ou segura.

RESULTADOS DE PESQUISAS ENVOLVENDO O TREINAMENTO MENTAL

O controle de todas as variáveis necessárias para se avaliar a eficiência do treinamento mental aplicado ao ambiente esportivo é um dos fatores limitantes que conduz a um reduzido número de investigações científicas. Apesar de todas essas limitações ecológicas para a pesquisa, estudos vêm sendo desenvolvidos com o objetivo de confrontar a eficiência do treinamento mental na melhoria do rendimento de atletas. A seguir serão apresentados alguns trabalhos relacionando a aplicação do treinamento mental em diferentes modalidades esportivas e níveis de rendimento de atletas.

Leite (1993), em trabalho envolvendo 75 crianças brasileiras do sexo masculino, com idade variando entre 12 e 14 anos, sem qualquer tipo de experiência com a modalidade basquetebol, teve como objetivo medir os efeitos do treinamento mental (prática mental) na apren-

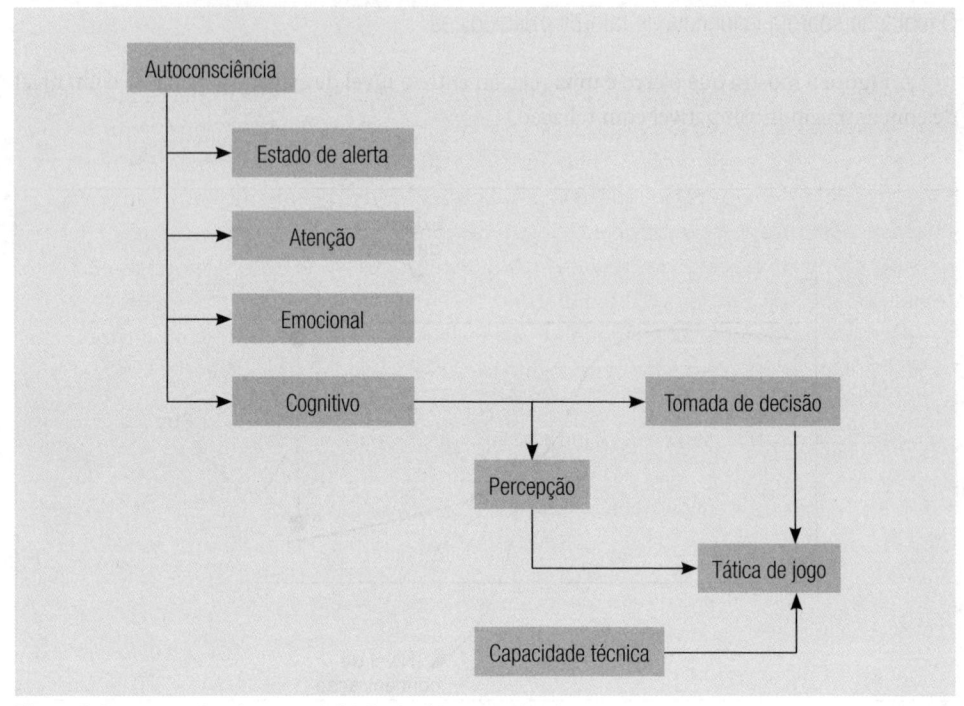

Figura 6 Fatores que interferem na definição da tática esportiva.

dizagem do lance livre na modalidade. Foram criados três grupos experimentais: o 1º grupo só realizou prática mental, ou seja, eles somente faziam repetições simbólicas do lance livre; o 2º grupo só realizou a prática física, ou seja, dentro do método analítico de ensino, as crianças fizeram arremessos de lances livres; e o 3º grupo, denominado grupo combinado, que uniu a prática física e a prática mental. Todos os grupos foram submetidos a um programa de dez sessões, com duração de 20 minutos cada uma, durante um período de quatro semanas. Os resultados desse experimento de Leite (1993) demonstraram que metodologias aplicadas nos três grupos, de acordo com as condições do experimento, melhoraram significativamente a aprendizagem do lance livre (p < 0,05).

Os grupos da prática física e do grupo combinado (físico e mental) produziram melhores resultados e demonstraram ser mais eficientes no processo de aprendizado do lance livre do que o grupo de prática mental. O grupo combinado obteve o melhor desempenho, ainda que não significativo (p > 0,05), quando comparado ao grupo de prática física. Esses resultados dentro da população de jovens brasileiros no basquetebol vêm de encontro ao estudo de Marques & Gomes (2006), que recomendam a junção de um programa de treinamento mental de visualização com o treinamento técnico e tático no basquetebol.

O estudo conduzido por Marques & Gomes (2006) com dez atletas portugueses de basquetebol da categoria cadete demonstrou que, após 6 meses de implantação do programa de visualização mental, os atletas melhoram significativamente sua função cognitiva geral, principalmente as capacidades de antecipação e de execução das ações e movimentações durante o jogo.

Rodriguez & San Juan (2005) implantaram um programa de treinamento mental envolvendo a prática imaginativa (visualização do fundamento) e rotinas mentais para o saque dentro de uma equipe de voleibol masculino que disputava a Liga Espanhola. Os resultados desse programa demonstraram que, com a aplicação do treinamento mental, os atletas gastaram mais tempo para sacar durante os jogos, demonstrando uma consciência maior sobre a ação que eles iriam executar. Entretanto, o estudo não comprovou uma melhoria da eficiência do saque da equipe durante a temporada.

Rodriguez e Galan (2007), em um estudo realizado com patinadores de 11 a 17 anos que foram submetidos a 9 sessoes de treinamento mental durante 2 meses, identificaram que esses atletas melhoram seu rendimento, em especial no momento da saída, quando comparados com o grupo controle, que não realizou esse tipo de atividade.

Miguel, Brandão e Souza (2009), num estudo sobre vivências emocionais pré-competitivas com 48 jogadores de basquetebol das seleções brasileiras adulta e juvenil, identificaram seis categorias emocionais, sendo algumas positivas e outras negativas, que interferem no rendimento desses atletas. Duas dessas categorias, denominadas emoções contraditórias (que se referem a vivências emocionais pré-competitivas do tipo "não vejo a hora de a competição começar...") e sentimentos de preocupação e apreensão (que se referem às preocupações dos atletas em relação ao desempenho individual e do grupo dentro da competição), poderiam ser minimizadas mediante a implantação de um programa sistematizado de treinamento mental que buscasse auxiliar os atletas no enfrentamento dessas situações.

Estudo de Pinheiro et al. (2010) buscou investigar a influência do treinamento mental no aperfeiçoamento da técnica do saque do voleibol usando o modelo de treinamento de oito passos desenvolvido por Eberspächer (1995). Foram avaliados 17 atletas (entre 12 e 14 anos) de ambos os sexos. Esses atletas escolares foram submetidos a 5 semanas de treinamento, e os principais resultados mostraram que o treinamento mental teve uma correlação (0,66) na representação motora oral do saque e que houve uma melhora na execução do movimento (correlações de 0,52 a 0,65) no grupo de atletas avaliados. Os autores concluíram existir uma correlação positiva do modelo de treinamento de Eberspächer no aperfeiçoamento da técnica de saque no voleibol nesse grupo de indivíduos.

Araújo & Gomes (2005) implantaram um programa de treinamento mental de visualização e controle da ansiedade em crianças de 9 e 10 anos de idade praticantes de natação em Portugal. Os resultados demonstraram que as sessões de treinamento mental auxiliaram na diminuição dos níveis de ansiedade dessas crianças no momento da competição e também as auxiliaram em uma melhor compreensão do gesto técnico da natação.

O que se observa na literatura é que quando o treinamento mental é inserido dentro de uma proposta planificada de treinamento e quando suas técnicas são trabalhadas de forma prática e em conjunto com os aspectos táticos, físicos e técnicos, os resultados de evolução do atleta são nítidos. Entretanto, estudos também mostram que quando o treinamento mental é aplicado de forma descontextualizada, não planificada ou esporádica, seus efeitos praticamente são inexistentes dentro de uma equipe.

CONSIDERAÇÕES FINAIS

O treinamento mental continua sendo uma ferramenta indispensável para que os atletas e treinadores melhorem seu rendimento esportivo. As várias técnicas descritas neste capítulo e sua aplicação em conjunto com o treinamento técnico, tático e físico podem proporcionar ganhos no desempenho dos atletas.

Entretanto, também cabe ressaltar que a utilização dessas técnicas mentais por profissionais despreparados e fora do contexto esportivo pode provocar prejuízos e danos à saúde dos envolvidos.

É fudamental que todo o processo de preparação mental seja planificado com metas de curto, médio e longo prazo e que os membros da comissão técnica e os atletas sejam informados de todos os procedimentos que serão realizados.

Somente com a anuência de todos os profissionais de uma equipe esportiva e com o planejamento do treinamento mental do atleta/equipe inseridos na periodização da equipe é possível obter êxito com esse tipo de técnica.

Cabe ressaltar também que o profissional responsável pelo treinamento mental deve levar em consideração os princípios da individualidade biológica de cada atleta para que as técnicas utilizadas durante cada sessão sejam específicas e atendam as demandas e necessidades individuais de cada pessoa. E que todo profissional das áreas da psicologia e da educação física que se propõe a aplicar em uma equipe esportiva programas de treinamento mental deve possuir conhecimentos sólidos na área e um domínio das técnicas necessárias para a realização de uma ação eficiente, baseada em princípios éticos e científicos amplamente testados e aprovados.

Para finalizar, é importante destacar que as novas tecnologias ligadas à neurociência poderão, nos próximos anos, contribuir de forma significativa para o avanço de novos programas de treinamento mental em diversas modalidades esportivas. Hoje já é comum o uso de simuladores e equipamentos que buscam treinar as capacidades psicológicas dentro do esporte (Takase, 2005).

REFERÊNCIAS BIBLIOGRÁFICAS

1. Araújo S, Gomes AR. Efeitos de um programa de controle de ansiedade e visualização mental na melhoria de competências psicológicas em jovens atletas: uma intevenção na natação. Psicologia: Teoria, Investigação e Prática. 2005;2:211-25.
2. Ashen A. The triple code model for imagery and psychophysiology. Journal of Mental Imagery. 1984;8:15-42.
3. Becker Jr B. Manual de psicologia do esporte e exercício. Porto Alegre: Edelbra; 2000.
4. Carpenter W. Principles of mental physiology. New York: Appleton; 1984.
5. Crews D. Self regulation strategies in sport and exercise. In: Singer R (ed.). Handbook of research on sport psychology. New York: Macmillan; 1993. p. 557-68.
6. Eberspächer H. Entrenamiento mental: un manual para entrenadores y deportistas. Zaragoza: INDE-Publicaciones; 1995.
7. Feltz D, Landers D. The effects of mental practice on motor skill learning and performance: a meta--analysis. Journal of Sport Psychology. 1983;5:25-57.
8. Frester R, Wörz T. Mentale Wettkampfvorbereitung. Göttingen: Ruprecht; 1997.

9. Gama Filho J. Análises do efeito de um programa de treinamento mental na performance de execução de lances livres de jogadas de basquetebol. Dissertação de mestrado. Belo Horizonte: Escola de Educação Física, UFMG; 1998.

10. Gould D, Damarjian N. Treinamento mental no esporte. In: Elliott B, Mester J. (eds.). Treinamento no esporte. São Paulo: Phorte; 2000. p. 99-152.

11. Grosser M, Neumaier A. Techniktraining. Munique: BLV Sportwissen; 1982.

12. Hackfort D, Munzert J. Mental simulation. In: Hackfort D, Duda J, Lidor R (eds.). Handbook of research in applied sport and exercise psychology: international perspectives. Morgantown: Fitness Information Technology; 2005. p. 3-18.

13. Jacobson E. Electrical measurements of neuromuscular states during mental activities. American Journal of Physiology. 1931;96:115-21.

14. Lang PJ. Bio-informational theory of emotional imagery. Psychophysiology. 1979;17:495-512.

15. Lang PJ. Imagery in therapy: an information-processing analysis of fear. Behavior Therapy. 1977;8:862-86.

16. Leite MM. Efeitos da prática mental na aprendizagem de uma habilidade motora. Revista Mineira de Educação Física de Viçosa. 1993;1(2):40-6.

17. Loehr J. El juego mental. Madrid: Ediciones Tutor; 1990.

18. Loehr J. Mental thoughness training for sport. Lexington: The Stephen Greene Press; 1986.

19. Marques A, Gomes AR. Avaliação da eficácia de um programa de treino de visualização mental num escalão de formação desportiva no basquetebol. Análise Psicológica. 2006;4:533-44.

20. Miguel MCN, Brandão MRF, Souza VH. Jogadores de basquetebol de alto rendimento e a vivência de emoções pré-competitivas. Motriz. 2009;15(4):749-58.

21. Nideffer R. Athlete's guide to mental training. Champaign: Human Kinetics; 1985.

22. Nitsch J. Future trends in sport psychology and sport ciencies. In: Proceedings of the 7th World Congress of Sport Psychology in Singapore. 1989;200-5.

23. Nitsch J. Zur handlungstheoretischen Grundlegung der Sportpsychologie. In: Gabler H, Nitsch JR, Singer R. Einführung in die sportpsychologie: teil 1. Grundthemen. Schorndorf: Hofmann; 1986.

24. Orlick T. Coaches training manual to psyching for sport. Champaign: Human Kinetics; 1986b.

25. Orlick T. In pursuit of excellence. Champaign: Human Kinetics; 2000.

26. Paivio A. Cognitive and motivational functions of imagery in human performance. Canadian Journal of Applied Sport Sciences. 1985;10:22-8.

27. Orlick T. Psyching for sport: mental training for athletes. Champaign: Human Kinetics; 1986a.

28. Pinheiro EP, Cardenas RN, Simão FB, Freire IA. A influência do treinamento mental no aperfeiçoamento da técnica de saque no voleibol. Buenos Aires: EF Deportes; 2010. n. 148.

29. Pussueldi G. Comparação do nível de motivação através de um método de automotivação entre nadadores. Dissertação de mestrado. Belo Horizonte: Escola de Educação Física, UFMG; 2000.

30. Rodríguez MC, Galán ST. Programa de entrenamiento en imaginería como función cognscitiva y motivadora para mejorar el rendimiento deportivo en jóvenes patinadores de carreras. Cuadernos de Psicología del Deporte. 2007;7(1).

31. Rodríguez JD, San Juan GR. Intervención psicológica mediante rutinas de atención y concentración en un equipo de voleibol para mejorar la efectividad colectiva del saque. Cuadernos de Psicología Del Deporte. 2005;5(1-2).

32. Sackett R. The influences of symbolic rehearsal upon the retention of a maze habit. Journal of General Psychology. 1934;13:113-28.

33. Samulski D. Studien zur Stresskontrolle und zum mentalen Training im Leistungssport in Brasilien. In: Hackfort D (ed.). Handeln im Sport als handlungspsychologisches Modell. Heidelberg: Ansanger Verlag; 2000.

34. Samulski D. Psicologia do esporte: conceito e novas perspectivas. 2ª ed. Barueri: Manole; 2009.

35. Sirigu A, Duhamel JR. Motor and visual imagery as two complementary and neurally dissociable mental processes. Journal of Cognitive Neuroscience. 2001;13(7):910-9.

36. Suinn R. Imagery. In: Singer R (ed.). Handbook of research on sport psychology. New York: Macmillan; 1993.

37. Syer J, Connolly C. Psychotrainig für Sportler. Hamburg: Rowohlt; 1987.

38. Takase E. Neurociência do esporte e do exercício. Revista Neurociências. 2005;2(5):1-7.

39. Unestahl L. Mental skills for sports and life. In: Proceedings of the 7th World Congress in Sport Psychology in Singapore. 1989;109-13.

40. Weinberg R, Gould D. Psychological foundations of sport psychology. Champaign: Human Kinetics; 1999.

Capítulo 6

Bases da excelência esportiva

Luiz Carlos Couto de Albuquerque
Moraes
Renato Melo Ferreira
Edson Soares Medeiros Filho
Eduardo Macedo Penna
Márcia Cristina Custódia Ferreira
Cleiton Pereira Reis

Quando o tenista André Agassi ainda era uma criança ouviu de seu pai que, se ele rebatesse 2.500 bolas por dia, teria rebatido 17.500 numa semana. Ao final de um ano, daria quase 1 milhão de bolas. Segundo Agassi, seu pai acreditava em matemática (Agassi, 2010).

Em um recente episódio da série Modern Family, *do canal norte-americano CBS, um pai procura incentivar o seu filho, após uma partida de beisebol, dizendo: "não fique triste e frustrado, meu filho; você sabia que são necessárias 10.000 horas de treinamento para que alguém seja um craque do beisebol?"*

INTRODUÇÃO

O tema performance de excelência (*expert performance*) há muito tempo tem gerado um debate polêmico sobre as habilidades adquiridas *versus* as inatas quando analisamos pessoas com grande habilidade e reconhecimento, em diferentes áreas, incluindo o esporte. Um dos artigos que tem aquecido a opinião científica foi publicado por Ericsson et al., (1993). A argumentação de Ericsson centra-se na premissa que performance de excelência depende de estrutura de treinamento especializado, *feedback* preciso e qualificado de treinadores/mentores e extensiva prática deliberada (10 anos ou 10.000 horas) em determinado domínio de conhecimento (Simon & Chase, 1960). Essas ideias continuam até hoje em plena evidência, discutidas entre vários estudiosos.

Expertise: campo de conhecimento que avalia as diferentes competências dos *experts* nos seus respectivos campos de proficiência. Tais indivíduos são encontrados em várias áreas de atuação, como na música (Lehmann & Ericsson, 1998), na enfermagem (Ericsson et al., 2007), na arte (Ericsson et al., 1993), no desempenho acadêmico (Plant et al., 2005) e nos esportes (Moraes et al., 2004a), apresentando desempenhos excepcionais.

Foi Herbert Simon, influenciado pelos estudos da psicologia cognitiva e especialmente por De Groot (1965), quem iniciou estudos sobre os processos mentais que revelaram detalhes de como as pessoas se tornaram *experts* em diferentes áreas. Simon (prêmio Nobel em Ciências Econômicas) teve como alunos K. Anders Ericsson e Willian Gary Chase e fez vários estudos em conjunto com eles nos anos 1960, incluindo "Perception in chess" e "Expert memory in chess", que foram a sustentação para as teorias do pensamento e dos estudos no xadrez, considerados a "Drosófila da Ciência Cognitiva".

De Groot (1965) verificou que os ex*perts* masters no xadrez eram superiores aos outros jogadores na habilidade de reproduzir corretamente a localização das peças no tabuleiro. Definiu também que a habilidade de jogar xadrez é melhor capturada durante a tarefa de selecionar o próximo movimento para determinada posição do xadrez, que dura entre 2 e 15 segundos, no meio do jogo entre dois masters do xadrez. Contudo, Chase & Simon (1973) replicaram os resultados de De Groot e descobriram algo novo.

A memória de curto prazo (MCP) dos *experts* do xadrez não foi melhor do que a de não enxadristas quando as pedras eram misturadas no tabuleiro, sem a estrutura formal do jogo (Figura 1). Isso sugere, portanto, que a melhor performance dos experts não está relacionada a nenhuma vantagem de memória geral (como memória fotográfica).

Eles propuseram que o desempenho superior da *expertise* MCP se devia à habilidade dos *experts* de reconhecer as configurações de suas peças de xadrez baseados em seus vastos conhecimentos de números de jogadas (p. ex., 50.000 a 100.000 grupos de jogadas – *chunks*) (Simon e Chase, 1973).

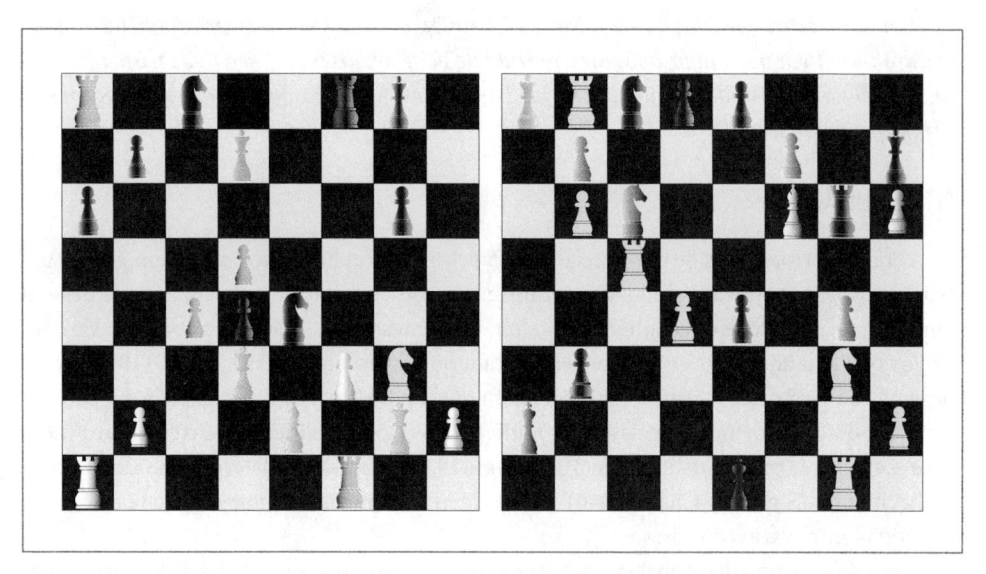

Figura 1 Distribuição das peças de xadrez em dois tabuleiros para a análise da memória de curto prazo (MCP).

NOVA PERSPECTIVA DE DESENVOLVIMENTO DA EXCELÊNCIA

A nova visão mudou a perspectiva do treinamento, como foi no xadrez, sendo o mais habilidoso aquele que pratica mais vezes em sua área de interesse. No xadrez, o melhor é aquele que lê e estuda mais sobre as jogadas estratégicas. Para esses estudiosos, o QI tornou-se uma variável não primordial para predizer o *expert* no xadrez. Surge, portanto, a ideia da prática deliberada como determinante para o desenvolvimento da excelência, não somente no xadrez, mas também em outras áreas. No esporte, eles verificaram que atletas de elite mostraram um tempo de reação maior em seus domínios específicos que atletas novatos ou não *experts*. Contudo, nenhuma diferença significativa entre *experts* e novatos no tempo de reação em tarefas simples de laboratório foi constatada (Ericsson et al., 1993).

Chase & Ericsson (1982) verificaram a tarefa de memorização de dígitos na datilografia. Foi exigida uma extensa prática em tarefas nas quais os dígitos teriam que ser lembrados imediatamente. Em média, 7 dígitos foram lembrados no início da tarefa. Depois de 1 hora ao dia, ao longo de 2 anos, 80 dígitos foram lembrados. A melhora da memória se deu pela organização de *chunks* na hierarquia da estrutura de recuperação. Ericsson et al. (1993) estudaram violinistas na academia de música alemã e verificou que o violinista *expert* tinha 7.500 horas de prática deliberada versus 5.300 horas para os violinistas bons.

Ericsson influenciou um grupo de pesquisa com cerca de 20 pesquisadores das mais diversas áreas, como música (John Sloboda), medicina (Robert Stemberg), psicologia (Neil Charness) e esporte (Janet Starkes, John Salmela), dentre outros, que desenvolveram várias técnicas de investigação nessas áreas.

Todas essas pesquisas indicam, dentre outras coisas, que o tempo de prática, a competência específica, e não geral, e a estrutura de orientação são variáveis críticas e fundamentais para o desenvolvimento da excelência nos variados campos de conhecimento. Outro aspecto de relevância no desenvolvimento dessas pesquisas foi em relação à estrutura da prática deliberada, por ser altamente estruturada e considerada não necessariamente prazerosa. Portanto, requer acompanhamento de alto nível, excelentes tutores, sistematização e *feedback* qualificado.

A prática deliberada no esporte requer do treinador que ele minimize as restrições motivacionais, de esforço e de recursos (restrições humanas, materiais e financeiras), por serem altamente estafantes e enfadonhas.

Outras contribuições

Bloom (1985), Csikszentmihalyi et al. (1993) e Ericsson et al. (1993) encontraram uma grande influência dos pais e treinadores que significativamente contribuíram para a formação dos expoentes de várias áreas. Essas mesmas influências foram marcadamente encontradas por Côté et al. (1995) e Côté (1999), pesquisando exclusivamente atletas. No Brasil, Salmela & Moraes (2003) constataram os mesmos resultados pesquisando nos esportes da classe média, afirmando que o processo de crescimento do atleta é dependente de bons treinadores, incentivo dos pais, treinamento estruturado e ambiente de qualidade em que ele está inserido.

Bloom (1985), por exemplo, demonstrou que esses expoentes seguiram uma mesma trajetória em várias áreas e no esporte, que vão desde o incentivo dos pais e tutores, ligado a atividades prazerosas nos anos iniciais da vida (6 a 12), passando pelo aumento do comprometimento e prazer nos anos intermediários (13 a 17), até o envolvimento total em uma prática específica e diligente nos anos finais de desenvolvimento (18 a 21).

Csikszentmihalyi et al. (1993) pesquisaram, em estudo longitudinal, mais de 200 jovens *experts* e seus pais de diferentes áreas do conhecimento sugerindo que, nos anos iniciais, as crianças devem ser introduzidas a várias atividades divertidas e prazerosas, desenvolvendo um sentimento denominado *flow feeling* ou fluxo ótimo de experiência. Isso proporciona uma "integração" durante a realização do trabalho para se cumprir a tarefa, ocasionando uma perda momentânea do senso da realidade, da noção do tempo e esforço. Além disso, eles acreditam que as atividades a realizar precisam representar um desafio, para reduzir o nível de desmotivação das crianças quando já dominaram uma tarefa. Então, é necessário que haja um repertório vasto de estimulação para criar um sentimento de "diferenciação", mantendo um nível de motivação elevado não só na infância como nas fases futuras de desenvolvimento.

DESENVOLVIMENTO *EXPERT* NO ESPORTE

Pesquisas sobre o desenvolvimento *expert* têm investigado fatores que influenciam o progresso de indivíduos em diferentes áreas no alcance do desempenho superior, nos últimos anos. Modelos propõem a experimentação de diferentes atividades de acordo com as fases de desenvolvimento dos atletas (Bloom, 1985; Côté, 1999; Baker et al., 2003), função e organização do treinador para o treinamento (Côté et al., 1995B), processos de prática deliberada (Ericsson et al., 1993), influências culturais (Moraes & Salmela, 2001), influências do apoio dos pais em diferentes esportes (Moraes et al., 2004b; Rabelo, 2002; Vianna, 2002), e peculiaridades internacionais sobre as características de desenvolvimento de expoentes (Salmela & Moraes, 2003).

Expert: assim considerado o indivíduo que atinge a excelência, maestria em determinada atividade, e que consegue manter excelentes níveis de proficiência por determinado tempo. No contexto esportivo, deve-se observar a seguinte característica: quanto mais elevado for o nível do desempenho, menor será o número de indivíduos que conseguirão destaque e, portanto, serão considerados *experts* (Ericsson et al., 1993).

MODELO MENTAL DO TREINADOR *EXPERT* NO ESPORTE

Indivíduos com performances excepcionais são reconhecidos por seus desempenhos. No entanto, no momento em que se depara apenas com o resultado final de um atleta, esquece-se de compreender como foi sua trajetória, desde o primeiro dia em que ele iniciou a prática esportiva, até o momento da consagração com um desempenho *expert*. Dessa forma, compreender os fatores que norteiam atletas *experts* é de fundamental importância para a compreensão da *expertise*.

Por meio de pesquisas sobre a *expert performance*, surgiram propostas de modelos de desenvolvimento, já apresentados na introdução. Destaca-se o modelo do treinador (Côté et al., 1995b).

Côté et al. (1995b) conduziram um estudo com 17 treinadores *experts* de ginástica olímpica. A partir da análise dos resultados, o modelo do treinador (*coaching model*) (Figura 2) foi proposto. O modelo abrange os componentes centrais, como a organização, o treinamento e a competição, e as características pessoais do atleta, do treinador e os fatores contextuais (componentes periféricos).

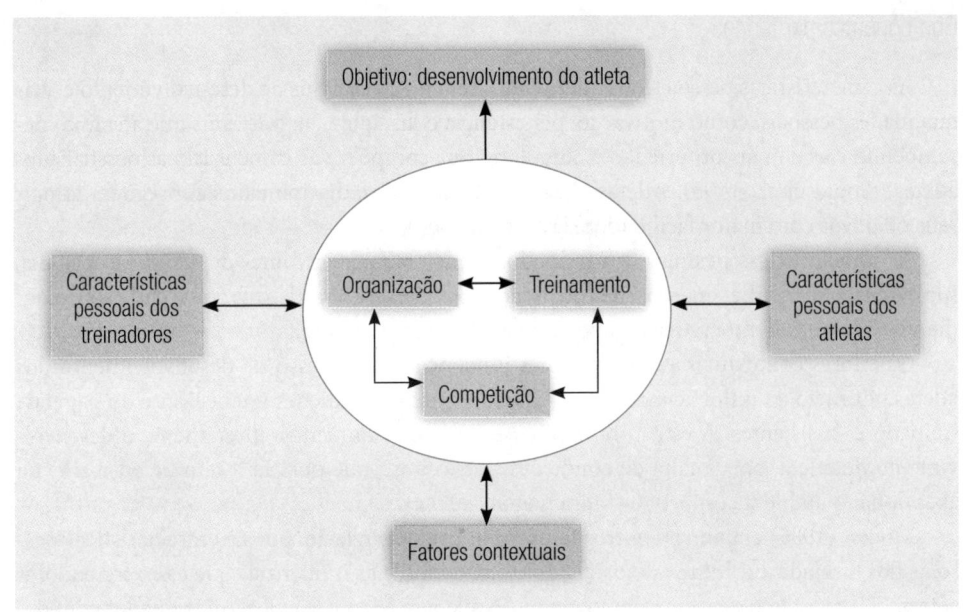

Figura 2 Modelo do treinador (*coaching model*) (Côté et al., 1995b).

Componentes centrais

Dentre os componentes centrais, a organização envolve o trabalho com pais e assistentes, o planejamento do treinamento, a ajuda aos atletas com problemas pessoais e o controle do peso.

Outra condição inseparável do treinamento é a característica de prática altamente deliberada, discutida por Ericsson et al. (1993). Essa prática se centra na repetição de determinada técnica nova ou estratégia de aplicação durante a competição, que demanda incansável repetição. Em alguns casos, anos de refinamento (Ferreira, 2010). A execução de determinada técnica requer anos de repetição para que determinada habilidade seja conduzida com altos graus de complexidade nas competições (Moraes, 1999). Essa prática é realizada durante anos de treinamento e por meio de milhares de repetições (Ward et al., 2007), como quilômetros nadados ou corridos.

Exemplo prático: nadadores percorrem diariamente, em média, de 8 a 12 km, mas em alguns casos, dependendo da especificidade do atleta, alcançam os 15 km diários (Ferreira et al., 2010). Além disso, enfrentam extenuantes rotinas de treinamento, com a execução de duas ou três sessões diárias que envolvem desde os treinamentos específicos em água, até sessões de treinamentos de força e técnica (Maglischo, 2010). Tais rotinas perduram durante anos de treinamento, plurianual, em busca do melhor rendimento possível em um evento competitivo a partir da periodização do treinamento (Platonov, 2004).

A competição é o momento para que os treinadores testem e utilizem seus conhecimentos, a fim de obterem o máximo resultado durante o evento. A partir da organização e dos treinamentos, os treinadores estabelecem rotinas para que seus atletas não sintam nenhum tipo de pressão, ansiedade, estresse ou abandono da modalidade precocemente (Gustafsson et al., 2007).

Componentes periféricos

As características pessoais dos atletas representam os estágios de desenvolvimento e suas qualidades pessoais, como motivação, persistência e disciplina, as variáveis que afetam o desempenho e as demais propriedades singulares que compõem as características pessoais dos atletas (Gould et al., 1993). Atletas altamente confiantes e disciplinados conseguem atingir seus objetivos com maior facilidade (Hays et al., 2007).

As características pessoais dos treinadores englobam: suas fontes de satisfação pessoal, sua evolução do conhecimento, suas qualidades pessoais e a abordagem que é dada ao treinamento (liderança democrática ou autocrática) (Côté et al., 1995a).

Os fatores contextuais exemplificam a influência no processo de desenvolvimento dos atletas por meio da influência dos pais (Côté, 1999), das condições financeiras e do papel de treinadores assistentes. A estrutura familiar e financeira influencia diretamente o desenvolvimento do atleta, pois a falta de condições financeiras pode obrigar a família ou o atleta a abandonar o ambiente esportivo (Moraes et al., 2004a).

Moraes (1999) encontrou outros fatores importantes relacionados às características pessoais dos treinadores, como: a filosofia do treinamento e as influências que esses treinadores sofrem. Cada estágio de treinamento em que o atleta se encontra exige um treinador com determinadas características, para que o melhor desempenho possa surgir (Bloom, 1985; Côté, 1999). Feltz et al. (1999), Helsen et al. (1998), Moraes et al. (2004a) e Salmela & Moraes (2003) afirmam que treinadores campeões apresentam como característica principal o encorajamento de suas equipes, além do melhor *feedback* possível, visando, dessa forma, o sucesso durante os treinamentos e as competições.

Moraes (1999), ao avaliar, em sua tese de doutorado, treinadores *experts* de judô canadenses, encontrou novas variáveis que contribuíram para a robustez do modelo de Côté. Com relação à organização, observa a importância do treinamento científico oposto ao treinamento amador, improvisado. Sobre o contexto, destaca a influência dos recursos humanos, financeiros e materiais, como críticos para a desenvolvimento da excelência. No que se refere ao treinamento, aponta a importância do treinamento físico, técnico, tático, psicológico e da recuperação física. Releva também a atmosfera adequada para os diferentes tipos de treinamento e a ética do treinamento, fatores fundamentais para o desenvolvimento do atleta de alto nível. Outro aspecto importante discutido por Moraes (1999) diz respeito às características pessoais do treinador, que são influenciadas pela sua família, experiência como ex-atleta com o seu treinador e como treinador internacional.

No Brasil, a aplicabilidade do modelo mental do treinador tem sido muito útil, porque tem ajudado nas investigações na área da *expert performance,* identificando os pontos positivos e negativos do treinamento da excelência. Essa é uma perspectiva que reforça as relações entre treinador, atleta e treinamento, influenciando pesquisas, sobretudo as conduzidas pelo grupo brasileiro, que adotam a visão sobre a análise do comportamento do treinador e relacionam a interação entre os componentes centrais e periféricos do modelo (Lôbo et al., 2005; Medeiros Filho et al., 2008; Moraes e Oliveira, 2006; Moraes et al., 2004a; Moraes & Salmela, 2009; Salmela & Moraes, 2001).

Características pessoais e contextuais do atleta

A ciência do esporte estuda uma série de fatores que colaboram para o desenvolvimento da *expertise* esportiva e que contribuirão para o desenvolvimento do atleta *expert* (Moraes & Salmela, 2003). Dentre vários, podem-se citar as características pessoais e contextuais que podem definir as futuras condições de desenvolvimento do atleta (Moraes et al., 2010).

Com relação às características pessoais dos atletas, Ferreira (2010) cita que elas representam os estágios de desenvolvimento em que o atleta se encontra e suas qualidades pessoais, como: motivação, persistência e disciplina, e as demais propriedades singulares que compõem as características pessoais dos atletas (Gould et al., 1993). Atletas altamente confiantes e disciplinados conseguem atingir seus objetivos com maior facilidade (Hays et al., 2007).

Dentre os fatores contextuais, Moraes (1999) cita que eles envolvem os recursos disponíveis para o desenvolvimento dos atletas (Figura 3). Esses recursos são importantes ferramentas no universo do atleta e são decisivos na sua formação. Eles se subdividem em recursos humanos, representados pela presença, nos treinamentos e competições, de fisioterapeutas, empresários, nutricionistas e psicólogos do esporte; recursos materiais, como instalações (piscinas aquecidas, salas de musculação, laboratórios para avaliações periódicas), espaço para treinamento, equipamentos de última geração que possibilitem o melhor desempenho do atleta em qualquer condição; e recursos financeiros, como verbas para viagens, hospedagem, alimentação, gasto com inscrições em campeonatos e pagamento de salários (Salmela & Moraes, 2001; Salmela & Moraes, 2003).

Tais recursos são exigidos de diferentes formas ao longo das fases de desenvolvimento e das necessidades do atleta, servindo como apoio e motivação para a continuidade da prática e para a melhoria do desempenho atlético. Contudo, além dos estágios de desenvolvimento e da relação entre treinador e atleta, a influência da família e a prática deliberada também são fatores imprescindíveis para se atingir a *expert performance*.

Ainda com relação aos fatores contextuais relacionados à formação e desenvolvimento dos atletas, uma nova variável que vem sendo abordada na literatura internacional diz respeito

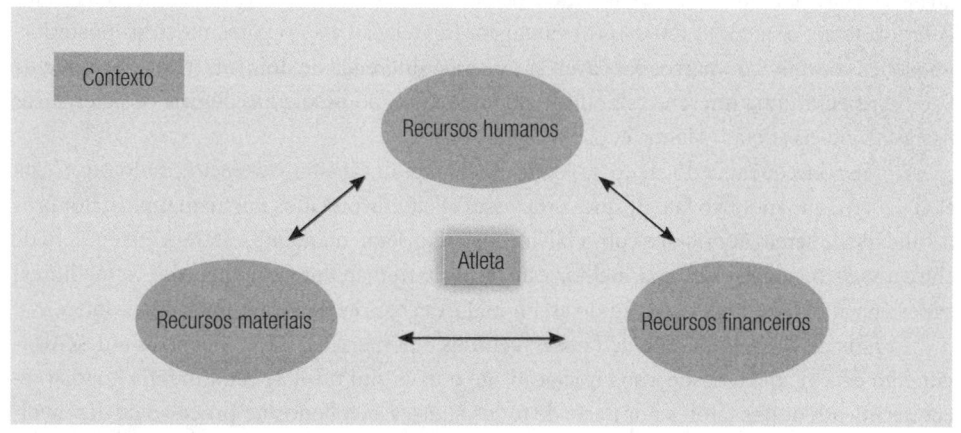

Figura 3 Fatores contextuais (Moraes, 1999).

à categorização da época de nascimento, que tem um impacto significativo no futuro do atleta, conhecida como quartil de nascimento (Stanaway & Mines, 1995; Glamser & Vicent, 2004).

Efeito da idade relativa na formação do atleta expert

Quartil de nascimento é considerado a divisão do ano em quatro períodos, em que, na maioria das modalidades, o primeiro quartil representa os meses de janeiro a março, o segundo quartil, de abril a junho, o terceiro, de julho a setembro e o quarto e último quartil, de outubro a dezembro (Penna & Moraes, 2010; Moraes et al., 2009).

Os diversos estudos em diferentes modalidades que se propuseram a avaliar a categorização das datas de nascimentos dos atletas puderam concluir que, no geral, a distribuição dessas datas de nascimento não é homogênea (Delorme et al., 2010; Moraes et al., 2009; Penna & Moraes, 2010; Costa et al., 2009). Essas pesquisas concluíram que aqueles atletas que nasceram mais próximo ao início do ano de seleção (primeiro e segundo quartis) apresentam uma super-representação de atletas profissionais, enquanto aqueles atletas nascidos posteriormente (terceiro e quarto quartis) apresentaram uma sub-representação. Logo, essa "vantagem" obtida por aqueles atletas nascidos anteriormente durante o ano de seleção foi denominada efeito da idade relativa (Glamser & Vicent, 2004).

O efeito da idade relativa, como um dos fatores que podem influenciar o desenvolvimento de um atleta, pode apresentar diferentes causas e diferentes consequências.

O principal fator apontado por diversos autores para o surgimento desse efeito é a adoção por parte de diversas modalidades, principalmente nas categorias de base, de uma "linha divisória" que separa os indivíduos entre as categorias (Penna & Moraes, 2010; Delorme et al., 2010). Não raramente, essas categorias podem durar dois ou três anos (como no caso do futebol brasileiro, em que as categorias oficiais adotadas pela Confederação Brasileira de Futebol são sub-11, sub-13, sub-15, sub-17, sub-20, sub-23 e adulto), criando assim uma diferença máxima de quase dois (ou três) anos entre um atleta nascido no início do primeiro ano de seleção e outro nascido no final do último ano de seleção.

Com isso, uma possível explicação para esses efeitos tende a se relacionar com as questões ligadas à maturação biológica dos atletas, que podem se apresentar em estágios diferentes, o que acarretaria em um desenvolvimento físico e cognitivo maior por parte daqueles nascidos anteriormente, o que lhes daria certa vantagem em relação a seus pares nascidos posteriormente. Essa explicação parece razoável, já que uma diferença de dois (ou três) anos pode de fato representar uma diferença significativa na estatura, no peso e nas demais características físicas de jovens atletas (Malina et al., 2004).

Como consequência do efeito da idade relativa, pode-se citar o aspecto citado por Costa et al. (2010), que aponta o fato de que como esses atletas favorecidos possuem uma maior probabilidade de serem apontados como talentosos e, consequentemente, estarem em equipes de elite, irão se beneficiar de uma melhor estrutura de treinamento e de maiores (e melhores) experiências competitivas, possuindo assim maiores chances de evolução técnica e tática.

Conforme visto, uma série de fatores, centrais e periféricos, irão influenciar o desenvolvimento de um atleta, desde a sua iniciação, até o mais alto nível de rendimento. Logo, o reconhecimento desses fatores por parte de todos aqueles envolvidos no processo de desenvolvimento de atletas é de fundamental importância para que esse processo seja justo e eficiente.

COMUNICAÇÃO TREINADOR-ATLETA

No ambiente esportivo, é o treinador que irá direcionar as tarefas a serem cumpridas pelos atletas (Moraes et al., 1999). O treinador é o líder principal de uma equipe. É dele o papel de identificar o melhor processo de ensino-aprendizagem a ser passado aos seus comandados, traçar metas e objetivos a serem alcançados. A organização do treinamento deve fornecer aos atletas a melhor estrutura para aperfeiçoar a performance, tanto em treinos quanto em competições, e pode ocorrer antes, durante e após a ocorrência da sessão de treinamento. Cabe ao treinador planejar os treinos, trabalhar de forma coesa com os assistentes, se relacionar bem com a família dos atletas e ajudar o seu comandado no que for preciso. Sem a correta organização do treinamento, o atleta não teria condições de alcançar e manter a excelência esportiva (Barreto, 2003).

Segundo Chelladurai (2001), o comportamento do treinador é considerado um fator fundamental da satisfação e rendimento do atleta, tornando-se assim um resultado da interação das características inerentes à situação, ao próprio treinador e aos membros do grupo. Para Hersey & Blanchard (1996), o líder eficaz deve ter a capacidade de modificar seu estilo de liderança com base na observação de uma série de variáveis.

O treinador deve ser capaz de se comunicar bem com seus atletas e deixar metas e comportamentos claros para os seus comandados, respeitando princípios éticos. A comunicação do treinador é o ato de se transmitir ideias, informações, conhecimentos, comando. Deve também não medir esforços para dar reforço positivo após uma ótima performance, corrigir e encorajar os atletas depois de um desempenho ruim e estabelecer metas a serem atingidas. Ou seja, o comportamento desse profissional deve ser bem entendido e interpretado por parte dos comandados (Burton & Raedeke, 2008).

Comportamento do treinador

O relacionamento treinador-atleta, assim como o comportamento do treinador, são fatores decisivos para a prática esportiva. Os atletas podem reagir de forma positiva ou negativa à maneira como o treinador utiliza a habilidade técnica e tática dos jogadores, seleciona e aplica estratégias de comando e treina e instrui os atletas. A estruturação do time, ou seja, as formas como os integrantes trabalham juntos, bem como a união do grupo e as contribuições individuais e coletivas para as tarefas, também podem ser consideradas aspectos importantes para a satisfação, e até mesmo para um melhor desempenho dos atletas. Diante da crescente demanda para se alcançar padrões de rendimentos cada vez mais altos, a pesquisa sobre a percepção dos atletas acerca do comportamento de seus treinadores é uma das possibilidades para a melhoria do desempenho no esporte (Campbell, 1993; Côté, 1999).

Côté et al. (1995) usaram entrevistas com treinadores *experts* de ginástica artística e métodos de análise qualitativa de dados para criar um modelo cognitivo do processo e das variáveis que interferem no trabalho desses profissionais no desenvolvimento de atletas. Eles sugerem que os principais fatores que influenciam o trabalho do treinador são os comportamentos do treinador no treinamento, na competição e na organização do trabalho. Em associação com essas três variáveis supracitadas estão as características pessoais do treinador, características pessoais do atleta e seu nível de desenvolvimento, e fatores contextuais. Côté et al. (1999), baseando-se nos estudos anteriores de natureza qualitativa, desenvolveram o *coaching behavior scale for sport* (CBS-S), instrumento que tem como função medir o comportamento do treinador. Os constructos desse instrumento foram retirados de estratégias e comportamentos usados pelos treinadores no treinamento, na competição e na organização do trabalho (Bloom, 1996; Bloom et al., 1997; Côté & Salmela, 1996; Côté et al., 1995).

Para a língua portuguesa, Silveira (2005) validou o *coaching behavior scale for sport* na versão visão do treinador, e Lôbo et al. (2005), na versão visão do atleta. Cada instrumento é descrito a seguir.

A escala de comportamento de treinadores – visão do treinador (ECT-T) é um instrumento que busca avaliar as características do treinador aplicando-se um questionário para os próprios treinadores, visando observar se o comportamento do treinador é confirmado pelos atletas. A primeira parte do instrumento é composta por 11 questões demográficas sobre a experiência no esporte do treinador. A segunda parte, composta por 40 questões, é relacionada à conduta do treinador perante seis situações: organização do treinamento e condicionamento físico, treinamento das habilidades técnicas, treinamento mental (preparação mental), estabelecimento de metas e aspectos positivos e negativos da relação pessoal entre o treinador e o atleta. Para responder a segunda parte do questionário, os treinadores avaliam a frequência de cada comportamento marcando em uma escala *Likert* de 7 pontos, que varia de 1 (nunca) a 7 (sempre).

Já a escala de comportamento de treinadores – visão do atleta (ECT-A) é organizada da mesma forma que o ECT-T, porém são os atletas que respondem o questionário, o que representará a visão dos comandados a respeito de seus treinadores. A primeira parte apresenta 12 questões sobre informações demográficas do atleta. A segunda parte contém os mesmos número e grupos de perguntas do ECT-T, como também uma escala *Likert* (1 a 7) para cada comportamento do treinador. A comparação das informações do ECT-T *versus* ECT-A permite saber se o comportamento do treinador é percebido da mesma forma pelo atleta e pelo seu respectivo treinador.

A seguir, a Figura 4 mostra como é organizada a escala de comportamento de treinadores tanto na visão do treinador quanto na visão do atleta, com exemplos de comportamento do treinador para cada item.

Moraes et al. (2010) pesquisaram se o comportamento do treinador era confirmado pelos atletas. Os instrumentos usados nesse estudo foram o ECT-T e o ECT-A. Participaram atletas e treinadores do sexo masculino e de esportes coletivos e individuais. O estudo constatou que, nos esportes individuais, o comportamento dos treinadores era percebido de forma diferente pelos seus respectivos atletas em cinco dimensões do instrumento (organização do treinamento e condicionamento físico, treinamento das habilidades técnicas, treinamento mental, estabelecimento de metas e aspectos positivos da relação pessoal entre o treinador e o atleta); e para os esportes coletivos, o comportamento dos treinadores também era diferentemente percebido por parte de seus atletas (organização do treinamento e condicionamento físico, treinamento mental, estabelecimento de metas e aspectos positivos da relação pessoal entre o

| Escala de comportamento do treinador ||
Visão do treinador	Visão do atleta
Treinamento físico	
Forneço ao atleta um plano para a preparação física	Oferece(m)-me um plano para minha preparação física
Treinamento técnico	
Dou ao atleta reforço sobre as técnicas corretas	Ajuda(m)-me com reforço para melhorar as técnicas corretas
Preparação mental	
Dou conselhos ao atleta sobre como ser positivo consigo mesmo	Aconselha(m)-me sobre como ser positivo comigo mesmo
Estabelecimento de metas	
Ajudo o atleta a estabelecer objetivos a curto prazo	Ajuda(m)-me a estabelecer objetivos a curto prazo
Aspectos positivos do comportamento do treinador	
Procuro entendê-lo como pessoa	Demonstra que me entende como pessoa
Aspectos negativos do comportamento do treinador	
Uso o medo (ameaça) em meus métodos de instrução	Usa o medo em seus métodos de instrução

Figura 4 Escala de comportamento do treinador (Silveira, 2005; Lôbo et al., 2005).

treinador e o atleta). A baixa compatibilidade entre as percepções entre os treinadores e atletas pode estar relacionada a falhas no processo de organização do treinamento.

INFLUÊNCIA DA FAMÍLIA

Estudos que analisam a vida de jovens expoentes em várias atividades, inclusive as esportivas, comprovam que a presença familiar é fundamental para a contínua progressão do atleta, principalmente quando analisamos as fases de transição de suas carreiras (Bloom, 1985; Durand-Bush & Salmela, 2002; Moraes et al., 2004b; Salmela & Moraes, 2003; Salmela et al., 2000; Moraes et al., 2004a, Moraes & Salmela, 2009). Os trabalhos supracitados ilustram o papel fundamental que os pais exercem sobre os atletas durante todos os estágios de desenvolvimento (Bloom, 1985), pois o adequado envolvimento desses irá proporcionar o apoio adequado ao atleta (Hellstedt, 1987).

Como visto anteriormente, Bloom (1985) sugeriu três estágios distintos (anos iniciais, anos intermediários e anos finais) que marcam o processo de desenvolvimento da criança. A qualidade do apoio oferecida pela família dos atletas é de destaque em todos os estágios, pois tal apoio garante a inserção/manutenção da atividade dos filhos em relação aos mais variados aspectos, como os motivacionais (Vernacchia et al., 2000), a realização, o comprometimento (Mallet & Hanrahan, 2004) e a prática.

Durante a progressão do atleta, se estabelece a relação entre pais e filhos, o que é fundamental para o desenvolvimento contínuo de suas carreiras. Dessa forma, Csikszentmihalyi et al. e Whalen (1993) estabeleceram dois processos nomeados de integração e diferenciação:

- Integração: famílias que promovem o desenvolvimento de apoio e harmonia nos filhos por meio de segurança, convivência no lar e confiança em relação às ideias, crenças e metas de seus filhos no processo de desenvolvimento.
- Diferenciação: famílias que encorajam os seus filhos a desafios no processo de construção de competências e habilidade em determinadas áreas, com o objetivo de estabelecer a independência dos filhos.

No entanto, os autores apresentam o conceito de famílias complexas, que são as famílias que promovem tanto a diferenciação quanto a integração, proporcionando as melhores condições de desenvolvimento de crianças e jovens.

Essa relação de envolvimento das famílias também pode ser elucidada por Hellstedt (1987), que sugeriu três tipos de envolvimento que os pais apresentam no esporte. O subenvolvimento é traduzido pela falta de comprometimento financeiro e emocional dos pais. O superenvolvimento é caracterizado pelo exagero dos pais nas competições e treinamentos. E o envolvimento ideal é aquele no qual os pais oferecem todo o suporte e ajuda aos filhos em relação ao estabelecimento de metas reais, além de os apoiarem financeiramente no esporte.

A pressão pelo resultado a qualquer custo por parte da família pode resultar no abandono precoce da prática esportiva pela criança (Gustafsson et al., 2007). A família sofre com os efeitos do término inesperado da carreira do atleta, pois o contexto esportivo em que os pais estavam inseridos passa a não existir, tendo a necessidade de uma nova adaptação, não só por parte do atleta, mas de toda a família (Lally & Kerr, 2008).

Inúmeros estudos avaliaram a participação efetiva dos pais no desenvolvimento da carreira dos filhos, sedimentando ainda mais a importância da influência da família no esporte (Vianna Jr., 2002; Rabelo, 2002; Falk et al., 2004; Côté et al., 2009; Ferreira, 2010), representando um papel fundamental para o desenvolvimento ao longo da carreira (Moraes & Sousa, 2004; Baker & Horton, 2004), tornando possível que eles se tornem *experts* em várias áreas de conhecimento (Ericsson et al., 2007).

O estudo realizado por Vianna Jr. et al. (2001) com atletas de ginástica rítmica identificou um envolvimento efetivo dos pais durante todos os estágios de desenvolvimento, com destaque para a primeira fase (anos iniciais). Os pais apoiaram as atletas por meio de recursos financeiros, na procura por melhores centros de treinamento e na motivação de seus filhos, tais resultados foram semelhantes aos encontrados por Moraes et al. (2001) com atletas de voleibol. Todavia, a cobrança, a pressão pelo resultado a qualquer custo, por parte da família, pode levar a criança ao abandono da prática esportiva (Gustafsson et al., 2007).

Moraes et al. (2004a, 2004b) realizaram dois estudos que investigaram a presença e influência das famílias de atletas no futebol e no tênis. Os resultados apontaram que, no futebol, nem sempre o apoio da família, financeiro e/ou emocional interferiu no desenvolvimento desses atletas, pois, no caso do futebol, a motivação intrínseca dos atletas era elevada, movidos pela paixão pelo esporte, pelo baixo poder aquisitivo dessas famílias e, principalmente, pela oportunidade de mudança de vida (financeira) que o futebol proporciona. Ao se analisar o tênis, o desenvolvimento adequado ocorreu com o envolvimento ideal das famílias na vida esportiva de seus filhos, o que proporcionou a ascensão esportiva deles.

Samulski et al. (2009) analisaram a carreira de seis ex-atletas *experts* por meio de um estudo retrospectivo, no qual o objetivo foi a compreensão da transição da carreira esportiva desses atletas. O papel da família foi destacado como significante no processo do desenvolvimento de suas carreiras, desde a iniciação até o término, e inclusive depois, prevalecendo o apoio motivacional nesses períodos. Além disso, os atletas relataram que a família foi fundamental durante as fases de transição de suas carreiras, principalmente durante o processo de aposentadoria.

Ferreira & Moraes (no prelo) entrevistaram 8 nadadores medalhistas olímpicos brasileiros com o intuito de estabelecer o contexto no qual esses indivíduos se desenvolveram, desde sua iniciação até o ápice olímpico. Entre os principais fatores descritos, a presença familiar é destacada como imprescindível no primeiro estágio de desenvolvimento, sendo responsável pela inserção de seus filhos na modalidade esportiva e, principalmente, pela manutenção, por meio de apoio emocional (motivação extrínseca) e financeiro (custeio de materiais, busca pelos melhores treinadores da região ou país e contratação de profissionais ligados à nutrição, fisioterapia e medicina).

Portanto, a influência familiar (adequada) é considerada um fator determinante para se atingir o sucesso em determinada área de proficiência, estimulando especificamente a criança durante todos os estágios de desenvolvimento. Esse contexto propiciou, na primeira fase, vários estímulos, atraindo os filhos para o esporte. Essa estrutura ocorreu durante os estágios/fases de desenvolvimento, assim como em todas as etapas de transição das carreiras desses atletas, passando pela escolha da modalidade, pelo desenvolvimento na iniciação esportiva até chegar à participação em competições de alto nível.

NOSSO MODELO CONCEITUAL

A participação regular e sistemática em atividades físicas é vital para o desenvolvimento da saúde de crianças e jovens. Da mesma maneira, atividades esportivas necessitam de estruturas de qualidade para que os praticantes possam alcançar o sucesso no ambiente esportivo. As pesquisas indicaram que crianças e jovens praticantes de determinado esporte somente tiveram sucesso quando essas atividades tinham características próprias da faixa etária, eram tutorados por profissionais competentes, praticadas adequadamente e com os devidos apoios das famílias dos participantes.

O modelo conceitual apresentado (Figura 5) tenta reproduzir uma visão macro da discussão sobre as bases fundamentais da *expert performance*, na visão da psicologia cognitiva e da psicopedagogia (Ericsson et al., 1993), que contribuíram para o desenvolvimento da competência no esporte. Também descreve as características da prática deliberada (Ericsson et al., 1993; Ericsson & Charness, 1994; Ericsson & Lehmann, 1996), os estágios de desenvolvimento, o papel dos professores/treinadores (Bloom, 1985; Côté et al., 1995; Csikszentmihalyi et al., 1993) e a influência da família (Moraes et al., 2004b; Salmela & Moraes, 2003; Salmela et al., 2000; Moraes et al., 2004a), compondo o rol de apresentação das discussões.

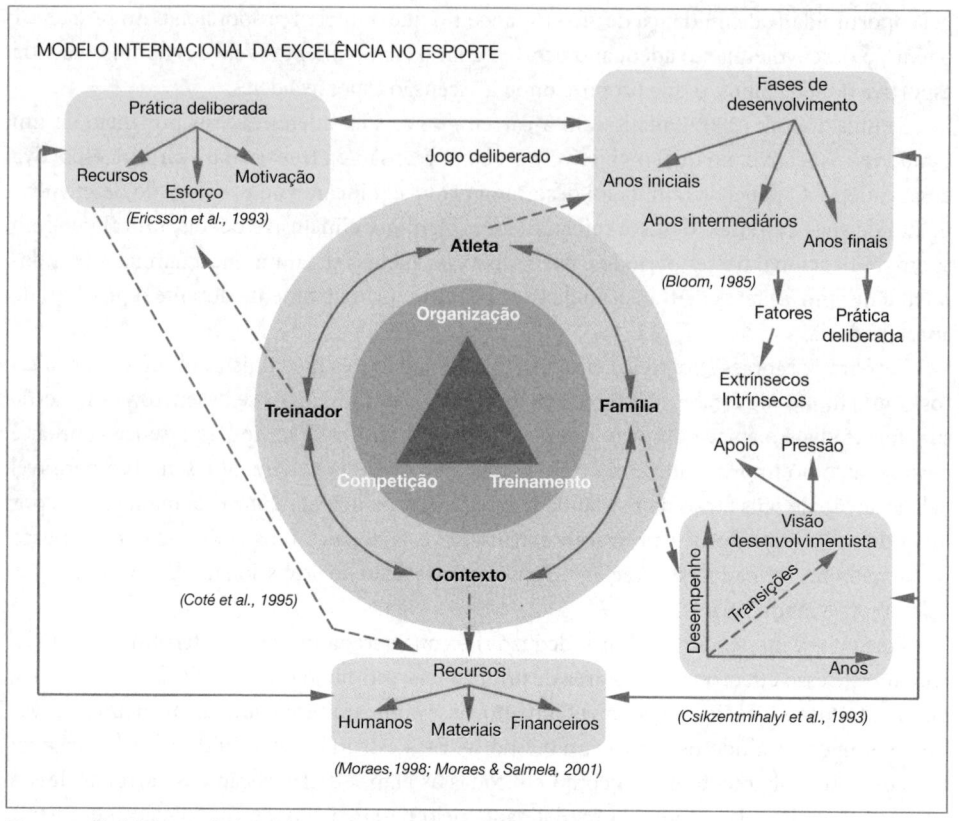

Figura 5 Modelo inter-relacional da excelência no esporte (Moraes, 2009).

MODELOS MENTAIS COMPARTILHADOS (MMC) (*SHARED MENTAL MODELS*)

Desde a antiguidade, os seres humanos organizam-se em grupos a fim de obterem melhores produtos, recursos e resultados (Carron et al., 2005). Por exemplo, um time de engenheiros trabalha em conjunto a fim de projetar um novo carro de Fórmula 1. Professores de educação física, médicos esportivos e fisioterapeutas coordenam ações visando recuperar um tenista recém-operado. Um grupo de "olheiros" decide conjuntamente os futebolistas selecionados e os dispensados. Em suma, seres humanos organizam-se em grupos não apenas no campo esportivo, mas em várias outras facetas de nossa sociedade (Andersen & Chen, 2002).

De fato, grupos de trabalho cumprem importante função social, sobretudo em áreas de trabalho afins e multidisciplinares (Kellermans et al., 2008). O compartilhamento de informação entre membros de um grupo de trabalho é considerado fator preponderante em importantes decisões na área militar, industrial e político-econômica. Recentemente, consonante com a noção de grupos de trabalho, vários pesquisadores têm explorado o conceito de modelos mentais compartilhados (MMC) (*shared mental models*) (Eccles & Tenenbaum, 2004; Mathieu et al., 2000). Entendido como o "compartilhamento de informações relacionadas a uma tarefa, contexto, estratégia de grupo e características dos membros de um determinado time", o conceito de MMC é multidimensional, estando vinculado a aspectos sociais – compartilhamento de experiências sociais e relacionamentos de grupo (p. ex., nível de coesão intragrupo em um time de voleibol) –, aspectos afetivos – concordância entre os membros de um grupo (p. ex., percentual de concordância em relação ao estilo de liderança preferido por um time de voleibol) –, e aspectos cognitivos – metaconhecimento em relação a uma tarefa de grupo (p. ex., atletas responsáveis por liderar o bloqueio defensivo durante um jogo de voleibol).

Apesar da dificuldade em pesquisar um fenômeno cuja unidade de análise é um grupo/time e não um indivíduo/atleta, vários estudiosos têm investigado variáveis que moderam ou medeiam o compartilhamento de informação cognitiva em grupos de trabalho. Resultados de estudos realizados nesse âmbito sugerem que o desempenho de um time (p. ex., esportivo, industrial, médico) depende da quantidade e qualidade dos MMC por seus membros (Johnson et al., 2007).

No âmbito esportivo, a importância de estudar MMC também tem sido enfatizada, visto que "um time de *experts* não é necessariamente um time *expert*" (Eccles & Tenenbaum, 2004). Atletas e treinadores renomados constantemente reconhecem a importância de um time congruente. Um dos desportistas mais aclamados de todos os tempos destacou que "talento vence jogos, mas *teamwork* e inteligência vencem competições" (Michael Jordan, vide Think Exist web site). Este "*teamwork* e inteligência de grupo" constituem a essência do estudo de MMC. O sucesso em esportes coletivos é preponderantemente vinculado à coordenação de ações entre membros de um mesmo time, indo, portanto, muito além da simples adição das qualidades técnicas e táticas (*schemas/domain related knowledge*) dos desportistas que compõem determinado time.

Em vista da complexidade de fatores que cerceiam a performance de excelência de esportes coletivos, Eccles & Tenenbaum (2004) recentemente propuseram um modelo sociocognitivo de ações coordenadas em esportes coletivos (Figura 6). Especificamente, Eccles & Tenenbaum propuseram que a coordenação efetiva de ações de um time desportivo depende da qualidade e quantidade de informações compartilhadas *a priori* (i.e., processos pré-coordenativos), durante (i.e., processos de coodernação em curso) e após ações coletivas (i.e., processos pós-coordenativos). Na prática, times desportivos podem treinar e avaliar suas performances com base em situações que ocorrem, antes, durante e após jogos e competições.

Em relação aos processos pré-coordenativos, Eccles & Tenenbaum (2004) observaram que é essencial que membros de um mesmo time compartilhem das mesmas metas e normas de grupo. Ademais, membros de um determinado grupo devem estar conscientes de suas funções específicas dentro de um time. De fato, a clareza de metas e normas de grupo é um fator determinante na quantidade e qualidade de MMC de um determinado time (Klimoski & Mohammed, 1994).

Processos de coordenação em curso são decisivamente influenciados pela qualidade da comunicação verbal e não verbal de um determinado time. De fato, vários pesquisadores destacam a importância de padrões efetivos de comunicação em esportes coletivos (Hanin, 1992). Comunicação efetiva é fundamental para o estabelecimento de um grupo homogêneo

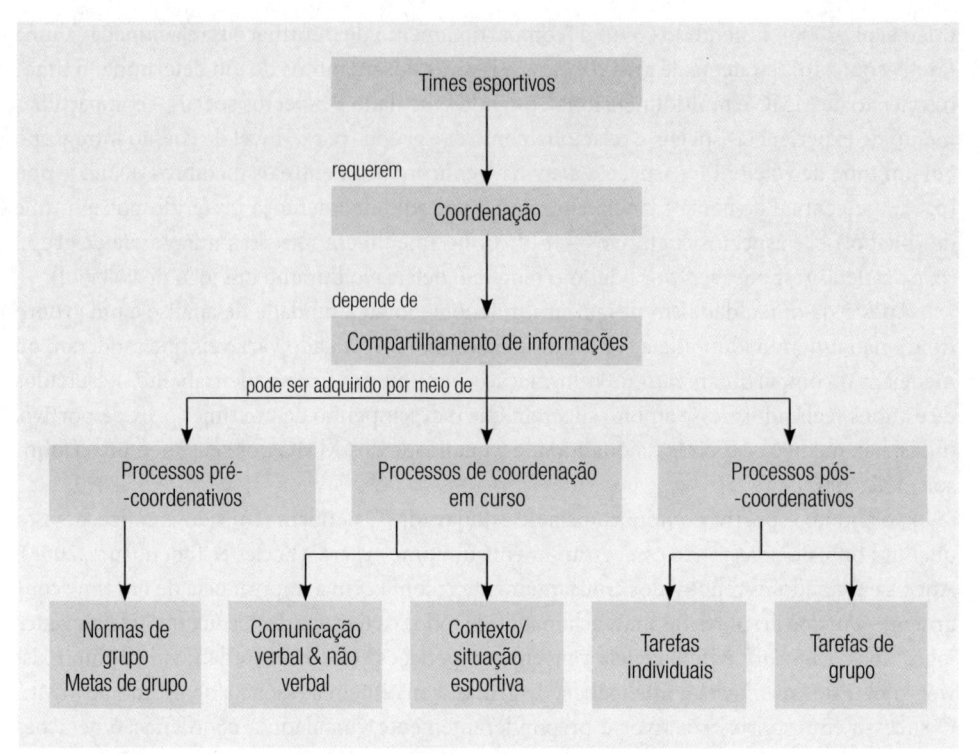

Figura 6 Modelo sociocognitivo de ações coordenadas em esportes coletivos.

em relação aos comportamentos e estratégias necessárias para o sucesso esportivo. Ainda em relação aos processos de coordenação em curso, Eccles & Tenenbaum observam que tais processos são probabilísticos, e não determinísticos, sendo decisivamente influenciados pelo contexto esportivo.

Finalmente, Eccles & Tenenbaum observam que o desenvolvimento de MMC é vinculado a processos pós-coordenativos. Especificamente, processos pós-coordenativos são um produto de tarefas de grupo (p. ex., ações que necessitam ser coordenadas por vários membros de um time, como organização defensiva em um tiro de canto) e de tarefas individuais (conhecimento específico necessário a jogadores em particular, como no caso de goleiros de futebol). Times que almejam melhores performances devem maximizar o compartilhamento de ambas as tarefas a fim de aumentarem seus MMC e consequentemente a probabilidade de sucesso.

Em suma, MMC corresponde a uma nova área de estudo na área da excelência esportiva. Inúmeros exemplos demonstram que times repletos de estrelas não são necessariamente vitoriosos no âmbito esportivo. Além de processos de grupo já estudados (coesão, liderança, eficácia coletiva), é importante considerar como atletas de esportes coletivos compartilham informação sociocognitiva a fim de protagonizar ações em conjunto que, apesar de envolverem alto grau de complexidade, parecem ser realizadas sem esforço e de forma automática como no histórico gol de Carlos Alberto na final do mundial de 1970. Perguntas importantes em relação a essa área de estudo abrangem: como times desenvolvem MMC em esportes coletivos? Outra questão preponderante e ainda não respondida refere-se à distinção teórica desse constructo (MMC) em relação a outros conceitos de grupo, como coesão de grupo e eficácia coletiva (*collective efficacy*).

MEDIDAS E AVALIAÇÕES DA EXPERT PERFORMANCE

A necessidade de medições da *expert performance* originou vários critérios de comprovação que estabeleceram meios para evidenciar a performance superior e/ou talento, dando as bases para a futura ciência da *expertise* (Ericsson et al., 2007; Chi, 2006; Ericsson et al., 2006; Starkes & Ericsson, 2003).

Segundo Ackerman & Beier (2006), o fenômeno tem que ser observável e apresentar uma performance mensurável. Além disso, o desempenho tem que ser associado e gerado sob padrões de controle, de forma que ele possa ser reproduzido. Para os autores, a psicometria é uma abordagem científica que combina a investigação psicológica com a medida quantitativa necessária como método de estudo para compreensão da estrutura da *expertise*.

Há de se considerar alguns critérios para se medir a *expertise*, como a fidedignidade e validade das informações. Isso se aplica tanto para habilidades motoras quanto para tarefas predominantemente cognitivas e intelectuais (Ackerman & Beier, 2006; Ericsson et al., 2007).

De acordo com Ericsson & Ward (2007), Hoffman & Lintern (2006) e Philips et al. (2010), a dificuldade de medição da performance *expert* está em como estabelecer parâmetros para reproduzir a excelência em laboratório e ao mesmo tempo avaliar a estrutura de conhecimento expoente em diversificados domínios, no caso específico, no esporte.

Métodos de investigação *expert*

As medidas da *expert performance* compõem um grupo de testes que ajudam os pesquisadores a entenderem o universo da *expertise*. Abaixo estão alguns testes aplicados, inclusive alguns utilizados por Moraes e seu grupo de pesquisa no GEFEXE/LAPES/EEFFTO/UFMG.

Think-aloud protocol analysis

O *Think-aloud protocol* é um método comprovado e aceito utilizado para estudar o pensamento (Ackerman & Beier, 2006). Já para medir o pensamento em laboratório, utiliza-se o *thinking aloud* ("pensando alto"), realizado por meio do *Protocol analysis* ("Protocolo de análise") de Ericsson & Simon (1984). O processo de verbalização do pensamento, como um discurso, é um processo em que o pensamento desenvolve um novo nível de articulação. Ericsson & Simon (1993) apresentaram trinta estudos que mostraram resultados consistentes utilizando a estrutura de teoria descrita pela análise de protocolo (Ericsson & Simon, 1984). O *think-aloud protocol* oferece evidências das sequências de pensamentos dos expoentes em uma ampla variação de tarefas. Esses estudos apresentaram situações-problemas e mostraram que os *experts* não têm automatizado as suas análises ou processos de raciocínio e sim verbalizam pensamentos que envolvem planejamento, avaliação e racionalização que contribuem para a performance superior (Ericsson & Lehmann, 1996 *apud* Ericsson & Simon, 1998).

Um exemplo disso foi o estudo conduzido por Maciel & Moraes (2008) realizado com quatro treinadores brasileiros de ginástica aeróbica (GA) considerados *experts,* na modalidade. Foi solicitado aos treinadores que observassem e analisassem uma determinada coreografia, em um vídeo sobre GA, e, durante a observação, que verbalizassem o que estavam pensando, de acordo com a instrução do investigador. Após a investigação do processo cognitivo, os avaliados foram questionados com relação à sua narrativa. Assim, foi possível estabelecer o foco de atuação desses treinadores e sua estrutura de treinamento. O processo do *protocol analysis* pode ser visto na Figura 7.

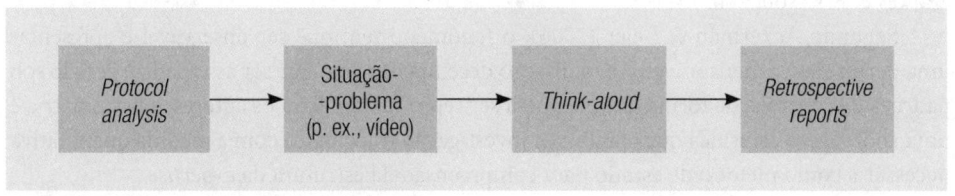

Figura 7 *Protocol analysis* (Ericsson & Simon, 1984).

Zonas individuais de ótimo funcionamento (IAPZ)

O grande desafio na análise da performance é monitorar o desempenho do atleta durante a competição. Kamata et al. (2002) predizem que cada atleta tem um nível ótimo de desempenho. Baseado em um modelo probabilístico proposto por Johnson et al. (2006), afirmam que os níveis de performance podem variar de baixo, moderado a ótimo e podem ser relacionados aos estados afetivos dos atletas, além do seu estado fisiológico, como a frequência cardíaca. Da mesma maneira, Medeiros Filho et al. (2008) usaram o mesmo modelo estatístico para analisar as zonas individuais de ótimo funcionamento (IAPZ – *individual affect-related performance zones*) de três arqueiros brasileiros de nível internacional. Os arqueiros reportaram seus estados afetivos (i.e., ativação e prazer) e tiveram as suas frequências cardíacas monitoradas durante uma temporada competitiva. Os resultados indicaram que cada atleta possui uma IAPZ para ativação, prazer e frequência cardíaca e que tais IAPZ também dependem do contexto competitivo (p. ex., *indoor* e *outdoor*). Ademais, os atletas podem flutuar emocionalmente em um mesmo evento competitivo (variando entre performance ótimas e regulares), confirmando a noção de *momentum* psicológico (Medeiros Filho et al., 2008).

Entrevista semiestruturada

Outro instrumento de coleta de dados utilizado na área da *expertise* é a entrevista semiestruturada, que permite, por meio de perguntas abertas cuidadosamente pré-formuladas, investigar determinada competência dos investigados (Martindale et al., 2007).

Em um estudo de Moraes (1999) realizado com sete treinadores de judô canadenses, considerados *experts* na modalidade, foram realizadas entrevistas semiestruturadas e de aprofundamento, a fim de descrever as crenças tradicionais e modernas que influenciaram na ação desse esporte naquele país. Por meio das respostas dos treinadores observou-se que o contexto cultural canadense moldou significativamente a evolução das crenças filosóficas, tanto de atletas quanto de treinadores, para a prática e o desenvolvimento da *expertise* do judô nesse país.

Outro exemplo foi uma pesquisa com oito nadadores medalhistas olímpicos brasileiros que utilizou a entrevista semiestruturada retrospectiva e de aprofundamento a fim de saber o contexto de treinamento que favoreceu o desenvolvimento *expert* desses indivíduos e as diferenças de treinamento entre Brasil e Estados Unidos. O estudo constatou que as maiores influências para o desenvolvimento desse atletas foram: início da carreira esportiva e principais influências de pessoas, características do treinador, suporte e reconhecimento. Já com relação às diferenças entre Brasil e EUA, as fundamentais foram: horas de prática deliberada e recursos contextuais, como viabilidade para estudar, treinamento de alto nível, elevado nível dos companheiros de treinamento, tecnologia acessível, entre outras (Ferreira, 2010).

Questionários de prática deliberada

A mensuração da *expertise* também é realizada através da quantificação da prática deliberada (Baker et al., 2003; Starkes & Ericsson, 2003; MacMahon et al., 2007), uma vez que a quantidade e a qualidade de treinamento são fundamentais na construção de um expoente (Ericsson et al., 1993).

Em um estudo realizado com um grupo de 26 árbitros de elite no futebol, 7 belgas e 19 da inglesa *Premier League*, sendo a maioria deles parte da lista da FIFA de árbitros principais em competições internacionais, preencheram questionários sobre prática deliberada que continham questões sobre atividades em campo, fora do campo, atividades terapêuticas, encontros relacionados à arbitragem, atividades ligadas à prática de treinador e jogador e atividades do dia a dia (MacMahon et al., 2007).

As atividades terapêuticas, práticas de treinador, jogador e atividades do dia a dia tiveram uma correlação abaixo da média ligada à habilidade de arbitragem, enquanto as atividades em campo, principalmente corridas de velocidade, e as atividades fora de campo, como técnicas de treinamento de arbitragem e vídeos de arbitragem, tiveram uma maior correlação vinculada aos encontros ligados à arbitragem (MacMahon et al., 2007).

Escalas de comportamento do treinador – visão do treinador (ECT-T) e visão do atleta (ECT-A)

Moraes et al. (2010) aplicaram o ECT-T e o ECT-A em atletas e técnicos homens, de esportes coletivos e individuais. A pesquisa mostrou que nos esportes individuais, o comportamento dos técnicos era percebido de forma diferente pelos seus atletas em cinco dimensões do instrumento (TF, TT, PM, APCT e ANCT); nos esportes coletivos, o comportamento dos técnicos também foi percebido diferentemente, em cinco dimensões por parte de seus atletas (TF, TT, PM, EM e APCT). A baixa compatibilidade entre as percepções entre os treinadores e atletas pode estar relacionada a falhas no processo de organização do treinamento.

Conclusão

Todos os testes utilizados auxiliaram na interpretação da qualidade *expert* dos atletas e treinadores esclarecendo a natureza, em princípio, da aquisição da competência adquirida no esporte.

As habilidades do desempenho têm sido observadas em atividades do dia a dia; tarefas representativas são reproduzidas e depois capturadas em laboratório para uma ampla gama de domínios em *expertise*, incluindo habilidades como digitar, memorizar e compreender um texto. Muitos tipos de atividades podem ser reproduzidos fora de seu ambiente social original com sucesso, e então é possível estudar o seu processo intermediário, para compreensão e análise dos pensamentos e comportamentos dos participantes (Ericsson & Simon, 1998).

CONSIDERAÇÕES FINAIS

Nos tempos modernos, a excelência é discutida como um constructo mensurável e cada vez mais possível de reprodução. Os estudiosos da *expert performance* apresentam um grupo de teorias que orientam a competência humana, assumindo em suas pesquisas que os expoentes podem ser desenvolvidos desde que se engajem em práticas altamente estruturadas e com *feedbacks* precisos. Essa visão tem influenciado os pesquisadores em diferentes áreas e mais recentemente no esporte. As pesquisas nessa área têm discutido quais são as forças preponderantes que influenciam a competência do atleta de alto nível. Uma das afirmativas apresentadas por esses pesquisadores trata da influência da prática deliberada, que tem marcado a trajetória dos atletas internacionais. Outra contribuição encontrada é a dos tutores, treinadores e professores que conduzem a orientação no planejamento, treinamento e a competição como centrais para o desenvolvimento do atleta. Aspectos periféricos como a motivação e minimização das restrições do treinamento são relevantes para o bom líder de qualquer grupo de excelência. Todas essas competências necessitam também de um bom método de mensuração e o maior desafio é medir, adequadamente, a *expertise* nas diferentes modalidades esportivas. Aliado às discussões e pesquisas na área, a excelência no esporte será procurada e testada cada vez mais com instrumentos mais fidedignos em laboratórios e próximos do desempenho real.

QUESTÕES PARA ESTUDO

1. Cite as principais características pessoais do treinador de acordo com o modelo do treinador.
2. Com relação aos fatores contextuais que influenciam o desenvolvimento de um atleta, cite os recursos que irão atuar de maneira decisiva em seu desenvolvimento. Exemplifique cada um deles.
3. Segundo Ackerman & Beier (2006) e Ericsson & Lehmann (1996), a performance de um expoente só pode ser comprovada se ela for testada e reproduzida sob padrões de controle. No entanto, há uma dificuldade em se medir a *expert performance*. Qual seria essa dificuldade?
4. O que é o efeito da idade relativa? Como ela pode influenciar a seleção e o desenvolvimento de um atleta durante sua carreira esportiva?
5. Cite quais os tipos de apoio que a família disponibiliza aos seus filhos-atletas. Exemplifique.
6. Conceitue integração e diferenciação.

7. Em relação aos tipos de envolvimento familiar identificados por Hellstedt (1987), diferencie subenvolvimento, envolvimento adequado e superenvolvimento.

8. Cite e explique os componentes centrais e periféricos do modelo do treinador. Qual é a influência deles no desenvolvimento de um atleta?

9. Defina *expert* e *expertise*. Caracterize a *expertise* no esporte.

10. Quais os possíveis problemas que o comportamento inadequado do treinador traria para o bom andamento dos treinamentos de suas equipes?

11. Quais os fatores que podem explicar o surgimento do efeito da idade relativa? Quais as consequências desse efeito?

12. É possível quantificar a *expertise* de um expoente? Se sim, cite um exemplo de método de investigação que viabiliza isso.

13. Explique como os métodos de investigação podem auxiliar atletas e treinadores no que diz respeito à sua *expertise*.

REFERÊNCIAS BIBLIOGRÁFICAS

1. Ackerman PL, Beier ME. Methods for studying the structure of expertise: psychometric approaches. In: Ericsson KA, Charness N, Feltovich PJ, Hoffman RR (eds.). The Cambridge handbook of expertise and expert performance. New York: Cambridge University Press; 2006. p. 147-65.

2. Agassi A. Agassi: autobiografia. São Paulo: Editora Globo; 2010. 503 p.

3. Andersen SM, Chen S. The relational self: an interpersonal social-cognitive theory. Psychological Review. 2002;109:619-45.

4. Baker J, Côté J, Abernethy B. Sport-specific practice and the development of expert decision-making in team ball sports. Journal of Applied Sport Psychology. 2003;15(1):12-25.

5. Baker J, Horton S. A review of primary and secondary influences on sport expertise. High Ability Studies. 2004;15(2):211-28.

6. Barreto JA. Psicologia do esporte para o atleta de alto rendimento: teorias e técnicas. Rio de Janeiro: Shape; 2003.

7. Bloom BS. Developing talent in young people. New York: Ballantine Books; 1985.

8. Bloom G. Competition: preparing for and operating in competition. In: Salmela J. Great job coach! Ottawa: Potentium; 1996.

9. Bloom G, Durand-Bush N, Salmela J. Pre and post competition routines of expert coaches of team sports. The Sports Psychologist. 1997;11:127-41.

10. Burton D, Raedeke T. Sport psychology for coaches. Champaign: Human Kinetics; 2008.

11. Campbell S. Coaching education around the world. Sport Science Review. 1993;2(2):62-74.

12. Carron AV, Hausenblas HA, Eys MA. Group dynamics in sport. 3ª ed. Morgantown: Fitness Information Technology; 2005.

13. Chase WG, Ericsson KA. Skill and working memory. In: Bower GH (ed.). The psychology of learning and motivation. vol. 16. New York: Academic Press; 1982. p. 1-58.

14. Chase WG, Simon HA. Perception in chess. Cognitive Psychology. 1973;(4):55-61.

15. Chelladurai P. Managing organizations for sport and physical education: a systems perspective. Scottsdale: Holcomb Hathaway; 2001.

16. Chi MTH. Two approaches to the study of experts' characteristics. In: Ericsson KA, Charness N, Feltovich PJ, Hoffman RR (eds.). The Cambridge handbook of expertise and expert performance. New York: Cambridge University Press; 2006. p. 21-30.

17. Costa IT, Garganta J, Greco PJ, Mesquita I, Seabra A. Influence of relative age effects and quality of tactical behavior in the performance of youth soccer players. International Journal of Performance Analysis of Sport. 2010;10:82-97.

18. Costa VT, Simim MA, Noce F, Costa IT, Samulski DM, Moraes LCCA. Comparison of relative age of elite athletes participating in the 2008 brazilian soccer championship series A and B. Motricidade. 2009;5(3):35-8.

19. Côté J. The influence of the family in the development of talent in sport. The Sport Psychologist. 1999;13:395-417.

20. Côté J, Lidor R, Hackfort D. ISSP position stand: to sample or to specialize? Seven postulates about youth sport activities that lead to continued participation and elite performance. International Journal of Sport and Exercise Psychology. 2009;9:7-17.

21. Côté J, Salmela J. The organizational task of high-performance gymnastics coaches. The Sports Psychologist. 1996;247-60.

22. Côté J, Salmela J, Russel S. The knowledge of high-performance gymnastics coaches. Competition and training considerations. The Sports Psychologist. 1995a;9(1):76-95.

23. Côté J, Salmela J, Trudel P, Baria A, Russel SJ. The coaching model: a grounded assessment of expert gymnastic coaches' knowledge. Journal of Sport & Exercise Psychology. 1995b;17(1):1-17.

24. Côté J, Yardley J, Hay J, Sedgwick W, Baker J. An exploratory examination of the coaching behavior scale for sport. Avante Research Note. 1999;5(2):82-92.

25. Csikszentmihalyi M, Rathunde K, Whalen S. Talent teenagers: the root of success and failure. Cambridge: Cambridge University Press; 1993.

26. De Groot AD. Thought and choice in chess. The Hague: Mouton; 1965.

27. Delorme N, Boiché J, Raspaud M. Relative age effect in elite sports: methodological bias or real discrimination? European Journal of Sport Science. 2010;10(2):91-6.

28. Durand-Bush N, Salmela JH. The development and maintenance of expert athletic performance: perceptions of world and Olympic champions. Journal of Applied Sport Psychology. 2002;14(3):154-71.

29. Eccles DW, Tenenbaum G. Why an expert team is more than a team of experts: a social-cognitive conceptualization of team coordination and communication in sport. Journal of Sport & Exercise Psychology. 2004;26:542-60.

30. Ericsson KA. Development of elite performance and deliberate practice: an update from the perspective of the elite expert performance approach. In: Ericsson KA, Charness N, Feltovich PJ, Hoffman RR. The Cambridge handbook of expertise and expert performance. New York: Cambridge University Press; 2006.

31. Ericsson KA, Charness N. Expert performance: its structure and acquisition. American Psychologist. 1994;49(8):725-47.

32. Ericsson KA, Krampe RT, Tesch-Römer C. The role of deliberate practice in the acquisition of expert performance. Psychological Review. 1993;100(3):363-406.

33. Ericsson KA, Lehmann AC. Expert and exceptional performance: evidence of maximal adaptation to task constraints. Rev Psychol of Sports. 1996;47:273-305.

34. Ericsson KA, Prietula MJ, Cokely ET. The making of an expert. Harvard Business Review. 2007;2008-11:18-26.

35. Ericsson KA, Roring RW, Nandagopal K. Misunderstandings, agreements and disagreements: toward a cumulative science of reproducibly superior aspects of giftedness. High Ability Studies. 2007; 18:97-115.

36. Ericsson KA, Simon HA. Protocol analysis: verbal reports as data. London: Mit Press; 1984. 426 p.

37. Ericsson KA, Simon HA. Protocol analysis: verbal reports as data. (Rev. ed.) Cambridge: Bradford Books/MIT Press; 1993.

38. Ericsson KA, Simon HA. How to study thinking in everyday life: contrasting think-aloud protocols with descriptions and explanations of thinking. Mind, Culture and Activity. 1998;5(3):178-86.

39. Ericsson KA, Ward P. Capturing the naturally occurring superior performance of experts in the laboratory: toward a science of expert and exceptional performance. Assoc for Psychological Science. 2007;16(6):346-50.

40. Ericsson KA, Whyte J, Ward P. Expert performance in nursing: reviewing research on expertise in nursing within the framework of the expert performance approach. Advances in Nursing Science. 2007;30:58-71.

41. Falk B, Lidor R, Lander Y, Lang B. Talent identification and early development of elite water-polo players: a 2-year follow-up study. Journal of Sports Sciences. 2004;22:347-55.

42. Feltz D, Chase M, Moritz S, Phillip SA conceptual model of coaching efficacy: preliminary investigation and instrument development. Journal of Educational Psychology. 1999;91(4):765-76.

43. Ferreira RM. O contexto do desenvolvimento de nadadores medalhistas olímpicos brasileiros. Dissertação de Mestrado. Belo Horizonte: Programa de Pós-Graduação em Ciências do Esporte, Escola de Educação Física, Fisioterapia e Terapia Ocupacional, Universidade Federal de Minas Gerais, Brasil, 2010.

44. Ferreira RM, Irokawa GNF, Penna EM, Martins JN. Distribuição do treinamento plurianual de um nadador. Estudo de caso ao longo de 4 anos. Lecturas, Educación Física y Deportes. 2010;15(147).

45. Ferreira RM, Moraes LCCA. Influência da família na primeira fase de desenvolvimento da carreira de nadadores medalhistas olímpicos brasileiros. Revista Motricidade. (No prelo.)

46. Glamser FD, Vicent J. The relative age effect among elite American youth soccer players. Journal of Sport Behavior. 2004;17(1):31-9.

47. Gould D, Eklund RC, Jackson S. Coping strategies used by U.S. Olympic wrestlers. Research Quarterly for Exercise and Sport. 1993;64:83-93.

48. Gustafsson H, Kentta G, Hassmén P, Lundqvist C. Prevalence of burnout in competitive adolescent athletes. The Sport Psychologist. 2007;21:21-37.

49. Hanin YL. Social psychology and sport: Communication processes in top performance teams. Sport Science Review. 1992;1:13-28.

50. Hays K, Maynard I, Thomas O, Bawden M. Sources and types of confidence identified by world class sport performers. Journal of Applied Sport Psychology. 2007;19:434-56.

51. Hellstedt JC. The coach/parent/athlete relationship. The Sport Psychologist. 1987;1:151-60.

52. Helsen WF, Starkes JL, Hodges NJ. Team sports and the theory of deliberate practice. Journal of Sport and Exercise Psychology. 1998;20:12-34.

53. Hersey P, Blanchard K. Management of organizational behavior: utilizing human resources. Englewood Cliffs: Prentice-Hall; 1996.

54. Hoffman R, Lintern G. Eliciting and representing knowledge of experts. In: Ericsson KA, Charness N, Feltovich PJ, Hoffman RR (eds.). The Cambridge handbook of expertise and expert performance. New York: Cambridge University Press; 2006. p. 203-22.

55. Johnson MB, Edmonds WA, Moraes LC, Filho EM, Tenenbaum G. Linking affect and performance. of an international level archer incorporating an idiosyncratic probabilistic method. Psychology of Sport and Exercise. 2006;8:317-35.

56. Johnson TE, Lee Y, Lee M, O'Connor DL, Mohammed K, Xiaoxia H. Measuring sharedness of team-related knowledge: design and validation of a shared mental model instrument. Human Resource Development International. 2007;10:437-54.

57. Kamata A, Tenenbaum G, Hanin Y. Individual zone of optimal functioning (IZOF): a probabilistic estimation. Journal of Sports Exercise Psychology. 2002;24:189-208.
58. Kellermanns FW, Floyd SW, Pearson AW, Spencer B. The contingent effect of constructive confrontation on the relationship between shared mental models and decision quality. Journal of Organizational Behavior. 2008;29:119-37.
59. Klimoski R, Mohammed S. Team mental model: construct or metaphor? Journal of Management. 1994;20:403-37.
60. Lally P, Kerr G. The effects of athlete retirement on parents. Journal of Applied Sport Psychology. 2008;20:42-56.
61. Lehmann AC, Ericsson KA. The historical development of domains of expertise: performance standards and innovations in music. In: Steptoe A (ed.). Genius and the mind. Oxford: Oxford University Press; 1998. p. 67-94.
62. Lôbo ILB, Moraes LCCA, Silva LA, Ferreira RM, Ricaldoni HA. Ansiedade-traço em nadadores paraolímpicos: um estudo comparativo. Coleção de Pesquisa em Educação Física. 2009;8(1):71-8.
63. Lôbo IB, Moraes LI, Nascimento E. Processo de validação da escala de comportamento do treinador - versão atleta (ECT-A). Revista Brasileira de Educação Física e Esporte. 2005;19(3):255-65.
64. Maciel L, Moraes LC. Investigação da expertise de treinadores de ginástica aeróbica brasileiros usando análise de protocolo. Rev Iberoamericana de Psicología del Ejercicio & del Deporte. 2008;3(2):241-58.
65. MacMahon C, Helsen W, Starkes J, Weston M. Decision-making skills and deliberate practice in elite association football referees. Journal of Sports Sciences.2007;25(1):65-78.
66. Maglischo EW. Nadando o mais rápido o possível. 3ª ed. Barueri: Manole; 2010.
67. Malina RM, Bouchard C, Bar-Or. Growth, maturation and physical activity. 2ª ed. Champaign Human Kinetics; 2004.
68. Mallet CJ, Hanrahan SJ. Elite athletes: why does the "fire" burn so brightly. Psychology of Sport and Exercise. 2004;5(2):183-200.
69. Martindale RJJ, Collins D, Abraham A. Effective talent development: the elite coach perspective in UK sport. Journal of Applied Sport Psychology. 2007;19:187-206.
70. Mathieu JE, Heffner TS, Goodwin GF, Salas E, Cannon-Bowers JA. The influence of shared mental models on team process and performance. Journal of Applied Psychology. 2000;85:273-83.
71. ThinkExist website. Retrieved July 19, 2009, from ThinkExist website: http://en.thinkexist.com.
72. Medeiros Filho E, Moraes LCCA, Tenenbaum G. Affective and physiological states during archery competitions: adopting and enhancing the probabilistic methodology of individual affect-related performance zones (IAPZs). Journal of Applied Sport Psychology. 2008;20:441-56.
73. Moraes LCCA. Influences on the development of beliefs of Canadian expert judo coaches and their impact on action. Tese de Doutorado. Ottawa: Department of Philosophy in Education, University of Ottawa, 1999.
74. Moraes LCCA. Modelo inter-relacional da excelência no esporte. Curso de Pós-graduação em Ciências do Esporte. Belo Horizonte: Faculdade de Educação física, Fisioterapia e Terapia Ocupacional, Universidade Federal de Minas Gerais, 2009.
75. Moraes LCCA, Durand-Bush N, Salmela J. Modelo de desenvolvimento de talentos. In: Samulski D. Novos conceitos em treinamento esportivo. Brasília: CENESPE/ UFMG, Publicações INDESP, Ministério do Esporte e Turismo; 1999. p. 171-90.
76. Moraes LCCA, Medeiros Filho ES, Lôbo IB, Silveira DR. Escala do comportamento do treinador - versão do treinador (ECT-T) e versão do atleta (ECT-A): o que o treinador diz é confirmado pelos atletas? Revista Brasileira de Educação Física e Esporte. 2010;24(1):37-47.

77. Moraes LCCA, Penna EM, Ferreira RM, Costa VT, Matos AF. Análise do quartil de nascimento de atletas profissionais de futebol. Pensar a Prática. 2009;12(3):1-9.
78. Moraes LCCA, Rabelo AS, Salmela JH. Papel dos pais no desenvolvimento de jovens futebolistas. Psicologia: Reflexão e Crítica. 2004a;17(2):211-22.
79. Moraes LCCA, Rabelo AS, Salmela JH, Lima OMS, Lobo ILB. Desenvolvimento de jovens atletas de voleibol. In: VIII Congresso Brasileiro de Psicologia do Esporte, Belo Horizonte. CENESP. 2001;1:2.
80. Moraes LCCA, Salmela JH. Expertise no esporte. In: Garcia ES, Lemos KLM (org.). Temas atuais educação física e esportes. vol. 7. Belo Horizonte: Health; 2003. p. 159-72.
81. Moraes LCCA, Salmela JH. Working with Brazilian athletes. In: Schinke R, Hanrahan SJ (org.). Cultural sport psychology. vol. 1. Champaign: Human Kinetics; 2009. p. 117-24.
82. Moraes LCCA, Salmela JH, Rabelo AS, Viana Junior NS. Le rôle des parents dans le développement des jeunes joueurs de football et de tennis brésiliens. Revue International des Sciences du Sport et de l'Education Physique-Staps. 2004b;25:64:109-26.
83. Moraes LCCA, Sousa CDA. As diferentes influências da tríade pais-atletas-treinadores na trajetória de desenvolvimento de judocas brasileiros de nível internacional. In: Garcia ES, Lemos KLM (org.). Temas atuais em educação física e esporte. vol. 9. Belo Horizonte: Gráfica Silveira Ltda; 2004. p. 111-32.
84. Oliveira DC, Moraes LCCA. Ansiedade de estado competitiva: uma metanálise das investigações utilizando o CASAI-2 e variações. In: IV Fórum Brasil Esporte, 2006, Belo Horizonte. Anais do IV Fórum Brasil Esporte, 2006.
85. Penna EM, Moraes LCCA. Efeito relativo da idade em atletas brasileiros de futsal de alto nível. Motriz. 2010;16(3):658-63.
86. Philips E, Davids K, Renshaw I, Portus M. Expert performance in sport and the dynamics of talent development. Sport Medicine. 2010;40(4):271-83.
87. Plant EA, Ericsson KA, Hill L, Asberg K. Why study time does not predict grade point average across college students: Implications of deliberate practice for academic performance. Contemporary Educational Psychology. 2005;30:96-116.
88. Platonov VN. Treinamento desportivo para nadadores de alto nível. São Paulo: Phorte; 2004.
89. Rabelo AS. O papel dos pais no desenvolvimento de jovens atletas de futebol. Dissertação de Mestrado. Belo Horizonte: Programa de Pós-Graduação em Treinamento Esportivo da Escola de Educação Física, Fisioterapia e Terapia Ocupacional, Universidade Federal de Minas Gerais, 2002.
90. Salmela JH, Moraes LCCA. Coaching expertise: An international perspective. In: 10th World Congress of Sport Psychology, 2001, Skiathos. In the dawn of the new millenium. vol. 3. Thessaloniki, Hellas: Christodoulidi Publications; 2001. p. 156-58.
91. Salmela JH, Moraes LCCA. Development of Expertise: the role of coaching, families and cultural contexts. In: Starkes JL, Ericsson AK (ed.). Expert performance in sports. Champaign: Human Kinetics; 2003. p. 272-91.
92. Salmela JH, Young BW, Kallio J. Within-career transitions of the athlete-coach-parent triad. In: Lavallee D, Wylleman P (eds.). Career transitions in sport: international perspectives. Morgantown: FIT; 2000. p. 181-93.
93. Samulski DM, Moraes LC, Ferreira RM, Marques MP, Silva LA, Lôbo IL, et al. Análise das transições das carreiras de ex-atletas de alto nível. Motriz. 2009;15(2):310-7.
94. Silveira DR. Processo de validação da escala de comportamento de treinadores: versão treinador (ECT-T). Dissertação de Mestrado em Treinamento Esportivo. Belo Horizonte: Escola de Educação Física, Fisioterapia e Terapia Ocupacional, Universidade Federal de Minas Gerais, 2005.
95. Stanaway KB, Mines TM. Lack of season of birth effect among American athletes. Perceptual and Motor Skill. 1995;81(3):952-4.

96. Starkes J, Ericsson KA. Expert performance in sports: advances in research of sports expertise. New York: Human Kinetics; 2003.

97. Vernacchia RA, McGuire RT, Reardon JP, Templin DP. Psychosocial characteristics of Olympic track and field athletes. International Journal of Sport Psychology. 2000;31(1):5-23.

98. Vianna Jr. NVA. Influência dos pais no desenvolvimento de atletas jovens no tênis. Dissertação de Mestrado. Belo Horizonte: Programa de Pós-Graduação em Treinamento Esportivo da Escola de Educação Física, Fisioterapia e Terapia Ocupacional, Universidade Federal de Minas Gerais; 2002.

99. Vianna Junior NS, Moraes LCCA, Salmela JH, Mourthe K. The role of parents in the development of young Brazilian athletes in rhythmic gymnastics. In: 2001 AAASP Conference Proceedings, Orlando. vol. 1. Danton: RonJon Pub Inc; 2001. p. 61.

100. Ward P, Hodges NJ, Starkes JL, Williams AM. The road to excellence: deliberate practice and the development of expertise. High Ability Studies. 2007;18(2):119-53.

Capítulo 7

Aprendizagem motora: fatores que afetam a aquisição de habilidades motoras

Rodolfo Novellino Benda
Herbert Ugrinowitsch

INTRODUÇÃO

A aprendizagem motora é um campo de conhecimento que fornece subsídios para a intervenção de diversas áreas profissionais relacionadas com o ensino ou a reabilitação de habilidades motoras. Os conhecimentos produzidos pelas pesquisas nesse campo estão presentes no cotidiano do ser humano, independentemente da faixa etária. Um bebê que inicia seus passos na aquisição da marcha, uma criança que aprende a andar de bicicleta, um adolescente que tem suas primeiras experiências ao tocar um instrumento musical, um jovem que está apto a receber a carteira nacional de habilitação para dirigir seu automóvel com autonomia, um adulto que se aventura na patinação no gelo, um idoso que experimenta seus primeiros passos na dança de salão são exemplos de aprendizagem de habilidades motoras.

O estudo da aprendizagem motora não é recente. Pelo contrário, os estudos considerados precursores dessa área completaram, há pouco tempo, um século de sua publicação (Bryan & Harter, 1897, 1899). Naquele período, os referidos autores procuraram descrever o comportamento de sujeitos habilidosos no desempenho de uma tarefa motora com implicações exclusivamente profissionais: o telegrafista na comunicação via código Morse. A utilização dessa tarefa é um fator interessante, pois lançou, naquele período, algumas temáticas que ainda são investigadas na atualidade (Summers, 2004). Apesar do longo período após as primeiras publicações na área, o fenômeno da aprendizagem motora não foi totalmente desvendado, apresenta questões relevantes de investigação e reúne pesquisadores de áreas afins, como neurociências e reabilitação (Clark & Oliveira, 2006).

Um dos focos dos estudos de aprendizagem motora é investigar os fatores que influenciam a aquisição de habilidades motoras. Dentre esses é possível citar a informação fornecida antes de iniciar a prática (prática aqui é utilizada como sinônimo de treinamento), que pode ser por meio da instrução verbal ou da demonstração; o estabelecimento de metas a serem atingidas durante a prática, que podem variar de acordo com tipo, dificuldade, temporalidade da meta; a organização da prática propriamente dita, que envolve o espaçamento entre as execuções ou ainda entre as sessões de prática; a organização da prática, que diz respeito ao tempo entre as execuções, à prática pelo todo ou por partes e à forma e ao que varia durante a prática; e o *feedback* após a execução, que pode ser fornecido com diferentes intervalos, frequências ou ainda de acordo com o desempenho (nesse caso é estabelecida uma faixa considerada como correta). Todas essas condições são controladas externamente (pelo experimentador ou treinador). Recentemente, as pesquisas têm investigado o papel do executante na seleção da forma de praticar ou ainda de receber o *feedback*. Este capítulo vai centrar a discussão nestas duas últimas questões apresentadas.

APRENDIZAGEM MOTORA

Mas, efetivamente, o que é o fenômeno aprendizagem motora? Rose (1997) apresenta algumas premissas que permitem a sua melhor compreensão. A primeira é que a aprendizagem motora é um conjunto de processos internos que levam a uma mudança relativamente permanente na capacidade para o desempenho habilidoso. Como já fora anteriormente argumentado, aprendizagem é mudança, sim, pois não se espera que alguém que aprenda continue com o mesmo comportamento. Em outras palavras, o comportamento motor se altera (Benda, 2006) e o nível de habilidade aumenta com a experiência. Entretanto, essa mudança direciona-se ao padrão habilidoso, que implica no alcance da meta. Nesse contexto, atingir o objetivo da habilidade praticada passa a ser crucial para a compreensão do que é aprendizagem motora. Aqui já deixa-se claro que a palavra "habilidade" é utilizada com dois significados: habilidade como uma tarefa, e um exemplo é o arremesso do basquetebol; e habilidade como nível de proficiência em uma tarefa específica, e um exemplo é a realização do padrão técnico do arremesso de basquetebol e conseguir a cesta (Magill, 1998).

Ao retornar ao fenômeno, uma habilidade motora é considerada adquirida/aprendida quando o objetivo é atingido de forma consistente. O próprio conceito de habilidade motora atende essa prerrogativa, pois, conforme Magill (1998), é a utilização de movimentos voluntários do corpo ou membros para atingir o objetivo. Em suma, o alcance do objetivo com máximo de certeza é primordial à compreensão do fenômeno da aprendizagem motora (Magill, 1998).

Complementando a primeira premissa, essas mudanças são relativamente permanentes. "Aprender não é apenas ser capaz de modificar o comportamento, mas principalmente de reter a competência adquirida durante um tempo relativamente longo [...] a fantástica característica de resistência aos efeitos do tempo" (Godinho et al., 2002, p.15). Por sua vez, essa resistência aos efeitos do tempo é relativa. Isso preconiza a segunda premissa de Rose (1997): a aprendizagem é promovida por prática e experiência. Tal afirmação pode parecer óbvia, mas ao observar um comportamento habilidoso executado por um atleta de alto rendimento, um cirurgião experiente, um músico virtuoso ou mesmo um piloto de avião, não se pensa em quanta prática foi necessária para apresentar tal desempenho. Pelo contrário, por muitas vezes busca-se uma explicação não científica, como justificar que as pessoas nascem com dons específicos a determinados comportamentos. Será que essa competência seria apresentada sem uma grande quantidade de prática? Ou ainda, essa competência seria mantida quando o atleta encerrasse sua carreira ou os profissionais se aposentassem? Conforme Benda (2006, p.45),

"(...) se não houver prática, provavelmente perderá gradativamente a qualidade de desempenho. Desta forma, as experiências anteriores funcionariam como uma espécie de balizamento da aprendizagem, fundamentando as aprendizagens posteriores. Um repertório motor amplo seria base para a aprendizagem mais efetiva de nova habilidade. Todavia, estudos ainda são necessários para verificar com que nível ocorre a transferência entre habilidades. A prática, neste processo, parece então ser essencial. É preciso praticar para aprender e é preciso praticar para não "desaprender".

A terceira premissa de Rose (1997) é que a aprendizagem não é mensurada diretamente; ela precisa ser inferida a partir do desempenho. E para que a aprendizagem motora possa ser inferida, o desempenho precisa resultar em sucesso, pois não é possível dizer que alguém aprendeu a realizar um arremesso de basquetebol se essa pessoa não acerta um arremesso à cesta. Em síntese, espera-se que com a aprendizagem motora ocorra a aquisição de um padrão espaço-temporal de movimento estável e preciso que possibilite atingir a meta da habilidade com precisão repetidas vezes.

Nesse processo de aquisição de competência, a forma de controle que existe no início da prática precisa mudar para que o aprendiz adquira consistência no seu desempenho. A partir dessa mudança, emerge mais outra pergunta: o que muda quando uma pessoa aprende uma habilidade motora? Essa pergunta remete a discussão ao campo de controle motor. Estudiosos têm atacado a questão buscando interfaces com outros campos disciplinares e métodos de investigação (neurociências, biomecânica, matemática, psicologia, por exemplo) e têm proposto basicamente duas principais explicações: a) perspectiva motora na qual há proposição de constructos desde a representação interna do movimento (Keele, 1968) até proposições mais abstratas em que há a formação de regras para produção de movimento (Schmidt, 1975) ou que intenção e comando motor constituem linguagens distintas (Requin, 1992); b) perspectivas de sistemas dinâmicos nos quais não há uma estrutura controladora concreta que estabelece os detalhes para a execução do movimento (Kelso, 1995; Turvey, 1977). De fato, em controle motor ainda não há hegemonia de uma dessas perspectivas no tocante à refutação da outra, mas é possível dizer que a perspectiva de sistemas dinâmicos predominou durante a década de 1990. Contudo, a partir da década de 2000 os estudos vêm retomando com maior ênfase o papel de investigações clássicas sobre representações internas e sugerem importante função da cognição na ação motora humana (Rosenbaum et al., 2007). Essa retomada pode ser devida ao fato da perspectiva dos sistemas dinâmicos não ter conseguido se estabelecer em detrimento da perspectiva motora, principalmente em relação às habilidades motoras seriadas, como é o caso da bandeja do basquetebol. Considerando que questões de controle motor ultrapassam o escopo do fenômeno da aprendizagem motora, o foco de discussão neste texto serão os fatores relacionados à aquisição de habilidades motoras.

Obtendo-se maior clareza do que é aprendizagem motora, passa-se ao próximo desafio. De que forma uma pessoa aprende uma habilidade motora? Aprende-se por prática, que é compreendida por Tani (1999) como o esforço consciente de organização, execução, avaliação e modificação das ações motoras a cada execução. É preciso ainda ressaltar que a prática não é a mera repetição de cada execução, como é popularmente aceito. Ao se resgatar Bernstein (1967), prática não é a repetição da solução do problema motor, mas a repetição do processo de solucionar problemas motores. Essa posição de Bernstein dá suporte à proposição de Tani

(1999) de que planejar, executar, avaliar e modificar a habilidade em cada ensaio significa que uma solução pronta para um problema motor não é meramente passível de repetição. Seria preciso "construir" a habilidade motora (Barreiros, 2006) a cada execução. Contudo, outro fator que é fundamental para a construção da habilidade motora, além da prática, é a informação (Chiviacowsky & Tani, 1993). Em cada execução, o praticante busca informação para planejamento, execução, avaliação, comparação e correção na tentativa de atingir a meta. A partir desse ponto, serão abordadas a prática e a informação, mais especificamente a informação obtida como consequência da prática, o *feedback*.

PRÁTICA

Um dos fatores mais importantes para a aprendizagem de habilidades motoras é a prática (Schmidt, 1993). Essa possibilidade de ensaios na tentativa de buscar as melhores soluções leva o sujeito à aquisição de experiência que o auxiliará em contextos futuros, os quais exijam a execução da mesma habilidade que apresente elementos perceptivos, motores e cognitivos similares. A forma como essa experiência é adquirida e utilizada é fator de divergências nas explanações teóricas sobre os estudos que envolvem a estruturação da prática.

Schmidt (1975) propõe a Teoria do Esquema tentando solucionar problemas relacionados ao armazenamento de informações na memória de longa duração e à novidade na aprendizagem motora. A ideia central da Teoria do Esquema está na capacidade que o ser humano tem de selecionar o programa responsável por uma classe de ações, denominado programa motor generalizado (PMG), e adicionar os parâmetros específicos (p. ex. força, velocidade) necessários para a realização da ação. Apoiado nos conceitos de PMG e parâmetros, Schmidt (1975) buscou minimizar a sobrecarga de informações armazenadas na memória e criou novas possibilidades explanativas sobre como se produzem e se aprendem novos movimentos. Como essa era a teoria predominante na década de 1980, ela foi incorporada nas investigações de outro tema relacionado à organização da prática, a interferência contextual.

Princípio da interferência contextual

No final da década de 1970, uma nova possibilidade de explanação sobre a generalização da aprendizagem de tarefas motoras se deu por meio do princípio da interferência contextual (será explicado adiante). Os resultados positivos encontrados sobre o papel da variação na estruturação da prática na aprendizagem de habilidades motoras levou a novas possibilidades explanativas acerca da influência do processamento cognitivo na aquisição de habilidades motoras (Shea & Morgan, 1979).

Os estudos sobre estrutura de prática se baseiam em diferentes questões e procedimentos metodológicos observados nas pesquisas sobre variabilidade de prática (Moxley, 1979) e o efeito da interferência contextual (EIC) (Shea & Morgan, 1979). A variabilidade de prática testava o efeito da variação de parâmetros na aprendizagem; a interferência contextual testava "como" variar a prática. Experimentalmente, alguns tipos de estruturas de prática (p. ex.: blocos, aleatória) são aplicados nos delineamentos com a intenção de se testar as predições teóricas anteriormente abordadas, as quais estão relacionadas à ordem da apresentação quando duas ou mais habilidades (ou variações de uma habilidade) são praticadas juntas. Posteriormente, Magill & Hall (1990) propuseram que interferência contextual é o efeito na aprendizagem do grau de interferência funcional encontrado em uma situação de prática, cujas tarefas devem ser aprendidas e praticadas juntas. Atualmente, as investigações manipulam a interferência contextual variando tanto habilidades como seus parâmetros. Ambas, variabilidade de prática e interferência contextual, vieram em contraposição à outra que predominava até então, a prática constante.

A estrutura de prática constante requer dos sujeitos a execução de somente uma habilidade critério (Shea & Kohl, 1990), sendo aplicada como a variável independente que se relaciona às inferências sobre a especificidade de prática, e tendo como única possibilidade de variação a estipulação do número total de tentativas. Após um grande alvoroço por parte dos pesquisadores que testavam o efeito da interferência contextual, a importância da prática constante foi relembrada na revisão de Van Rossum (1990), ao identificar que em aproximadamente 50% dos estudos que testaram a hipótese da variabilidade de prática (Moxley, 1979), ela não foi confirmada. Esta variabilidade de prática é aquela utilizada para testar a Teoria do Esquema e não a da interferência contextual. Uma explicação para esse resultado pode ser encontrado na afirmação de Bernstein (1967) de que a aquisição de habilidades é uma forma atípica de "repetição sem repetição", ou seja, como mencionado anteriormente, não é a repetição da solução do problema, mas a repetição do processo de solucionar o problema.

A prática variada se refere à aprendizagem conjunta de duas ou mais variações de uma habilidade e a interferência contextual, à forma de variar a prática variada. Apesar dos temas serem relacionados, eles só foram unidos após o texto de Magill & Hall (1990). Estudos sobre variabilidade de prática e interferência contextual têm utilizado basicamente a estrutura de prática variada em blocos, aleatória e seriada (Lee & Magill, 1985). Segundo Magill & Hall (1990), a prática em blocos é caracterizada pela execução repetida de uma determinada tarefa, para então se iniciar a próxima (por exemplo, pratica-se a primeira tarefa [AAAA], depois a segunda tarefa [BBBB], para então praticar a terceira tarefa [CCCC]). Na prática aleatória, as tarefas são executadas sem uma aparente ordem específica ou com menor previsibilidade de apresentação (BCACABCBACBA). Uma terceira forma de estruturar a prática é denominada seriada (ABCABCABCABC), que em uma análise instrucional apresenta características de ambas as estruturas citadas acima, ou seja, apresenta a previsibilidade da prática em blocos e a não repetição consecutiva de uma mesma habilidade observada na prática aleatória. A natureza do processamento cognitivo envolvido nas diferentes estruturas de prática variada será discutida nas hipóteses que explicam o efeito da interferência contextual.

Hipótese da elaboração ou processamento distinto

Segundo Shea & Morgan (1979) e Shea & Zimny (1983), o benefício da prática aleatória está no aumento dos processos de codificação múltipla e variada. A aleatoriedade com que a prática é apresentada leva a estratégias de processamento mais elaboradas e distintas, auxiliando na identificação das diferenças entre as variações praticadas. Dessa forma, a prática aleatória cria um traço de memória mais forte e menos dependente do contexto no qual a habilidade foi adquirida. Essa hipótese indica que o efeito da interferência contextual é resultante da variação de parâmetros de uma mesma habilidade.

Hipótese da reconstrução do plano de ação ou do esquecimento

Lee & Magill (1983; 1985) elaboraram uma hipótese alternativa partindo do pressuposto de que alta interferência contextual leva a um maior fortalecimento dos processos ativos, devido ao completo ou parcial esquecimento que obriga o sujeito a reconstruir o plano de ação a cada nova tentativa de prática. A reconstrução do plano de ação é o processo no qual o indivíduo, ao executar uma determinada habilidade, deve restaurar o programa motor apropriado que representa aquele movimento e adicionar a ele os parâmetros da tarefa imposta após a execução de uma tarefa distinta. Isto é, cada nova tentativa é uma nova resolução do problema que já tinha sido resolvido algumas tentativas antes. Essa hipótese indica que o efeito da interferência contextual é resultante da variação de habilidades distintas (Ugrinowitsch & Manoel, 1999).

Como variar?

Os estudos sobre o EIC surgiram inicialmente na aprendizagem verbal. Battig (1966, 1972) foi o pioneiro nas investigações, e observou os efeitos benéficos da interferência contextual em situações de retenção e transferência de habilidades verbais. Partindo desses pressupostos do domínio verbal, Shea e Morgan (1979) realizaram o primeiro experimento sobre o EIC na aprendizagem de habilidades motoras, obtendo resultados favoráveis à aprendizagem sob condições de prática aleatória. A partir desse estudo, vários outros trabalhos foram realizados em laboratório (Lee & Magill, 1983, 1985; Ugrinowitsch & Manoel, 1996) e em situação real de ensino-aprendizagem (Corrêa & Pellegrini, 1996; French et al., 1990; Goode & Magill, 1986; Wrisberg & Liu, 1991), assim como com sujeitos em diferentes níveis de aprendizagem e desenvolvimento (Del Rey, 1982; Figueiredo & Barreiros, 2001; Gonçalves et al., 2007).

O que variar?

Em um amplo estudo de revisão sobre os trabalhos realizados na década de 80, Magill & Hall (1990) observaram inconsistências nos achados sobre a generalização do EIC. Analisando esses resultados contraditórios, Magill & Hall (1990) fazem a primeira relação entre os pressupostos teóricos da teoria do esquema e interferência contextual, unindo questões como características invariantes e variantes do movimento e níveis de interferência causados pela variação dessas características. Dessa forma, é proposta a hipótese de que o EIC é verificado somente quando as variações das habilidades na prática exigem diferentes programas motores generalizados.

A partir da hipótese de Magill & Hall (1990), os conceitos de PMG e de parâmetros foram incorporados às pesquisas sobre o EIC a partir da década de 1990, e vários estudos foram realizados no sentido de testar essa hipótese (Sekiya et al., 1994; Silva et al., 2006; Ugrinowitsch & Manoel, 1996; Wulf & Lee, 1993). Resultados inconsistentes vêm também sendo encontrados nessas pesquisas.

Assim, a hipótese proposta por Magill & Hall (1990), aliada à afirmação de Wulf & Lee (1993) de que o EIC só ocorre na transferência e na aprendizagem do PMG motivou Sekiya et al. (1994) a realizar novos estudos analisando essas proposições teóricas. Esses resultados conflitaram com os reportados por Wulf & Lee (1993) em relação à aprendizagem de parâmetros e PMG e à não observância do EIC na retenção. Os autores sugeriram a modificação da hipótese de Magill & Hall (1990), propondo que quando se dissocia aprendizagem de PMG e parâmetros, o EIC só é observado na aprendizagem de parâmetros, independentemente das habilidades variadas serem controladas pelo mesmo ou por diferentes PMG. Outra de que há uma relação entre o tipo de prática com o nível de habilidade; ou seja, iniciantes deveriam possuir um nível baixo de interferência contextual, e conforme o nível de habilidade, o nível de interferência também pode progredir (Ugrinowitsch & Manoel, 2005; Lage et al., 2007). Esse tema será abordado no próximo tópico.

Novas perspectivas: quando variar?

Conforme citado anteriormente, até 1990 os estudos sobre estrutura de prática procuraram investigar os efeitos das diferentes formas de organização da prática variada na aprendizagem motora, ou seja, verificar os efeitos das práticas em blocos, aleatória e seriada. Uma característica marcante desse período é a busca pela generalização do EIC por meio da aplicação de delineamentos com diferentes tarefas e sujeitos em diferentes níveis de aprendizagem e desenvolvimento. Em outras palavras, o foco de investigação na década de 1980 pode ser definido na seguinte questão: como variar?

A revisão de toda a massa crítica produzida na tentativa de responder a questão sobre como variar a prática mostrou algumas inconsistências nos resultados de pesquisas. Assim, Magill & Hall (1990) levantam a hipótese de que variações de PMG ou de parâmetros de um mesmo PMG podem estar relacionadas às incongruências encontradas nos resultados sobre interferência contextual durante a década de 1980. Dessa forma, uma nova possibilidade de investigação do EIC inicia-se nos anos 1990 por meio da seguinte questão: o que variar, PMG ou parâmetros?

Os estudos dessa época manipularam separadamente PMG e parâmetros durante a prática. Contudo, a partir do estudo de Wulf & Lee (1993) também se passou a utilizar medidas distintas para aspectos invariantes e variantes, possibilitando relacionar os efeitos das variáveis manipuladas na aprendizagem de PMG e de parâmetro. Em outras palavras, a partir desse momento começou a haver uma relação entre o que era manipulado com o que era aprendido (PMG e parâmetros). O estudo de Wulf & Lee (1993) apontou resultados favoráveis à predição teórica da teoria do esquema de Schmidt (1975), na qual a aprendizagem de PMG e parâmetros se baseia em diferentes processos. Foi observado que a frequência reduzida de conhecimento de resultados afeta positivamente a formação do PMG e degrada a qualidade da parametrização da tarefa. Após esse estudo, outros experimentos foram realizados na tentativa de se entender como algumas variáveis independentes se relacionam com a aprendizagem de PMG e parâmetros (Lai & Shea, 1998; Lai et al., 2000; Shea et al., 2001).

Em linhas gerais, os resultados desses estudos têm sido discutidos em relação ao nível de estabilidade produzido por essas variáveis na aprendizagem, ou seja, a relação entre níveis de estabilidade e a aprendizagem de características invariantes e variantes do movimento. Lai & Shea (1998), após análise dos estudos da década de 1990, verificaram que apenas uma estrutura de prática parecia não ser suficiente para a aprendizagem de uma habilidade composta por PMG e parâmetros. Assim, a aprendizagem é otimizada quando o PMG é inicialmente estabilizado, o que acontece com estabilidade na prática (prática constante). Por outro lado, níveis mais baixos de estabilidade na prática (prática variada) afetam positivamente a aprendizagem de parâmetros (Shea et al., 2001). Essa tendência pode ser caracterizada como a pergunta marcante da década de 2000: quando variar? À medida que a estabilidade do PMG é importante no início da prática e a capacidade de parametrização é também importante para a flexibilidade de comportamento, pode-se pensar em estruturas de prática em que há uma transição gradativa de práticas inicialmente com menos interferência para aquelas em que há mais interferência, o que inicialmente foi discutido em relação à prática por blocos, seriada e aleatória (Ugrinowitsch & Manoel, 2005), e posteriormente foi incluída a proposta de iniciar com a prática constante para depois seguir a mesma ordem proposta anteriormente (Lage et al., 2007).

FEEDBACK

Uma das modalidades de informação disponíveis para o aprendiz é o *feedback*. Em aprendizagem motora, o *feedback* pode ser definido como uma informação sensorial referente ao estado real do movimento realizado (Schmidt, 1993). Em outras palavras, *feedback* é toda informação sensorial disponível como resultado do movimento (Tani, 1989). A informação pode ser obtida e avaliada por seus próprios meios (órgãos sensoriais – *feedback* intrínseco) ou recebida (por um avaliador externo – professor ou instrumentos) de maneira a subsidiar o sistema perceptivo-motor com dados que o aprendiz *per se* não seria capaz de perceber (*feedback* extrínseco). Se ambas as informações disponíveis (*feedback* intrínseco ou extrínseco) não permitirem essa operação, provavelmente o processo tornar-se-á mais lento. Benda (2006, p. 45) descreve esse processo da seguinte forma:

> Ao concluir a execução de uma tentativa, o praticante iniciante não tem capacidade precisa de avaliação de seu padrão de movimento ou mesmo explicar qual resultado atingiu. Para fazer essa análise o aprendiz depende do *feedback*. É essa informação que fornecerá base para análise de seu sucesso ou fracasso, isto é, uma operação de subtração: meta a ser atingida menos o resultado obtido na execução. A diferença desta operação chama-se erro. É a partir do conhecimento do erro que o aprendiz tem base para fazer os ajustes e correções necessárias à melhoria de desempenho. Quando este erro apresentar valores consistentes próximos da meta, considerados aceitáveis, com padronização espaço-temporal do movimento, considera-se que o praticante atingiu a estabilização da performance. Será que conseguiria atingir este nível sem o *feedback*? Muito provavelmente, não.

Assim sendo, a aprendizagem motora tende a se caracterizar como um processo popularmente denominado de tentativa e erro. O erro é esperado no início da aprendizagem e ocorre porque, por ser novato na tarefa, o aprendiz ainda não apresenta um padrão de execução. Não há consistência no desempenho. Esperam-se então erros diferentes em cada uma das tentativas iniciais. O erro ocorre porque há prática. Mas, a cada tentativa, há informação sobre a prática, que leva à diminuição do erro, aproximando o padrão realizado do desempenho esperado e o resultado obtido da meta estabelecida. O erro então diminui porque houve informação e essa informação foi utilizada no planejamento das tentativas seguintes. A distância entre resultado obtido e a meta desejada diminui e mantém-se em amplitude regular, tornando a execução consistente e resultando em padrão estável de movimento.

Dentre os tipos de *feedback* extrínseco, a informação pode ser relacionada ao padrão do movimento realizado, sem se importar diretamente com o resultado final, denominado conhecimento de performance (CP). A informação extrínseca também pode estar relacionada somente ao resultado de seu movimento em relação à meta ambiental, denominado conhecimento de resultados (CR).

Chiviacowsky & Tani (1993) consideram o CR como uma das variáveis mais importantes para o processo de aprendizagem, inferior somente à prática. Assim, torna-se necessário conhecer as formas de fornecimento do CR, buscando uma maior compreensão de seus mecanismos e funções no processo de aquisição de habilidades motoras.

Fornecer CR a um aluno ou atleta é um procedimento tão convencional na prática diária do profissional que trabalha com o movimento que, geralmente, não se analisa como, quando, em que circunstâncias e quem processa essa informação. No entanto, é uma tarefa mais complexa do que aparenta, devido aos níveis de análise que o profissional deve considerar no momento que estiver organizando sua prática profissional: o conteúdo informativo do CR é independente do nível de experiência em uma determinada tarefa? Qual o nível de precisão dessa informação em relação às características dos sujeitos? O momento adequado para fornecer CR está relacionado com as características da tarefa? Enfim, uma análise integrada do sujeito para quem será fornecida a informação, a tarefa que será utilizada e o contexto da ação são fatores determinantes para os profissionais buscarem estratégias de fornecimento do CR no auxílio do processo de aquisição de padrões habilidosos.

Em relação à precisão, Reeve et al. (1990) classificam o CR como quantitativo, por fornecer a informação do erro em magnitude e direção: "nade 3 segundos mais rápido", diz o professor de natação de um clube. Por outro lado, uma informação menos precisa, em relação à direção do erro, é classificada de CR qualitativo, por exemplo: "nade mais rápido". A frequência de fornecimento de CR pode ser absoluta, número de vezes que será fornecido, ou relativa, número fornecido em relação ao número total de tentativas executadas (Magill, 1998). Como exemplo, fornecer 10 CR ao longo de 50 tentativas aponta uma frequência absoluta de 10 (CR) e uma frequência relativa de 20%.

Quanto à frequência de fornecimento, Salmoni et al. (1984) e os estudos conduzidos posteriormente a essa revisão de literatura (p. ex., Winstein & Schmidt, 1990; Wulf et al., 1994) revelaram que nem sempre "quanto mais informação, melhor aprendizagem". Omitir informação em algumas tentativas facilitaria o processo de aprendizagem por proporcionar ao aprendiz a oportunidade de solução dos problemas, criando assim um mecanismo próprio de detecção e correção dos erros (Tani, 1989), evitando se tornar dependente do direcionamento dessa informação (Schmidt, 1993; Ennes & Benda, 2004). Isso mostra que a frequência com que o CR deve ser fornecido em relação ao número de tentativas de prática é mais importante, e a frequência relativa se tornou uma das variáveis mais pesquisadas em aprendizagem motora (Wulf & Shea, 2004).

Para Schmidt (1993), a frequência relativa desempenha um importante papel na aprendizagem, principalmente ao se considerar a relação entre características da tarefa e dos sujeitos. Assim, algumas estratégias para reduzir a frequência têm sido propostas. No CR sumário, também denominado de síntese, o sujeito recebe informação referente a cada tentativa de um determinado número de execuções, porém somente após essa série de tentativas ser realizada (Gable et al., 1991). Uma variação do CR síntese é o CR médio, em que o aprendiz também é informado sobre seu desempenho em uma série de tentativas após executá-las. Porém, esse resultado é apresentado sob a forma de um valor médio (Yao et al., 1994).

No CR em faixa de amplitude, por sua vez, o sujeito recebe CR quantitativo apenas se o resultado de sua execução extrapolar uma faixa aceitável de erro em torno da meta estipulada. Caso o resultado permaneça dentro dessa faixa, o sujeito recebe CR qualitativo (Sherwood, 1988), combinando assim a informação quantitativa quando o desempenho está fora da faixa com a informação qualitativa quando o desempenho está dentro da faixa (Ugrinowitsch et al., 2010). Aqui ressalta-se que essa é a forma mais utilizada pelos profissionais que ensinam habilidades motoras (Ugrinowitsch et al., 2011).

O CR decrescente apresenta uma frequência mais alta de fornecimento de CR no início da prática, quando o aprendiz parece necessitar de mais informação, com o intuito auxiliar na formação de uma referência interna para correção. À medida que a prática acontece, a frequência de fornecimento diminui, passando para o aprendiz a responsabilidade da avaliação da execução da tarefa (Wulf et al., 1993).

O CR também pode ser fornecido durante ou ao término da execução. Segundo Magill (1998), caso o fornecimento de CR seja terminal, pode ser imediatamente após o término, denominado então de imediato ou instantâneo, ou com algum atraso temporal, chamado de atrasado ou retardado. Esse intervalo de tempo entre a finalização da tarefa e o recebimento do CR é denominado intervalo de atraso. Nesse intervalo, o *feedback* intrínseco é fortalecido (Palhares et al., 2006; Swinnen et al., 1990). Existe também o intervalo pós-CR, entre o recebimento do CR e o início da próxima tentativa (Gallagher & Thomas, 1980; Vieira et al., 2006). Os dois intervalos integrados resultam no intervalo intertentativas, entre o final da tentativa realizada e o início da próxima a ser desempenhada.

Três hipóteses existem para explicar os resultados dessas formas de fornecer *feedback* (Ugrinowitsch et al., 2010). A primeira é que a maior quantidade de *feedback* extrínseco dificulta o uso do *feedback* intrínseco, levando à dependência (Salmoni, et al., 1984; Ennes & Benda, 2004); a segunda é que as correções constantes resultantes do uso do *feedback* extrínseco causam instabilidade no desempenho (Lee & Carnahan, 1990; Winstein & Schmidt, 1990; Lai & Shea, 1999); e a terceira é a da similaridade, ou seja, os resultados são consequência da semelhança entre a situação de prática e dos testes de aprendizagem para os grupos que não recebem *feedback* em todas as tentativas (Russell & Newell, 2007).

O AUTOCONTROLE NA APRENDIZAGEM/TREINAMENTO

Na última década uma nova tendência nos estudos de prática variada e *feedback* tem surgido, que é a investigação do efeito do autocontrole do aprendiz sobre os fatores que influenciam a aquisição de habilidades motoras. O autocontrole é uma situação em que o aprendiz/

atleta tem a possibilidade de controlar esses fatores de acordo com o que acha mais propício, resultando em melhorias na aprendizagem de habilidades motoras (Wu & Magill, 2004; Wulf, 2007). Consequentemente, o experimentador/técnico não mais tem todo o controle do processo de aprendizagem.

Diante disso, alguns estudos verificaram os efeitos da prática autocontrolada na aprendizagem motora e compararam com outras estruturas de práticas controladas pelo experimentador (Keetch & Lee, 2007; Wu & Magill, 2004). Nessa forma, o aprendiz escolhe a maneira de variar a prática (p. ex., constante, por blocos ou aleatória). Entretanto, essa proposição ainda precisa ser consolidada com novos estudos, de forma a se encontrar maior robustez nos resultados para poder responder à questão de quando variar a partir da escolha do próprio aprendiz.

Em relação ao fornecimento de *feedback*, Janelle et al. (1995) iniciaram a investigação do CR autocontrolado. Chiviacowsky & Wulf (2002) referem-se a CR autocontrolado como uma situação na qual o aprendiz define o momento de receber CR do experimentador, atuando de forma mais ativa no processo de aprendizagem. Os estudos com essa variável apresentam um delineamento com os sujeitos de um grupo definindo o momento de receber CR e outro grupo com fornecimento de CR determinado pelo experimentador nas mesmas tentativas que o grupo autocontrolado.

A justificativa aos resultados passa pelo engajamento em diferentes atividades de processamento de informação, específicas e baseadas nas tentativas com bom desempenho (Chiviacowsky & Wulf, 2002).

Considerando o CR uma variável fundamental no processo de aquisição de habilidades motoras, essa informação, caso fornecida de maneira equivocada, pode acarretar prejuízos à aprendizagem. A justificativa teórica para esse déficit no desempenho é conhecida por hipótese do direcionamento (*guidance hypothesis*), que aponta o CR como uma variável suficientemente potente para direcionar os sujeitos à meta ambiental pretendida, por informar sobre o erro ou como corrigi-lo, melhorando o desempenho enquanto estiver presente (Salmoni et al., 1984).

SÍNTESE

A trajetória percorrida pelos estudos sobre os fatores que influenciam a aquisição de habilidades motoras, sobretudo a estruturação da prática e o fornecimento de conhecimento de resultados, parece ter o mesmo destino: o autocontrole no processo de aprendizagem motora. Em contraste com a condição controlada pelo professor, o autocontrole implica em o aprendiz ter algum controle sobre a situação de aprendizagem, tornando-o um participante mais ativo em seu próprio processo. Ao controle de algum fator que influencia a aprendizagem, é provável que o aprendiz utilize estratégias que são mais coerentes com suas necessidades individuais do que estratégias utilizadas em situações controladas por um professor ou instrutor (Bund & Wiemeyer, 2004). Nessa situação, assume-se que um envolvimento cognitivo mais elevado contribui para a aprendizagem motora. Isso é, o aprendiz se engaja em processos de autocontrole tanto pela escolha da melhor sequência para a prática como pela comparação do estado atual com aquele que era previsto (*feedback*). Com esse processo, mais esforço concentrado é mobilizado pelo aprendiz (Chen et al., 2002).

Quando o aprendiz tem controle sobre algum fator que influencia o seu processo de aprendizagem, torna-se mais motivado com a prática e começa a utilizar estratégias de autocontrole sobre esse fator (Wulf, 2007). As estratégias utilizadas pelos aprendizes são processos pelos quais as pessoas organizam seus comportamentos e se envolvem em interações cognitivas complexas (Kirschenbaum, 1984).

APLICAÇÃO AO TREINAMENTO ESPORTIVO

Ao analisar o volume de estudos sobre prática e *feedback*, o treinador pode imaginar que a utilização destes resultados ao treinamento esportivo será de aplicação direta e rápida. Contudo, a lógica da produção dos conhecimentos supra-apresentados não foi construída para ser diretamente utilizada na prática, mas sim para entender o processo de aprendizagem motora. Consequentemente, a sua utilização pelos treinadores deve levar isso em consideração.

Para a generalização dos resultados de estudos de aprendizagem motora, três fatores devem sempre ser considerados: tipo de tarefa (contínua, discreta ou seriada; mais aberta ou mais fechada; nível de complexidade), nível de desenvolvimento motor (crianças, adolescentes, adultos ou idosos), nível de habilidade (novato, intermediário ou experiente). Portanto, de forma mais cautelosa, tais estudos sugerem pistas para sua aplicação, considerando o perfil de seus atletas. Desta forma, neste texto são apresentadas dicas e não uma regra geral ou receita pronta.

Por exemplo, no caso de fornecer conhecimento de resultados, seja em frequência relativa de 66% ou em faixa de amplitude de 15%, ambos são procedimentos de difícil controle em situações reais de treinamento esportivo. Nesses casos, sugere-se, para a redução da frequência, não fornecer *feedback* em todas as execuções, deixando algumas tentativas sem correção, ou, para faixa de amplitude, ser tolerante para alguns tipos de erros apresentados, considerando-os até mesmo como acerto. Particularmente neste tópico, apesar de a frequência de *feedback* ser mais investigada, a utilização de uma faixa de amplitude é muito mais facilmente utilizada pelos treinadores, mesmo levando em consideração as dificuldades de uma definição exata de qual seja o limite da faixa estipulada. Além disso, no treinamento técnico as informações do treinador sobre o padrão de movimento (CP) ou a sua cinemática devem ser priorizadas em detrimento do conhecimento de resultados.

Para a estrutura de prática, os resultados têm mostrado que proporcionar inicialmente estabilidade para depois buscar a flexibilidade do comportamento é uma boa estratégia. Nesse caso, seria necessário considerar que, numa sessão de prática em pesquisa, apenas as habilidades investigadas são praticadas. No contexto do treinamento esportivo, a distribuição de habilidades ao longo de um período de treinamento (semestre ou ano) é maior, visto que várias habilidades são praticadas numa mesma sessão, além obviamente de preparação do condicionamento físico e emocional e da aprendizagem tática. Talvez, nessa maior diversidade de ações realizadas na sessão de treinamento, alcançar a estabilidade no desempenho de uma habilidade possa ser mais demorado. Por isso, as diferentes práticas utilizadas em pesquisa ainda precisam ser reinterpretadas e mais investigadas no contexto de intervenção no treinamento esportivo.

O fato de os estudos sugerirem um direcionamento à utilização de autocontrole sobre algum fator que influencia a aprendizagem não implica em ausência de um professor ou treinador. Poderá, sim, implicar na presença de um professor ou treinador mais democrático, com o planejamento de aulas e sessões de treinamento menos diretivas, com maior responsabilidade destinada ao aprendiz no processo de aprendizagem motora.

REFERÊNCIAS BIBLIOGRÁFICAS

1. Barreiros J. O conceito da prática no processo de aprendizagem motora. Comunicação pessoal. Belo Horizonte; 2006.
2. Battig WF. Facilitation and interference. In: Bilodeau CA (ed.). Acquisition of skill. New York: Academic Press; 1966. p. 215-54.
3. Battig WF. Intratask interference as a source of facilitation in transfer and retention. In: Thompson RF, Voss JF (eds.). Topics in learning and performance. New York: Academic Press; 1972. p. 131-59.
4. Benda RN. Sobre a natureza da aprendizagem motora: mudança e estabilidade... e mudança. Revista Brasileira de Educação Física e Esporte. 2006;20:43-5.
5. Bernstein N. The co-ordination and regulation of movements. Oxford: Pergamon Press; 1967.
6. Bryan WL, Harter N. Studies in the physiology and psychology of the telegraphic language. Psychological Review. 1897;4:27-53.
7. Bryan WL, Harter N. Studies on the telegraphic language: the acquisition of a hierarchy of habits. Psychological Review. 1899;6:345-75.
8. Bund A, Wiemeyer J. Self-controlled learning of a complex motor skill: effect of the learn's preferences on performance and self-efficacy. Journal of Human Movement Studies. 2004;47:215-36.
9. Chen DD, Hendrick JL, Lidor R. Enhancing self-controlled learning environments: the use of self-regulated feedback information. Journal of Human Movement Studies. 2002;43:69-86.
10. Chiviacowsky S, Tani G. Efeitos da frequência do conhecimento de resultados na aprendizagem de uma habilidade motora em crianças. Revista Paulista de Educação Física. 1993;7:45-57.
11. Chiviacowsky S, Wulf G. Self-controlled feedback: does it enhance learning because performers get feedback when they need it? Research Quarterly for Exercise and Sport. 2002;73:408-15.
12. Clark JE, Oliveira MA. Motor behavior as a scientific field: a view from the start of the 21th century. Brazilian Journal of Motor Behavior. 2006;1:1-19.
13. Corrêa UC, Pellegrini AM. A interferência contextual em função do número de variáveis. Revista Paulista de Educação Física. 1996;10:21-33.
14. Del Rey P. Effects of contextual interference on the memory of older females differing in levels of physical activity. Perceptual and Motor Skills. 1982;55:171-80.
15. Ennes FCM, Benda RN. Conhecimento de resultados e sua combinação com outras variáveis no processo de aquisição de habilidades motoras. In: Barreiros J, Godinho M, Melo F, Neto C (eds.). Desenvolvimento e aprendizagem: perspectivas cruzadas. Lisboa: Edições FMH; 2004. p. 51-65.
16. Figueiredo T, Barreiros J. Interferência contextual numa tarefa de antecipação-coincidência com crianças. In: Guedes MGS (ed.) Aprendizagem motora: problemas e contextos. Lisboa: Edições FMH; 2001. p. 79-92.
17. French KE, Rink JE, Werner PH. Effects of contextual interference on retention of three volleyball skills. Perceptual and Motor Skills. 1990;71:179-86.
18. Gable CD, Shea CH, Wright DL. Summary knowledge of results. Research Quarterly for Exercise and Sport. 1991;62:285-92.

19. Gallagher JD, Thomas JR. Effects of varying post-KR intervals upon children's motor performance. Journal of Motor Behavior. 1980;12:41-56.
20. Godinho M, Barreiros J, Melo F, Mendes R. Aprendizagem e performance. In: Godinho M (ed.). Controlo motor e aprendizagem: fundamentos e aplicações. Lisboa: FMH Edições; 2002. p. 11-22.
21. Gonçalves WR, Lage GM, Silva AB, Ugrinowitsch H, Benda RN. O efeito da interferência contextual em idosos. Revista Portuguesa de Ciências do Desporto. 2007;7:217-24.
22. Goode S, Magill RA. Contextual interference effects in learning three badminton serve. Research Quarterly for Exercise and Sport. 1986;57:308-14.
23. Janelle CM, Kim J, Singer RN. Subject-controlled performance feedback and learning of a closed motor skill. Perceptual and Motor Skills. 1995;81:627-34.
24. Keele SW. Movement control in skilled motor performance. Psychological Bulletin. 1968;70:387-403.
25. Kelso JAS. Dynamic patterns: the self-organization of brain and behavior. Cambridge: The MIT Press; 1995.
26. Keetch KM, Lee TD. The effect of self-regulated and experimenter-imposed practice schedules on motor learning for task of varying difficulty. Research Quarterly for Exercise and Sport. 2007;78:476-86.
27. Kirschenbaum DS. Self-regulation of sport psychology: nurturing an emerging symbiosis. Journal of Sport Psychology. 1984;6:159-83.
28. Lage GM, Alves MF, Oliveira FS, Palhares LR, Ugrinowitsch H, Benda RN. The combination of practice schedules: Effects on relative and absolute dimensions of the task. Journal of Human Movement Studies. 2007;52:21-35.
29. Lai Q, Shea CH. Bandwidth knowledge of results enhances generalized motor program learning. Research Quartely for Exercise and Sport. 1999;70:79-83.
30. Lai Q, Shea CH. Generalized motor program (GMP) learning: effects of reduced frequency of knowledge of results and practice variability. Journal of Motor Behavior. 1998;30:51-9.
31. Lai Q, Shea CH, Wulf G, Wright DL. Optimizing generalized motor program and parameter learning. Research Quarterly for Exercise and Sport. 2000;71:10-24.
32. Lee TD, Carnahan H. Bandwidth knowledge of results and motor learning: more than just a relative frequency effect. The Quarterly Journal of Experimental Psychology. 1990;42:777-89.
33. Lee TD, Magill RA. Can forgetting facilitate skill acquisition? In: Goodman D, Wilberg RB, Franks IM (eds.). Differing perspectives in motor learning, memory and control. Amsterdam: North Holland; 1985. p. 3-22.
34. Lee TD, Magill RA. The locus of contextual interference in motor-skill acquisition. Journal of Experimental Psychology: Learning, Memory, and Cognition. 1983;9:730-46.
35. Magill RA. Motor learning: concepts and application. 5th ed. Boston: WCB/McGraw Hill; 1998.
36. Magill RA, Hall KG. A review of the contextual interference effect in motor skill acquisition. Human Movement Science. 1990;9:241-89.
37. Moxley SE. Schema: the variability of practice hypothesis. Journal of Motor Behavior. 1979;11:65-70.
38. Palhares LR, Lage GM, Vieira MM, Ugrinowitsch H, Benda RN. KR-Delay interval effects in the acqusition of serial skills of different compatibility levels. Journal of Human Movement Studies. 2006;51:47-61.
39. Reeve TG, Dornier LA, Weeks DJ. Precision of knowledge of results: consideration of the accuracy requirements imposed by the task. Research Quarterly for Exercise and Sport. 1990;61:284-90.
40. Requin J. From action representation to movement control. In: Stelmach GE, Requin J (eds.). Tutorials in motor behavior II. Amsterdam: North-Holland; 1992. p. 159-79.

41. Rose GJ. A multi level approach to the study of motor control and learning. Boston: Allyn and Bacon; 1997.

42. Rosenbaum DA, Cohen RG, Jax SA, Weiss DJ, van der Wel R. The problem of serial order in behavior: Lashley's legacy. Human Movement Science. 2007;26:525-54.

43. Russel DM, Newell KM. On no-KR tests in motor learning, retention and transfer. Human Movement Science. 2007;26:155-73.

44. Salmoni AW, Schmidt RA, Walter CB. Knowledge of results and motor learning: a review and critical reappraisal. Psychological Bulletin. 1984;95:355-86.

45. Schmidt RA. A schema theory of discrete motor skill learning. Psychological Review. 1975;82:225-60.

46. Schmidt RA. Aprendizagem e performance motora. São Paulo: Movimento; 1993.

47. Sekiya H, Magill RA, Sidaway B, Anderson DI. The contextual interference effect for skill variations from the same and different generalized motor program. Research Quarterly for Exercise and Sport. 1994;65:330-8.

48. Shea CH, Kohl RM. Specificity and variability of practice. Research Quarterly for Exercise and Sport. 1990;61:169-77.

49. Shea CH, Lai Q, Wright DW, Immink M, Black C. Consistent and variable conditions: effects on relative and absolute timing. Journal of Motor Behavior. 2001;33:139-52.

50. Shea JB, Morgan RL. Contextual interference effects on the acquisition, retention, and transfer of a motor skill. Journal of Experimental Psychology: Human Learning and Memory. 1979;5:179-87.

51. Shea JB, Zimny ST. Context effects in memory and learning movement information. In: Magill RA (ed.). Memory and control of action. Amsterdam: North Holland; 1983. p. 345-66.

52. Sherwood DE. Effect of bandwidth knowledge of results on movement consistency. Perceptual and Motor Skills. 1988;66:535-42.

53. Silva AB, Lage GM, Gonçalves WR, Ugrinowitsch H, Benda RN. O efeito da interferência contextual: manipulação de programas motores e parâmetros em tarefas seriadas de posicionamento. Revista Brasileira de Educação Física e Esporte. 2006;20:185-94.

54. Summers JJ. A historical perspective on skill acquisition. In: Williams Am, Hodges NJ, Scott MA, Court MLJ (eds.). Skill acquisition in sport: research, theory and practice. London: Routledge; 2004. p. 1-26.

55. Swinnen SP, Schmidt RA, Nicholson DE, Shapiro DC. Information feedback for skill acquisition: instantaneous knowledge of results degrades learning. Journal of Experimental Psychology: Learning, Memory and Cognition. 1990;16:706-16.

56. Tani G. Criança e movimento: o conceito de prática na aquisição de habilidades motoras. In: Krebs RJ, Copetti F, Beltrame TS, Ustra M (eds.). Perspectivas para o desenvolvimento infantil. Santa Maria: SIEC; 1999. p. 121-38.

57. Tani G. Significado, detecção e correção do erro de performance no processo ensino-aprendizagem de habilidades motoras. Revista Brasileira de Ciência e Movimento. 1989;3:50-8.

58. Turvey MT. Preliminaries to a theory of action with reference to vision. In: Shaw RE, Bransford J (eds.). Perceiving, acting and knowing. Hillsdale: Lawrence Erlbaum; 1977. p. 211-65.

59. Ugrinowitsch H, Fonseca FS, Carvalho MFSP, Profeta VLS, Benda RN. Efeitos de faixas de amplitude de CP na aprendizagem do saque tipo tênis do voleibol. Motriz. 2011:17:82-92.

60. Ugrinowitsch H, Manoel EJ. Aprendizagem motora e a estrutura da prática: o papel da interferência contextual. In: Tani G (org.). Comportamento motor. v. 1. Rio de Janeiro: Guanabara Koogan; 2005. p. 208-22.

61. Ugrinowitsch H, Manoel EJ. Interferência contextual: manipulação do aspecto invariável e variável. Revista Paulista de Educação Física. 1996;10:48-58.

62. Ugrinowitsch H, Manoel EJ. Interferência contextual: variação de programa e parâmetro na aquisição da habilidade motora saque do voleibol. Revista Paulista de Educação Física. 1999;13:197-216.

63. Ugrinowitsch H, Ugrinowitsch AAC, Benda RN, Tertuliano I. Effect of bandwidth knowledge of results on the learning of a grip force control task. Perceptual and Motor Skills. 2010;111:1-10.

64. Van Rossum JHA. Schmidt's schema theory: the empirical base of the variability of practice hypothesis. Human Movement Science. 1990;9:387-435.

65. Vieira MM, Ennes FCM, Lage GM, Palhares LR, Ugrinowitsch H, Benda RN. Efeitos do intervalo pós-conhecimento de resultados na aquisição do arremesso da bocha. Revista Portuguesa de Ciências do Desporto. 2006;6:50-4.

66. Winstein CJ, Schmidt RA. Reduced frequency of knowledge of results enhances motor skill learning. Journal of Experimental Psychology: Learning, Memory and Cognition. 1990;16:677-91.

67. Wrisberg CA, Liu Z. The effect of contextual variety on the practice, retention, and transfer of an applied motor skill. Research Quarterly for Exercise and Sport. 1991;62:406-12.

68. Wu WF, Magill R. To dictate or not: the exploration of a self-regulated practice schedule. Journal of Sport and Exercise Psychology. 2004;26:S202.

69. Wulf G. Self-controlled practice enhances motor learning: implications for physiotherapy. Physiotherapy. 2007;93:96-101.

70. Wulf G, Lee TD. Contextual interference in movements of the same class: differential effects on program and parameter learning. Journal of Motor Behavior. 1993;25:254-63.

71. Wulf G, Lee TD, Schmidt RA. Reducing knowledge of results about relative versus absolute timing: differential effects on learning. Journal of Motor Behavior. 1994;26:362-9.

72. Wulf G, Schmidt RA, Deubel H. Reduced feedback frequency enhances generalized motor program learning but not parameterization learning. Journal of Experimental Psychology: Learning, Memory and Cognition. 1993;19:1134-50.

73. Wulf G, Shea CH. Feedback: the good, the bad and the ugly. In: Williams AM, Hodges NJ, Scott MA, Court MLJ (eds.). Skill acquisition in sport: research, theory and practice. New York: Routledge; 2004. p. 121-44.

74. Yao W, Fischman MG, Wang YT. Motor skill acquisition and retention as a function of average feedback, summary feedback, and performance variability. Journal of Motor Behavior. 1994;26:273-82.

Capítulo 8

O treinamento da coordenação motora

Pablo Juan Greco
Siomara A. Silva

INTRODUÇÃO

Lançar uma bola para o alto e apanhá-la. Jogar uma bola contra o solo por várias vezes consecutivas, ação conhecida como quicar ou mesmo driblar a bola. São habilidades com a bola de fácil realização. Utilize toda sua criatividade e conhecimento e pense em como você realizaria essa ação motora. Agora imagine as mesmas habilidades sendo executadas em sequência por uma atleta de ginástica rítmica (GR). Ela lança a bola, salta, e quando está no ponto mais alto do salto, com afastamento das pernas em mais de 180 graus, imediatamente ao descer do salto, em um espacate, executa um passo à frente e recebe a bola entre os calcanhares. Na sequência, ela quica a bola com a mão esquerda, enquanto segura atrás da cabeça, com a outra mão, a perna direita, com os joelhos estendidos, e as pernas em mais de 180 graus de afastamento! Qual a diferença entre a ação de um iniciante realizando essas habilidades e a da atleta de GR?

Nas Olimpíadas de Atenas, no jogo de handebol entre Grécia e Croácia, o jogador Ivano Balic parte de forma veloz no contra-ataque em direção ao gol adversário, quicando a bola, sem defensores por perto. Quando se aproxima da linha de nove metros, salta após três passos executando um lançamento em suspensão. O goleiro adversário se prepara para a difícil defesa. Mas Balic gira o corpo, abre as pernas, fica de costas para meta adversária e, ainda no ar, finta um lançamento entre suas pernas. O goleiro adversário se prepara para um lançamento quicado, por baixo. Balic, ainda no ar, levanta o braço e ainda de costas para o gol solta a bola lançando-a de cobertura, por cima do goleiro. O goleiro já estava com uma perna no ar, para defender a bola anteriormente marcada por baixo pelo atacante. Sem chance de defesa, desequilibrado, o goleiro vê a bola entrar no gol, lentamente, encobrindo-o. Quanta coordenação é necessária para se fazer essa ação?

Quais as estruturas coordenativas necessárias para se realizar ações como essas da ginástica rítmica e do handebol? Qual o tipo de treinamento que se planeja para atletas tão coordenados? Ambos os exemplos colocam um desafio na coordenação motora e lançam o problema de se compreender como ocorre a condução e regulação desses movimentos, ou seja, sua coordenação.

Não descartando a integração entre as capacidades de força, flexibilidade, velocidade e resistência necessárias para que a realização dessas (e outras) habilidades, no nível iniciante ou experiente, seja precisa e eficiente, é imprescindível ter coordenação motora. Coordenar os músculos com maior aproveitamento das forças resultantes, nos melhores graus entre as partes do corpo, com liberdade para adequar, adaptar ou ajustar o movimento no tempo e no espaço disponível com menor gasto energético possível se traduz em uma ação coordenada. A beleza plástica e econômica de ação expressa o gradiente de coordenação motora do executante. Assim, questões como qual a diferença entre habilidades e coordenação, o que é coordenação fina e coordenação grossa, são terminologias que devem ser esclarecidas e solicitam uma definição para melhor compreensão do presente texto.

Quando uma criança leva uma colher à boca, ou corta com uma tesoura um pedaço de papel seguindo uma linha, ou quando sobe para andar em uma bicicleta, estão sendo realizados movimentos coordenados. Uns são considerados de coordenação fina, outros de coordenação motora grossa; essa é a distinção mais básica sobre coordenação. O conceito de coordenação motora fina é aplicado aos movimentos que envolvem músculos ou grupos musculares pequenos, como, por exemplo, dos dedos e da mão para a execução de movimentos como apertar a tecla do controle remoto da televisão. Já as atividades que envolvem o corpo inteiro ou grande grupos musculares em movimentos realizados em dimensões espaciais maiores são denominadas de coordenação motora grossa. A coordenação motora grossa é também descrita como ampla na literatura. A coordenação motora fina tem sua origem nas diversas formas de movimentos de agarrar, na forma de pinça (uma preensão com precisão) ou de assegurar (preensão com força). O nível coordenativo desses movimentos pode ser facilmente percebido quando observada a execução por crianças saindo da fase reflexiva para a rudimentar de desenvolvimento das habilidades (Gallahue & Ozmun, 2001). Por sua vez, as habilidades motoras esportivas se iniciam nessas fases da infância quando a criança engatinha, leva o alimento à boca, tenta se colocar de pé, dentre outros. As crianças de hoje executam muitas ações que solicitam a coordenação motora fina, diferentemente das gerações anteriores. Inclusive apresentam uma tendência de melhor rendimento nessa área em comparação com seus pais (Roth & Roth, 2009). Essa diferença é dada pela oferta de solicitações e de exigências do cotidiano, como o uso do controle remoto da televisão, do *joystick*, do computador, etc., e todas as tecnologias hoje disponíveis. Já em relação à coordenação motora grossa, ocorre o contrário (Roth & Roth, 2009; Silva, 2010). A cada dia a falta de movimento leva a deficiências na coordenação motora.

O tema coordenação é um dos mais polêmicos na área das ciências do esporte, pois uma série de questões ainda não tem sido respondida satisfatoriamente. Nitsch & Munzert (2002) apresentaram uma clara conceitualização sobre os problemas teóricos existentes nos estudos sobre a coordenação (Figura 1). Neste capítulo não serão abordados todos eles; o direcionamento será dado para o treinamento da coordenação, sendo que o leitor interessado encontrará nesta obra explicações mais detalhadas.

Segundo Nitsch & Munzert (2002), no problema da complexidade, aborda-se o conceito métrico da coordenação. Não se trata da visão do fácil *versus* difícil, e sim de um sistema estático, por exemplo, determinar os graus de complexidade conforme o número de elementos que a constituem e das relações que se estabelecem entre estes. Já no sistema dinâmico,

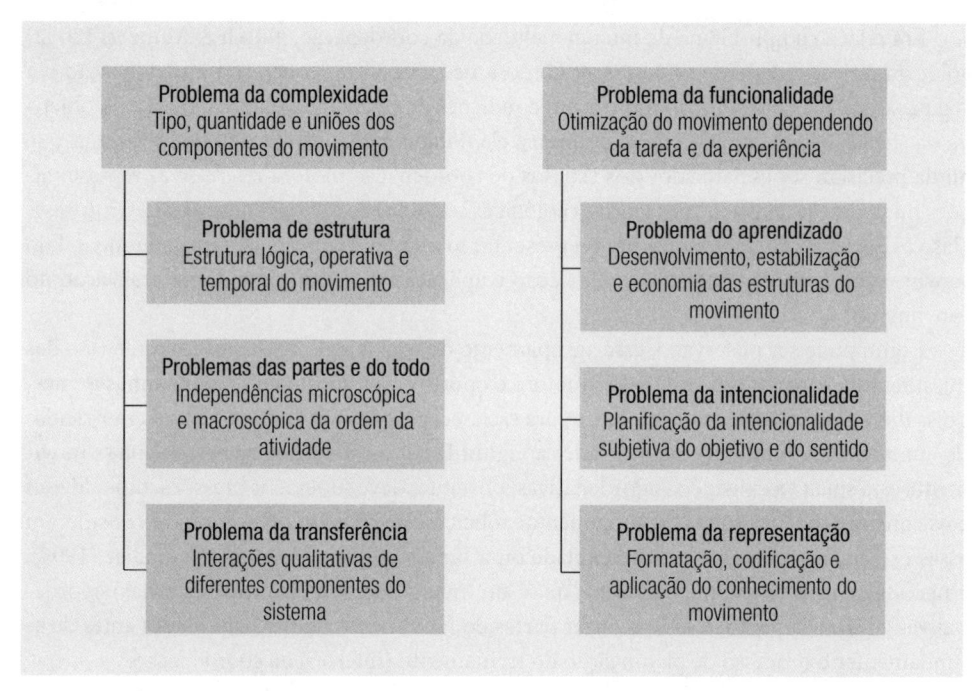

Figura 1 Problemas teóricos de base nos estudos da coordenação de movimentos (Nitsch & Munzert, 2002).

parte-se da quantidade de coordenadas independentes que são necessárias para descrever e analisar o sistema. Em relação à estrutura, Nitsch & Munzert (2002) colocam a importância de se pesquisar, na realização de uma ação coordenada, a lógica operativa do movimento e sua relação temporal. Na questão das partes e do todo, os autores fazem referência aos estudos da constância da forma nos movimentos, conforme colocado pelas teorias da Gestalt, de se projetar uma visão holística na análise do movimento coordenado. Ou seja, a qualidade do movimento não depende exclusivamente dos componentes isolados, e sim da relação que em cada momento se estabelece entre eles (equifinalidade). O problema da transferência tem sido amplamente discutido de forma teórica em diferentes áreas do conhecimento. Trata-se de pensar se a transferência existe e, caso a resposta seja sim, como ela ocorre. Assim, deve-se questionar se os processos que levam a uma equivalência motriz decorrem do armazenamento de ações coordenadas. Essas questões são pesquisadas nas ciências do treinamento por diferentes áreas de pesquisa (aprendizagem motora, psicologia do esporte, biomecânica do esporte, entre outras). Em relação ao problema da funcionalidade, Nitsch & Munzert (2002) destacam a necessidade de se compreender como ocorre a otimização do movimento dependendo da tarefa e da experiência, como se procede a aprendizagem de ações coordenadas que facilitem, por exemplo, o desenvolvimento, a estabilização e economia das estruturas do movimento. Um movimento é funcional quando, conforme a situação, é possível alcançar por meio dele um objetivo anteriormente fixado.

Em relação ao problema da intencionalidade da coordenação, Nitsch & Munzert (2002) colocam a necessidade de se conhecer como a pessoa realiza, concretiza a planificação e a regulação da sua coordenação motora em condições da intencionalidade subjetiva do objetivo da sua ação e do sentido que se outorga a ela. Finalmente, outro grupo de problemas que ainda precisam ser esclarecidos nos estudos de coordenação motora refere-se às representações mentais; elas existem (nas teorias ecológicas se colocam dúvidas sobre essas estruturas)? Caso existam, como se organiza uma representação mental que permita a imagem mental do movimento? Qual a formatação, codificação e aplicação do conhecimento na realização do movimento?

Como pode ser observado, esse agrupamento de problemas auxilia na compreensão das questões relacionadas à coordenação motora e oportuniza a sistematização de linhas de pesquisa direcionadas à busca de respostas para esclarecer tão importante processo da motricidade humana. Resumindo de forma prática a Figura 1, depreende-se que a pessoa que se movimenta está sujeita a exigências coordenativas, portanto, deve superar as pressões, dificuldades e os constrangimentos que o se movimentar solicita. Nas ciências do esporte, se consideram essas exigências conforme a complexidade ou a funcionalidade. Segundo Neumaier (1999), é necessário primeiramente conhecer "qual" ou "quais" são as exigências (externas) coordenativas a serem superadas ao se realizar partes do movimento ou das habilidades antes de se fundamentar o processo de planificação do treinamento (interno) da coordenação.

Na vida, o caminho para o êxito solicita muito trabalho e muita paciência. Crianças e jovens na escola aprendem primeiramente a somar, subtrair, dividir e multiplicar antes de realizar operações matemáticas mais complexas. Na área do esporte, é conhecida há muito tempo a importância decisiva de uma formação de base sólida, variada, rica em experiências motoras, de movimentos, para se obter altos níveis de rendimento esportivo em idade adulta. Sendo assim, a coordenação se constitui em peça imprescindível no processo de desenvolvimento humano, em especial nas faixas etárias iniciais, como pilar de futuros rendimentos. Conforme o estado atual da pesquisa, afirma-se que a coordenação representa a base central para a inteligência motora, a capacidade de aprendizado e o talento (Roth, 2001).

FUNDAMENTAÇÃO TEÓRICA

Ações coordenadas como as apresentadas nos exemplos anteriores da ginasta e do jogador de handebol são consideradas rendimentos que devem ser compreendidos como uma classe de capacidades motoras. São pré-requisitos para superar exigências internas e atender a demanda ambiental, isto é, realizar a tarefa, executar uma habilidade, um movimento. As capacidades coordenativas, ou seja, a coordenação, e as habilidades têm em comum o fato de ambas serem pré-requisitos organizacionais e funcionais do movimento. Ambas se caracterizam por serem determinadas pelos processos de controle e regulação do movimento e possibilitam a aprendizagem motora e das técnicas esportivas.

Coordenação e habilidades diferenciam-se entre si pelo nível de generalidade que apresentam. As habilidades são movimentos solidificados, concretos, unidos a um programa de movimento, e reconhecidos por seus padrões comuns que independem do nível de desempenho. Por exemplo, correr, saltar, empurrar, receber uma bola. Uma habilidade se refere a um nível concreto de apropriação de determinados movimentos, ou de partes dele, ou combinações deles. Já a coordenação é mais ampla, geral, menos específica, e serve de base para os movimentos, para as habilidades. É importante compreender que o nível de desenvolvimento da coordenação se expressa de forma indireta na aquisição de habilidades motoras e de técnicas específicas das modalidades. O nível de coordenação é influenciado de maneira combinada pela aprendizagem e pelo treinamento das habilidades, mas é determinante na melhora das técnicas específicas. Para Newell (1991), habilidade é um reflexo de uma atividade exploratória dinâmica, não uma estereotípica reprodução estática da representação da ação. Silva (2010) compreende a habilidade como uma lupa para enxergar a coordenação. Habilidades motoras são padrões observáveis do comportamento, fundamentais, são básicas para a prática esportiva tanto quanto para as atividades da vida cotidiana. São desenvolvidas através da prática e dependem do nível de capacidade coordenativa subjacente. As habilidades motoras, quando maduras e contextualizadas em cenários específicos de um esporte, tornam-se técnicas, que são movimentos específicos, próprios a cada uma das modalidades esportivas, que permitem realizar uma ação motora com eficiência e eficácia (Mesquita, 2000), com menor consumo energético. Segundo Neumaier (1999), coordenação e habilidades se melhoram mutuamente em uma espécie de processo de balanço mútuo. A coordenação de movimentos, seja para realizar uma habilidade ou uma técnica, se caracteriza como um processo ativo de construção do comportamento motor, que se apoia na disponibilidade de rendimento da pessoa. Nunca pode ser considerada um simples programa motor, pois cada inervação muscular é concretizada, inventada, reinventada em cada realização de um movimento.

Existem diferentes formas de se considerar e classificar as habilidades, como, por exemplo, do ponto de vista ontogenético, Gallahue & Ozmun (2001) as classificam em reflexas, rudimentares, fundamentais e específicas. Nas ciências do esporte, consideram-se as habilidades a partir de uma visão funcional, relacionadas ao produto da tarefa no ambiente em que a situação está inserida. Isso deriva na distinção entre habilidades fechadas, que são as executadas em situação estável, conhecida, previsível, como na natação, ginástica rítmica, etc., e as habilidades abertas, comuns em ambiente imprevisível, instável, como nos jogos esportivos coletivos, esportes de luta, etc. Nas ciências do esporte, considera-se que, ao se avaliar as habilidades indiretamente, se analisa o nível de capacidade coordenativa que subjaz. Esse ponto será mais detalhadamente explicado no decorrer do capítulo.

Conforme o caráter geral que a coordenação assume, o treinamento da coordenação é necessário desde a infância, particularmente nas idades escolares. Nas primeiras faixas etárias, o que deveria ser desenvolvido antes de qualquer tipo de técnica esportiva seria principalmente a coordenação por meio de programas de exercícios, jogos e atividades diversas e variadas. O professor, nas idades subsequentes (10 a 14 anos), deve oferecer jogos e exercícios caracterizando os esportes que promovam a coordenação específica, direcionada a ser base para as habilidades e a técnica. Ou seja, que permitam uma boa adaptação em outros aspectos não somente no âmbito motor esportivo, mas que possibilitem também transferências para aspectos socioculturais psicológicos, sociais, políticos, entre outros. Atividades que desenvolvem a coordenação aplicando diferentes meios de recepção e elaboração de informação, por exemplo, jogos, tocar instrumento musical, dançar, atividades em que seja mais fácil e rápido fazer novas conexões de aprendizagem para novos movimentos. Aulas de esporte facilitam a posterior realização de tarefas mais difíceis do cotidiano, auxiliando as crianças a serem muito mais adaptáveis quando exigidas em situações que se alteram rapidamente e de forma inesperada.

Conforme o exposto, depreende-se a necessidade de se definir o que é coordenação. Termos advindos de coordenação motora, como capacidades coordenativas, estruturas coordenativas, são considerados sinônimos. São formas de se analisar o mesmo fato sob prismas e paradigmas diferentes da motricidade. No estudo da coordenação motora se destacam as linhas de pesquisa das capacidades: as ecológicas (sistemas dinâmicos, ecológicos), as funcionais (teorias da informação, modulares, teoria da ação) e as biomecânicas. Nelas, os ensaios estão direcionados a identificar leis, princípios ou generalidades que são comuns, que se aplicam à média da população ou a um indivíduo abstrato (Kröger & Roth, 2002). Na análise das capacidades, se procuram desvios dos princípios e das generalidades (diferenças tanto entre indivíduos, ou interindividuais, como diferenças intraindividuais, o que caracteriza a pesquisa na psicologia diferencial). Essa linha de análise foi iniciada por autores americanos, Fleischman et al. (1954, 1955, 1984), que apresentaram a primeira taxonomia da performance humana. Por sua vez, na língua alemã, os primeiros ensaios se apresentam nos trabalhos de Gundlach (1968), posteriormente Meinel & Schnabel (1987), Hirtz (1985), Roth (1982) e Neumaier (1994), entre outros autores. Nas ciências do esporte, tem sido adotada uma divisão na classificação das capacidades que se orienta em uma proposta formulada por Gundlach (1968), que as diferencia segundo sua preponderância na forma de manifestação considerando as capacidades condicionais (força e resistência) e as capacidades coordenativas. As capacidades condicionais são caracterizadas pela relação com os sistemas de produção de energia (processos funcionais), e as capacidades coordenativas, pelos processos de condução e regulação do sistema nervoso independentes da técnica. Ficam então como capacidades intermediárias ou mistas a flexibilidade e a velocidade, pois nessas não se teria uma preponderância de uma das características citadas (energética-condução/regulação).

Definir coordenação depende de muita coordenação! A palavra coordenação deriva do latim, *cum ordo*, e significa *com ordem*. Ou seja, coordenação é aquilo que ocorre de forma ordenada. Starosta (1990) coloca que a coordenação é a capacidade do ser humano de realizar movimentos complexos de forma rápida e exata, em diferentes condições ambientais e sob pressões contextuais adversas. Mas o que significa complexo? Bernstein (1967), considerado na língua anglo-saxã como o pai dos conceitos integrativos nas ciências do esporte, definiu coordenação como um processo de domínio dos graus de liberdade redundantes do organismo em movimento. Dentro desse conceito, existe uma estrutura na qual um grupo de músculos englobando várias articulações está restringindo o agir como uma única unidade funcional, enquanto desempenha uma determinada tarefa. Essa estrutura é denominada como estrutura coordenativa. Desse modo, os músculos não são controlados independentemente, mas são funcionalmente relacionados entre si, formando um sistema auto-organizável. Para Hossner (1997), na visão da teoria da modularidade, capacidades coordenativas são funções adaptativas complexas, individuais, dinâmicas, de magnitude que afetam a realização de um grande e variado número de habilidades.

Na visão ecológica (Gibson, 1979) relacionam-se os postulados da auto-organização e também se consideram os conceitos de Bernstein (1967). Assim, entende-se coordenação motora como uma ordem temporal e espacial do movimento, algo que emerge de um sistema de alta dimensionalidade, restrito pelo organismo, pela tarefa e pelo ambiente no qual o movimento é realizado (Petersen & Catuzzo, 1995). Os fatores ambiente, tarefa e pessoa (ou organismo) também são relacionados pelos autores da área das teorias da ação (Nitsch, 1985, 2009). Para Hoffmann (1998), a coordenação abrange todos os processos internos de condução e regulação das operações de disponibilidade e transferência de energia, em interação com as emoções e o sentido do movimento, motivos e interesses da realização da ação. Importante notar que nessa definição se destaca a necessidade de se relacionar não somente a tríade pessoa-tarefa-ambiente, mas também as emoções, interesses e motivos que levam à capacidade de realizar uma ação objetivada.

O processo de interação do indivíduo com o ambiente no qual ele executa uma tarefa (movimento) é dinâmico e repleto de restrições, constrangimentos, ou também determina pressões, muitas vezes advindas da situação, traçadas por características situacionais que interagem na organização do sistema de ação objetivando um desempenho habilidoso, harmônico. As restrições não podem ser vistas como algo negativo, que atrapalha o indivíduo. Pelo contrário, devem ser entendidas como reguladores do processo que gera adaptações a novas ações, novos movimentos, em novas situações. No sentido geral, restrições são condições que limitam ou desencorajam certos movimentos, permitem ou encorajam outros e "moldam" o movimento (Haywood & Getchell, 2010).

Segundo Newell (1984, 1986), em uma visão dinâmica e ecológica, a coordenação e o controle do corpo e membros na ação proficiente refletem a ótima interação de forças musculares e não musculares, que incluem o ambiente, a atividade do organismo e forças reativas que emergem da interação entre esses dois elementos. Ambiente e organismo, por sua vez, interagem com a tarefa e estes constituem as três fontes primárias de restrição da ação (Newell, 1986). O organismo detém uma série de restrições estruturais e funcionais à ação que se encontram em diferentes níveis de regulação do comportamento (Newell, 1986). As restrições estruturais constituem as limitações do indivíduo relacionadas à estrutura corporal, por exemplo, peso, altura. Já as restrições funcionais são as limitações do indivíduo relacionadas à função comportamental, por exemplo, a maneira de correr, ações motivadas ou não, nível de atenção (Haywood & Getchell, 2010). Um padrão ótimo de coordenação é estabelecido pelo controle da interação das restrições da tarefa, do organismo e do ambiente (Newell, 1986). Quanto maior a interação das restrições impostas ao executante, maior será o nível de coordenação necessário para o desempenho eficiente de uma habilidade. As habilidades fundamentais (correr, saltar, lançar, receber, dentre outras) solicitam, na sua execução, a coordenação motora. As combinações das fontes gerais de restrições para a ação especificam o padrão ótimo de coordenação e controle do movimento, ou seja, a estrutura coordenativa (Schenan, 1989). As estruturas coordenativas podem ser vistas como um processo dinâmico para o desenvolvimento das habilidades motoras (Saltzmann & Munhall, 1982).

Na aprendizagem motora, o termo coordenação motora é definido como a ativação de várias partes do corpo para a produção de movimentos em uma determinada ordem, amplitude e velocidade (Pellegrini et al., 2005). É a relação espaço-temporal entre as partes integrantes do movimento (Clark, 1994). Para Turvey (1990), a coordenação envolve necessariamente relações próprias múltiplas entre diferentes componentes, definidos em uma escala espaçotemporal. O entendimento de que a coordenação motora é necessária para o desempenho esportivo e para a vida cotidiana já está deflagrado na mídia, e se apresenta como uma tarefa inerente ao processo de ensino-aprendizagem do ser humano no decorrer do seu desenvolvimento.

É necessário entender as definições de coordenação não apenas teoricamente na visão acadêmica. Entendê-la de forma que compreender seus alcances e significados, para a práxis, represente uma melhor condição para delimitar adequadamente o processo de ensino-aprendizagem, bem como o treinamento. Não basta somente o conhecimento declarativo, teórico sobre o tema para formular processos de treinamento da coordenação. As pesquisas permitem conhecer e se apropriar dos parâmetros, das variáveis e demais conteúdos inerentes a coordenação e estabelecer o método para treiná-la, satisfazendo a prática.

Mas mesmo que esse conhecimento se apresente coincidente na literatura, os esforços de estruturação das capacidades coordenativas e da capacidade de coordenação motora, das estruturas coordenativas realizadas indutivamente, ainda não levaram a resultados concordantes. Sem dúvida, a coordenação motora caracteriza as diferenças individuais no nível de comando e da regulação de movimentos (processamento de informações). De acordo com seu caráter de capacidade, elas representam as pré-condições, isto é, pré-requisitos de desempenho (Roth, 1999; Roth & Roth, 2009). A quantidade de diferentes sistemáticas das capacidades coordenativas é quase semelhante ao que se tem de publicações sobre o tema. O modelo estruturado por Zimmermann (1987) associa, no total, sete capacidades a três áreas de capacidades superiores, de maneira que sua sistemática reflete certa estrutura hierárquica, na qual há uma afirmação básica importante de que num nível elevado das capacidades parciais, assim por ele denominadas, manifesta-se uma boa capacidade de aprendizado motor. O modelo proposto por Zimmermann (1987) postula uma sistematização dessas capacidades que até os dias de hoje são utilizadas como elementos orientadores para as propostas de ensino-aprendizagem da coordenação (Meinel & Schnabel, 1987). Na visão das modalidades esportivas, a proposta de Zimmermann (1987) representa uma importante contribuição pelo fato de ser derivada das exigências das características presentes nas modalidades esportivas, ou seja, a torna aplicável a mais de uma modalidade. Por outro lado, para cada capacidade coordenativa é possível concretizar métodos de diagnóstico e métodos de treinamento específicos, já que o conteúdo de cada uma das capacidades contidas no modelo é claro e de abrangência geral, universal para as modalidades.

A proposta de Zimmermann (1987), descrita na Figura 2, se apoia em um trabalho original de Blume (1978). Nesse modelo, a capacidade coordenativa é considerada com base nas capacidades necessárias à regulação e adaptação de movimentos. Para se obter um determinado objetivo através do movimento é necessário colocar uma maior ou menor quantidade de músculos a funcionar de forma coordenada, sendo que os aspectos interesse e motivação da pessoa não são citados no modelo.

As capacidades que constituem uma ação coordenada em relação à realização (condução) e adaptação de um movimento se relacionam diretamente entre si e dependem do rendimento do conjunto das outras capacidades com as quais interagem. Segundo Zimmermann (1987), para se conduzir um movimento se solicitam as capacidades de associação (de segmentos musculares), diferenciação, equilíbrio, orientação e ritmo. Para se adaptar um movimento a uma situação ambiental são necessárias as capacidades de equilíbrio, orientação, ritmo, reação e mudança. Em comum à regulação e à adaptação se encontram as capacidades de equilí-

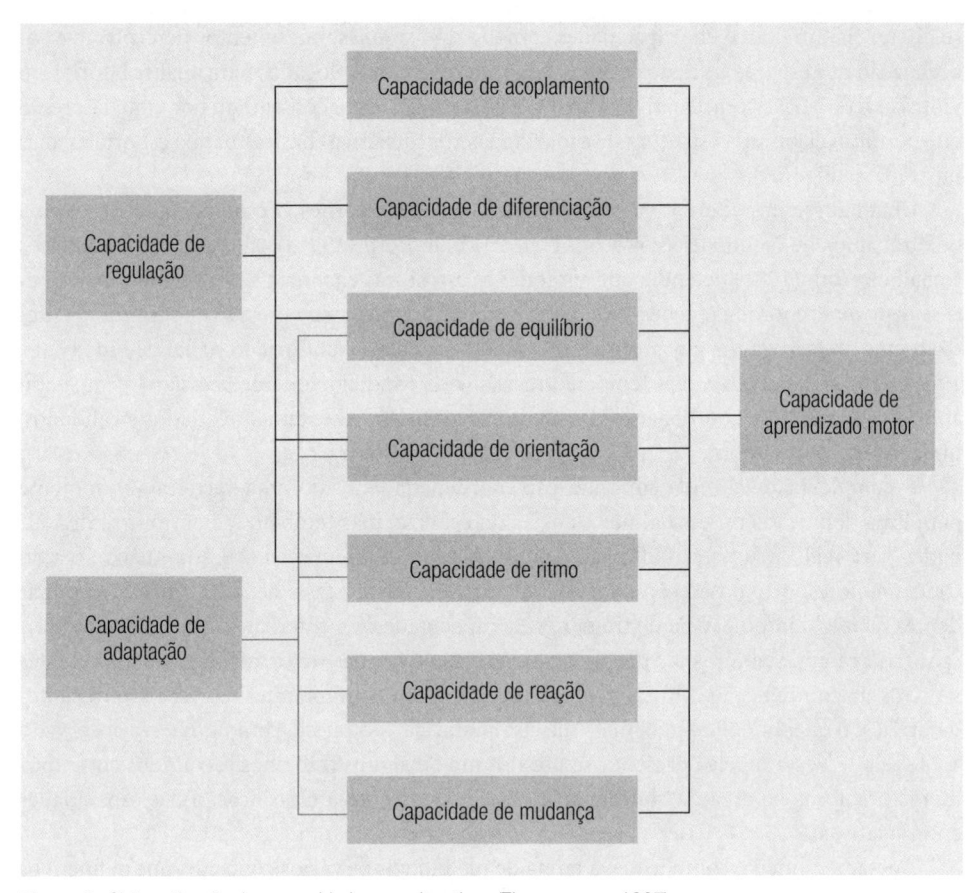

Figura 2 Sistematização das capacidades coordenativas (Zimmermann, 1987).

brio, orientação e ritmo. O conjunto das capacidades coordenativas relacionadas para regular e/ou adaptar movimentos seria resultante de um processo de aprendizagem motora. Claro que não existe uma divisão estrita entre cada uma das capacidades, e que é possível, conforme o movimento a ser realizado, se apresentar uma constelação de interações diferentes das expostas. O movimento apresenta-se de forma a ser um rendimento global, ou seja, um conjunto das capacidades nesse momento. Encontrar uma sistematização visa reunir as hipóteses básicas comuns de diversas sistemáticas conceituais publicadas até a metade da última década do século passado, e assim auxiliar a formatação dos processos de ensino-aprendizagem e treinamento das capacidades coordenativas.

Hirtz (1985), considerado como um dos pesquisadores mais importantes na área, coordenou o grupo de pesquisas de Greifwälder, que apresentou uma proposta de sistematização das capacidades coordenativas para a idade escolar. Nessa investigação científica foram analisadas mais de 2.000 crianças e jovens, comparando praticantes de esportes e não praticantes. Os resultados evidenciaram que os praticantes foram melhores em rendimentos de coordenação rápida, diferenciação cinestésica, orientação espacial, reações complexas, equilíbrio, ritmo, e se diferenciaram pouco em capacidades como reação simples, rendimentos perceptivos e coordenação motora fina de dedos e mãos. Esses dados foram colocados para análise fatorial em vinte características coordenativas e análises de uma estrutura constituída por vinte fatores, o que permitiu elaborar a estrutura de capacidades coordenativas básicas para o esporte escolar ilustrada na Figura 3.

Uma síntese das alternativas de sistematizar as capacidades coordenativas é observada nos trabalhos de Neumaier & Mechling (1995) e de Roth (1997a). Já desde seus primeiros trabalhos, Roth (1982) defendia que em todas as estruturas encontra-se – entre outras – a necessidade de se coordenar ações, seja sob pressão de tempo ou sob pressão de precisão. Perde-se tempo, mas se ganha em precisão, ou vice-versa, como é enunciado na lei de Fitts (Fitts, 1954). Essa mesma vertente – tempo e precisão e os condicionante de pressão – vem sendo aplicada em testes de coordenação com bola (Silva, 2010), recentemente criados e validados, que atendem a essa teoria.

A complexidade contida em uma ação coordenada tem sido uma barreira não somente para uma definição consensual nas ciências do esporte, mas também encontram-se dificuldades para realizar uma classificação das capacidades coordenativas. Pesquisas na área do treinamento esportivo não são coincidentes em suas propostas e achados, mas são coincidentes quanto à importância de treinar essas capacidades. Os diferentes autores que pesquisam na área apresentam suas próprias sistemáticas e formas de organizar os componentes teóricos da coordenação. Muitas vezes as estruturas ou componentes teóricos são distantes da prática, o que dificulta ainda mais sua sistematização empírica, como pode ser observado na Tabela 1. Nessa tabela apresenta-se um resumo de alguns trabalhos escolhidos entre inúmeras pesquisas na área da coordenação relacionadas com a classificação das capacidades coordenativas.

Apesar de difícil e complicada, a tarefa de reconduzir os vários conceitos que definem os elementos constitutivos da coordenação motora em uma única forma de classificação possibilitaria um consenso sobre elas. Porém, para tal, torna-se necessário considerar as duas

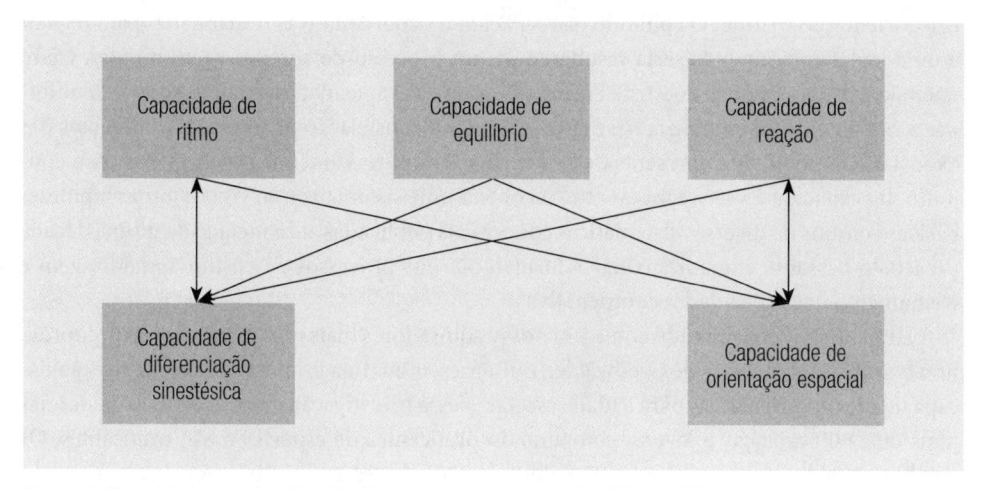

Figura 3 Capacidades coordenativas fundamentais no esporte escolar (Hirtz, 1997).

Tabela 1 Formulações teóricas dos parâmetros da coordenação (Silva, 2010)

Autor(es)	Aquisição do conhecimento	Cenário de observação ou base	Exigências/fatores/estruturas/parâmetros
Fleischmann (1954,1955,1964)	Indutivo	Habilidades esportivas	Capacidades de rendimento
Puni (1961)	Indutivo	Vinte esportes individuais e coletivos	Tempo, espaço, ritmo, exatidão e exigências na habilidade
Bernstein (1967)	Dedutivo	Sistemas físicos e químicos	Graus de liberdade
Blume (1978)	Indutivo	Ginástica olímpica, natação, boxe, futebol	Orientação, ritmo, equilíbrio, reação e capacidade de condução
Roth (1982)	Dedutivo	Aspectos psicológicos e neurofisiológicos do controle motor	Velocidade da atividade ou relação de constância e variabilidade no contexto das exigências ambientais
Newell (1986)	Dedutivo	Desenvolvimento humano	Restrições individuais, ambientais e da tarefa
Zimmermann (1987)	Dedutivo	Aprendizagem motora	Acoplamento, ritmo, diferenciação, equilíbrio, orientação, reação, câmbio

formas de elaboração do pensamento científico, isto é, pensamento dedutivo ou indutivo, em constante interação. Entre as coincidências entre autores encontram-se os seguintes aspectos:

- As características gerais da motricidade apresentam um grau de generalidade muito diferenciado e diversificado.
- As capacidades coordenativas são constructos hipotéticos, ou seja, um conceito operacional que faz referência a aquilo que é observável, mas que ainda não se detecta diretamente.
- As capacidades coordenativas apresentam um caráter nomotético, ou seja, elas servem de "vara de medição" do nível de rendimento de indivíduos em geral e não a pequenos grupos (como seria, por exemplo, uma técnica).

Nessa interação entre trabalhos indutivos e dedutivos surgem as estruturas necessárias à classificação das capacidades coordenativas. A formulação dos processos de treinamento segue o mesmo procedimento; em um primeiro momento as estruturas da coordenação formulam as exigências, as restrições da tarefa que interferem na execução motora da pessoa em um ambiente contextualizado. A seguir, a aproximação dos diferentes conceitos relacionados na literatura permite descrever os elementos constitutivos das exigências coordenativas presentes na realização de ações nos esportes (Neumaier, 1994, 1999; Neumaier & Mechling, 1995; Nitsch & Munzert, 2002; Roth, 1982; Roth & Roth, 2009). Nessa descrição observa-se que para se realizar uma ação coordenada, por um lado é necessária a recepção e elaboração da informação que procede pelas vias aferentes com a participação direta dos órgãos dos sentidos (visual, vestibular, cinestésico, acústico, tátil) e, por outro lado, a participação das vias eferentes, por meio da motricidade grossa e fina – caracterizadas pelo volume e pela quantidade dos agrupamentos musculares necessários à ação.

Do ponto de vista da sistematização teórica orientada às capacidades, como propõe Roth (1988), a base do modelo do treinamento da coordenação tem direta relação com o modelo de estruturação geral das capacidades coordenativas. Ou seja, ao se decidir por adotar uma visão pedagógica do processo, é possível relacionar planejamento, condução e delimitação das capacidades a partir dos processos necessários a seu desenvolvimento e treinamento. A área de aplicação do processo de ensino-aprendizagem e treinamento da coordenação carece de um delineamento de suas especificidades e leva à falta de ensaios e propostas teóricas que convergirão para caracterizar as capacidades coordenativas.

Nesse contexto, submete-se à práxis uma proposta muito pragmática (Hirtz, 1985; Neumaier, 1999; Roth, 1998). Esses autores invocam que devido à dificuldade temporária em que se encontram as ciências do treinamento de se terem claramente definidas as capacidades coordenativas, quais as capacidades que constituem a coordenação, impede-se que seja adotada uma atitude menos ambiciosa, isto é, realizar uma dispensa temporária da tentativa de uma orientação clássica, ou seja, de uma fundamentação teórica e empiricamente validada (ortogonal) das capacidades. Em caráter substitutivo, pode-se adotar uma visão mais "modesta" e se pensar em classes de tarefas coordenativas. Essa é uma diferença "pequena, mas sutil" que revela-se como ponto de partida muito interessante, pois as classes de tarefas coordenativas representariam a base do planejamento para o processo de treinamento da coordenação de uma forma ampla, geral, e que poderia direcionar as modalidades específicas (treinamento da coordenação específico).

Na busca da sistematização das classes de tarefas coordenativas para as capacidades coordenativas direcionadas às especificidades das modalidades esportivas, Kröger & Roth (2002) apontam para caminhos de comprovação das estruturas que convergem na construção de instrumentos válidos para sua mensuração, o que levaria a maior precisão na elaboração dos processos de treinamento. Instrumentos válidos e fidedignos para a avaliação da coordenação motora (geral e específica) contribuiriam nas ciências do esporte para preencher uma lacuna existente na área. No momento, o instrumento com critérios de validade já adquiridos sobre a coordenação com bola se denomina teste de coordenação com bola (TECOBOL), proposto por Silva (2010) para os esportes coletivos de invasão com bola.

Como fora colocado, as capacidades coordenativas caracterizam diferenças individuais (inter e intraindividuais) no nível do comando e da regulação de movimentos (processamento de informação). De acordo com seu caráter de capacidade, elas representam as precondições de desempenho superiores, por exemplo, das habilidades e das técnicas esportivas (Roth, 1999). Baseado nessa consideração e nos parâmetros que foram determinados a partir da comparação de mais de vintes formas de abstrações de utilização do conceito de capacidade coordenativa, se chega a seis categorias ou classes de tarefas, de exigências ou condicionantes de pressão, que são comuns à realização de ações coordenadas (Neumaier & Mechling, 1995; Roth & Winter, 1994; Roth & Roth, 2009). Esses elementos de pressão constituem o perfil de exigência de ações coordenadas em esportes e, como colocado, algum deles pode se apresentar sobressaído em alguma modalidade em particular (p. ex., a pressão de tempo na corrida de 100 metros, a pressão de precisão no lançamento à cesta de basquetebol). Também podem apresentar-se em interação com os outros, por exemplo, nos esportes coletivos. Portanto, essas categorias ou classes de tarefas, de parâmetros de pressão, deveriam ser consideradas na elaboração dos processos de treinamento de coordenação e, particularmente nos esportes coletivos com bola, já nos primeiros passos de aproximação ao esporte, como fora determinado em Kröger & Roth (2002).

Na Figura 4 apresenta-se uma sistemática das classes de tarefas coordenativas apoiada em uma ampla revisão da literatura e em trabalhos de investigação. Essa sistemática se apoia em dois critérios de divisão: recolhe as exigências perceptivas e as exigências de pressão motora típicas dos esportes. O primeiro critério se relaciona com a recepção de informação, com os sentidos. Estes estão em estreita relação com as classes de tarefas a serem realizadas, com a capacidade coordenativa, conforme a proposta do modelo de Hirtz (1985). O segundo critério se orienta na estruturação das condições de pressão da motricidade, ou seja, ao se fazer uma ação no esporte, tal como formulado por Kröger & Roth (2002), Neumaier & Mechling (1995) e Roth (1997a). Assim se avança mais um passo tanto no conhecimento das características

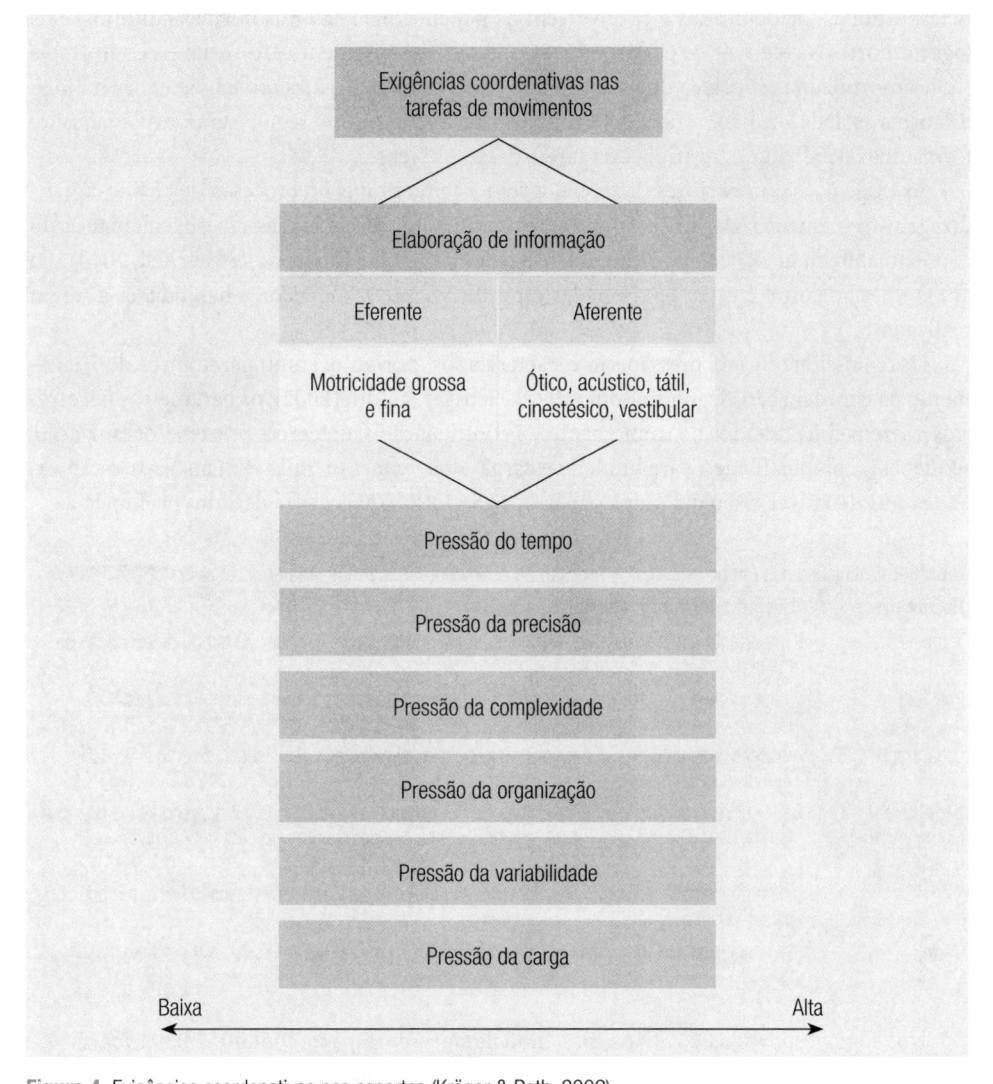

Figura 4 Exigências coordenativas nos esportes (Kröger & Roth, 2002).

das capacidades coordenativas quanto nas necessidades a considerar na sistematização dos processos de treinamento da coordenação.

A via eferente do movimento, seja de coordenação motora grossa ou fina, inter-relaciona--se com as vias aferentes, que trazem e elaboram a informação, ou seja, com os sentidos. Dessa interação deve resultar uma ação coordenada que considere e solucione as exigências de pressão da motricidade.

Os condicionantes da ação, denominados condicionantes de pressão, são restrições típicas da ação esportiva que permitem estabelecer os parâmetros (estruturas) perante os quais o desempenho coordenativo pode ser constituído. As restrições ambientais são definidas por Haywood & Getchell (2010) como as propriedades do mundo à nossa volta, fora do corpo. Elas são globais – não específicas da tarefa; físicas – determinadas pela gravidade e ou superfícies; e ainda, socioculturais que envolvem os papéis do gênero e as normas culturais. Nos jogos esportivos coletivos os parâmetros de pressão do movimento são variáveis conforme a situação-problema específica que se pretende resolver no jogo. Eles podem aparecer no jogo de forma isolada ou não, sendo determinados pela situação. A seguir serão explanadas de forma mais detalhada as restrições da tarefa desse ambiente.

As exigências ou restrições da tarefa devem estar contidas no processo de ensino-aprendizagem-treinamento, da iniciação ao alto rendimento, direcionadas às especificidades do contexto ambiental de sua aplicação. As restrições da tarefa (Haywood & Getchell, 2010) são as externas ao corpo e estão relacionadas especificamente a tarefas ou a habilidades a serem realizadas.

Os condicionantes de pressão são caracterizados, portanto, como parâmetros do treinamento da coordenação. Segundo Roth (1997) e Kröger & Roth (2002), os parâmetros necessários a serem considerados no treinamento da coordenação são: tempo, precisão, organização, sequência (complexidade), variabilidade e carga – que constituem as dimensões das capacidades coordenativas e são definidos por Kröger & Roth (2002) como descrito na Tabela 2.

Tabela 2 Definições dos condicionantes de pressão da ação coordenada (baseada em Kröger & Roth, 2002)

Parâmetro	Tarefas coordenativas nas quais:
Tempo	É importante a minimização do tempo ou a maximização da velocidade. O tempo de execução de uma ação, mais lento ou mais rápido.
Precisão	É necessária a maior exatidão/precisão possível no decorrer do movimento e no seu resultado nas execuções. A precisão de como acertar um alvo com exatidão.
Organização	A necessidade de superação de muitas exigências simultâneas. A execução de uma ação que exige divisão da atenção.
Sequência (complexidade)	Deve ser resolvida uma série de exigências sucessivas, uma depois da outra. A sequência de movimentos, de ações que devem ser executadas uma depois da outra em uma determinada ordem.
Variabilidade	Há necessidade de superar exigências em condições ambientais variáveis e situações diferentes. A mesma habilidade executada de maneiras diferentes (determinadas por espaço físico, material, ou pela situação).
Carga	Existe sobrecarga de tipo físico-condicional ou psíquica. O desgaste físico e/ou psíquico do jogador.

Nos jogos esportivos coletivos, nas modalidades de espaço comum e participação simultânea, tais como handebol, basquetebol e futsal, o tempo é um fator intrínseco para a realização de ações coordenadas. Nesses esportes que têm a duração do jogo determinada pelas regras, as programações de movimentos serão realizadas em prol do placar, no tempo de duração das partidas. Mas esse tempo é controlado pelos árbitros. O tempo que os jogadores dispõem para controlar é o tempo de execução das ações dentro do tempo de jogo. Esse tempo é muitas vezes situacional, como já fora colocado. O aspecto funcional da aplicação das capacidades coordenativas para concretização de uma ação com pressão de tempo ou sem pressão de tempo compete à velocidade com que o jogador tem que controlar a ação. As ações dos jogos esportivos coletivos requerem do participante capacidade de adaptação e mudança rápida; a capacidade de condução precisa de movimentos velozes, dada a velocidade dos ajustes necessários à situação. Por exemplo, no handebol, o jogador vai lançar a bola ao gol quando então o defensor levanta os braços em ação de bloqueio. O atacante tem que mudar rápido sua maneira (técnica) de lançar para, por exemplo, uma flexão do tronco para um dos lados, desviando o lançamento do defensor, adaptando-se à situação e conduzindo precisamente seus movimentos. Executar ações rápidas exige altos níveis de coordenação para resolver a tarefa perante a pressão temporal.

Um toque na bola com mais ou menos força, mais em cima ou mais de lado, por exemplo, no momento de passar entre dois adversários conduzindo a bola no futsal dentro da área de gol, demonstra que a precisão é um parâmetro das exigências coordenativas para os jogos esportivos coletivos. A pressão de precisão é fácil de ser compreendida, por exemplo, no tiro ao alvo. Já nos jogos esportivos coletivos apresenta-se quando se analisa um lançamento no basquetebol, em que o objetivo é acertar a bola, que tem a metade da circunferência do aro, na cesta, mas esta está posicionada a 3,05 m de altura do solo. Assim, é necessário o máximo de precisão possível.

Nos jogos esportivos coletivos existe uma sequência de ações que determinam o ciclo do jogo – ataque, retorno defensivo, defesa e contra-ataque. Em cada uma dessas fases do jogo é necessária uma sequência de ações ordenadas, uma seguida da outra, sendo que elas caracterizam os objetivos que se deseja alcançar na realização das ações motoras (técnico- -tático). O termo complexidade, na obra de Kröger & Roth (2002), se define e se caracteriza pelas exigências sucessivas; portanto, o conceito de sequência seria mais adequado, já que o termo complexidade é muitas vezes empregado também para definir algo difícil. Difícil não é sinônimo de complexidade, pois algo complexo pode ser difícil nos primeiros momentos da aprendizagem. O difícil é o quanto de conhecimento (processual) se tem que ter para conseguir executar uma ação, que não deixa de ser complexa mesmo depois que já se domina. Ela será considerada fácil para quem a executa depois de aprendida. Por exemplo, uma finta com giro no handebol: um jogador correndo recebe a bola, desloca-se driblando em direção ao adversário, salta em sua direção e, no ar, pega a bola e cai com os dois pés em paralelo e próximo ao adversário; balança o tronco, escolhe o lado do giro (pode ser sob o braço de lançamento, bem como sob o outro), executa um passo na direção contrária do giro com a perna do mesmo lado, deslocando o adversário, efetua outro passo para o outro lado com a outra perna, gira sobre essa perna e faz o último passo já projetando para lançamento ao gol. Essa sequência de ações deve ser realizada nessa ordem de execução (ou similar) para que o jogador obtenha êxito. Recomenda-se que essa técnica seja aprendida em uma fase de treinamento orientado e direcionado a uma modalidade esportiva, após um longo processo de formação esportiva (Greco & Benda, 1998; Greco & Silva, 2008). Portanto, a sequência de movimentos é entendida como uma técnica na sua totalidade, uma finta. Mas todo o processo de formação conduz para a execução dessa sequência de movimentos, sendo necessária sua aplicação no momento adequado do jogo. Saber superar a ordem de exigência de cada ação constitui o parâmetro de pressão de sequência.

Como nos jogos esportivos coletivos as relações com os colegas e adversário são constantes, estar permanentemente dividindo a atenção, percebendo o que cada jogador está fazendo, é muito importante. Conduzir uma bola pelo campo de jogo e perceber que existe um colega que está correndo em direção ao gol, ou que existe um adversário se aproximando para roubar a bola, é conseguir realizar exigências simultâneas: organização. Outro exemplo em que é fácil de se observar a pressão de organização é quando o armador de basquetebol (ou handebol) está driblando a bola e mostrando com os dedos da outra mão o número da jogada que será executada a seguir. Dividir a atenção entre os diferentes segmentos corporais conseguindo desassociá-los em ações diferentes realizadas ao mesmo tempo é mais uma das exigências da coordenação com bola.

As múltiplas e imprevisíveis, mas repetidas situações dos jogos esportivos coletivos, exigem dos jogadores certa consistência na execução das ações, mas de forma variada a cada vez. Segundo Bartlett (1932), citando um exemplo do tênis: "quando executo a rebatida, na realidade eu não produzo algo absolutamente novo nem repito meramente algo velho". Todos os adversários que jogam contra o Robinho da seleção brasileira de futebol sabem que ele faz as chamadas "pedaladas", mas por que não conseguem tirar a bola dele nesse momento? A variabilidade ao executar as ações dos jogos esportivos coletivos adaptando seletivamente a situação ambiental é também uma das exigências da coordenação e, particularmente, da coordenação com bola.

O último parâmetro de exigência da coordenação é a carga. Para Zakharov (1992), "a carga é tudo aquilo que provoca alterações de adaptação no organismo do esportista". Assim, são variados os estímulos que podem ser considerados caracterizando a pressão de carga. Os estímulos de ordem física se compreendem pelo tempo de duração de uma ação, intensidade de execução, número de repetições, peso do elemento, enfim, os estímulos são os que produzem alterações, que quebram a homeostase, o estado de equilíbrio do corpo, e requerem um processo de adaptação biológica. Além disso, os estímulos de ordem psíquica, por exemplo, a presença dos pais em um jogo de crianças ou ainda o barulho da torcida no jogo de tênis, são condicionantes de carga psíquica. A premissa de compreender um estímulo ou mesmo a carga é o quanto a pessoa está adaptada à execução de uma ação que contém essa exigência. Sendo assim, esse condicionante não fará parte das exigências coordenativas nesse estudo, por não tratar de uma avaliação individual. Os parâmetros da carga podem ser comparados às restrições do indivíduo conforme definidas por Haywood & Getchel (2010). As restrições são internas, dentro do corpo, e são restrições estruturais: relacionadas à estrutura corporal, altura e massa muscular; e restrições funcionais relacionadas à função comportamental, ao nível de atenção e motivação da pessoa.

Retomando os aspectos das capacidades coordenativas contextualizadas no treinamento esportivo a partir da estruturação em classes de tarefas, afirma-se que as capacidades coordenativas devem ser interpretadas como um conjunto de processos e operações determinado pela função parcial que ele desempenha e, paralelamente, considerá-las como base para o desempenho de habilidades e técnicas esportivas.

As capacidades motoras, dentre elas as coordenativas, configuram um alicerce para a execução de habilidades motoras e de técnicas dos esportes (Figura 5). Habilidades motoras são padrões observáveis do comportamento que são fundamentais, básicos tanto para a prática esportiva quanto para as atividades da vida cotidiana (andar, correr, saltar). Essas habilidades motoras, quando maduras e contextualizadas em cenários específicos de um esporte, tornam--se as técnicas (veja o capitulo específico sobre treinamento técnico).

MODELO DE TREINAMENTO DA COORDENAÇÃO MOTORA

Para Kröger & Roth (2002), a receita do treinamento da coordenação consiste em dosar o tempero, que é o determinante do sabor da comida:

> [...] quando se deseja desenvolver competência geral do movimento de forma objetiva e dirigida devem ser mantidas as exigências nas habilidades de forma mais baixa possível. Os "condimentos" decisivos do treinamento da coordenação com bola são as habilidades que as crianças dominam de forma estável; devem ser "temperadas" com a variação de informação e componentes de pressão.

Esse modelo de treinamento da coordenação é considerado como uma alternativa à sistematização do processo. Assim, atividades e exercícios nos quais se solicitam habilidades básicas, tais como correr, saltar, lançar, rolar, empurrar, tracionar etc., devem ser colocadas

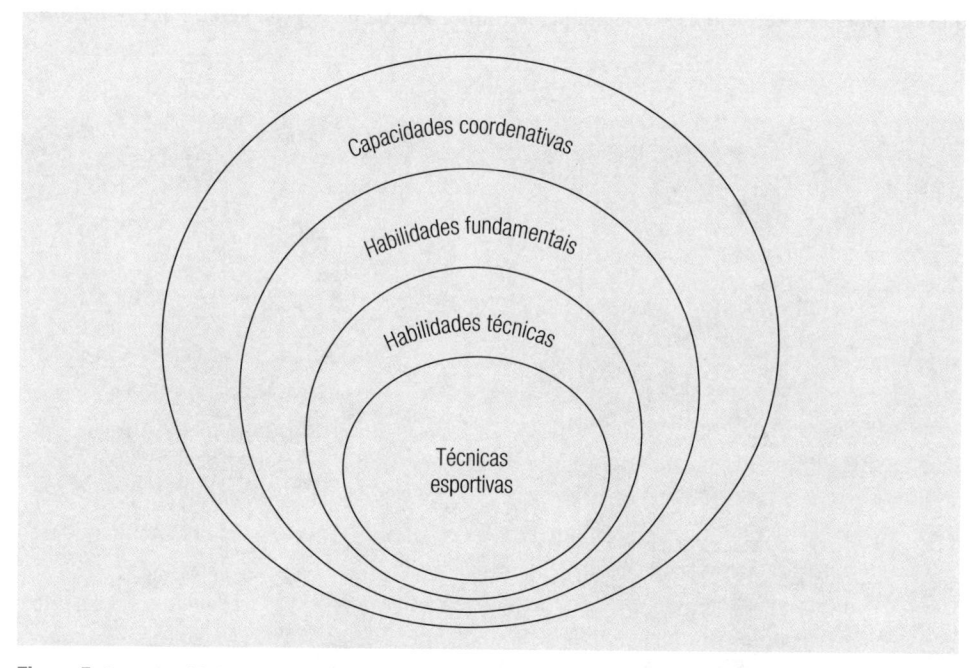

Figura 5 Das capacidades coordenativas às técnicas esportivas (Greco et al., 2009; Silva, 2010).

na realização de forma a variar as exigências aferentes e eferentes (recepção de informação através dos sentidos, elaboração da resposta) e colocadas em situações de pressão (Figura 6).

As possibilidades metodológicas de treinamento da coordenação conforme postuladas no modelo são enormes. Assim, caso se considere um dos cinco analisadores de informação, um dos sentidos (equilíbrio) e uma das seis alternativas de pressão da motricidade (pressão de precisão), já se apresentam trinta combinações duplas possíveis de serem planejadas para uma habilidade. Considerar que a coordenação pode ser trabalhada com atividades realizadas com mão, pé e raquete ou bastão multiplica por três essas combinações como conjunto de habilidades – as manuais, as com os pés e as com instrumentos (equipamentos). A conta seria: $5 \times 3 \times 6 = 90$, ou seja, 5 analisadores $\times$ 3 formas de realização movimento (mão/pé/instrumento) $\times$ 6 condicionantes de pressão = 90 possibilidades de atividades e/ou exercícios diferentes! Tem-se uma grande variabilidade de uma mesma atividade, o que proporciona treinos sem monotonia.

Aplicação do modelo na prática: coordenação geral

Nas faixas etárias iniciais, são oferecidas atividades em que se solicita a realização de habilidades mais conhecidas, dominadas, como andar, saltar, entre outras, para situações desconhecidas; por exemplo, andar sob uma trave de equilíbrio ou em cima de um banco sueco; andar em um plano inclinado com um olho fechado e assim por diante. Andar em posição quadrúpede (de quatro) para frente e depois lateralmente, no chão ou em cima de um banco sueco são modificações em que diferentes analisadores estarão sendo ativados. Assim, recorre-se ao aumento de elementos nas atividades, ou seja, aumentar a sequência de partes que compõem o exercício. Isso solicita primeiramente uma percepção geral, por exemplo, ao

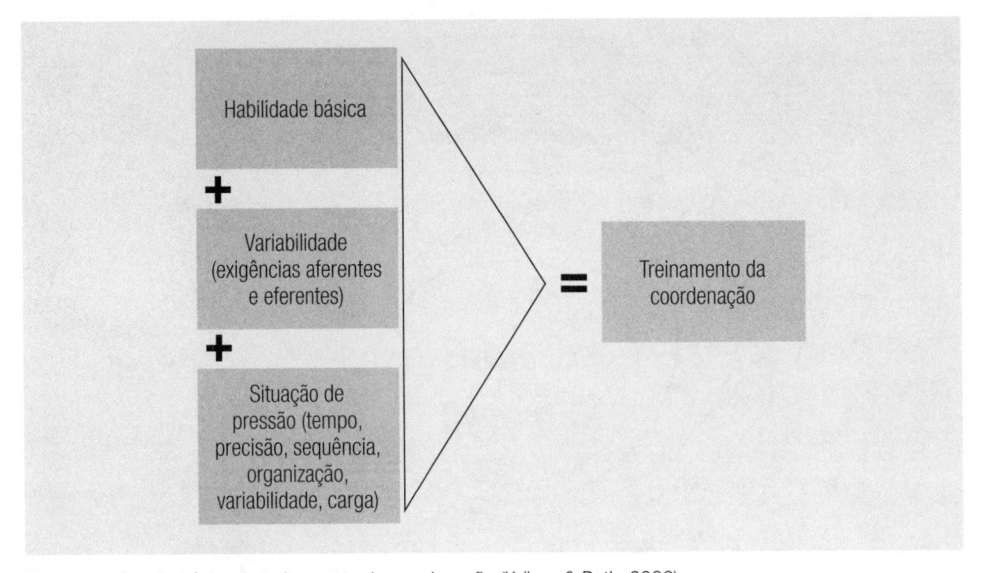

Figura 6 Fórmula básica do treinamento da coordenação (Kröger & Roth, 2002).

sinal de virar e pegar uma bola e, posteriormente, após o sinal, encostar a mão no chão, girar e pegar a bola e assim por diante.

Na Figura 7A observa-se um exemplo de treinamento da coordenação no qual o praticante se coloca no centro de três objetos que estão demarcando o espaço no chão. O praticante deverá rolar um bambolê no braço e se deslocar lateralmente da esquerda para a direita e vice-versa, de um setor a outro, sem perder o controle do objeto no braço. É importante que o objeto marque um espaço que tenha altura suficiente para que o praticante possa transpor o obstáculo sem ter que saltá-lo. Qual é o parâmetro de pressão da motricidade que está sendo solicitado? Pressão de organização, sim, predominantemente, e pressão de sequência, também.

Na Figura 7B outro exercício para treinamento da coordenação, semelhante ao exercício anterior, só que agora o praticante se posiciona no meio de dois objetos que delimitam seu espaço de deslocamento. Ele deverá se deslocar alternadamente para a direita e para a esquerda, sem perder o controle de dois bambolês que deverão rolar simultaneamente ao deslocamento. O objetivo nessas duas atividades é que o praticante aprenda a distribuir e dividir a atenção, bem como a dissociar segmentos musculares no momento da sua ação. Propõe-se esse exercício aproximadamente dos 8 a 10 anos de idade.

Na Figura 8A observa-se outro exemplo de treinamento da coordenação: o praticante está acima de um banco sueco e se desloca para frente e para trás quicando uma bola.

Na Figura 8B o praticante está posicionado entre dois objetos demarcatórios; ele deverá rolar um bambolê no braço e trocar com o colega, alternadamente, um bambolê e uma bola, passando o bambolê para o colega, rolando e recebendo com o pé um passe deste. Após a recepção, procede-se à troca de elemento, chuta a bola de volta e recebe o bambolê. Nesse

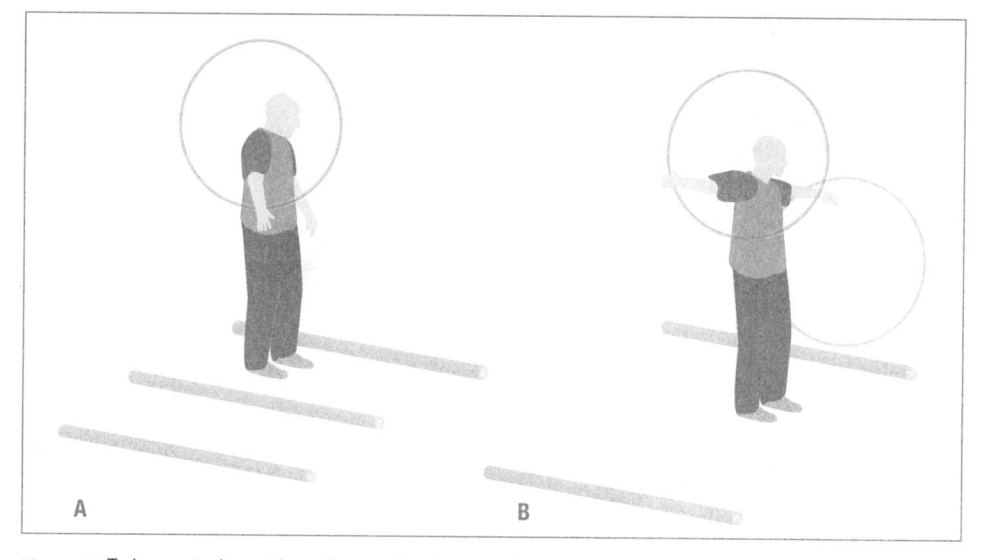

A   B

Figura 7 Treinamento da coordenação: organização e sequência.

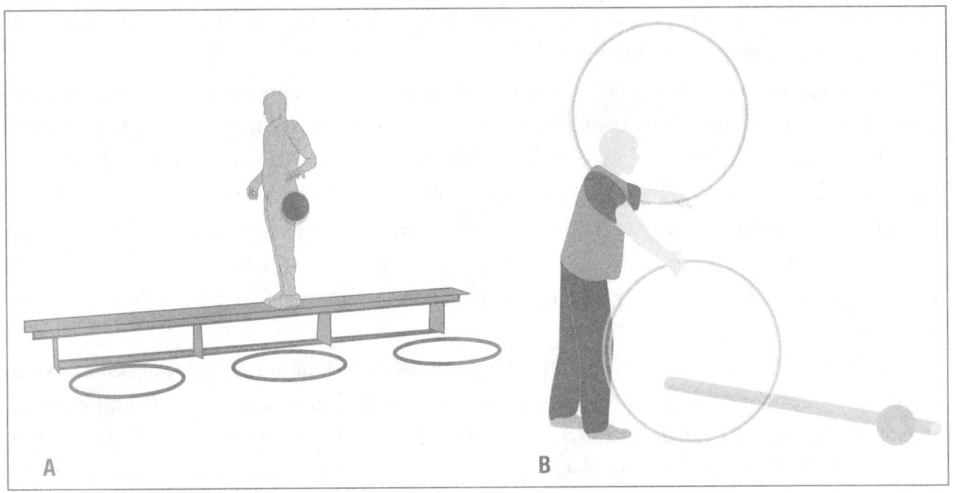

Figura 8 Treinamento da coordenação. Condições de pressão: precisão em equilíbrio e sequência e organização simultâneas.

intervalo, ocorre deslocamento lateral entre os objetos demarcatórios do espaço. Volta à sua posição inicial e recomeça o exercício com o passe de recepção e devolução da bola.

Na Figura 9A observa-se o praticante andando em cima de uma madeira, com os olhos vendados. Nesse exercício, o analisador vestibular é colocado em ação. Na Figura 9B observa--se o deslocamento do praticante no plano inclinado quicando uma bola; nesse exercício, os parâmetros de organização e o analisador vestibular estão sendo exigidos.

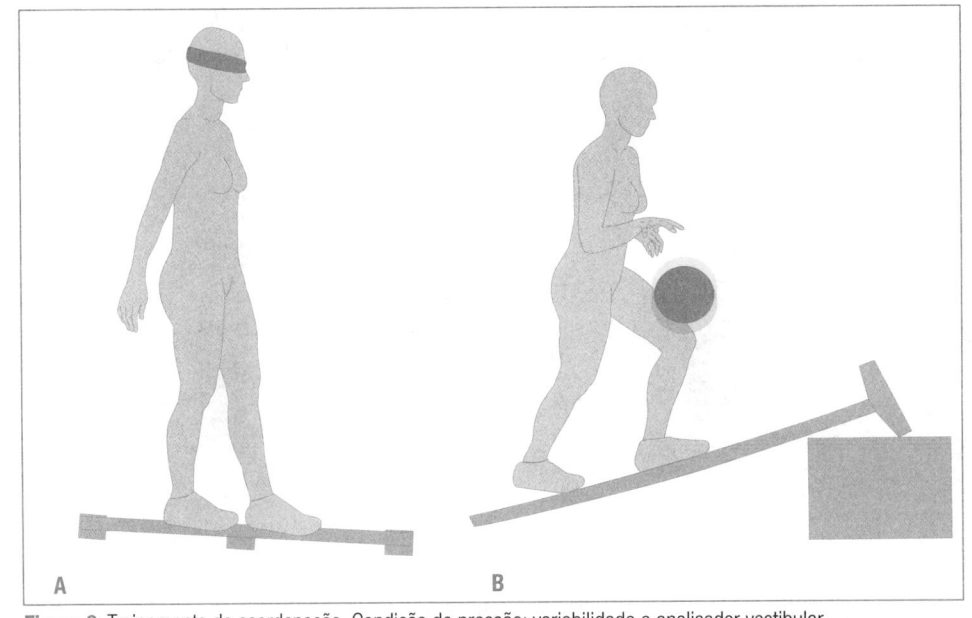

Figura 9 Treinamento da coordenação. Condição de pressão: variabilidade e analisador vestibular.

Outros exemplos de atividades para treinamento da coordenação, pressão de organização (duas atividades simultaneamente) com participação do analisador vestibular (equilíbrio) são:

- Lançar com uma mão uma bola para cima e quicar outra com a outra mão, pegar a bola lançada após um giro completo sobre o eixo longitudinal.
- Avançar e retroceder realizando circundução dos braços simultaneamente e em sentido contrário.
- Andar em cima de uma trave e simultaneamente balançar dois bambolês, um em cada braço.
- Andar em cima de um banco sueco conduzindo uma bola com os pés e rolando um bambolê no braço.
- Jogo da sombra com o colega quicando uma bola (em duplas, um propõe a atividade de corrida e o outro, com a bola, deve segui-lo, ou seja, imitá-lo).

Como se observa, são muitas as possibilidades para se treinar a coordenação, sendo que a imaginação dos alunos é uma boa fonte de atividades.

As capacidades coordenativas são de extrema importância nos jogos esportivos coletivos, já que a dinâmica do jogo às vezes não permite ao atleta que execute de forma exata o modelo padrão da técnica. O sistema de referência está constituído por um ambiente aberto que coloca uma alta exigência nos processos cognitivos, na busca de solução para a situação. Portanto, é plausível considerar que capacidade coordenativa apresenta-se como o elemento de união dos diferentes processos solicitados. Considerando a natureza das habilidades necessárias aos esportes coletivos, três parâmetros coordenativos parecem ter muita importância: o tempo, o espaço e a situação. Assim, o treinamento da coordenação não pode ser visto na configuração de atividades nas quais somente o tempo e o espaço ditem as normas da ação. Muito pelo contrário, gradativamente, deve-se trabalhar em contextos variados, seja pelo material utilizado, como o tipo de bola, seja pelo analisador envolvido, bem como na combinação desses elementos.

Para tal estrutura de treinamento da coordenação é necessário estabilizar e variar a habilidade esportiva para que ela possa ser empregada na situação. O emprego da habilidade na situação passa pela utilização dos condicionantes de pressão contidos na própria situação. Por mais que esse treinamento possua parâmetros de um treino analítico, o que não remete em nada de ruim para o rendimento, sua configuração incidental se dá pela variedade de atividades/exercícios que a proposta dos condicionantes de pressão proporciona. Por meio da variedade de atividades que podem ser utilizadas no treino de uma única habilidade alcança- -se a aplicação da realidade situacional dos jogos (método incidental).

Uma alternativa de auxílio metodológico pode ser encontrada na seguinte regra de aplicação das atividades para o treinamento da coordenação:

- Nível I (4-8 anos): priorizar atividades com um elemento, mas em que sejam ofertados os mesmos exercícios preferencialmente com diferentes materiais, por exemplo: lançar bola, bambolê, bastão, sacolinha, realizando a atividade com as mãos, os pés ou raquete.

- Nível II (8-10 anos): atividades com dois elementos; aqui as combinações são enormes, por exemplo, bola e bambolê, bola e bastão, corda e bola, etc.
- Nível III (10-12 anos): atividades com três elementos (combinações como as dos níveis anteriores).
- Nível IV (12-14 anos em diante): atividades divididas em coordenação específica (80%) e coordenação geral (20%).

As faixas etárias colocadas entre parênteses têm o intuito de ser uma orientação para o professor. A aquisição de experiências e o processo de aprendizagem não seguem um modelo linear, ao contrário. Isso faz que o trabalho de treinamento da coordenação se constitua em um permanente desafio para o professor. De forma geral, mesmo sabendo das possibilidades de erro, aqui, no intuito somente de auxiliar no processo, sugere-se que na faixa etária compreendida entre os 4-8 anos o trabalho de desenvolvimento da coordenação objetive o direcionamento da atenção à habilidade. Que o praticante consiga controlar seus movimentos (controlar os graus de liberdade do movimento) dentro do contexto de aplicação da habilidade. Isso significa que no início mais atenção é dedicada à variação do contexto da habilidade para assegurar seu amadurecimento e depois, mas continuamente, o acoplamento de um elemento. Os elementos também devem ser variados para que alterem o ajuste de capacidades de força e velocidade que resultam na coordenação-adaptação e adequação da habilidade ao contexto. Nessas idades é comum se apresentarem muitas flutuações de rendimento e grandes diferenças interindividuais. Recomenda-se organizar atividades conforme nível de dificuldade, recorrendo-se, por exemplo, a formas de trabalho em estações.

A seguir, no Nível II objetiva-se uma distribuição da atenção e uma dissociação de segmentos musculares. O fato de se ter que trabalhar com dois elementos requer uma rápida mudança do foco de atenção, de um para outro e para o próprio corpo.

No Nível III pretende-se trabalhar de forma simultânea com as habilidades mais próximas da modalidade, e apresentar exigências de distribuição da atenção e dissociação de segmentos musculares paralelamente.

No Nível IV, o praticante se encontra no que se denomina de um estádio de transição da forma esportiva (a prática de esportes será realizada objetivando-se, por exemplo, o lazer, o rendimento, a saúde?), e por esse motivo sugere-se que sejam apresentadas atividades que levem em consideração situações de desenvolvimento da coordenação geral, da coordenação específica de uma modalidade (assunto que será abordado na próxima sessão) e principalmente do nível coordenativo da criança. Nesse nível, as experiências motoras das crianças já influenciam no rendimento das habilidades significativamente e é um dos últimos estágios possíveis para se "recuperar" padrões do desenvolvimento, alcançando um nível coordenativo que assegure a utilização das habilidades esportivas no contexto do rendimento expressivo.

KAR (*Koordenations-Anforderungs-Regler*): um modelo aplicado ao treinamento da coordenação específica. O treinamento técnico-coordenativo?

Nos esportes, cada modalidade apresenta um determinado perfil de exigência coordenativa. Por exemplo, nas modalidades basquetebol e ginástica rítmica as diferenças são bastante grandes e evidentes. O perfil de exigência coordenativa se modifica conforme as características das habilidades que são realizadas nos contextos aberto ou fechados, como já descrito anteriormente. Por exemplo, nos esportes fechados, por mais que as habilidades empreguem um elemento como a bola (exemplo do GR do início do texto), que é comum dos esportes coletivos, a utilização das mãos e dos pés dentro do ritmo caracteriza a coordenação necessária. Nos esportes coletivos, como no futebol, as habilidades e as técnicas são especificamente com os pés, já no handebol e basquetebol, as habilidades são com as mãos ritmadas de acordo com a situação tática. Considera-se importante destacar novamente aqui que a coordenação é um construto latente, e que seu nível de rendimento se expressa através da habilidade e da técnica.

A proposta do modelo KAR formulada por Neumaier (1999, Neumaier et al. 2002) não somente ilustra essas diferenças, mas também as considera como ponto de partida para estabelecer os fatores necessários ao treinamento da coordenação. O KAR é um sistema de regulação das solicitações coordenativas. A forma de representá-lo seria imaginando uma mesa de controle de áudio. Nela, os painéis de controle perceptual (os sentidos) e motores (os parâmetros de pressão) são organizados de forma que por meio do "deslizamento" das peças na mesa de controle se outorga maior ou menor volume a um desses componentes.

Considera-se essa proposta como uma alternativa de treinamento da coordenação específica, já que o autor apoia o trabalho de treinamento coordenativo considerando a técnica ou as técnicas específicas das modalidades. Ou seja, as atividades de treinamento da coordenação estão elaboradas a partir da técnica da modalidade, por exemplo, o passe com a parte interna do pé ou o lançamento em suspensão no handebol, o saque "viagem" no voleibol e assim por diante. A técnica a ser melhorada passa por um processo de treinamento coordenativo, sendo assim colocados exercícios específicos de forma sistematizada com os diferentes parâmetros da coordenação, isto é, os analisadores e os elementos de pressão.

A quantidade e intensidade das repetições das atividades de pressão e dos analisadores dependem da prévia determinação deles dentro do KAR. Ou seja, conforme a qualificação, valoração, que se dá a um desses componentes de recepção de informação (via aferente) e de realização (pressão da motricidade, via eferente) na execução da técnica.

Na Figura 10 é apresentado um modelo do KAR elaborado por Neumaier (1999) para os esportes coletivos. No modelo do autor apresentam-se algumas diferenças em relação aos parâmetros de pressão sugeridos por Kröger & Roth (1999), Roth (1997a), Roth et al. (2002), Roth et al. (2005). Os parâmetros de pressão comuns entre os autores são: de precisão, de tempo e de carga. Já na classificação considerada por Neumaier (1999) e Neumaier et al. (2002) figuram os parâmetros de pressão da situação e o de sequência. Para Neumaier (1999) e Neumaier et al. (2002) pressão de situação se caracteriza pelas exigências em relação à variabilidade e complexidade do ambiente e das condições da própria situação. Esses parâmetros são semelhantes ao de variabilidade colocado por Roth (1997), mas dele se difere ao considerar a situação e o ambiente. O segundo parâmetro que apresenta diferenças no conceito é o de complexidade. Para Neumaier (1999) e Neumaier et al. (2002) esse conceito representa as exigências ou requisitos solicitados pelas partes do movimento de forma simultânea e/ou sucessiva na participação dos grupos musculares. Esse conceito junta os conceitos de Roth (1997) sobre pressão de organização (várias coisas ao mesmo tempo e sequência, uma coisa atrás da outra). Para Neumaier (1999) e Neumaier et al. (2002), ainda é importante observar que além dos analisadores visual, acústico, tátil, sinestésico, vestibular, devem-se considerar as pressões na ação no equilíbrio. Todos esses elementos, como se observa na Figura 10, podem ser definidos em relação à "intensidade" da sua participação, ou seja, quais são mais importantes em determinada ação. Esse modelo é geral e podem ser colocados nele outros elementos específicos que uma determinada disciplina apresente.

Como se determina o perfil de exigência coordenativa ou KAR? Primeiramente deve ser esclarecido que as exigências na realização de uma tarefa se diferenciam conforme seus objetivos e as condições da sua realização (situação e ambiente), bem como o nível de aprendizado e de experiência da pessoa que realiza a ação. A determinação do KAR depende das considerações que o treinador, como um *expert*, realiza sobre o perfil de exigência coordenativa das ações na modalidade. As ciências do esporte auxiliam por meio da formatação e delimitação via pesquisas dessas características, mas sempre é possível se adequar o padrão às necessidades específicas.

Na Figura 11 é apresentado um modelo do KAR para o futebol, na técnica do *dribbling* em velocidade (Neumaier, 1999; Neumaier et al., 2002). Na parte de baixo dessa figura observa-se que as pressões em relação aos analisadores na realização do drible (condução da bola) em velocidade foram consideradas de tipo médio a alto para o analisador visual (O), e o equilíbrio (G), do tipo baixo para o analisador acústico (a) e médio para os analisadores tátil (t), cinestésico (k) e vestibular (v). Em relação aos elementos de pressão, as exigências em relação a precisão (P), atividades simultâneas (K^1) e sucessivas (K^2), escolha dos músculos (K^3) e pressão de tempo (Z) foram caracterizadas como baixas a médias. A pressão de situação em relação à complexidade (S^1) e a situação em relação à variabilidade (S^2) foram classificadas como baixas. Já as pressões de carga física (B^1) e psíquica (B^2) foram consideradas altas.

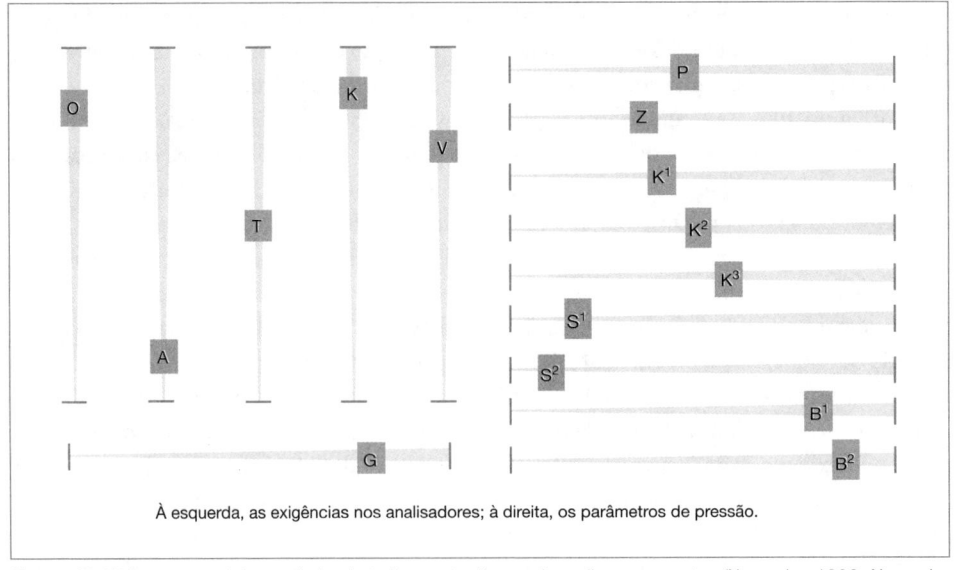

À esquerda, as exigências nos analisadores; à direita, os parâmetros de pressão.

Figura 10 KAR como modelo regulador do treinamento da coordenação nos esportes (Neumaier, 1999; Neumaier et al., 2002).

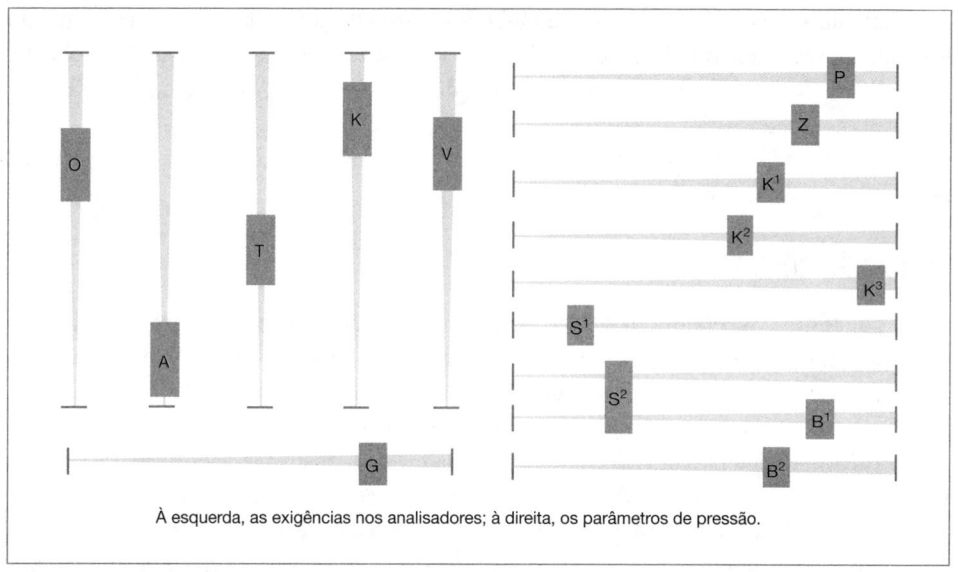

À esquerda, as exigências nos analisadores; à direita, os parâmetros de pressão.

Figura 11 KAR do *dribbling* em velocidade no futebol (Neumaier et al., 2002).

Na Figura 12 é apresentado um modelo do KAR para a disciplina de corrida com obstáculos no atletismo.

No exemplo observa-se que as exigências na recepção de informação (sentidos, via aferente) estão consideradas como baixas para o analisador acústico e altas para os analisadores visual e cinestésico, sendo para os analisadores vestibular, equilíbrio e tátil, de médias até altas.

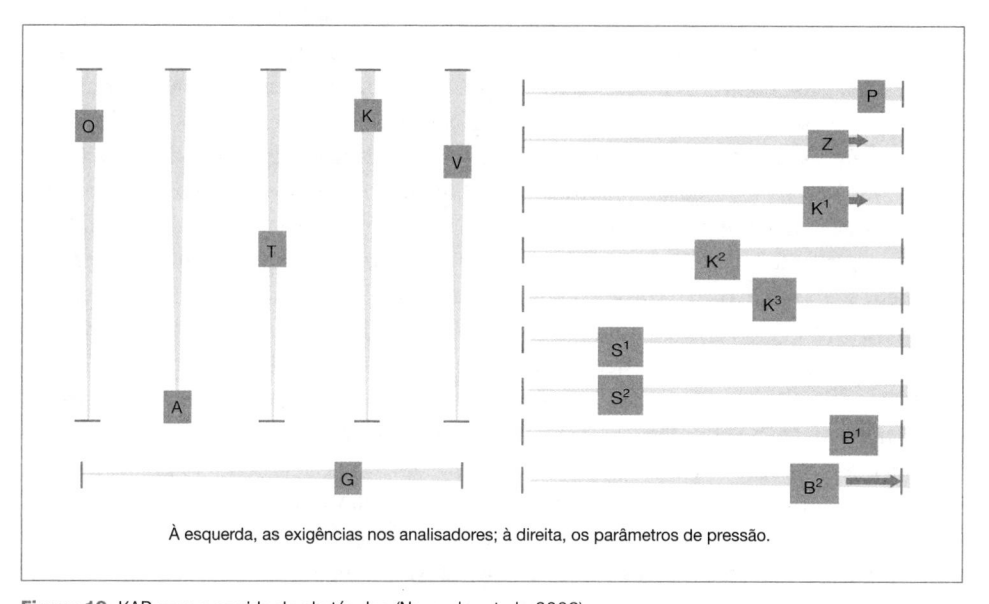

À esquerda, as exigências nos analisadores; à direita, os parâmetros de pressão.

Figura 12 KAR para a corrida de obstáculos (Neumaier et al., 2002).

Já em relação aos parâmetros de pressão observa-se uma alta demanda na precisão, no tempo e atividades simultâneas (K^1), sendo média para atividade sucessiva (K^2) e para a escolha de musculatura (K^3), e baixa para situação complexidade (S^1) e situação variabilidade (S^2) e carga física (B^1) e psíquica (B^2).

Conhecidos os parâmetros que exercem pressão na realização de uma ação coordenada, resta então a escolha dos exercícios adequados.

CONSIDERAÇÕES FINAIS

Segundo Roth & Willimczik (1999), as capacidades coordenativas são gerais em relação aos movimentos e aos esportes; influenciam no nível de condução e regulação dos movimentos voluntários. A coordenação, mesmo tendo um alto grau de dependência da herança, dos aspectos genéticos, do talento e aprendizagem/treinamento, apresenta um alto nível de treinabilidade. Particularmente com crianças, as capacidades coordenativas e a coordenação se constituem na base para o aprendizado das habilidades e das técnicas específicas dos esportes, portanto, são consideradas "de base" para o controle das habilidades e das técnicas. A coordenação possui um caráter nomotético, ou seja, através delas se diferenciam níveis de rendimento. A análise da coordenação se realiza por meio de testes, e o mais conhecido e aplicado consiste da bateria de testes de coordenação corporal (*Körperkoordination Test für Kinder*) amplamente conhecida nas ciências do esporte como teste KTK, desenvolvido por Kiphard & Schilling (1974), que é composto por quatro provas: equilibrar-se andando de costas, saltitar com uma perna, saltos laterais e transposição lateral. A literatura ainda não apresenta resultados de testes de coordenação com bola para que possam ser comparados, pois não existia um teste para tal. Mas recentemente, no Brasil, foi construído o teste de coordenação com bola, o TECOBOL (Silva, 2010), para os esportes de invasão, o qual já apresenta alguns critérios de validade.

O modelo proposto neste capítulo para treinamento da coordenação destaca a importância de se organizar uma combinação entre a informação procedente pelas vias aferentes e a informação enviada à musculatura, as vias eferentes. Essa combinação resulta em uma rica série de opções para se trabalhar, por meio de tarefas gerais, as diferentes exigências coordenativas. Essas exigências também serão exercitadas no processo de ensino-aprendizado-treinamento da ação esportiva, de forma sistematizada, possibilitando o desenvolvimento da capacidade coordenativa, o que por sua vez significa uma melhoria nas habilidades e na técnica. Conforme Kröger & Roth (2002), na exercitação das exigências coordenativas em seus diferentes parâmetros constitutivos devem ser sempre integradas atividades com bola (sem descartar outros elementos, tais como bambolê, bastão, corda, etc.). Isso frequentemente conduz a um efeito geral e amplo da transferência, como também melhora o nível de transportabilidade dos efeitos do treinamento coordenativo dentro do contexto dos jogos esportivos coletivos.

O treinamento da coordenação sempre está associado ao treinamento da percepção do movimento. A recepção de informação do ambiente apresenta significado relevante para estruturar as informações do próprio corpo, por exemplo, definir: o que devo fazer? Para onde devo me movimentar? Isso permite configurar a imagem mental do movimento. Nos esportes abertos (por exemplo: jogos esportivos coletivos, lutas), o treinamento da coordenação representa também uma forma de treinamento da tomada de decisão.

Em relação à forma de emitir a informação, o professor deve estar atento para a sua linguagem: conteúdo transmitido com emoção, falar acompanhando o ritmo do movimento (estrutura dinâmica do movimento); ser curto e claro e considerar as observações de unir novas com velhas informações e relacionar as informações com quadros, fotos, animais, etc.

Particularmente na iniciação esportiva, no processo de ensino-aprendizagem e também inicialmente no treinamento das capacidades coordenativas gerais, as exigências condicionais (atividades de força e resistência) devem ser diminuídas ou evitadas. No treinamento dos componentes gerais da coordenação (analisadores e pressões), deve-se proceder exatamente ao contrário, ou seja, deve ser ofertada uma grande variedade de exigências aferentes e eferentes; a estas se adicionam as condições de pressão, de forma a exercitar variada e dinamicamente muitas atividades. Em outras palavras, no treinamento da coordenação quanto "pior" (ou seja, quanto mais elementos, pressões, variações, combinações, etc.), melhor. Quanto mais difícil e complexamente o mesmo exercício for realizado, melhor.

O processo de treinamento da coordenação deve ser continuado com o treinamento das habilidades técnicas. Já o treinamento da coordenação específica ou o treinamento técnico-coordenativo segue a orientação desenvolvida através do KAR, o sistema de regulação das solicitações coordenativas. Esse modelo permite organizar, a partir da técnica, diferentes variações na sua execução direcionadas à melhoria dos componentes coordenativos que servem de base para a técnica a ser treinada.

Tanto no modelo de Roth (1997a) quanto no de Neumaier (1999), ou na proposta de Greco & Benda (1998) e Greco & Silva (2010), as atividades devem ser organizadas de forma sistemática, planejadas e metodológica e didaticamente apresentadas. Importante: deve-se variar os elementos e os materiais (bambolê, bola, bastão, corda, sacolinha, etc.) de forma constante. Na medida do possível, deve-se realizar a mesma atividade com pé, mão e raquete/bastão, para que o praticante experimente diferentes alternativas de realizar a mesma tarefa, trabalhe outros grupos musculares, mas reforce as conexões neurais integrantes dessa classe de tarefas.

Deseja-se boa coordenação para ver os erros quando os alunos realizarem os exercícios, boa coordenação para lhes sugerir dicas, variar as atividades, planificar novos exercícios, estudar cada dia mais e avaliar de forma constante as necessidades individuais dos alunos e o seu progresso, coordenando seus diferentes níveis de rendimento na realização de diferentes atividades.

QUESTÕES PARA ESTUDO

1. O que é coordenação? Defina e caracterize.
2. Conforme Nitsch & Munzert (2002), quais são os problemas que se encontram no estudo da coordenação?
3. Diferencie coordenação de habilidades e de técnica, cite as características de cada um desses termos e explique o processo das capacidades à técnica esportiva.
4. Quais são as capacidades coordenativas relacionadas no capítulo?
5. Quais são as capacidades coordenativas fundamentais para o esporte escolar?
6. Descreva as exigências coordenativas nas tarefas de movimento.

7. Descreva a fórmula básica do treinamento da coordenação conforme Kröger & Roth (2002).
8. Quais são os parâmetros necessários para o treinamento da coordenação?
9. Descreva o KAR e explicite a sua importância para o treinamento técnico-coordenativo.
10. Desenvolva um modelo de KAR para a modalidade que você pratica.

REFERÊNCIAS BIBLIOGRÁFICAS

1. Balbinotti MAA. Estou testando o que imagino estar? Reflexões acerca da validade dos testes psicológicos. In: Vaz CE, Graff RL (ed.). Técnicas projetivas: produtividade em pesquisa. v. 1. São Paulo: Casa do Psicólogo; 2004. p.22-6.
2. Bartlett FC. Remembering. Cambridge: Cambridge University Press; 1932.
3. Bentler PM. Comparative fit indices in structural models. Psychological Bulletin. 1990;107(2):238-46.
4. Bernstein N. The co-ordination and regulation of movements. Oxfort: Pergamon Press; 1967.
5. Bessa MFDS, Pereira JS. Equilíbrio e coordenação motora em pré-escolares: um estudo comparativo. Rev Bras Ciên e Mov Brasília. 2002;10(4):57-62.
6. Binsted G et al. Eye-hand coordination in goal-directed aiming. Human Movement Science. 2001;20(4-5):563-85.
7. Blume DD. Zu einigen wesentlichen theoretischen Grundpositionen fiir dic untersuchung der koordinativen Fahigkeiten. In: (Ed.). Theorie und Prazis der Kõrperkultur. 1978;27:29-36.
8. Blume DD, Zimmermann K. Las capacidades coordinativas y la movilidad. In: Meinel K, Schnabel G (ed.). Teoría del movimiento. Buenos Aires: Stadium; 1988.
9. Broderick MP, Newell KM. Coordination patterns in ball bouncing as a function of skill. Journal of Motor Behavior. 1999;31(2):165-88.
10. Clark JE. Motor development. In: Ramachandran VS. Encyclopedia of Human Behavior. v.3. New York: Academic Press; 1994.
11. Fitts P. The information capacity of the human motor system in controlling the amplitude of movement. Journal of Experimental Psychology. 1954;47:381-91.
12. Fitts P, Peterson JR. Information capacity of discrete motor responses. Journal of Experimental Psychology. 1964;67:103-22.
13. Fleishman EA. Development of a behavior taxonomy for describing human tasks: a correlational--experimental approach. Journal of Applied Psychology. 1967;51:1-10.
14. Fleishman EA. Dimensional analysis of the psychomotor abilities. Journal of Experimental Psychology. 1954;48:437-54.
15. Fleishman EA. The structure and measurement of physical fitness. New Jersey, USA: Prentice-Hall International, Englewood Cliffs; 1964. 207p.
16. Fleishman EA. Toward a taxonomy of human performance. American Psychologist. 1955;3:1127-49.
17. Fleishman EA, Quaintance MK. Taxonomies of human performance. Orlando, Florida: Academic Press; 1984.
18. Gallahue DL, Ozmun JC. Compreendendo o desenvolvimento motor: bebês, crianças, adolescentes e adultos. São Paulo: Phorte Editora; 2001. 641p.
19. Gallahue DL. Conceitos para maximizar o desenvolvimento da habilidade de movimento especializado. Revista da Educação Física. 2005;16(2):197-202.
20. Gibson JJ. The ecological approach to visual perception. Boston: Houghton Mifflin; 1979.
21. Gibson JJ. The sense considered as perceptual systems. Boston: Houghton Mifflin; 1966.
22. Greco PJ, Benda RN. Iniciação esportiva universal. Da aprendizagem motora ao treinamento técnico. v. 1. Belo Horizonte: Ed. UFMG; 1998.

23. Greco PJ, Silva SA. A metodologia de ensino dos esportes no marco do programa Segundo Tempo. In: Oliveira AB, Perim GL (ed.). Fundamentos pedagógicos para o programa Segundo Tempo. Porto Alegre: UFRGS; 2008. p.86-136.

24. Greco PJ, et al. Aprender a jogar handebol jogando, jogar para aprender. In: Comissão de Especialistas de Educação Física do Ministério do Esporte (org.). Manifestações dos Esportes (Esporte escolar - especialização 5). Brasília: Universidade de Brasília CEAD; 2005. p.140-171.

25. Greco PJ, et al. Organização e desenvolvimento pedagógico do esporte no Programa Segundo Tempo. In: Oliveira AAB, Perim GL (ed.). Fundamentos pedagógicos do Programa Segundo Tempo: da reflexão a prática. Maringá: Eduem; 2009. p.163-206.

26. Gundlach H. Systembeziehungen körperlicher Fähigkeiten und Fertigkeiten. Theorie und Praxis der Körperkultur. 1968;17:198-205.

27. Haywood KM, Getchell N. Desenvolvimento motor ao longo da vida. Porto Alegre: Artmed; 2004.

28. Haywood KM, Getchell N. Desenvolvimento motor ao longo da vida. Porto Alegre: Artmed; 2010.

29. Hirtz P. Koordinative Fähigkeiten im Schulsport. Berlim: Volk und Wissen; 1985.

30. Hirtz P. Koordinationstraining. In: Schnabel G et al. (ed.). Trainingswissenschaft. Berlim: Volk und Wissen; 1997.

31. Hoffmann J. Kognitionen im Dienste der Handlungssteuerung. Psychologische Rundschau. 1998;1(49):21-3.

32. Hossner HJ. Horizontale und vertikale Fähigkeiten und ein modulares Konzept des Techniktrainings. In: Hirtz P, Nuske F (ed.). Bewegungskoordination und sportliche Leistung integrativ betrachtet. Hamburg: Czwalina; 1997. p.221-5.

33. Kiphard EJ, Schilling VF. Köperkoordinationstest Für Kinder KTK: Manual Von Fridhelm Schilling. Weinheim: Beltz Test Gmbh; 1974. Hamburg: Czwalina; 1997. p.221-5.

34. Kröger C, Roth K. Escola da bola: um ABC para iniciantes nos jogos esportivos. São Paulo: Phorte; 2002.

35. Meinel K, Schnabel G. Teoría del movimiento: motricidade deportiva. Buenos Aires: Ed. Stadium; 1987.

36. Mesquita I. Modelação da habilidades técnicas nos jogos desportivos. In: Garganta J (ed.). Horizontes e órbitas no treino dos jogos desportivos. Porto: Universidade do Porto, Centro de Estudos dos Jogos Desportivos - FCDEF; 2000. p.73-89.

37. Neumaier A. Koordinative Grundlangen: Wie trainiert und diagnostiziert man koordenative Leistungsvoraussetzungen? In: Hagerdorn G, Riepe L (ed.). Talentsuche und Talentförderung: Probleme der Nachwuchsförderung - Trainer und Sportwissenschaft im Dialog. Paderborn: Reader zum 9. Internat. Workshop. 1994. Paderborn: Universität; 1994. p.101-15.

38. Neumaier A. Koordinatives Anforderungsprofil und Koordinationstraining. Strauss. Köln: Ed. Sport und Buch; 1999.

39. Neumaier A, Mechling H. Taugt das Konzept koordinativer Fähigkeiten als Grundlage für sportartspezifisches Koordinationstraining? In: Blaser P, Witte K, Stucke C (ed.). Steuer - und Regelvorgänge der menschlichen Motorik. St. Augustin, 1995: Academia Verl.; p.207-12.

40. Neumaier A, et al. Koordenative Anförderungsprofile ausgewälter Sportarten. Koeln: Verlag Sport und Buch Strauss; 2002.

41. Newell KM. Physical constraints to development of motor skills. In: Thomas JR (ed.). Motor development during childhood and adolescence. Minneapolis: Burgess Publishing; 1984. p.105-120.

42. Newell KM. Constraints on the development of coordination. In: Wade MG, Whiting HTA (ed.). Motor development in children: aspects of coordination and control. Amsterdam: Martin Nijhoff; 1986. p.341-61.

43. Newell KM. Motor skill acquisition. Annual Review Psychol. 1991;42:213-37.
44. Newell KM, Vanemmerik REA. Are Gessel's developmental principles general principles for the acquisition of coordination? In: Clark JE, Humphrey JH (ed.). Advances in motor development research 3. New York: AMS Press; 1990.
45. Nitsch JR. The action-theoretical perspective. International Review for the Sociology of Sport. 1985;20(4):263-82.
46. Nitsch JR. Ecological approaches to sport activity: a commentary from an action-theoretical point of view. International Journal Sport Psychology. 2009;40:152-76.
47. Nitsch JR, Munzert J. Aspectos del entrenamiento de la técnica dasde la perspectiva de la teoría de la acción. Aproximaciones a un modelo integrador. In: Nitsch JR, et al. (ed.). Entrenamiento de la técnica: contribuiciones para un enfoque interdisciplinario. Barcelona: Editorial Paidotribo; 2002. p.585.
48. Nitsch JR, et al. Entrenamiento de la técnica. Contribuciones para un enfoque interdisciplinario. Barcelona: Paidotribo; 2002.
49. Nunnally JC. Psychometric theory. New York: McGraw-Hill; 1978.
50. Paixão TJ, Silva SA. Tempo de movimento e precisão no voleibol. I Congresso Internacional de Educação Física, Esporte e Lazer. Anais do I Congresso Internacional de Educação Física. São Carlos: Universidade Federal de São Carlos; 2010.
51. Pellegrini AM, et al. Desenvolvendo a coordenação motora no ensino fundamental. São Paulo: Editora da Unesp; 2005. p.177-91.
52. Petersen RDDS, Catuzzo MT. Estrutura coordenativa: a unidade de estudo da coordenação e do controle no comportamento motor humano. Revista Movimento. 1995;3(2):43-51.
53. Puni AZ. Abriß der Sportpsychologie. Berlin: Sportverlag; 1961.
54. Roth K. Struktur Analyse Koordenativer Fähigkeiten. Bad Homburg/R. F. Alemanha; 1982.
55. Roth K. Bewegung und Training. Heidelberg: Institut für Sport und Sportwissenschaft, Universität Heidelberg; 1997a.
56. Roth K. Von Künstlern und Legenden: Wege zum kreativen Spiel. In: Hossner EJ, Roth K (ed.). Sport-Spiel-Forschung - zwischen Trainerbank und Lehrstuhl. Ahrensburg: Czwalina; 1997b. p.73-6.
57. Roth K. Como melhorar as capacidades coordenativas. In: Garcia E, Lemos K et al. (ed.). Como melhorar as capacidades coordenativas. Temas atuais em Educação Física e Esportes III. Belo Horizonte: Ed. Health; 1998a.
58. Roth K. Wie Verbessert man die koorinativen Fähigkeiten? In: Sportpädagogen B (ed.). Methoden im Sportunterricht. Schorndorf: Hofmann; 1998b. p.84-101.
59. Roth K. Die fähigkeitsorientierte Betrachutungsweise (Differentielle Motorikforschung). In: Willimczik K, Roth K (ed.). Bewegungwissenschaft. Reinbek: Rowohlt; 1999.
60. Roth K. Grundvorlesung, Bewegung und Training. Protokolle der Vorlesungseinheiten. Universität Heidelberg: Unveröfentlichen Arbeit; 2001.
61. Roth K, et al. Ballschule Wurfspiele. Schorndorf: Hofmann; 2002.
62. Roth K. Ballschule Wurfspiele. Schorndorf: Hofmann; 2005.
63. Roth K, Roth C. Entwicklung koordinativer Fähigkeiten. In: (Ed.). Motorische Entwicklung. Schorndorf: Hofmann; 2009. p.35-56.
64. Roth K, Willimczik K. Bewegungswissenschaft. Reinbeck, bei Hamburg: Rowohlt; 1999.
65. Roth K, Winter R. Entwicklung koordenativer Fähigkeiten. In: Baur J, et al. (ed.). Motorische Entwicklung. Schorndorf: Ed. Hofmann; 1994.
66. Sadowski J. Coordination motor abilities in scientific research. Library Series. Biala Podlaska, Poland: Jósef Pilsudski Academy of Physical Education in Warsaw; 2005.

67. Saltzman E, Munhall KG. Skill acquisition and development: The roles of state-, parameter-, and graph-dynamics. Journal of Motor Behavior. 1992;24(1):49-57.

68. Schenan VIGI. Dynamicol of froo-ch and biomechanies. Human Movement Science. 1989;8:543-6.

69. Silva SA. Bateria de testes para medir a coordenação com bola de crianças e jovens. Porto Alegre: Escola de Educação Física, Universidade Federal do Rio Grande do Sul; 2010. 154 p.

70. Turvey MT. Coordination. American Psychologist. 1990;45(8):938-53.

71. Zakharov A. Ciência do treinamento desportivo. Rio de Janeiro: Editora Grupo Palestra; 1992.

72. Zimmermann K. Koordinative fihigkeiten und beweglichikeit. In: Meinel K, Schnabel G (ed.). Bewegungslehre - Sportmotorik. Berlim: Sportverlag; 1987. p.242-74.

Capítulo 9

Treinamento técnico nos esportes

Pablo Juan Greco
Klaus Roth

INTRODUÇÃO

O nível de rendimento cada vez mais exigente no esporte de alta competição, bem como a densidade dos calendários competitivos nas diferentes modalidades esportivas, demandam cada vez mais a otimização dos processos de treinamento. Assim – particularmente nos esportes coletivos –, visar a qualidade do treino é fundamental. Por esses motivos, tanto os objetivos, conteúdos e métodos do treinamento da técnica quanto o treinamento tático passam a ser temas cada vez mais importantes na investigação científica. Para se conhecer mais sobre como alcançar a melhora na qualidade técnica dos atletas, ou seja, como eles concretizam a reprodução do gesto técnico em situação de competição, têm sido realizadas pesquisas que mostraram possibilidades ainda não exploradas pelos modelos de treinamento técnico. As décadas de 1980 e 1990 podem ser consideradas, conforme Willimczik & Roth (1999), como de explosão das investigações na área; aumentou tanto o número de congressos como o de publicações dedicadas ao tema. Porém, somente as obras de Martin et al. (2001) e de Roth (1990) apresentam propostas apoiadas em pesquisa científica em contrapartida a um grande número de trabalhos apoiados nas práticas do cotidiano.

Responder às questões que emergem da práxis estabelece o ponto de partida para a fundamentação científica do processo de treinamento da técnica em esportes. Permite compreender como os movimentos habilidosos específicos dos esportes são coordenados e formular os processos de ensino e de treinamento mais adequados nesse contexto. Antes da formulação de uma proposta de treinamento da técnica é necessário compreender:

1. Quais são os paradigmas teóricos, as áreas e/ou linhas de pesquisa que norteiam as investigações sobre técnica e treinamento técnico?
2. Como funciona a realização de ações motoras organizadas no tempo e no espaço?
3. Como o aprendiz e/ou atleta produz e controla as respostas técnicas de forma rápida e flexível nas situações com as quais se defronta em esportes?

Neste capítulo objetiva-se responder as três questões formuladas, descrever as propostas de treinamento da técnica existentes hoje na literatura e também incitar o leitor a pesquisar mais sobre o tema, pois a busca do conhecimento não se encerra na resposta de somente um autor.

FUNDAMENTAÇÃO TEÓRICA

Na literatura anglo-saxônica tem sido priorizada a terminologia das habilidades (*motor skills*, ou também *abilities,* que em português se traduzem como habilidades motoras e habilidades, respectivamente) (Farrell, 1976). Segundo Tani et al. (2006),

> [...] se reconhece facilmente o resultado de ações habilidosas, mas não o processo subjacente a sua aquisição. Habilidade motora é o ato ou tarefa que requer movimento, são intencionais e aprendidas para se conseguir executá-las de forma correta. A habilidade é individual. A palavra habilidade motora é normalmente utilizada para indicar duas coisas relacionadas, porém distintas: a) um ato ou tarefa que requer movimento e que deve ser aprendida para ser adequadamente executada, [...] b) um indicador de qualidade do desempenho, ou seja, uma expressão do grau de proficiência na execução do movimento [...]

Na área da aprendizagem motora classificam-se as habilidades, em relação ao ambiente onde serão realizadas, em abertas (quando o ambiente é imprevisível, instável e pode influenciar no resultado da execução, por exemplo jogos esportivos coletivos) e fechadas (quando o ambiente é estável, conhecido, previsível e não influencia o resultado da sua execução, por exemplo, na natação) (Adams, 1971; Fitts & Possner, 1967; Schmidt, 1982).

Concretamente pode-se afirmar que as habilidades auxiliam a diferenciar os níveis de rendimento entre os seres humanos, sendo que a habilidade realizada deve ser estruturalmente controlada. Segundo Tani et al. (2006), pode-se recorrer à definição de Whiting (1975) para definir a habilidade como indicador da qualidade de desempenho: "ação complexa e intencional envolvendo uma série de mecanismos sensório, central, motor, a qual mediante processo de aprendizagem tornou-se organizada e controlada para alcançar objetivos predeterminados com máxima certeza". Ao referir-se a habilidades reflete-se o "nível de controle das funções e dos processos específicos necessários ao desempenho de técnicas esportivas de uma modalidade" (Roth, 1999). Neste capítulo, as habilidades específicas (ou esportivas) são equivalentes ao termo "técnica". Na literatura alemã, utiliza-se o conceito de técnica como nada além de uma forma especial de movimento de uma modalidade esportiva, por exemplo, a recepção baixa de uma bola no voleibol, o toque no passe no voleibol, o lançamento em suspensão, o chute com a parte interna do pé no futebol.

Nas ciências do esporte, a técnica (e seu conjunto, que é denominado de capacidade técnica e é um dos componentes do rendimento esportivo) tem sido descrita, analisada e referendada em diferentes publicações a partir da década de 1960, prioritariamente nos manuais das modalidades esportivas. Lamentavelmente, os livros-texto sobre treinamento esportivo mostram um interesse mais focado nas capacidades motoras (condicionais – força e resistência –, mistas – velocidade e flexibilidade –, e menos espaço às capacidades coordenativas), do que na capacidade técnica ou tática (Greco et al., 1996). A área da aprendizagem motora tem estado mais voltada para a pesquisa sobre habilidades, de uma forma mais geral, menos específica do esporte, e apresentado poucas relações com aspectos da pedagogia do esporte.

Nas publicações específicas das modalidades esportivas, por exemplo, nos manuais e livros-texto, tem sido propagado ao longo do tempo a importância de se realizar o treinamento da técnica o mais cedo possível, principalmente quando se aspira a uma prática do esporte no alto nível de rendimento. Porém, tanto a prática quanto as pesquisas nas ciências do esporte têm desmistificado essas afirmativas. No treinamento da técnica são válidos os princípios denominados construção em longo prazo, ou seja, considerar o processo de treinamento em uma sequência caracterizada pelo ensino-aprendizagem e seu posterior aprimoramento, bem como o princípio da durabilidade do processo, ou seja, a construção sólida através do tempo (Abernethy & Wood, 2001; Carl, Grosser e Neumaier, 1986; Hossner, 1995; Martin et al., 2001; Nitsch et al., 2002; Roth, 1997; entre outros autores).

Os paradigmas teóricos que acompanham o treinamento técnico derivam das áreas da psicologia do esporte e da aprendizagem motora, bem como das ciências do treinamento esportivo. Destacam-se ao longo do tempo as dualidades de pensamento teórico, por exemplo, entre teorias da informação (p. ex., em Abernethy, 1990; Schmidt, 1975; Schmidt & Wrisberg, 2002) e teorias cognitivas (p. ex., em Meijer & Roth, 1988; Prinz, 1990), e, posteriormente, nos paradigmas entre as teorias cognitivas e as teorias ecológicas – entendidas aqui pelo conjunto de propostas reunidas nas teorias dos graus de liberdade da coordenação ecológica e dos sistemas dinâmicos (p. ex., em Araujo et al., 2004; Bernstein, 1967; Davids et al., 2001; Gibson, 1982), sendo aqui no Brasil a posição dos processos adaptativos uma interessante alternativa (Benda, 2001; Corrêa et al., 2010; Tani, 2005a; Tani e Benda, 2005; Tani et al., 2006; Ugrinowitsch, 2003, 2005; entre outros).

Recentemente surgiu interesse pelo entendimento de uma possível interação entre as posições teóricas, o que vai de encontro com os paradigmas postulados nos ensaios da teoria da ação (Nitsch, 1975, 1986, 1991, 2009) e das teorias dos sistemas dinâmicos (Araujo et al., 2004; Davids et al., 2001), também assumidos na própria teoria do treinamento (Carl & Mechling, 1992; Grosser & Neumaier, 1986; Martin et al., 2001; Neumaier & Mechling, 1994, 1995; Neumaier, 1999).

Do ponto de vista neurofisiológico, a motricidade se constitui do conjunto de processos que permitem a realização de uma técnica e é definida por Martin et al. (2001) como "a totalidade das estruturas e funções de direcionamento que produzem um movimento". Nos esportes, todo movimento é intencional, direcionado a um objetivo, portanto se configura como uma ação, que se apoia em estruturas e funções de determinados processos parciais decorrentes de interações com o sistema nervoso central. Neste capítulo não será feita uma detalhada explicação dessas estruturas e funções, porém será descrita resumidamente a forma de ação conjunta entre cérebro e cerebelo na realização de uma técnica. O princípio básico para a formação de padrões de movimentos intencionais automatizados em esportes consiste em entender que toda ação é um rendimento coordenativo global do sistema nervoso central. Assim, as representações motrizes do cérebro somente podem se transformar em movimento perante a colaboração das unidades subordinadas a esse sistema (Martin et al., 2001). Cabe mencionar que as representações mentais são consideradas como conhecimento armazenado, aspecto muito discutido nas teorias de aprendizagem, pois o resultado da aprendizagem é o conhecimento, e as estruturas que armazenam ou "guardam" esse conhecimento são as representações mentais. A repetição – nas suas diferentes formas de ser organizada, seja em blocos, variada, etc. – se constitui em um pré-requisito para o aprendizado.

A estrutura e a função dos diferentes órgãos relacionados com o movimento caracterizam-se pelo fluxo da informação relacionada nos centros motores. Por exemplo, o córtex associativo (localizado no córtex cerebral), os núcleos basais, em nível paralelo de importância ao cerebelo, o tálamo, o córtex motor, o bulbo raquídeo, os interneurônios e sua relação com os motoneurônios alfa e gama e finalmente os músculos (Schmidt, 1977), todos esses órgãos interagem com as áreas sensoriais, que por sua vez relacionam a informação em todos os níveis.

Segundo Martin et al. (2001), o córtex motor está em uma posição privilegiada, pois ele se conecta aos centros motores da medula através do bulbo raquídeo. O córtex motor representa a última estação para transformar em programas motores as imagens de movimento. Os núcleos basais que se relacionam com o tálamo vinculam-se a vários núcleos e servem como elemento de união entre o cerebelo, o córtex associativo, o tálamo e as áreas sensoriais. Sua função é a de colaborar nas transformações dos planos de ação que vêm do córtex associativo. Por isso se considera que participam ativamente do controle dos movimentos lentos, ao contrário do cerebelo, que controlaria os movimentos rápidos. O cerebelo se relaciona com o córtex motor através do tálamo. Na sequência hierárquica, o bulbo raquídeo se conecta e envia ordens aos interneurônios, e esses aos motoneurônios, que por sua vez encaminham aos músculos, provocando o movimento.

Pode-se assim compreender que a dinâmica existente na relação entre o cérebro e o cerebelo caracteriza o nível de atenção *versus* a automatização no controle motor necessária à realização de uma técnica. Não é possível pensar e refletir de forma consciente em todas as partes do movimento paralelamente à sua realização, pois nossa capacidade de pensamento (cérebro) e de direcionamento da atenção tem limites.

Segundo Lehnertz (1990), pode-se caracterizar o processo de realização de uma técnica através da interação entre o cérebro, que regula os processos conscientes, e o cerebelo, que regula os processos automatizados, em três campos funcionais:

a. órgão do pensamento (cérebro);
b. dos impulsos e da sensibilidade;
c. do movimento.

Após a escolha de "o que fazer", a decisão de realizar uma técnica, ou seja, do "como fazer", segue uma sequência que se inicia nas áreas associativas do córtex (1). Assim, transmite-se a informação sobre "o que fazer" e "como fazer" ao córtex motor (2), os neurônios específicos de cada grupo muscular necessário à realização da técnica são ativados (3), mas, para aprimorar os processos coordenativos na execução do movimento, o diencéfalo (4) atua procedendo a uma retroalimentação (5); paralelamente, chega ao cerebelo – através das conexões transversais – a ordem do movimento (6); no cerebelo se relacionam os programas motores já exercitados (7); esse órgão emite os programas através das vias inibitórias (8), sendo que a seguir inibe o circuito de retroalimentação (9) e assim chega à medula a informação com a sequência de impulsos nervosos que ativam o programa motor e a musculatura (10), o que faz com que a musculatura produza um movimento em harmonia, coordenado.

Hoje, nas ciências do esporte, adota-se uma visão funcional do treinamento, portanto, possibilitar o desenvolvimento e treinamento da coordenação, ou das denominadas estruturas coordenativas, resulta em fundamentar-se antes de se iniciar o processo de treinamento da técnica. Sustenta-se a necessidade de possibilitar o desenvolvimento de experiências motoras, de experiências de movimento ricas, variadas, na infância e adolescência, como pré-requisito para o posterior treinamento da técnica. Os efeitos da aprendizagem motora na infância e adolescência procuram sedimentar resultados mais estáveis de coordenação e habilidades para assegurar e estabilizar as técnicas. O treinamento sistematizado da coordenação apresenta-se, portanto, como um pré-requisito do treinamento técnico. O ensino-aprendizagem motor está orientado principalmente à melhoria do processo, particularmente da coordenação geral. Isto é, a aprendizagem motora está ligada sempre a mudanças relativamente estáveis de comportamento e à otimização dos processos que sustentam a formação de estruturas neurais relacionadas à produção de movimentos (p. ex., de programas motores generalizados, se se toma como base as teorias da informação, ou de estruturas coordenativas, no caso das teorias ecológicas).

O treinamento da técnica está orientado principalmente para o resultado e requer trabalho constante e continuidade para se manter o nível de rendimento, por esse motivo é desejável que seja aplicado visando o alto nível de rendimento. A planificação e orientação específicas da modalidade (aberta ou fechada) são condições essenciais para um planejamento do treinamento da técnica. Nessa planificação estruturam-se os fatores de pressão (coordenativos) e de dificuldade (complexidade e funcionalidade da técnica conforme o tipo de modalidade), de forma a se prever ao máximo os acontecimentos (resultados).

A planificação e orientação específicas para a modalidade são condições básicas para o treinamento da técnica. Nessa planificação estruturam-se os fatores constitutivos da técnica e objetiva-se prever ao máximo os acontecimentos (resultados). Portanto, é necessária uma adequada análise da modalidade e das exigências à motricidade presentes nela (investigações científicas). Assim sendo, é importante observar as experiências da prática de atletas de elite, desenvolver modelos matemáticos conforme as exigências da tarefa, elaborar um conjunto de regras sobre os padrões de movimento conforme as características da modalidade. Esses são aspectos prévios ao desenvolvimento de um processo de treinamento da técnica.

Compreender o que é uma técnica leva, posteriormente, a construir sua definição. Para descrever o que é uma técnica pode-se recorrer ao modelo cibernético formulado por Grosser & Neumaier (1986) (Figura 1), no qual são considerados dois momentos relacionados com um padrão ideal de movimento denominado valor previsto (ou aquilo que "deve ser" feito) e valor efetivo (ou aquilo que "foi realizado"). No valor previsto se consideram os pré-requisitos necessários para concretizar a tarefa; para isso o esportista utiliza-se de imagens mentais, de representações existentes na memória sobre modelos motores que pode utilizar para responder à tarefa; uma vez realizada, se analisam as informações através dos processos de *feedback*.

Segundo Djatschkov (1977), a partir da análise das modalidades esportivas, especificamente de suas exigências físicas, se depreendem as características da técnica nessas modali-

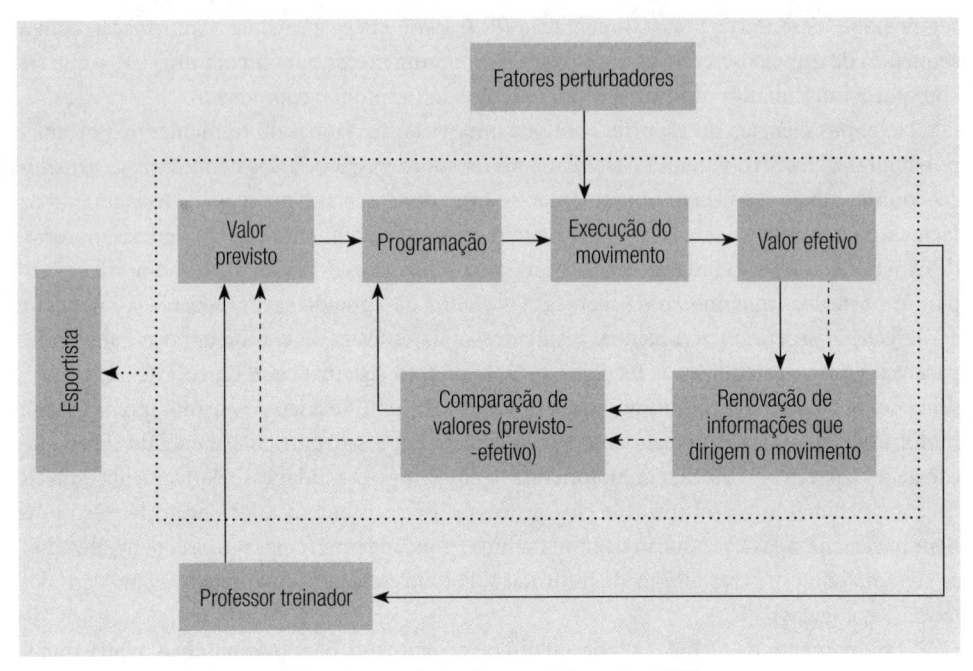

Figura 1 Representação esquemática de uma técnica (Grosser & Neumaier, 1986).

dades, o que permite, consequentemente, valorizar a forma do seu treinamento. Assim, para o autor, com as características da técnica nos esportes de força rápida (modalidades como levantamento de peso, ou quando se realizam *sprints* ou saltos em diferentes modalidades) se conseguem aplicações intensivas da força e velocidade máximas quando está presente uma adequada coordenação do movimento. Ou seja, quando se coordenam as forças internas e externas, as alavancas e a direção econômica da força muscular. Já nos esportes de resistência (corridas de fundo e meio fundo, algumas provas no remo ou na natação, ou no ciclismo), com a aplicação de direções de movimento adequadas, significando a coordenação dos efeitos funcionais dos músculos e das alavancas, resultam trabalhos econômicos e ótimos de força--resistência. Isto é, a técnica tem uma função redutora de consumo de energia. Nos esportes combinados (ginástica artística, patinação artística, ginástica rítmica, entre outros), o papel dominante das capacidades coordenativas na realização da técnica do movimento, particular-mente aspectos como precisão, ritmo, fluidez, harmonia, elasticidade, equilíbrio na execução do movimento, fazem que a técnica adquira uma finalidade em si própria.

Já nos jogos esportivos e nos esportes de luta, o papel dominante da técnica está no apro-veitamento efetivo de impulsos máximos de força, economizando, por sua vez, os movimen-tos, sempre adaptando a técnica ao momento situacional defrontado pelo executante.

A partir da análise do significado e das características da técnica nos esportes, é necessá-rio relacionar a estrutura da técnica (cíclica ou acíclica) com a orientação inerente à sua fun-ção (esportes abertos ou fechados). Diferentes propostas têm sido realizadas nessa direção, e neste capítulo se destaca o ensaio de Mechling (1988), que reúne os tipos de técnicas em quatro grandes grupos (Figura 2).

O que o autor persegue com essa tipologia – que ao mesmo tempo representa uma classificação das técnicas – leva a pensar sobre o treinamento da técnica contemplando paralelamente o ambiente no momento da execução. A técnica será utilizada em esportes nos quais o ambiente no momento da execução é estável (esportes fechados: ginásticas, natação, atletismo, ciclismo, entre outras modalidades), e nesse caso se caracterizam as técnicas de tipo 1-3, ou variável (esportes abertos: modalidades coletivas, de combate, entre outras), e nesse caso se caracterizam as técnicas de tipo 3-4. No primeiro caso, dos esportes fechados, fala-se que a técnica tem uma finalidade em si própria, sua realização deve ser o máximo possível próxima do modelo ideal de movimento (biomecânico). Por isso, nesse ensaio, é considerada como uma tarefa. Já nos esportes abertos, a técnica é considerada um meio, pois ela é a ferramenta para resolver um problema que solicita primeiro uma decisão sobre "o que fazer" (decisão tática), e depois sobre o "como fazer" (realização da técnica) (Roth, 1997), obrigando frequentemente a adaptar as respostas motoras à situação de jogo.

Os problemas para caracterizar e classificar as técnicas também se refletem na forma de definir o que é uma técnica. As definições de técnica respondem parcialmente a uma relação entre suas características e sua função. Por exemplo, Dietrich (1974) diz que "técnicas são

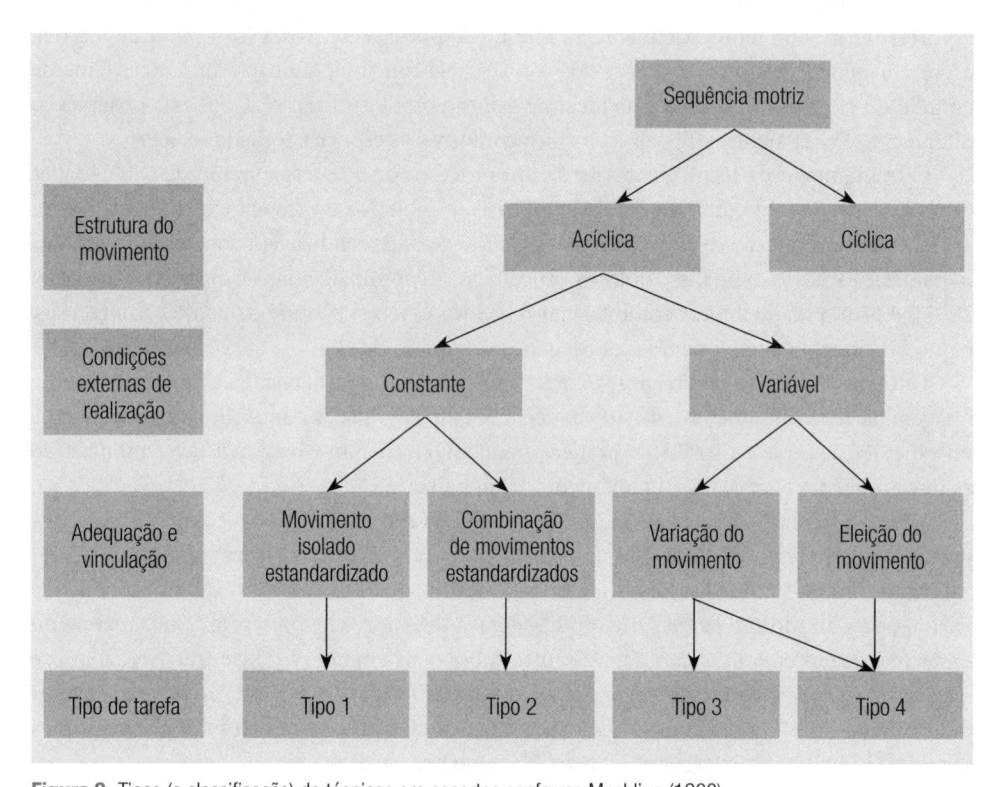

Figura 2 Tipos (e classificação) de técnicas em esportes conforme Mechling (1988).

respostas a questões motoras às quais o esportista é confrontado na situação esportiva". Por sua vez, Grosser & Neumaier (1986) consideram importante observar a relação entre: "a) O modelo ideal de um movimento relativo a uma disciplina esportiva; b) a realização do movimento ideal desejado por parte do esportista". Isto é, os autores consideram o modelo ideal como aspecto necessário para uma realização eficaz (em quanto ao resultado), econômica (em relação ao gasto energético), eficiente (em quanto à solução ao problema) (Graça & Mesquita, 2006; Mesquita, 2000), mas observam que aspectos limitantes (p. ex., a biotipologia) condicionam a sua qualidade. O esportista desenvolve sua técnica pessoal, mas ele procura alcançar uma técnica ideal, que lhe permita obter os melhores resultados tanto na realização das tarefas (esportes fechados) quanto na solução de problemas (esportes abertos). Nessa direção, quando relacionada com a situação ambiental, define-se técnica como a interpretação no tempo-espaço e situação do meio instrumental operativo pertinente à solução da tarefa ou problema com que se defronta.

A partir da definição de técnica caracteriza-se a de treinamento técnico, como em Carl & Mechling (1992): "objetiva a aprendizagem e aperfeiçoamento de transcursos específicos de movimento na solução de tarefas de movimento em situações esportivas". Também se deve considerar necessária a "formação de automatismos dos movimentos que possam ser aplicados para a superação adequada e econômica de tarefas desportivo-motoras na competição" (Neumaier, 1994). Segundo Roth (2005), "uma técnica – ou uma habilidade motora específica – é interpretada como o procedimento motor específico para a superação de tarefas em esportes". O mesmo autor complementa que nos esportes coletivos a "solução a uma tarefa é 'correta' quando ela oferece o sucesso – ou seja, ela funciona – e não é impreterivelmente quando ela se orienta a uma forma ideal de solução ou de realização". Com essa observação diferencia-se claramente a função da técnica conforme os esportes fechados e abertos.

O treinamento da técnica consiste de um processo de aperfeiçoamento das habilidades motoras específicas de uma modalidade esportiva. "Objetivo do treinamento da técnica representa a consolidação de um processo que abrange da aprendizagem ao aperfeiçoamento/ maximização das habilidades motoras específicas, denominadas de técnicas" (Roth, 1997; 2001). Assim, para delimitar como treinar a técnica é necessário previamente compreender como funcionam os movimentos coordenados.

Um aspecto basilar para realizar uma técnica de forma correta reside na formação de uma imagem ideal do movimento e da sua sequência exata. Para isso, o conhecimento científico, as reflexões teóricas e as experiências práticas auxiliam o treinador e o esportista harmonizando as forças internas e externas do movimento (Neumaier, 1994).

Treinadores e professores afirmam que o treinamento da técnica ocupa uma função importante no processo de formação do esportista, porém não há consenso em relação à localização (em que momento) e ao tempo (duração – quantos minutos) que o processo de ensino-aprendizado ou de treinamento da técnica deve assumir na sessão. No treinamento da técnica, é exercida uma carga muito forte sobre o sistema nervoso central (SNC), pois é necessário perceber, decodificar, pensar, armazenar informações e paralelamente enviar impulsos para a musculatura realizar o movimento. O SNC acusa o cansaço antes que os demais sistemas (p. ex., o cardiovascular ou metabólico, ou psíquico).

Portanto, recomenda-se que nas fases iniciais, devido à aparição do cansaço, o processo de treinamento técnico (e também da aprendizagem motora) seja realizado sempre antes do condicionamento físico ou de outros conteúdos do treino (Grosser & Neumaier, 1986; Martin, et al., 2001). Observa-se que um trabalho de condicionamento físico anterior ao treinamento técnico terá como consequência a sobrecarga do SNC devido à lentidão provocada na reposição do armazenamento de energia, sendo isso desfavorável para conseguir resultados ótimos de aprendizagem. Resumindo, o SNC deve estar descansado para se treinar a técnica na fase de aprendizado da mesma, nos momentos de iniciação no treinamento da técnica.

Somente quando a técnica está automatizada e estabilizada (quando os erros são mínimos) no alto nível de rendimento complementa-se o treinamento da técnica com um tipo de treinamento denominado treinamento em estresse. Ele é utilizado nos esportes coletivos, nos quais se pretende aplicar a técnica em situações táticas. Serve de preparação em períodos de competição como forma de se analisar o nível de estabilização da técnica, já quase treinada em condições de cansaço (Grosser & Neumaier, 1986; Martin et al., 2001).

Diferentes fatores que limitam a realização de uma técnica foram relacionados por Grosser & Neumaier (1986) como:

- Capacidade funcional do sistema nervoso central.
- Capacidade cognitivo-sensorial.
- Capacidade anatômico-funcional (biotipologia do atleta).
- Biomecânica do movimento (especificamente as forças que atuam na realização do movimento).
- Formação física geral e particularmente a condição física no momento da realização da técnica na situação de competição.
- Capacidade psíquica no momento da aprendizagem e da realização na competição.
- Regras da modalidade esportiva.
- Meio ambiente e seus condicionantes no momento da aprendizagem e da realização na competição (p. ex., placar do jogo na execução de um pênalti, lance livre ou de um tiro de sete metros, nos esportes abertos; bem como a perfomance do atleta que precedeu a apresentação de um ginasta artístico – esporte fechado).

Em relação aos aspectos relacionados com o momento de iniciação ao treinamento técnico, na literatura esportiva considera-se que este deveria ser iniciado na fase da puberdade (Meinel & Schnabel, 1987), porém na medida em que se teve antes um adequado desenvolvimento da coordenação. Pesquisas (Wollny, 2002) mostram que é possível treinar e obter melhoria na realização da técnica entre os 10 e os 59 anos de idade. O treinamento da técnica precisa de um longo processo de exercitação para se obter a *expertise*, determinando, portanto, diferentes modos de se proceder com crianças, adolescentes e adultos.

A função do treinamento técnico se modifica de acordo com o grupo de esportes e as características de cada modalidade. Reitera-se que a função da técnica no esporte de alto nível de rendimento é especificamente o resultado. Na prática do esporte de lazer ou de recreação, a função da técnica é a de permitir ao praticante realizar as ações motoras de forma a participar do jogo, pois o lúdico e a participação são os objetivos mais importantes do ensino-aprendizagem. Quanto mais tempo se mantém no jogo, melhor para os praticantes (p. ex., no esporte escolar e no esporte recreativo), ou, nas palavras de Graça & Mesquita (2006), o treinamento visa tornar o praticante "mais competente, mais culto, mais entusiasta". Os objetivos do treinamento técnico devem ser definidos a partir da fase de aprendizagem do atleta, ou seja, em que nível de rendimento se encontra o praticante.

Mas quais são os modelos de treinamento da técnica, ou seja, como se procede a treinar a técnica? E quais são os elementos que constituem cada fase ou momento? Neste capítulo será descrito o modelo pendular formulado por Roth (1997, 2001), que apresenta quatro objetivos ordenados em fases e *continuums*. Os três primeiros objetivos são fundamentais para todas as modalidades, já o aspecto variação-automatização-estabilização é mais direcionado aos esportes abertos.

MODELOS DE TREINAMENTO TÉCNICO

Com base na análise da práxis e de reflexões oriundas de pesquisas nas ciências do treinamento esportivo têm sido propostos dois modelos diferentes para o treinamento da técnica. Por um lado, o modelo sequencial ou em fases idealizado por Martin et al. (2001) e por outro, o modelo pendular elaborado por Roth (1997). Ambos os modelos apresentam semelhanças e divergências em relação às características, fases, objetivos, conteúdos e métodos a serem implementados.

O modelo sequencial proposto por Martin et al. (2001) é composto de três fases: aquisição, aplicação e complementação, que se sucedem conforme ordenamento e sequência hierárquica.

No transcurso da fase de aquisição da técnica devem-se apresentar facilidades e simplificações de forma a se obter uma realização estável e correta da técnica a ser aprendida. Segundo Martin et al. (2001), é necessário complementar o treinamento com trabalhos de melhoria das habilidades (o que significa, na práxis, uma sistematização do treinamento da coordenação). Nessa fase objetiva-se o desenvolvimento de uma estrutura sensório-motriz relacionada com a tarefa concreta em condições previamente padronizadas. "O treinamento de aquisição tem como missão a modelagem de 'engramas' motores fortemente desenvolvidos e resistentes a distorções e pressões; consistindo de uma programação prévia, levada até a automatização" (Martin et al., 2001).

Na fase de aplicação da técnica, objetiva-se a disponibilidade variável da técnica em situação de competição, portanto, segundo os autores, deve-se perseguir os seguintes objetivos: "a) antecipar soluções técnicas ótimas, adequadas, em situações variáveis (disponibilidade variável) e b) ser capaz de impor a técnica em condições difíceis. Ambas as capacidades se apoiam na recopilação contínua e sistemática de experiências correspondentes com a situação".

Conforme Martin et al. (2001), o termo disponibilidade variável remete à realização da técnica sem erros, mesmo existindo pressões internas (problema de recepção de informação, de motivação, etc.) ou externas (pressão de tempo ou de precisão na ação). Alguns autores internacionais e no Brasil, particularmente Tani (2005ab), Tani et al. (2006) e Ugrinovitsch (2003), colocam que a habilidade deveria primeiro ser adquirida até certo ponto, no qual se adquire uma relativa constância, antes de se dispor dela de forma variável.

Na fase de treinamento técnico complementar, segundo Martin et al. (2001), objetiva-se desenvolver "medidas que modelam e complementam o processo de treinamento direcionando-o para o virtuosismo, a estabilidade na realização e na coordenação das técnicas específicas da modalidade". Por exemplo, nos esportes de composição, como a ginástica artística, realizam-se sessões de coreografia, de dança, de balé.

Modelo pendular de Roth (1997, 2001)

O modelo pendular formulado por Roth (1997, 2001) se apoia nas teorias de elaboração de informação, especificamente da teoria dos programas motores generalizados formulada por Schmidt (1975) e Schmidt & Wrisberg (2002). Em analogia, essa teoria poderia ser comparada com um programa de computador utilizado para calcular uma média aritmética e o desvio-padrão. Esse programa contém uma série de equivalências básicas, gerais e uma série de relações. Caso se agreguem a esse programa outros parâmetros, possibilita-se que ele seja empregado para realizar outras operações matemáticas. Conforme Roth (1997, 2001), a aprendizagem de uma técnica compara-se com a apropriação de um programa motor; nele estão determinados parâmetros invariáveis específicos, porém ele também está aberto a modificações dos parâmetros variáveis do movimento. Deve-se destacar que para a justificativa do modelo pendular do treinamento técnico tem sido escolhida a linha teórica do cognitivismo e dentro dessa, as teorias do *motor-approach*. Hoje essas teorias são confrontadas com as descobertas dos sistemas dinâmicos e das teorias ecológicas (Araujo et al., 2004; Davids et al., 2005; no Brasil principalmente Tani, 2005). Nesses conceitos, o comportamento motor não é considerado uma resposta derivada de uma representação mental, e sim como um fenômeno de auto-organização. No estado atual da pesquisa, a teoria da ação (Nitsch, 2009) entende que uma posição não elimina as outras, e sim as estabelece como complementares.

No modelo pendular, diferenciam-se no treinamento da técnica quatro áreas-alvo: as de aprendizado-otimização (nova aprendizagem e sobreaprendizado) e os *continuums* (um vertical e um horizontal), ou seja:

- Nova aprendizagem: simplificações da técnica.
- Sobreaprendizado: repetição da técnica.
- Automatização: desviar a atenção da realização da técnica.
- Estabilização/variação: direcionamento da atenção à técnica.

Para se concretizar o processo que abrange da aprendizagem até o treinamento da técnica no alto nível de rendimento, essas áreas-alvo decorrem de forma paralela entre si, como se fossem um pêndulo, que se movimenta e se desenvolve nas suas formas verticais e horizontais simultaneamente. Na Figura 3 se ilustra o modelo proposto por Roth (1997) com as suas fases e seus *continuums*.

Segundo Roth (1997, 2005) ambos os contextos – fases e *continuum* – apresentam subprocessos ou divisões que decorrem de forma subsequente dentro deles, se complementam de forma positiva, mantendo interação, e tanto as fases quanto os *continuums* ocorrem de forma simultânea entre si. As fases 1 (nova aprendizagem) e 2 (sobreaprendizado) podem ser

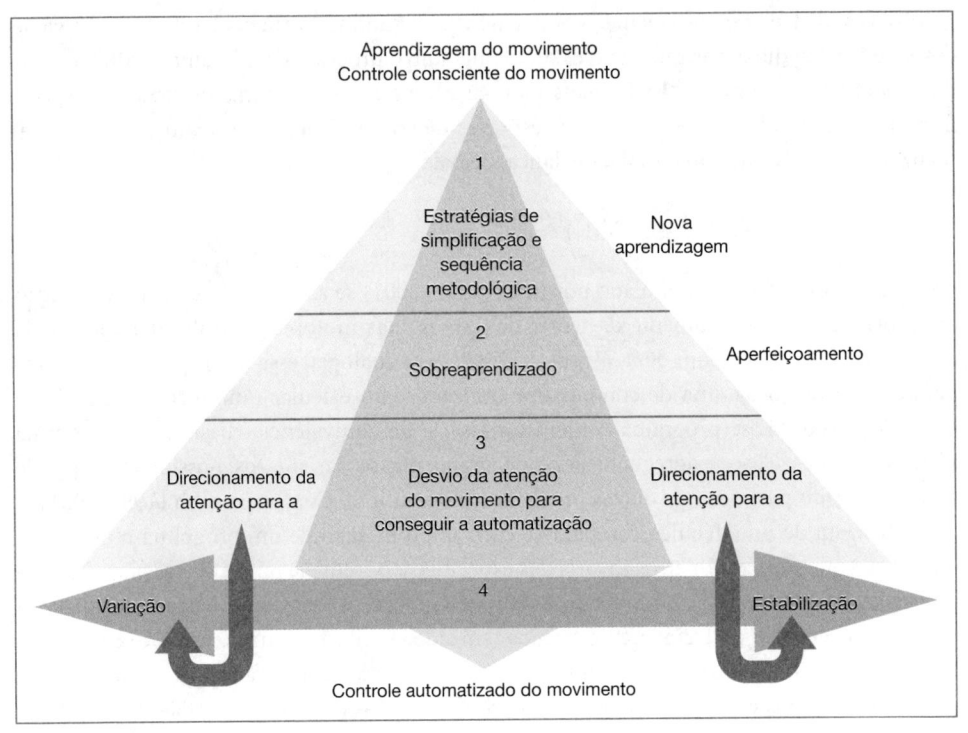

Figura 3 Modelo pendular do treinamento técnico (Roth, 1997).

associadas ao conceito de aprendizagem de uma técnica, portanto, consideram-se sinônimos conceitos como aproximação ou apropriação de uma técnica. Já os dois *continuums* se associam ao conceito de otimização do treinamento da técnica, visando o aperfeiçoamento e a maximização do rendimento.

Na realidade, o processo de treinamento da técnica nunca termina, pois quando se apresenta o domínio seguro da técnica, executada de forma estável e automatizada (esportes fechados), se agregam dois aspectos importantes a serem objetivados: a aplicação segura e eficiente, e também a realização de forma variável, porém adaptada à situação de jogo (esportes abertos).

As fases

As fases (nova aprendizagem e sobreaprendizado) ocorrem de forma vertical uma após a outra. Ambas se relacionam com os níveis de controle da atenção necessários para a realização da técnica. A sequência de fases constitui os objetivos do *continuum* vertical (paralelo às fases).

Geralmente, no início da aprendizagem, o atleta precisa dirigir de forma consciente (intencional) sua atenção às partes constitutivas do movimento para poder controlar melhor o que faz. Com a prática, esse nível de atenção às partes da técnica vai diminuindo, o que parcialmente indica níveis de automatização. Quando a técnica é automatizada se completa o *continuum* vertical (*continuum* que se inicia com direcionamento consciente da atenção para as partes do movimento para a automatização); nesse momento a atenção é liberada do controle do movimento para outras instâncias, por exemplo, ao ambiente. Mas nesse processo é necessário que a automatização ocorra com o menor grau de erro possível; por isso, paralelamente à busca da automatização devem ser desenvolvidos os processos de estabilização e variação da técnica.

a. Fase da nova aprendizagem: para realizar a técnica é necessária a formação de uma imagem mental do movimento. Nas primeiras tentativas de realização da técnica o organismo controla através dos processos de atenção a execução das partes constitutivas da técnica. O aprendiz dirige conscientemente sua atenção tanto às partes bem como à sequência da técnica. Essa fase solicita diferentes alternativas metodológicas para facilitar e simplificar o processo de aprendizado. Por exemplo, tarefas que permitam a melhoria não somente da imagem mental do movimento (representações), mas que facilitem a própria execução na prática (veja mais adiante).

b. Fase do sobreaprendizado: a gradativa consolidação da nova aprendizagem permite posteriormente a repetição ou prática da técnica na sua totalidade, sem cortes. O praticante já realiza o gesto de uma forma global relativamente adequada. Na fase de sobreaprendizado recorre-se a facilitações metodológicas, como combinações de formas de realização, trabalhos de coordenação específica, bem como variações da técnica. Nos esportes abertos já se iniciam trabalhos de aplicação em situações de jogo facilitadas.

Ambas as fases, nova aprendizagem e sobreaprendizado, objetivam facilitar a automatização do gesto, ou seja, uma passagem na qual o controle do movimento é realizado sem necessidade de direcionamento consciente da atenção; nesse caso, a atenção é liberada para outros elementos de importância na ação, no ambiente.

Os continuums

O *continuum* vertical tem como objetivo a melhoria no controle consciente do movimento. Almeja-se a gradativa liberação da atenção, que o atleta consiga direcionar a atenção somente aos "nós" da técnica, realizar o movimento automatizado. Como já citado, a passagem do controle consciente para o controle automatizado da execução da técnica ocorre paralelamente às medidas metodológicas presentes nas fases de nova aprendizagem e de sobreaprendizado.

No *continuum* horizontal (que decorre de forma paralela ao *continuum* vertical) se almejam dois objetivos diferentes: por um lado, conseguir a "estabilização do movimento" e, por outro lado, a "variação do movimento". Ou seja, no segundo *continuum* pretende-se obter uma realização sem oscilações e sem erros (estabilização do movimento) e, por outro lado, a prática em situações que solicitem a variação do movimento, mas ambos os momentos, estabilização-variação, são integrados com os exercícios de automatização.

Importante: a busca da automatização significa liberar *ressourcen* (ou seja, recursos) atencionais do controle do movimento e centrar a atenção somente em aspectos-chave do movimento. Os processos direcionados a obter a estabilização, por sua vez, solicitam o direcionamento da atenção ao movimento, pois se objetiva a sua correção. É importante automatizar a técnica com o menor número de erros possível na realização, independentemente da modalidade esportiva e do tipo de esporte (aberto/fechado). Objetiva-se o menor desvio possível do padrão ideal da técnica, pois isso garante a economia, a eficiência e a eficácia do movimento. Esse jogo de liberação da atenção na automatização x direcionamento da atenção na estabilização se complementa com o processo de variação da técnica. Nesse processo, através do direcionamento da atenção a nova técnica (p. ex., nas fases de nova aprendizagem-sobreaprendizado da mesma), não se objetiva somente aprender uma nova técnica, mas também paralelamente oferecer novas conexões neurais para elaboração de movimentos que certamente contribuem nos processos de automatização e estabilização.

Estratégias de simplificação e sequência metodológica nas fases de nova aprendizagem e sobreaprendizado

Entende-se que a técnica possa ser um movimento difícil e complexo (Roth, 1997), o que solicita um processo de facilitação da aprendizagem. Assim, planifica-se um conjunto de possibilidades metodológicas para concretizar a primeira fase do treinamento da técnica: a fase de nova aprendizagem, na qual se organizam as estratégias de simplificação e as de facilitação da aprendizagem da técnica. Com base nas teorias de elaboração de informação (conceitos do *motor approach*), os princípios que se têm mostrado válidos para a práxis são:

- As divisões/encurtamentos do programa: em relação às partes que constituem a sua extensão (corte horizontal) e as partes simultâneas do programa (corte vertical).
- Apoio dos parâmetros invariáveis das estruturas do movimento (p. ex., ritmo/ajuda ou apoio, também a redução da precisão, etc.).
- A modificação dos parâmetros variáveis do programa de movimento (p. ex., exercitar com menos ou mais aplicação de força, etc.).

Em relação às divisões da técnica em partes, dos denominados encurtamentos do programa, existem duas possibilidades diferentes a serem pensadas: quando a técnica a ser aprendida é muito extensa (corte horizontal) ou quando ela apresenta muitas partes a serem realizadas simultaneamente (corte vertical).

Corte horizontal: no caso da técnica ser muito extensa, ou seja, apresentar muitas etapas ou movimentos seguidos uns dos outros, recorre-se frequentemente à sua divisão em partes. Por exemplo, na natação, no nado *crawl*, o aprendizado da volta com rolo pode ser iniciado somente com o empurrar das pernas na beira da piscina, depois o rolo, depois a impulsão após o rolar, etc. Mas deve-se tomar cuidado nos cortes para não realizá-los nos locais que exista uma sequência de impulsos, por exemplo, no salto em distância; deve-se trabalhar as passadas para chegar à tábua, e não dar o impulso nela. Muitas repetições das partes isoladas do movimento (p. ex., no arremesso de peso, praticar somente o giro) levam à fixação de erros que depois obrigam a um difícil processo de reaprendizado e correção. Também em movimentos cíclicos nos quais existe uma fluidez (intracíclica) no acoplamento entre a fase principal e as fases de recuperação não faz sentido realizar cortes, por exemplo, na natação, no remo ou no ciclismo seria inadequado dividir a fase principal da fase de recuperação. Também em movimentos acíclicos não é sempre adequado proceder à divisão do movimento em partes. A divisão não é válida naqueles movimentos que, uma vez iniciados, não se é possível freá-los, por exemplo, nos saltos ornamentais. Às vezes se recorre de forma muito rápida à divisão do movimento em partes, o que não é adequado.

Na Figura 4 é apresentado um diagrama esquemático na suposição de uma técnica que solicita a participação de um conjunto de músculos ou grupos musculares (A-B-C-D-E), os quais representam a técnica na sua totalidade, sendo que o movimento inicia-se e finaliza-se como marcado no gráfico. Observa-se que cada músculo tem dentro da representação da sequência de movimentos um início e fim dentro do programa total, ou seja, cada músculo estaria sendo "inervado" durante um espaço de tempo. Ou seja, cria-se uma sequência de ação a partir das inervações. Cada músculo tem sua duração própria – no sentido longitudinal do desenho – e sua própria intensidade – no sentido vertical do desenho. Assim, observa-se que a extensão da técnica somente poderia sofrer cortes onde não há sequência de impulsos, ou transferência deles, como mostra o local onde estão as tesouras.

Corte vertical: também é possível dividir o programa quando ele apresenta muitas ações simultâneas. As reduções no sentido vertical são úteis quando as partes da técnica objetivada podem ser isoladas de forma segura. Ou seja, as partes do movimento que se realizam simultaneamente podem ser separadas claramente. Quando existe uma interação entre estas é desaconselhada a divisão da técnica em partes. Por exemplo, no ciclismo ou no esqui, em que se apresenta uma clara divisão entre o momento de movimento do lado direito e esquerdo do corpo, ou na natação, no nado *crawl*, pode-se dividir o movimento de braços e pernas (sempre lembrando a problemática de exercitar muito tempo isoladamente cada estrutura de movimento). Assim, em nados como peito, borboleta (Delfin), costas ou técnicas de esportes em que se apresenta uma assincronia entre braços e pernas, é possível realizar a divisão do

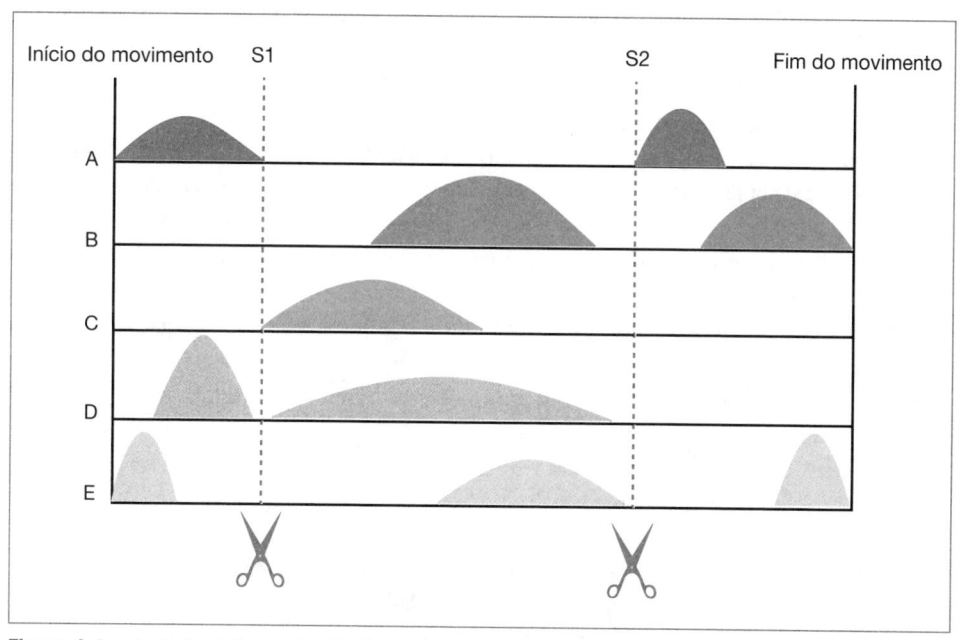

Figura 4 Locais de "corte" na extensão do programa. O princípio de encurtamento do movimento (princípio da divisão em partes, corte na sequência horizontal do movimento) (Roth, 1997).

movimento. Para evitar a perda dos parâmetros invariáveis do movimento pode-se trabalhar com elementos auxiliares (p. ex., prancha ou flutuadores de pernas, etc.)

Também é possível pensar em reduzir a complexidade organizacional realizando movimentos com somente dois músculos (A-B). Aqui valem as mesmas regras que para o corte horizontal, qual seja, a de se observar os locais de transferência de impulsos.

Em relação ao apoio dos parâmetros invariáveis do programa, também são várias as opções que se relacionam nesse momento metodológico, por exemplo:

- Ajuda: acompanhar a realização, dando suporte, por exemplo, ao realizar o *kippe* na barra, ou nas barras paralelas. A ajuda ou apoio é oferecido segurando o participante, acompanhando o movimento.
- Apoio rítmico: por exemplo, o professor bate palmas no ritmo do movimento ou no momento da explosão, com chamadas verbais ou palavras-chave.
- Orientação: a ajuda se relaciona com a decorrer temporal-espacial na velocidade correta do movimento; colocam-se pontos de orientação, por exemplo, no lançamento de dardo e na passagem de obstáculos para organizar as passadas entre eles.
- Redução da precisão: também denominada nível de tolerância do erro. Essa estratégia é importante, particularmente nos esportes abertos, quando pequenos desvios da precisão levam a erro do movimento, por exemplo, arremesso à cesta no basquetebol ou saque no tênis. Concretamente, pode-se praticar o arremesso com bolas de tamanho menor (mais leves também, mas aqui também entra em consideração outro parâmetro de apoio), raquete de tênis com encordoado maior, entre outras opções.

Para a modificação dos parâmetros variáveis do programa de movimento, apresentam-se diferentes alternativas metodológicas para a programação do treinamento técnico.

Uma das dificuldades características na realização da técnica consiste na sua velocidade de execução. Muitas vezes os iniciantes não conseguem realizar a técnica na velocidade necessária ou desejada, por isso podem ser auxiliados exercitando atividades em câmera lenta, *slow-motion*, particularmente em técnicas que apresentam giros (arremesso de disco ou de peso). No caso, fala-se de um alongamento horizontal, no qual mesmo sendo realizado em câmara lenta as proporções internas se mantêm; o movimento não se altera na sua estrutura básica (Figura 5).

Outra ajuda possível consiste na redução da força que deve ser empregada pelo atleta na execução da técnica; trabalhar, por exemplo, com elementos mais leves, ou facilitando a impulsão (p. ex., usando minitrampolim para saltar no mortal na ginástica artística, etc.). O objetivo é reduzir a força muscular que o atleta faz, mas ao mesmo tempo permitir que tenha mais impulsão, consiga mais altura para realizar a técnica, pois aparentemente terá mais tempo de voo, e assim mais tempo para realizar a ação. Nesse caso, fala-se de uma "compressão vertical".

Como se observa, muitas alternativas metodológicas estão disponíveis para o treinamento da técnica, e por esse motivo recomenda-se que elas sejam sistematizadas na sua apresentação nas sessões de treino e que as dez possibilidades aqui elencadas sejam apresentadas nos treinos. Resumindo: atividades direcionadas à largura (1) ou às partes simultâneas da técnica

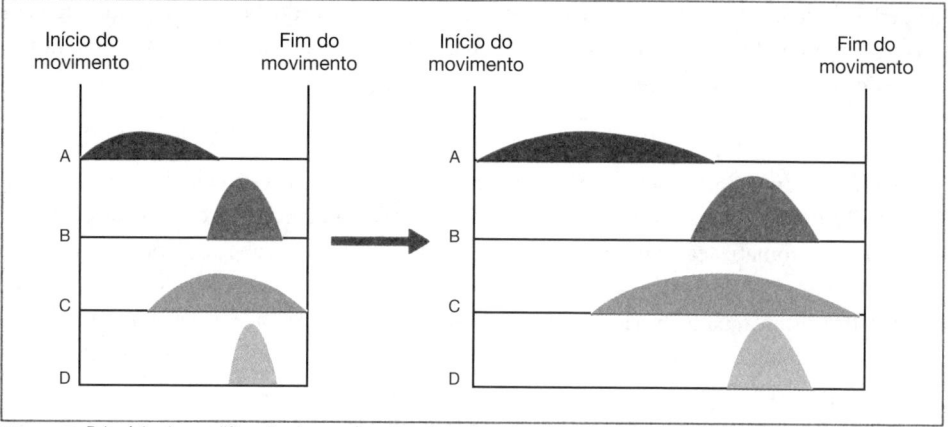

Figura 5 Princípio da modificação dos parâmetros: "alongamento horizontal" (Roth, 1997).

(2); oferecer ajuda tátil (3) e/ou sinestésica (4); e/ou oferecer ajuda rítmica (5), de orientação (6); exercícios com redução da precisão (7); trabalhar os elementos variáveis da estrutura da técnica, ou seja, na velocidade de execução (8), na duração do movimento (9) e nas exigências de força (10).

Diretamente com as considerações para simplificar as complexas técnicas do esporte, surge a questão de como e de acordo com quais princípios deve ser organizado o caminho do exercício preparatório para o movimento de destino. A resposta é que as facilitações, independentemente de qual tipo (das dez mencionadas acima), durante o passo a passo do processo de aquisição devem ser levadas de volta para o movimento original. Isto é, todo programa que foi encurtado horizontalmente deverá ser realizado na sua totalidade e assim por diante. Aqui são válidos os conhecidos conceitos: do fácil ao difícil, do simples para o complexo.

Por exemplo, no lançamento em suspensão no handebol, um caminho seria, em relação ao apoio parâmetros invariáveis, colocar marcações no chão para organizar as passadas. Quando o atleta executa, oferecer ajuda rítmica, batendo palmas a cada passo. Também é possível facilitar o salto, utilizando um banco sueco, para impulsão na última passada. Uma forma de se trabalhar com a modificação dos parâmetros variáveis da técnica seria lançar com bolas de diferentes peso e tamanho, mais fáceis de segurar. Assim, uma série de exercícios para o lançamento em suspensão seria, por exemplo: auxiliar o ritmo de corrida, a união da corrida com a impulsão (salto), a união da corrida, impulsão e lançamento com salto, a união da corrida, impulsão, lançamento no salto e a queda, para partir a outra ação. No lançamento em suspensão a sua fase principal é o lançar no salto, portanto, a solução do problema principal da tarefa se concentra nesse aspecto; as fases auxiliares são relacionadas somente de forma indireta com a tarefa total.

Concretamente ainda podem ser realizadas três considerações importantes em relação às estratégias de simplificação, pois essas estratégias podem não conduzir ao sucesso. Assim, é plausível pensar que existem problemas coordenativos anteriores ou déficits coordenativos. Também problemas de falta de adequado condicionamento físico ou níveis insuficientes de flexibilidade podem prejudicar o processo de treinamento da técnica. Finalmente, variáveis na personalidade podem ser fatores relevantes para o aprendizado da técnica, já que a falta de uma estrutura biotipológica adequada também constitui um fator negativo para o aprendizado de determinadas técnicas esportivas.

Os continuum *vertical e horizontal: controle atencional x automatização; estabilização x variação*

O desafio do treinamento técnico está relacionado com a necessidade de se automatizar a execução da técnica para que dessa forma seja liberada a atenção para outros aspectos na ação. Mas a automatização é importante não somente nos esportes abertos, como os jogos esportivos coletivos ou esportes de combate, é também para os esportes fechados. Por exemplo, na ginástica rítmica, na sua série no solo, facilitar que o atleta se concentre nos pontos difíceis da série é fundamental para seu sucesso. No *continuum* horizontal é importante apresentar exercícios para direcionar a atenção aos processos que permitem a estabilização-variação da técnica, alternando sempre com exercícios que retiram a atenção da técnica, isto é, colocando tarefas duplas, e assim alcançar a automatização.

O treinamento da estabilização e da variação apoia-se em uma lógica antagônica em relação ao direcionamento da atenção aos processos necessários à automatização.

Importante: automatizar não depende somente da repetição, e sim muito mais da influência que exerce a liberação da atenção perante a solicitação de realizar tarefas duplas, exteriores à realização simultânea da técnica. Por exemplo, o jogador de handebol que salta para lançar a gol deve observar qual o braço que o treinador posicionado atrás do gol está levantando e falar em voz alta. Assim, a atenção do atleta será direcionada ao braço, e o lançamento será realizado com o mínimo de controle consciente da atenção.

Outro aspecto a destacar é que quando se objetiva o treinamento da variação tem-se como pré-requisito o treinamento da estabilização e vice-versa.

Automatização

O processo de automatização da técnica objetiva a gradual liberação da atenção à condução do movimento que se apresenta normalmente nos iniciantes (nova aprendizagem). Tanto nos esportes abertos quanto nos esportes fechados é necessário que essa automatização seja alcançada com o menor desvio possível do modelo ideal; conforme citado anteriormente, o modelo ideal remete à eficiência, facilita a realização com eficácia e o menor consumo energético. A modificação dos processos de elaboração de informação é uma medida básica no processo de automatização da técnica. A condução do movimento – e até de suas partes – deve transformar a regulação interna realizada pelos altos níveis de controle do movimento (córtex cerebral) pelos planos mais baixos de controle, deixando assim a regulação fora do plano consciente. As *ressourcen* (reservas) que descarregam o córtex cerebral podem ser utilizadas em outras áreas (Kahnemann, 1973). Por exemplo, nos esportes coletivos, o atleta procura primeiro a solução ao problema; deve observar o que fazer. Isso leva tempo, e quando decide, vem o momento do como fazer, mas ao se ter a técnica automatizada, a sua realização é rápida e requer poucos momentos de direcionamento da atenção a ela, liberando assim mais tempo para analisar o ambiente e as mudanças nele.

A repetição permite gradualmente essa liberação, pois desenvolve a competência para executar, oferece experiências motoras que são incorporadas internamente, que ajudam no *feedback* interno da realização. Mas reitera-se que esse processo de repetição não é suficiente para se alcançar a automatização. Duas ações devem ser agregadas: os exercícios com tarefas duplas, para desviar a atenção, e paralelamente trabalhar com o *continuum* vertical, ou seja, realizar exercícios com direcionamento da atenção para a estabilização-variação. Por exemplo, realizar um exercício que facilite a correção de um erro visualizado pelo treinador no momento em que o atleta realiza a ação automatizada. Também como o modelo é pendular, e as atividades se oferecem sempre alternadamente, apresentar atividades que direcionem a atenção para variações da técnica (melhora da coordenação). Ou seja, na movimentação de um pêndulo se apresentam as opções de organizar um treinamento com os objetivos: automatização × estabilização × variação; ou estabilização × automatização × variação; ou variação × estabilização × automatização, e assim por diante nas inúmeras possibilidades de ordenamento dos conteúdos no treinamento técnico. É importante organizar o processo e variar para manter a motivação e o interesse sempre alto: em cada treino uma pequena surpresa, uma novidade nos exercícios, na sua estrutura, nos seus objetivos, etc.

Sob o ponto de vista do treinamento técnico, é esperado que através de tarefas duplas os momentos necessários para a fixação da atenção no movimento sejam diminuídos e possam assim ser acelerados os processos de automatização. Paralelamente, deve-se utilizar as potenciais capacidades livres para a estabilização e variação das técnicas.

Importante: o mesmo exercício nunca pode melhorar o nível de automatização e o de estabilização/variação, pois são processos antagônicos. No processo de automatização é importante a modificação dos processos de elaboração de informação. Segundo Roth (1997), no processo de automatização devem ser aplicados exercícios que tirem a atenção da realização do movimento, tarefas duplas realizadas concomitantemente. A ideia que está por trás dessa afirmativa consiste em não somente repetir de forma monótona até a exaustão séries de exercícios como se coloca na maioria dos livros-texto. Ao contrário, tarefas duplas, tarefas múltiplas, devem ser apresentadas.

A pergunta que surge é: a partir de quando se podem colocar as tarefas duplas? Estudos de Szymanski (1997) com treinamento da técnica no tênis de mesa, badminton e voleibol comprovam que em alguns casos até é mais objetivo para o processo de aprendizagem que logo após de "aprovado" o critério da realização do gesto de forma global se iniciem as atividades com moderada ênfase em aspectos perceptivos e táticos, para o caso dos esportes abertos. Portanto, o autor recomenda proceder com cautela e não colocar mais de duas tarefas simultâneas. Esses resultados coincidem com os encontrados por Tani (2005b), Benda (2001) e Ugrinowitsch (2003).

Estabilização

A estabilização e variação se apoiam e aproveitam as *ressourcen* liberadas à medida que decorre o processo de automatização.

No *continuum* horizontal, nas atividades de estabilização nas disciplinas fechadas, objetiva-se tanto a melhoria da precisão na execução quanto a constância do resultado na execução da técnica. Isso não é fácil de lograr, pois os programas motores serão repetidos constantemente (particularmente os parâmetros invariáveis) com definições de parâmetros idênticos até serem aprendidos. Por isso coloca-se que, além de um alto grau de precisão e estabilidade, também é necessária certa quantidade de variabilidade (particularmente dos parâmetros variáveis) quando se pensa na condução do movimento nesse momento. Isso exige:

- Rendimentos de adaptação da técnica ao ambiente, por exemplo, às características do solo, ou das condições climáticas.
- Assegurar o rendimento, por exemplo, em relação a situações de surpresa, pressões, cargas físicas ou psíquicas na fase de estabilização. O que importa é a correção de erros para melhorar a realização da técnica e, paralelamente, que esta seja executada corretamente e de forma constante. Procede-se (como na variação) a apresentar exercícios que permitam direcionar a atenção às partes do movimento (Roth, 1997). Objetiva-se que os *ressourcen* de atenção liberados sejam dirigidos para os pontos-chave do movimento. Também pode-se treinar as partes-chave da técnica de forma combinada e completadas com tarefas coordenativas, com gestos e mímicas que visam aumentar o valor da expressão artística na execução do movimento. Trata-se aqui de aspectos que podem ser, pelo menos parcialmente, antecipados, que acompanham o movimento e pressupõem escolhas que permitem libertar a capacidade cognitiva.
- No treinamento de estabilização devem ser oferecidos exercícios nos quais a atenção liberada possa ser direcionada aos pontos importantes, os pontos-chave do movimento. Por exemplo, no handebol, no lançamento em suspensão, é comum o principiante saltar para a frente, e dessa forma perde altura, choca-se com a defesa, etc. Podem ser oferecidos exercícios de salto e lançamento com obstáculos na frente nos quais ele não poderá encostar quando lança ou na queda. Pode ser colocado no chão um círculo para representar o local do salto e da queda sem sair do seu diâmetro, etc.

O que se almeja é uma ampliação e precisão da capacidade de imaginação do movimento, da representação mental do movimento, bem como uma blindagem (assegurar) da realização da técnica frente a fatores de constrangimento, de pressão, ou de estresse (Munzert et al., 2009). Didaticamente, existem duas possibilidades de organizar as atividades para essa etapa do treinamento técnico:

- Exercícios ligados à realização da técnica: novas combinações, em condições normais, contraste, com modificações do ambiente, com modificação de parâmetros, etc.
- Exercícios não ligados à realização da técnica: verbalização e treinamento mental.

Exercícios para a estabilização da técnica relacionados com movimentos podem ser escolhidos entre as seguintes alternativas metodológicas:

- Exercitar modificando as condições da percepção (exercícios com olhos fechados, camisa apertada).
- Exercitar com condições ambientais modificadas (vento, piso, água, neve).
- Exercitar com aparelhos adicionais ou aparelhos modificados (mais leves, mais pesados, outras formas físicas do aparelho).
- Exercícios de contraste, realização consciente de erros.

Na Figura 6 observa-se uma cruz metodológica relacionando as diferentes possibilidades para o treinamento da estabilização da técnica. Nela indica-se que dirigindo a atenção aos detalhes nas habilidades fechadas e se associando às competências para aumentar o poder de constância na realização induzem-se alterações do movimento em si adaptadas à situação, como se solicita nos esportes coletivos e de combate.

Na Figura 6 observam-se quatro quadrantes (numerados de I a IV); no campo I objetiva-se especificamente o treinamento da combinação e da blindagem da técnica. Com a incorporação de exigências físicas ou psicológicas, aqui os objetivos são diferentes dos descritos no treinamento de automatização. Procura-se a resistência a perturbações, isto é, manter a concentração nos pontos-chave necessários à realização da técnica. Nos quadrantes II e III objetiva-se uma alta adaptação da técnica. Aqui, o ambiente competitivo pode ser variado apresentando atividades que são tanto típicas ou atípicas à competição. As técnicas utilizadas variam então da sua aplicação isolada, sem relação com a situação de jogo/competição imediata.

A estabilização solicita o treinamento da técnica variável e o objetivo da variação relacionado com a estabilização consiste em estabelecer a ligação entre a técnica correta e a possível forma de sua aplicação em situações de jogo (Roth, 1996).

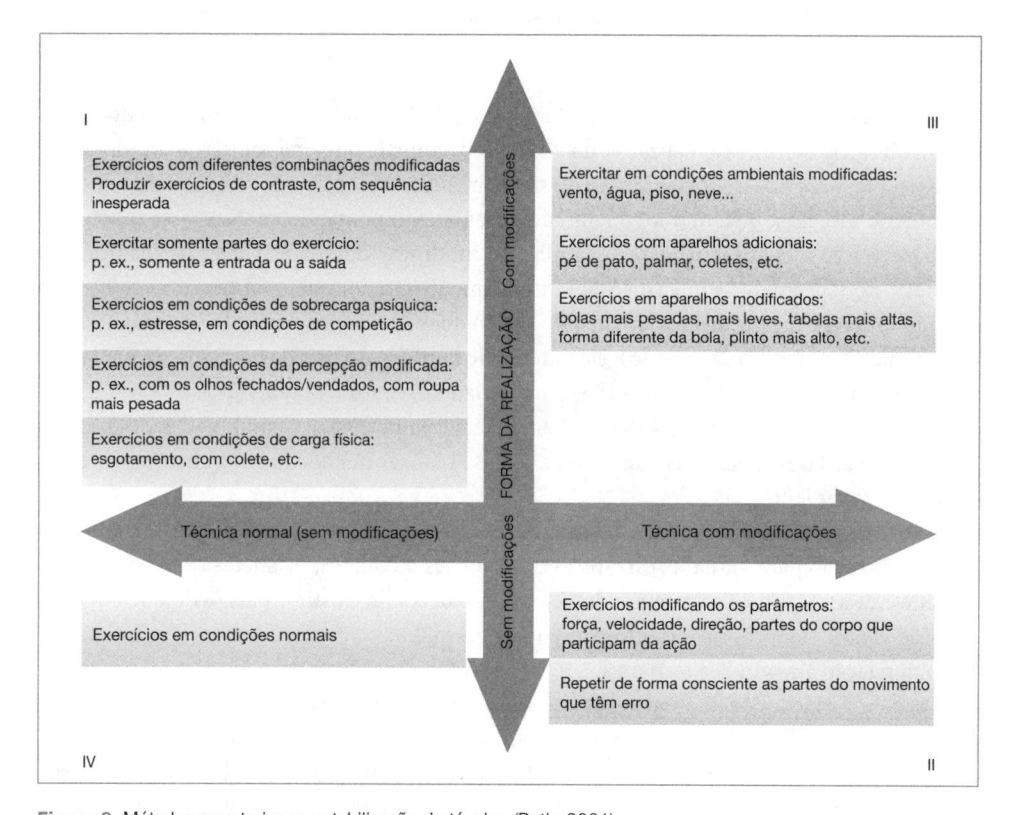

Figura 6 Métodos para treinar a estabilização da técnica (Roth, 2001).

Variação

No treinamento de variação da técnica, o atleta deve aprender a adaptar-se e modificar-se conforme a situação da realização da amostra de movimentos, isto é, da técnica que ele começa a dominar ou que já domina. Quando se observa em detalhe o gesto, se pensa: o que pode ser modificado? A resposta é simples, podem ser modificados todos os parâmetros variáveis da forma original da técnica, ou seja, não se pode mudar o que faz a característica – a essência ou a raiz – da técnica. Por exemplo, quando se deseja variar um lançamento em suspensão no handebol, mesmo com a grande quantidade de possibilidades de mudanças existentes, para que seja um lançamento em suspensão deve-se lançar a bola durante o salto. Ou seja, a característica básica da técnica é o lançamento durante o salto, a estrutura básica do lançamento está no salto, sua característica principal não pode ser mudada ou deixada de lado. Se não se lança com salto, o lançamento é alguma coisa parecida, mas não um lançamento em suspensão.

Porém, quais são os aspectos invariáveis que podem ser trocados e que pertencem ao movimento em si? Segundo a teoria da informação, dois aspectos são centrais nesse momento do treinamento de variação da técnica:

- As fases (preparatórias) funcionais auxiliares podem ser estruturalmente variadas.
- A técnica geral como um todo ou suas fases específicas podem ser realizadas com parâmetros diferentes do movimento.

Por fases auxiliares da técnica entendem-se aqueles momentos do movimento que antecedem ou são posteriores à realização do gesto propriamente dito, mas que estão unidos a ele, por exemplo, a corrida de aproximação no salto em altura ou a troca de direção e de velocidade antes de receber a bola no movimento de engajamento no handebol. Nas fases funcionais auxiliares surge a possibilidade de substituir ou modificar diferentes partes da técnica, por exemplo, no lançamento em suspensão anteriormente citado, este continua a sê-lo mesmo quando se recebe com uma mão ou quando se dão duas passadas ou quando se muda a forma da corrida (com câmbio de direção); ele independe também do tipo de perna usada na impulsão ou da posição com que se lança (na armação lateral, central, ponta), etc.

Também as fases principais das diferentes técnicas podem ser combinadas de infinitas formas com as fases funcionais auxiliares, e para se realizar um adequado treinamento técnico, isso deve ser feito.

O primeiro conteúdo do treinamento de variação está assim explicado: por meio de formas de exercício para variar as estruturas das funções auxiliares, os atletas se tornam tecnicamente variáveis, difíceis de serem antecipados, e deixa de existir o perigo de que em cada situação ele use seu próprio e rígido estereótipo pessoal.

Em relação à segunda alternativa, a técnica geral ou suas fases específicas podem ser realizadas com variações de diferentes parâmetros do movimento. Aqui, a medida metodológica consiste na variação dos parâmetros do movimento. Trata-se de apresentar alternativas nas quais o movimento seja exercitado variando tanto sua dinâmica de realização quanto sua velocidade. Além disso, podem ser incorporados diferentes grupos musculares para realizar a técnica. Por exemplo, nas técnicas de lançamento no handebol, modificar a posição do braço no momento de se lançar (mais de lado, mais acima, mais próximo do corpo, etc.), a forma do lançamento (mais alto, baixo, etc.), a posição da mão/direção do lançamento (alto, baixo, direita, esquerda, etc.), a posição do tronco (ereto, flexionado, sobre o braço de lançamento, contra o braço de lançamento, etc.).

Também podem ser combinados exercícios, por exemplo, em que se trabalha a dinâmica do movimento e as funções auxiliares simultaneamente, ou seja, no lançamento em suspensão, a dinâmica das passadas é realizada de forma lenta e o braço de lançamento rápido, ou ao contrário, etc.

Na exercitação da variação da técnica, a atenção é dirigida conscientemente às modificações do padrão básico. É válido dizer que a riqueza de exercícios é adequada para se treinar a variabilidade (repertório), e, dentro dessa, as atividades oferecidas de forma randomizada apresentam melhores resultados que aquelas atividades que são oferecidas em blocos temáticos (p. ex., sequência de exercícios para se corrigir a técnica de bloqueio). Por outro lado, quando se trata de estabelecer a sequência dos conteúdos não existe um ordenamento claro em relação aos métodos. A estabilização exige o treinamento variável e o objetivo da variação é estabelecer a ligação entre a técnica correta e a sua possível forma de aplicação em situações de jogo.

Finalmente, do ponto de vista da metodologia do treinamento de variação, pode parecer redundante, mas quem deseja melhorar o repertório técnico de seus atletas deve treinar as amostras de movimento de forma variável. Aqui se descrevem mais dois princípios metodológicos de simplificação que auxiliam o treinador no ordenamento do processo de treinamento da técnica. No primeiro, indica-se a importância de dar um passo de cada vez, não são treinadas todas as características de modificação possíveis de uma só vez. Os exercícios se concentram, por exemplo, no caso do lançamento em suspensão, no número de passadas ou no tipo de salto, nas variações da velocidade ou na dinâmica entre a fase principal e as fases funcionais auxiliares. Um exemplo da sistematização do treinamento da variação da técnica aplicada no lançamento em suspensão está descrito aqui:

- Somente modificando as fases de apoio (número de passadas, tipo de salto).
- Somente modificando a velocidade de chegada.
- Somente modificando a posição (local) do lançamento.
- Somente modificando o local objetivado no gol.
- Somente modificando a dinâmica entre a fase principal e auxiliar, etc.

O segundo princípio de simplificação indica que diferentes alternativas de variação podem ser treinadas, porém o volume e a variabilidade serão menores, por exemplo, no lançamento em suspensão, pois se trabalha apenas com a posição do tronco (somente mudar entre sobre o braço ou contra o braço de lançamento), direção do lançamento (somente mudar entre esquerda embaixo e acima à direita) e velocidade do lançamento (somente mudar entre rápido e lento). Com base nesses dois princípios metodológicos de simplificação é possível organizar e sistematizar o treinamento de variação da técnica.

É possível sistematizar a variação das atividades considerando-se os seguintes aspectos:

- Variação da condução do movimento: exercícios de lateralidade, tarefas complementares, aumento da exigência no equilíbrio.
- Variação das condições do exercício: aumento ou diminuição do contato com o solo. Modificação do tipo de material.
- Combinação de movimentos: mudança veloz de tarefas em sequência.
- Pressão de tempo ou de precisão: número de repetições por tempo, pressão de tempo, regras especiais, elevar a frequência.
- Exercícios com sobrecarga: peso do elemento, pontaria após um *sprint*.
- Limitação da recepção de informação: diminuição do analisador visual.

CONSIDERAÇÕES FINAIS

O treinamento da técnica é um aspecto central do treinamento esportivo para todas as idades e para todos os níveis de rendimento. E com todo o reconhecimento das particularidades dos casos individuais e das diferentes formas de expressão da técnica conforme a modalidade (aberta ou fechada), é impreterível que o treinamento da técnica se apoie na sistematização de critérios amplos. Nos livros "clássicos" são apresentadas estruturações metodológicas conforme o tipo de habilidades e fases de aprendizado, que são transferidas pelo treinador ao seu cotidiano muitas vezes sem a devida validação, confiando na experiência do autor. Durante a práxis e conforme sua experiência, o treinador incorpora modificações nos programas preestabelecidos, procura soluções a novos desafios, mas em geral repete aquilo que está fácil de ser aplicado de forma imediata no cotidiano; é a receita, a novidade. Isso é muito perigoso. O treinamento técnico solicita atenção e sistematização. O aprendizado e o treinamento de uma técnica nos esportes foram aqui explicados a partir das teorias de elaboração de informação. Um dos pré-requisitos para o treinamento técnico se apoia na qualidade das experiências motoras anteriores dos atletas. Isso remete à necessidade de se organizar o quanto antes um adequado processo de treinamento da coordenação antes de se proceder ao treinamento técnico. Na realidade, o treinamento da coordenação é considerado pré-requisito *sine qua non* para o treinamento técnico.

Outra importante reflexão consiste em se observar não somente a idade do atleta para iniciar o treinamento técnico. Ele não pode ser iniciado cedo demais, devido à necessidade de primeiramente se ampliar o repertório motor. Isso coloca um desafio em algumas modalidades esportivas fechadas, particularmente de composição, nas quais a técnica segue modelos próximos do ideal e solicita muita repetição e estabilização da técnica. Também nos esportes coletivos, é prioritário se abandonar a ideia de que primeiro aprende-se a técnica, depois a tática, no conceito de que primeiro aprendem-se e treinam-se as partes constitutivas do jogo, e depois se joga. Pesquisas já comprovaram que o conceito de que quanto mais técnicas se domine, melhores as respostas do jogador leva a demoras na aprendizagem e a um desgaste motivacional do atleta, provocando abandono e/ou estresse.

Foram apresentados os componentes do treinamento técnico, diferenciados claramente entre si: as fases e os *continuums*. A nova aprendizagem e o sobreaprendizado, a automatização e a variação podem ser incorporados dentro dos objetivos gerais do treinamento técnico, que decorrem independentemente de qual seja a competência de solução motora a ser adquirida (objetivo concreto, específico) e dos diferentes tipos de tarefas do jogo (conteúdo). A lógica que se segue nas medidas metodológicas se divide sempre em dois polos antagônicos, por exemplo, simplificar x dificultar ou direcionar a atenção x retirar a atenção. A combinação de tipos e fases apresentadas no ensaio mostra um modelo no qual se pode diferenciar entre fases de aprendizagem (nova aprendizagem e sobreaprendizado), e a otimização do processo de treinamento com dois *continuums* que ocorrem em paralelo (vertical e horizontal). No *continuum* vertical procura-se a liberação da atenção para se chegar à automatização. No *continuum* horizontal programam-se os aspectos relacionados com os objetivos de estabilização – variabilidade da técnica. Quando não é possível a aprendizagem direta de uma técnica, deve-se auxiliar o principiante através de estratégias de simplificação e medidas de facilitação, como o princípio de encurtamento do programa (divisão da técnica em partes – corte horizontal), o princípio de diminuição das partes simultâneas do programa (corte vertical), o princípio de apoio aos elementos invariáveis do programa e o princípio de apoio aos elementos variáveis do programa. Esses princípios permitem ao treinador a adequada sistematização das atividades no treinamento. A essas medidas somam-se as alternativas de recomposição da técnica (p. ex., dividida, fracionada, focalizada, com tarefas duplas, com direcionamento ou retirando o direcionamento da atenção a uma das suas partes, ou desta como um todo), no caminho da sua totalidade.

O processo metodológico amplamente conhecido na práxis: do fácil ao difícil, do simples ao complexo, oferece as "pistas" para a realização da técnica de forma integral e integrada (p. ex., com o treinamento tático). Reiteradamente tem sido colocada a necessidade de se entender o treinamento técnico como um procedimento analítico (não confundir com o método analítico de ensino).

Colocou-se que diferentes alternativas estão abertas no modelo pendular. Almeja-se a realização da técnica próxima do modelo ideal por este ser econômico e apresentar maiores probabilidades de sucesso, isto é, leva a maior eficiência. Porém, para ser eficaz, deve-se adequar a situação ao contexto situacional momentâneo (p. ex., no handebol, um passe com apoio tecnicamente perfeito em todos seus detalhes motores, mas que cai nas mãos do adversário, não é útil). Para ser eficaz nos esportes abertos, muitas vezes solicita-se a adaptação da técnica ao contexto situacional. Indica-se, portanto, o treinamento da variabilidade e o treinamento da estabilização de forma paralela no *continuum* horizontal, alternando-se as atividades entre o direcionamento e o desvio da atenção até se obter as amostras técnicas desejadas. Esses três aspectos se equilibram no *continuum* horizontal e no *continuum* vertical e favorecem a criatividade (o tema criatividade será abordado no treinamento tático).

Os efeitos da formação técnica requerem um planejamento a longo prazo e, na prática, permanente e contínuo. O processo de formação técnica nunca está acabado, assim, em todo momento do treinamento da técnica, objetiva-se a alocação ótima de atenção. Os processos de atenção do atleta devem ser abordados já na sua formação de base, para que ele desenvolva a capacidade de se concentrar em pontos-chave do movimento. Assim, quando chegar à aplicação da técnica em situações de alta competição, ele poderá realizar o movimento conforme a situação, dedicando um ótimo nível de atenção ao movimento. Na competição, muitas vezes demora-se para procurar a decisão, precisa-se de muito tempo para a escolha do movimento, o que prejudica o controle da execução quando esta não está automatizada na base de pontos-chave do movimento. Em relação à variação da técnica, quando esta é relevante na competição e não sobrecarrega o atleta, é importante se utilizar a maior quantidade de variações possível. Já no caso de existir sobrecarga ou sobre-exigência, devem-se aplicar estratégias de simplificação. Em relação à simplificação na variação, observa-se que somente uma ou parte de uma característica de movimento será variada, ou seja, não se podem variar todas as características do movimento simultaneamente.

Finalmente, no treinamento técnico nos esportes coletivos deve-se considerar a importância de se treinar a variabilidade da técnica em situações de jogo, integradas no treinamento tático, especialmente no treinamento da tomada de decisão. Situações de treinamento da técnica em condições de estresse físico-técnico ou tático são momentos importantes para se avaliar o nível de eficiência e de eficácia na realização da técnica.

QUESTÕES PARA ESTUDO

1. Quais as áreas e/ou linhas de pesquisa, bem como quais são os paradigmas teóricos que norteiam as investigações no treinamento técnico?
2. O que é uma técnica?
3. Como funciona a realização de ações motoras organizadas no tempo e no espaço?
4. Como o aprendiz ou um atleta controlam e produzem movimentos em resposta às situações em esportes?
5. Quais as relações possíveis entre treinamento da técnica e aprendizagem motora e treinamento da coordenação?
6. Quais são os fatores que limitam a realização de uma técnica?
7. Qual o valor da técnica conforme a modalidade?
8. Qual a relação existente entre as formas de treinamento da técnica, dependendo do tipo de modalidade esportiva (esportes fechados *versus* abertos)?
9. Qual a inter-relação que existe entre a técnica e os demais fatores determinantes do rendimento, em especial, com a tática?
10. Quando se deve começar o treinamento da técnica?
11. Quais os objetivos do treinamento da técnica?
12. Quais os modelos de treinamento na práxis, conforme a importância da técnica no esporte?

REFERÊNCIAS BIBLIOGRÁFICAS

1. Abernethy B. Anticipation in squash: differences in advance cue utilization between expert and novice players. Journal of Sports Sciences. 1990;8:17-34.
2. Abernethy B, Wood JM. Do generalized visual training programmes for sport really work? An experimental investigation. Journal of Sports Sciences. 2001;19:203-22.
3. Adams JA. A closed-loop theory of motor learning. Journal of Motor Behavior. 1971;3:111-49.
4. Araujo D, Davids K, Bennet S, Button C, Chapman G. Emergence of sport skills under constraints. In: Williams AM, Hodges NJ (ed.). Skill acqusition in sport. Research, theory and practice. London: Routledge, Taylor & Francis; 2004. p. 409-33.
5. Benda RN. Variabilidade e processo adaptativo na aquisição de habilidades motoras. Tese de doutorado. São Paulo: Escola de Educação Física e Esporte da Universidade de São Paulo; 2001.

6. Bernstein NA. The co-ordination and regulation of movements. Oxford: Pergamon Press; 1967.

7. Carl K, Mechling H. Techniktraining. In: Röthig P (ed.). Sportwissenschaftliches Lexikon. Schorndorf: R. F. Hofmann; 1992. p. 506-8.

8. Corrêa UC, Benda RN, Ugrinowitsch H, Tani G. Effects of practice schedule on the adaptative process for motor learning. Revista Portuguesa de Ciências do Desporto. 2010;10:158-71.

9. Davids K, Button C, Bennett SJ. Acquiring movement coordination: a constraints based framework. Champaign III: Human Kinetics; 2005.

10. Davids K, Williams M, Button C, Court M. An integrative modeling approach to the study of intentional movement behavior. In: Singer R, Housenblas H, Janeller C (ed.). Handbook of sport psychology. New York: John Wyley; 2001. p. 144-73.

11. Dietrich K. Zur Methodik der Sportspiele. In: Dietrich K, Landau G (eds.). Beiträge zur Didaktik der Sportspiele, teil I. Schorndorf: Hofmann; 1974. p. 74-82.

12. Djatschkov WM. Die Steuerung und Optimierung des Trainingsprozesses. Berlin-München-Frankfurt: Bartels & Wernitz KG; 1977.

13. Farrell J. The classification of physical education skills. Quest. 1976;25:63-8.

14. Fitts PM, Possner MI. Human performance. Belmond: Brooks-Cole; 1976.

15. Gibson JJ. Wahrnehmung und Umwelt. München: Urban & Schwarzenberg; 1982.

16. Graça A, Mesquita I. Ensino do desporto. In: Tani G, Bento JO, Petersen RDS (eds.). Pedagogia do desporto. Rio de Janeiro: Guanabara Koogan; 2006. p. 207-16.

17. Greco PJ, Benda RN, Chagas MH. Aprendizagem do gesto técnico esportivo. In: Greco PJ, Caran Jr. E (eds.). Temas atuais em educação física e esportes. Belo Horizonte: Health; 1996. p. 45-59.

18. Grosser M, Neumaier A. Técnicas del entrenamiento. Barcelona: Martinez Roca; 1986.

19. Hirtz P. Koordinative Fähigkeiten im Schulsport. Berlin: Volk und Wissen; 1985.

20. Hossner E-J. Module der Motorik. Schorndorf: Hofmann; 1995.

21. Kahnemann D. Attention and effort. Englewood Cliffs: Prentice Hall; 1973.

22. Lehnertz K. Techniktraining. In: Rieder H, Lehnertz K (eds.). Bewegungslernen und Techniktraining. Studienbrief 2 der Trainerakademie Koln. Schorndorf: Hoffmann; 1990. p. 105-95.

23. Martin D, Carl K, Lehnertz K. Handbuch Trainingslehre. 3ª ed. Schorndorf: Hofmann; 2001.

24. Mechling H. Zur Theorie und Praxis des Techniktrainings. Problemaufriss und Thesen. Leistungssport. 1988;1(18):39-42.

25. Meijer OG, Roth K. Complex movement behavior: the motor-action controversy. Amsterdam: Elsevier Science Publishers B.V; 1988.

26. Meinel K, Schnabel G. Bewegungslehre – Sportmotorik. Berlin: Volk und Wissen; 1987.

27. Mesquita I. Modelação das habilidades técnicas nos jogos desportivos. In: Garganta J (ed.). Horizontes e órbitas no treino dos jogos desportivos. FCDEF - Universidade do Porto. Centro de Estudos dos Jogos Desportivos; 2000. p. 73-89.

28. Munzert J, Lorey B, Zentgraf K. Cognitive motor processes: the role of motor imagery in the study of motor representations. Brain Research Reviews. 2009;60:306-26.

29. Neumaier A. Koordinatives Anforderungsprofil und Koordinationstraining. Köln: Strauß; 1999.

30. Neumaier A. Koordenative Grundlagen: wie trainiert und diagnostiziert man koordenative Leistungsvoraussetzungen. In: Hagedorn G, Riepe L (ed.). Talentsuche und Talentförderung – Trainer und Sportwissenschaft im Dialog. Paderborn; 1994. p. 230-47.

31. Neumaier A, Mechling H. Allgemeines oder sportartspezifisches Koordinationstraining? Ein Strukturierungsvorschlag zur Analyse und zum Training spezieller koordenativen Leistungsvoraussetzungen. Leistungssport. 1995;5(25):4-18.

32. Neumaier A, Mechling H. Taugt das Konzept der koordinativen Fähigkeiten als Grundlage für sportartspezifisches Koordinationstraining? In: Blaser P, Witte K, Stucke C (eds.). Steuer- und Regelungsvorgänge der menschlichen Motorik. St. Augustin: Academia; 1994. p. 207-12.

33. Nitsch JR. Ecological approaches to sport activity: a commentary from an action-theoretical point of view. International Journal Sport Psychology. 2009;40:152-76.

34. Nitsch JR. Sportliches Handeln als Handlungsmodell. Frankfurt: Sportwissenschaft; 1975. p. 39-55.

35. Nitsch JR. The organization of motor behavior: an action-theoretical perspective. In: Cologne: VIII European Congress of Sport Psychology; 1991.

36. Nitsch JR. Zur handlungsteoretischen Grundlegung der Sportpsychologie. In: Gabler H, Nitsch JR, Singer R (eds.). Einführung in die Sportpsychologie. Teil 1. Grundthemen. Schorndorf: Hofmann; 1986. p. 188-270.

37. Nitsch JR, Neumaier A, Marées H, Mester J. Entrenamiento de la técnica. Contribuciones para un enfoque interdisciplinario. Barcelona: Paidotribo; 2002.

38. Roth K. Bewegung und Training. Unveröffentlichtes Manuskript. Heidelberg: Institut für Sport und Sportwissenschaft, Universität Heidelberg; 1997.

39. Roth K. Bewegung und Training. Unveröffentlichtes Manuskript. Heidelberg: Institut für Sport und Sportwissenschaft, Universität Heidelberg, 2001.

40. Roth K. Die Fähigkeitsorientierte Betrachtungsweise. In: Roth K, Willimczik K (eds.). Bewegungswissenschaft. Reinbek: Rowohlt; 1999. p. 227-87.

41. Roth K. Ein neues ABC fur das Techniktraining im Sport. Sportwissenschaft. 1990;1(20):9-26.

42. Roth K. Motorisches Lernen. In: Willimczk K, Roth K. Bewegungslehre. Reinbek: Rorwohit; 1983. p. 141-239.

43. Roth K. Techniktraining. In: Hohman A, Kolb M, Roth K (ed.). Handbuch Sportspiel. Schorndrof: Hofmann; 2005.

44. Roth K (ed.). Techniktraining im Spitzensport. Alltagstheorien erfolgreicher Trainer. Köln: Strauß; 1996.

45. Roth K. Wie lehrt man schwierige geschlossene Fertigkeiten? In: Sportpädagogen B (ed.): Methoden im Sportunterricht. Schorndorf, 1998. p. 27-46.

46. Schmidt RA. A schema theory of discrete motor skill learning. Pychological Review. 1975;82:225-60.

47. Schmidt RA. Motor control and learning. A behavioral emphasis. Champaign: Human Kinetics; 1982.

48. Schmidt RA, Wrisberg G. Aprendizagem e performance motora. São Paulo: Movimento; 2002.

49. Schmidt RF. Integrative Leistungen des Zentralnervensystems. In: Schmidt RF, Thews G (ed.). Physiologie des Menschen. Heidelberg: Springer Verlag; 1977. p. 132-75.

50. Schnabel G. Sportliche Technik - sporttechnische Fertigkeiten. In: Schnabel G, Harre D, Borde A (eds.). Trainingswissenschafl. Berlin: Sportverlag; 1994. p. 121-36.

51. Szymanski B. Techniktraining in den Sportspielen - bewegungszentriert oder Situationsbrzogen? Hamburg: Feldhaus; 1997.

52. Tani G (ed.). Comportamento motor: aprendizagem e desenvolvimento. Rio de Janeiro: Guanabara Koogan; 2005a.

53. Tani G. Processo adaptativo: uma concepção de aprendizagem motora além da estabilização. In: Tani G (ed.). Comportamento motor: aprendizagem e desenvolvimento. Rio de Janeiro: Guanabara Koogan; 2005b. p. 60-70.

54. Tani G, Santos S, Meira Jr CM. O ensino da técnica e a aquisição de habilidades motoras no desporto. In: Bento JO, Petersen RDS, Tani G. Pedagogia do desporto. Rio de Janeiro: Guanabara Koogan; 2006. p. 227-40.

55. Ugrinowitsch H. Efeito do nível de estabilização do desempenho e do tipo de perturbação no processo adaptativo em aprendizagem mora. Tese de Doutorado. São Paulo: Escola de Educação Física e Esporte da Universidade de São Paulo; 2003.

56. Ugrinowitsch H, Tani G. Efeitos do tipo de perturbação e do nível de estabilização no processo adaptativo em aprendizagem motora. In: Tani G (ed.). Comportamento motor: aprendizagem e desenvolvimento. Rio de Janeiro: Guanabara Koogan; 2005. p 162-72.

57. Willimczik K, Roth K. Bewegungswissenschaft. Reinbek: Rowohit; 1999.

58. Wollny R. Motorische Entwicklung in der Lebensspanne. Schorndorf: Hofmann; 2002.

Capítulo 10

Treinamento tático nos esportes

Pablo Juan Greco

INTRODUÇÃO

Ano de 1970, campeonato mundial de futebol no México. Edson Arantes do Nascimento, Pelé, corre em direção ao gol adversário na diagonal contrária à bola para receber um passe em profundidade nas costas da defesa adversária, no espaço livre e sem marcação. O lendário goleiro do Uruguai, Mazurkiewick, pressente o perigo e sai da meta, para "reduzir o espaço" de ação de Pelé. O leitor com mais de 40 anos de idade ou aquele que gosta de futebol antecipam o final dessa frase, já têm uma imagem mental da situação. Não? Continuemos, então. Em uma situação dessas, todo atleta geralmente procura dominar a bola e depois definir a jogada, por exemplo, driblando o goleiro. Mas isso é para jogadores "mortais".

Pelé, antecipando a saída do goleiro e que o encontro seria fora da área, passa por cima da bola, não encosta nela, continua sua corrida em direção oposta à bola. O goleiro esperava a ação tradicional, mas é superado pela tomada de decisão, pela genialidade, pela inovação. Pelé gira o corpo, passa por trás do goleiro e vai buscar a bola, encontra-se com ela e chuta com meio giro, perdendo o equilíbrio, na direção do gol. Caprichosamente a bola cruza toda a linha de gol e sai do campo, rente ao segundo poste. Ação semelhante, também frente ao Uruguai, foi realizada no Maracanã por Romário com a finta do "drible da vaca", um drible normal, superando o goleiro e convertendo o gol que classificou o Brasil para o mundial do tetracampeonato.

Mas voltemos ao atleta do século: o que levou Pelé a tomar essa decisão? O que diferencia a decisão dos atletas exímios? Quantas ações de atletas de décadas passadas no futebol, como Eusébio, Beckenbauer, Di Stefano, Garrincha, Maradona, Tostão; ou de atletas do período mais recente, como Messi, Romário, Ronaldinho Gaúcho; Hortência, "Air" Jordan, "Magic" Johnson, "Magic" Paula, no basquetebol; o Agassi, Federer, Nadal, Navratilova, no tênis; Balick, Deckarm, Duchevaiev, Vujovick, no handebol; Gratzky, no hóquei sobre gelo; entre outras modalidades, já o encantaram? A tomada de decisão é o ponto central do treinamento tático.

Nos esportes de natureza aberta, aqueles em que o contexto ambiental varia, tais como os esportes coletivos, esportes de combate, jogos esportivos coletivos em geral, o comportamento tático solicita do atleta constantemente a tomada de decisão e execução de uma técnica em situações em que predomina um ambiente desconhecido, imprevisível. Assim, a tomada de decisão e a execução da técnica são dependentes das configurações situacionais particulares de cada momento do jogo, especificamente do denominado marco situacional, no qual, ao se decidir, são relacionados aspectos como placar do jogo, tempo restante, estado psicológico, condição física, importância do jogo, regras, qualidade técnica individual, tempo disponível na ação, motivação, entre outros fatores que interagem no tempo e no espaço para a realização da tomada de decisão (Garganta, 2002; Graça, 1994; Greco, 1995). A decisão solicita de quem a toma o balanço entre "o que fazer" (relacionado com o objetivo da ação/jogo), "como fazer" (relacionado com a técnica a ser concretizada), "onde fazer" (espaço para a ação), "quando fazer" (momento/tempo para a ação) e a adequada velocidade (Garganta, 2002; Greco, 1987, Greco e Chagas, 1992; Greco, Giacomini, Morales e Vilhena, 2008; Paula, Greco e Souza, 2000; Tavares et al., 2006).

Sem dúvida, a grande dificuldade na área do treinamento tático centra-se particularmente na identidade, nas características informacionais dos esportes abertos. Fatores como a variabilidade da técnica, a imprevisibilidade do contexto ambiental, a aleatoriedade, a riqueza de possibilidades táticas que se apresentam reunidas à emoção do placar do jogo justificam o conceito de Garganta (1995) que destaca o "apelo à inteligência, enquanto capacidade de adaptação a um contexto em permanente mudança". Ou seja, para se melhorar a tomada de decisões no jogo é necessário desenvolver a capacidade de solucionar problemas, e isso considerando que o atleta no jogo é "bombardeado" pelos fatores de pressão acima citados no momento da sua tomada de decisão.

Observa-se que nos esportes abertos os processos de tomada de decisão são dinâmicos, portanto devem ser treinados por meio de processos de aprendizagem dinâmicos. Segundo Raab (2002), o processo de tomada de decisão nos esportes abertos depende não somente do número de probabilidades de sucesso que o atleta possa imaginar para uma situação, mas também dos valores que ele atribui à situação, da sua experiência de aprendizado, considerando, claro, o marco situacional e os fatores constitutivos da tarefa. Portanto, esses aspectos devem estar sempre integrados no processo de treinamento tático. Apresenta-se o desafio sobre "o que" e "como" um esportista deve aprender para se comportar de forma inteligente e adequada à situação, para decidir de forma correta a situação de jogo (Roth, 1989, 1991). Como deve ser treinado um atleta de forma que na competição consiga desenvolver suas potencialidades, impor suas capacidades, responder às expectativas?

A ação nos esportes é intencional, direcionada a um objetivo (Nitsch, 2009), reflete a tomada de decisão, que se constitui em um comportamento tático-técnico. Porém, se reconhece que no Brasil esse comportamento é citado como ação técnico-tática. Academicamente, a inversão dos termos é mais correta, pois, conforme Roth (1989, 1991), primeiro se decide o que fazer (tática) e depois como fazer (técnica). Nesse sentido, a tomada de decisão caracteriza o comportamento tático-técnico, e significaria colocar a cognição em ação. Seria uma cogni(a) ção tático-técnica? (Greco, 2004).

Espera-se de um jogador que ele – utilizando todos seus recursos – concretize uma resposta correta à situação de jogo com que se defronta. Isso decorre pela interação da pessoa com a tarefa e o ambiente; no que a pessoa recorre a seu conhecimento tático (memória), a sua capacidade de receber, elaborar, armazenar informação e selecioná-la (percepção-atenção), encontrar respostas (capacidade de pensamento) e realizar a ação de forma adequada à situação (capacidade técnica-habilidades) se constituem em elementos indissociáveis da ação tática, como comportamento tático.

No presente capítulo descrevem-se as relações entre a tomada de decisão e os processos cognitivos, bem como entre tomada de decisão e treinamento tático. Adota-se uma visão pedagógica que visa esclarecer o por quê da escolha de determinadas formas e métodos de ensino e de treinamento tático, mais especificamente do comportamento tático nos esportes abertos.

FUNDAMENTAÇÃO TEÓRICA

Segundo Martin et al. (2001), "o conceito de tática designa a utilização de um sistema de planos de ação e de alternativas de decisão que permite regular a atividade, fazendo possível o êxito esportivo".

Considerando que a tática solicita a elaboração de planos de ação, é necessário, portanto, formular alternativas pedagógicas, isto é, modelos de aprendizagem (explícito-formais e incidentais) que contemplem as interações dos diferentes elementos constitutivos da situação de jogo. Ou seja, o treinamento tático é um processo pedagógico de construção de oportunidades de aprendizagens (explícitas-formais e incidentais) que objetivam a melhoria da capacidade de tomada de decisão do participante nos seus diferentes níveis de rendimento no jogo.

Diferenciam-se neste texto as formas de aprendizagem incidental (ou implícita, que sempre é processual) e intencional (ou explícita, que sempre tem componente declarativo-verbalizável). Segundo Raab (2002), é comum na literatura em ciências do esporte se diferenciar as formas de aprendizagem "incidental-implícita-processual" e "intencional-explícita-declarativa". A compreensão da intencionalidade da aprendizagem é muito útil à formulação de processos de treinamento tático nos esportes.

Segundo Frensch (1998), a aprendizagem implícita "não é intencional, é uma aquisição automática de conhecimento sobre relações entre objetos ou eventos". Por aprendizagem incidental se entendem aquelas formas de aprendizado nas quais o individuo aprende sem saber que está aprendendo, não tem a intenção específica de aprender Por exemplo, quando joga, ele aprende de forma inconsciente. Segundo Reber (1989), é um processo inconsciente que produz conhecimento abstrato, o conhecimento incidental resulta do raciocínio de uma representação abstrata da estrutura que o estímulo do ambiente mostra, e esse conhecimento é adquirido, inconscientemente, por meio de estratégias reflexivas do córtex. A aquisição incidental do conhecimento complexo é tida como um processo de base para o desenvolvimento da abstração, conhecimento tácito de todos os tipos. Autores como Kröger & Roth (2002), Roth et al. (2000) realizam associações dessa forma de aprendizado com o desenvolvimento da criatividade tática (Memmert, 2002). Segundo Squire & Kandell (2003), "todas as formas de conhecimento não declarativo são geralmente implícitas e não são facilmente declaradas verbalizadas pelo atleta. A representação do conhecimento não declarativo resulta da experiência em executar um procedimento, uma ação [isto é, da realização, da execução de respostas, de tomadas de decisão em diferentes situações]". A forma de atuação de um jogador está fortemente condicionada pelo conhecimento (declarativo e processual), pelo modo como ele concebe e percebe o jogo em si. De acordo com Anderson (2005), quando se aprende algo, a aprendizagem é codificada primeiramente de forma declarativa, mas com o treino se torna compilada em uma forma processual de conhecimento. Tavares et al. (2006) inferem que nos atletas experientes os níveis de conhecimento declarativo e processual apresentam uma maior proximidade, enquanto nos atletas de nível inferior encontra-se uma defasagem entre esses dois tipos de conhecimento. Williams et al. (1999) concluíram a partir de estudos que existe uma relação positiva entre conhecimento declarativo e processual, ou seja, saber "o que fazer" facilita o saber "como fazer" e vice-versa. Kröger & Roth (1999) colocam que as formas de aquisição de conhecimento tático devem seguir um modelo incidental em um primeiro momento, particularmente com crianças e pré-adolescentes, e *a posteriori*, com adolescentes e adultos, deve seguir um processo intencional de ensino-aprendizagem.

Por aprendizado formal/intencional se entendem processos nos quais ocorrem trocas formais, intencionais de informação, na situação professor-aluno. Processos explícitos de aprendizado se estabelecem quando o objetivo do que será aprendido e suas relações são formuladas de forma clara, intencionalmente; por isso se faz a analogia com processos declarativos. As formas de aprendizado formal/explícito solicitam o direcionamento da atenção ao processo, ao que vai ser aprendido. Isso é importante no treinamento da técnica. Os processos de aprendizado formal solicitam repetição, pois são suscetíveis de esquecimento (Berry & Dienes, 1993). Basicamente, pode resumir-se com a frase: o aluno tem a intenção de aprender, geralmente existe um mediador (professor) no processo de ensino-aprendizado. Kröger & Roth (2002) fazem relações entre essa forma de aprender e o desenvolvimento da inteligência tática. O aprendizado incidental (implícito) é mais orientado processualmente, já o aprendizado formal, pelos processos declarativos.

Ambas as formas de aprendizagem (incidental e intencional) se relacionam com os processos de recepção e elaboração de informação, que são denominados na psicologia como processos de *bottom-up* e *top-down*. Mas é muito importante compreender que ambas as formas de aprendizado interagem constantemente, na forma de um *continuum*, da mesma forma que os processos de *bottom-up* e de *top-down*.

Segundo Raab (2002), é possível classificar os modelos de tomada de decisão tática considerando o perfil histórico e, paralelamente, a evolução do conhecimento na área das ciências do esporte. O autor reconhece três tipos de modelos:

a. modelos de elaboração de informação: se apoiam em divisões do processo de tomada de decisão em fases. O primeiro modelo nessa linha de pensamento foi elaborado por Mahlo para o basquetebol (1974) com três fases (percepção da situação, elaboração mental da solução-execução, e seu posterior armazenamento na memória). Essa proposta influenciou durante muitos anos os modelos sobre treinamento tático. Nessa linha de pensamento, as propostas desenvolvidas têm em comum serem: sequenciais, hierárquicas, e todas as estruturas ou partes da fase devem estar completas antes de se passar à próxima fase. Após a percepção da situação de jogo, aparentemente na fase da elaboração mental da resposta se encontraria o objetivo do jogador de uma forma consciente, compreendido de forma explícita. Ao se considerar os mecanismos de regulação da ação, Roth (1989) descreve nesse tipo de modelo diferentes possibilidades de caracterização:

- de associação;
- de seleção dentro de um número reduzido de alternativas/respostas;
- de seleção prévia de alternativas.

b. modelos cibernéticos: pouco utilizados, neles a descrição da ação se apoia nos planos de estruturas de regulação do comportamento (geralmente em três) nos níveis: automático, emocional e cognitivo (p. ex., Nitsch, em 1975). Nessas propostas não se estabelecem relações com as formas de aprendizagem, bem como se descartam as possibilidades de aprendizagem incidental. Como positivo, Raab (2002) observa que "estas estruturas se relacionam com o ambiente, nesse sentido o comportamento do atleta no jogo é mais que a soma das partes" (Born, 1994, para o tênis). A transferência no processo de aprendizado de uma regulação cognitiva para uma automática já indica que não é aceita a possibilidade de uma aprendizagem incidental. Nesses modelos, a relação pessoa-ambiente é considerada como pré-requisito para a decisão, mas sempre se considera que é o atleta que define a situação com base na sua regulação cognitiva.

c. Modelos neurobiológicos: segundo Schnabel et al. (1994), esses modelos se apoiam em teorias de recepção de informação e descrevem os processos de percepção, elaboração e arquivamento de informação comparando-os com um computador, com um sistema computacional. Elimina-se a consideração do ambiente, tudo ocorre de cima para baixo, da cognição para o ambiente. Negam-se, portanto, possibilidades de aprendizado incidental.

Os modelos de elaboração de informação foram os mais utilizados nos esportes na década de 1990. As influências dessas teorias cognitivas refletiram-se na produção de conhecimento. Dentro desses modelos, aqueles relacionados com uma concepção de "associação" de fases explicam a tomada de decisão como um produto final após diferentes momentos de tratamento da informação (nas fases). Isto é, chega-se à escolha do que fazer e à sua realização após análise de todos os aspectos presentes na situação. A análise é realizada em cada fase da ação. Diferentes autores propuseram modelos de ação e de tomada de decisão apoiados nessa concepção. O primeiro ensaio surge com Mahlo (1974) em uma série de artigos publicados relacionados com a ação tática no basquetebol. Na Figura 1 se observa a proposta desse autor que influenciaria durante muito tempo as pesquisas na área (p. ex., Konzag, 1990; Konzag & Konzag, 1981; entre outros). Como se observa, a primeira fase consiste na percepção e análise da situação, um processo mental que leva, na segunda fase, a uma elaboração mental da solução, a partir desse instante, que se toma a decisão sobre o "que fazer", e o atleta realiza a técnica, isto é, a solução motora da tarefa. O resultado é guardado na memória e influencia a percepção e a elaboração de respostas em novas ações.

O modelo de Mahlo (1974) apresentava a dificuldade de que muitas vezes o tempo era muito escasso para se decidir, para se realizar um processamento de informação tão completo. Os modelos de tomada de decisão mais utilizados no treinamento a partir da proposta de Mahlo (1974) passam a integrar o treinamento da técnica e da variabilidade técnica no processo de tomada de decisão. Um dos exemplos mais aplicados do treinamento da tomada de decisão nos esportes coletivos foi proposto por Konzag & Konzag (1981) e é apresentado na Figura 2.

Com a práxis dos modelos se observam as dificuldades de se conseguir altos níveis de tomadas de decisão adequadas no jogo. A velocidade nos esportes aumenta consideravelmente, o

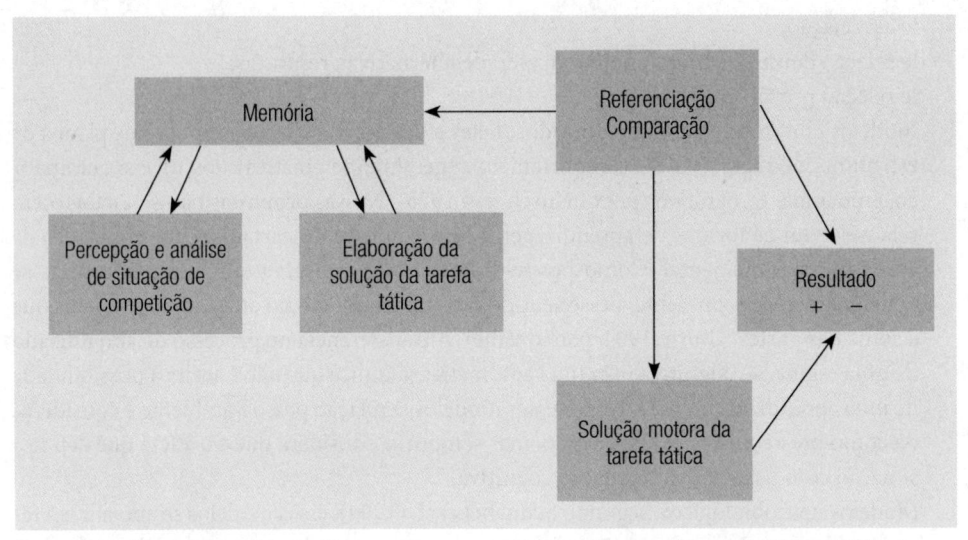

Figura 1 Modelo de uma ação esportiva e suas fases para se chegar à tomada de decisão (Mahlo, 1974).

jogo ganha dinâmica, as defesas deixam de ser reativas e passam a ter comportamentos antecipativos, colocando o atacante em situação de pressão na hora de tomar decisões. Assim, surgem trabalhos que sugerem que, com base na experiência, o atleta estaria capacitado a decidir a partir de um "reduzido número de alternativas". Estas seriam treinadas de forma constante, para se ganhar tempo na tomada de decisão (Sichelschmidt et al., 1994; Westphal, 1987). O processo se apoia no conceito de que a percepção depende do conhecimento tático e de conceitos táticos. O atleta tem um modelo de ação previamente formado na sua memória e compara essa decisão prévia com a situação que defronta (Figura 3). Os conhecimentos induzem a percepção e o atleta realiza uma comparação entre o modelo de tomada de decisão que tem idealizado e a situação no momento. Existe uma comparação das informações em uma sequência hierárquica da decisão, um processamento claramente definido pelos processos de *top-down*. A realização motora se produz no último estágio, após a constatação das características da situação conforme posterior comparação com o modelo previsto.

Uma alternativa muito utilizada no treinamento tático se deu a partir dos modelos de "tomada de decisão prévia" (Sichelschmidt et al., 1994). Nesses ensaios propõe-se que antes da percepção da situação o esportista já tem uma decisão tomada, uma "prévia decisão" baseada na sua experiência e na repetição de fatos que ocorrem no jogo em relação ao comportamento do adversário (Figura 4). Assim, antes de perceber a situação, o atleta já tem uma intenção, que ele depois compara com a realidade da situação (Sichelschmidt et al., 1994; Klein, 1981). Esse modelo é muito delicado, pois, em geral, a intenção do atleta fala mais alto que a sua percepção, o que leva a constantes erros.

Em todos esses modelos apresenta-se em comum que as fases e seus mecanismos não são especificados em nível algorítmico, e a decisão é tomada em algum momento nesse processo (Raab, 2002, 2007). Outra deficiência consiste na falta de relações com as formas de aprendizagem e de treinamento. Nesses, descarta-se implicitamente a possibilidade de aprendizagem

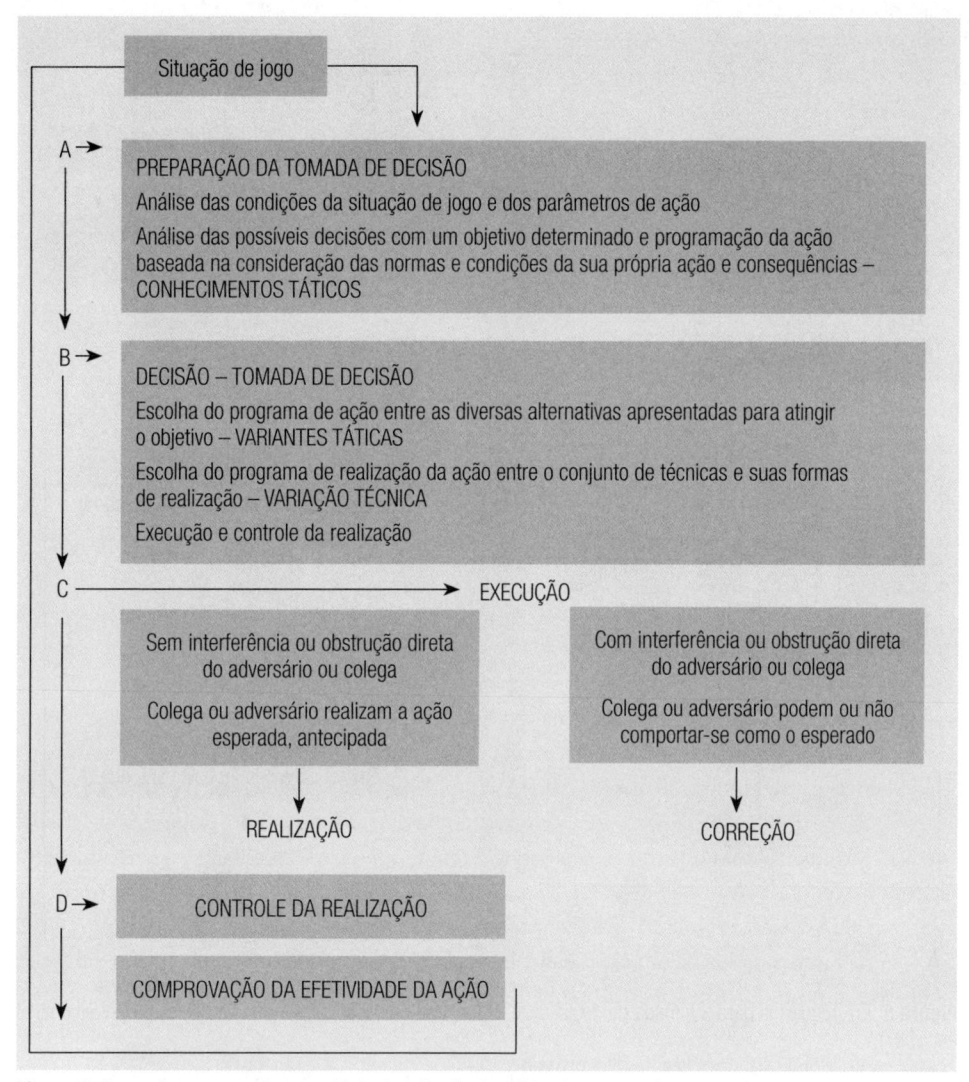

Figura 2 Fases do processo de tomada de decisão técnico-tática (Konzag & Konzag, 1981).

incidental, todo o processo de uma decisão se concretiza de cima para baixo (*top-down*) e de forma intencional.

Nos "modelos computacionais" se enquadram os modelos de tomada de decisão por meio da elaboração de informação (associação, seleção reduzida e seleção prévia). Os modelos cibernéticos se relacionam parcialmente com as teorias dinâmicas.

Os modelos de elaboração de informação (associação, escolha reduzida e situação prévia) cibernéticos e neurobiológicos enfatizam a condução cognitiva do processo de tomada de decisão, mas diferenciam-se entre si em relação à forma e ao nível dessa regulação cognitiva. Em comum apresentam a pouca valorização dos condicionantes do ambiente, isto é, da infor-

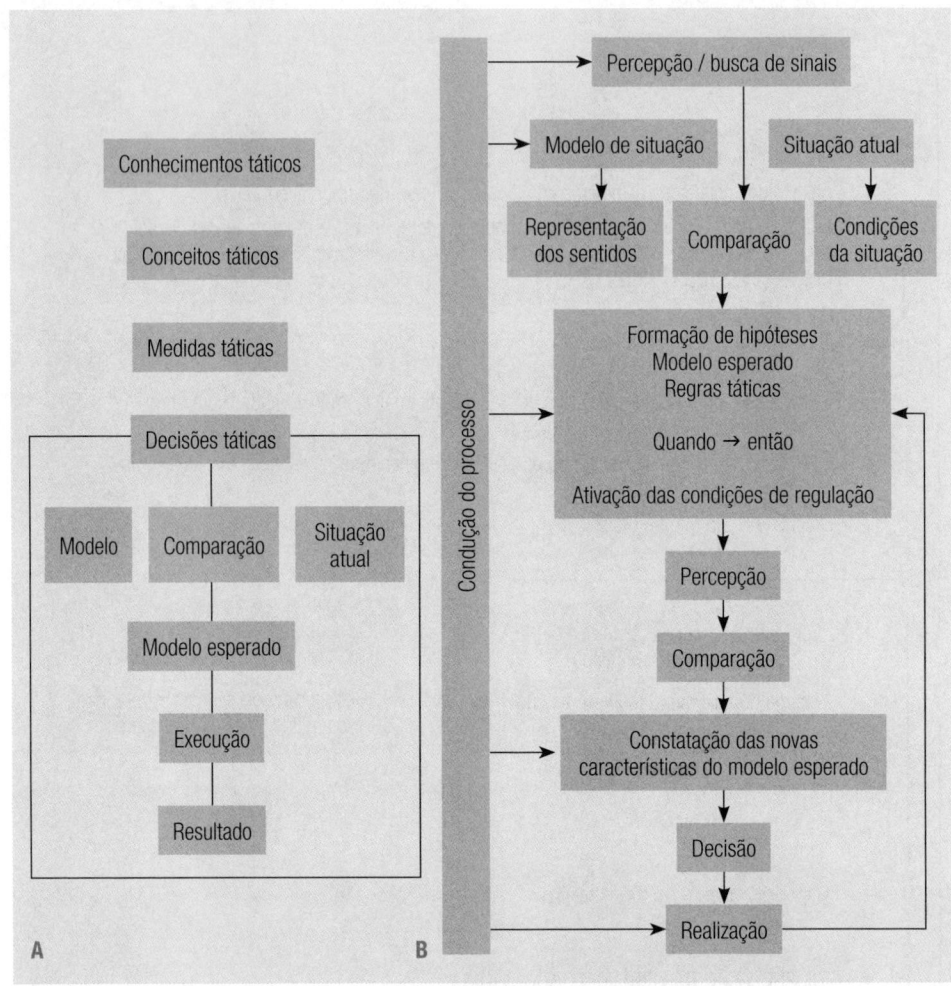

Figura 3 Pré-requisitos para a tomada de decisão (A). Modelo do processo de tomada de decisão (B) (Westphal et al., 1987).

mação contextual, o quanto o ambiente constrange, dificulta, pressiona na decisão do atleta na situação de jogo (fato que é característico, por exemplo, das teorias ecológicas, dos sistemas dinâmicos e das teorias adaptativas). Essas questões são mencionadas por Raab (2002) com base em pesquisas de Gigerenzer & Todd (1999), que destacam esses aspectos como relevantes e norteadores das pesquisas na psicologia cognitiva da década de 1990 em diante.

Com efeito, com os avanços da psicologia do esporte dos anos 2000 se consolidam as teorias ecológicas. Nessas questiona-se a falta de tempo para se pensar e relacionar tanta informação, como sustentado nas teorias cognitivas. Nas teorias ecológicas, o ambiente é o fator mais importante na decisão. Por exemplo: um atleta de voleibol na posição 4 realiza uma cortada na diagonal longa, fugindo do duplo bloqueio adversário. Teve nessa ação tempo para perceber os adversários, sua posição no bloqueio (fechado ou aberto, ofensivo ou defensivo)? A posição da defesa, a forma dela se posicionar para dar cobertura? Teve tempo de escolher

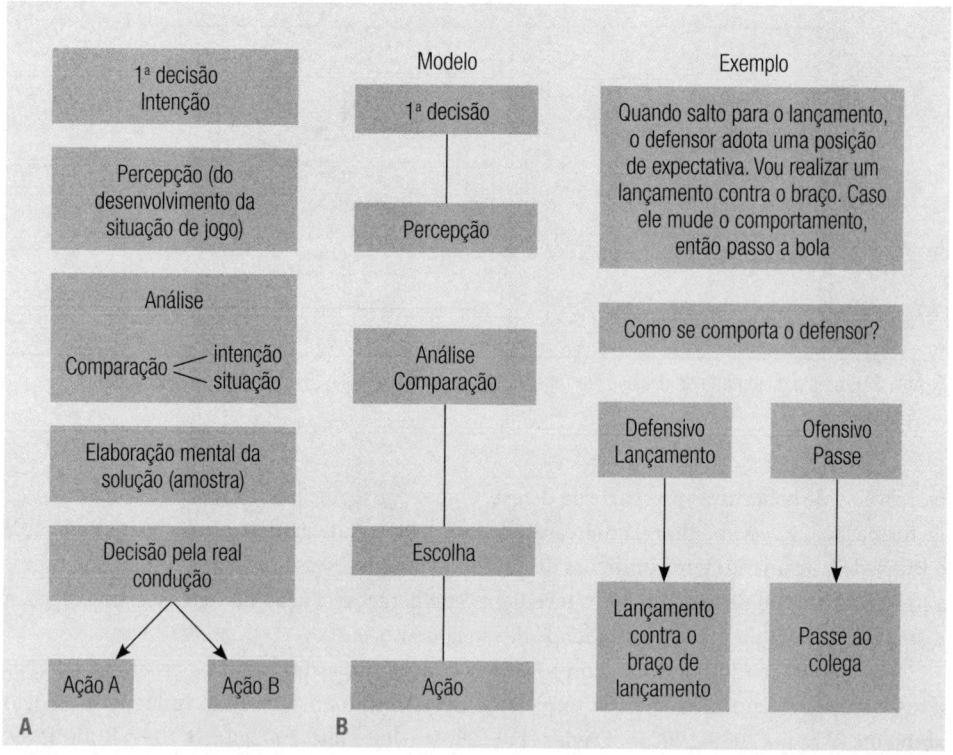

Figura 4 Modelo de decisão prévia. (A) Modelo de Sichelschmidt et al. (1994), e (B) exemplo no handebol conforme Klein (1981).

entre bater ou largar? Caso escolha bater: diagonal ou paralela, na linha de três metros ou explorando o bloqueio? Teve tempo para realizar uma finta de corrida antes de chegar ao salto e assim se deslocar do bloqueio? Ou seja, é possível, na situação de jogo, analisar tantas variáveis e ainda assim ter tempo para realmente decidir e executar a ação? Também considera-se que, pelo fato de o voleibol ter a rede, as decisões permitem mais tempo ao atleta; mas no handebol, por exemplo, em que o espaço é compartilhado simultaneamente pelo ataque e pela defesa, ou no exemplo de Pelé no futebol, o tempo seria menor. Outro exemplo, dessa vez no handebol (Figura 5). O ataque está posicionado na formação 3-3, e a defesa no sistema 5-1; o ponta-esquerda passa a bola para o armador esquerdo (AE) (1), que no movimento de engajamento realiza as três passadas, fintando o lançamento, e passa para o armador central (AC) (2). Após o passe, o armador esquerdo se desloca como segundo pivô. Simultaneamente, o pivô (PV) se desloca em sentido contrário à direção da corrida do armador esquerdo. O armador central, ao receber a bola no engajamento, tem opções de lançamento, de passe ao pivô, de passe ao armador esquerdo que entrou como segundo pivô. Mas opta por realizar um cruzamento com o armador direito (3). Este entra no movimento de cruce, com opções, por exemplo, de dar sequência com passe ao ponta-esquerdo, ao pivô, ao armador esquerdo, que está de segundo pivô, ou de lançamento (4). Tudo isso deve ser realizado sempre considerando quais os comportamentos dos respectivos defensores e como são realizadas as trocas de

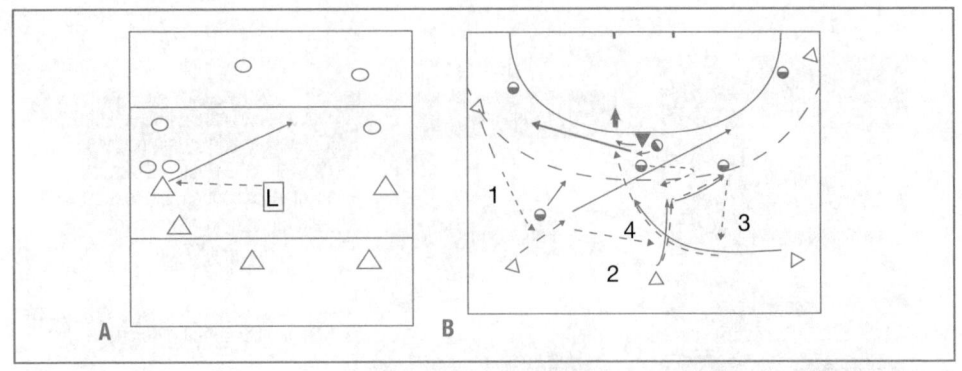

Figura 5 Exemplo de tomada de decisão em (A) uma situação de voleibol e (B) uma situação no handebol.

marcação e de coberturas por parte da defesa. Quem consegue, nessa movimentação de troca de formação, se desvencilhar da marcação de um defensor, de ganhar a posição ou de liberar o braço de lançamento tem condições de definir a situação. Nesse caso, a pergunta que cabe é a mesma: cada um desses jogadores teve tempo de perceber a ação do defensor, do colega, a distância que está do gol, a possibilidade de lançamento, etc.?

Segundo Raab (2002), já foi comprovado por inúmeros estudos que os processos perceptivos e cognitivos no momento da tomada de decisão influenciam e são influenciados pelo ambiente (Araujo, 2005a, 2005b; Davids et al., 2001; Memmert, 2002; Raab, 1999; Roth, 1989, 1991; Roth & Raab, 1998, 1999; Roth et al., 2000; entre outros), o que confirma a necessidade de se considerar no treinamento atividades que apresentem variabilidade dos aspectos perceptivos a serem percebidos. Dessa forma, o processo de aprendizado, conforme colocado anteriormente, deve ser concebido para as duas formas de se aprender (incidental e intencional).

Hoje, com os avanços tanto das teorias cognitivas (p. ex., Newell, 1986; Nitsch, 1986, 2009) quanto das teorias ecológicas (p. ex., Gibson, 1982) ou dos sistemas dinâmicos (p. ex., Araujo, 2005), na literatura da psicologia e nas ciências do esporte recomenda-se considerar os modelos de ação e de decisão com duas fases constituídas pelos processos de *top-down* e *bottom-up*.

As vantagens dessa nova concepção na psicologia "torna possível a reunião em um só modelo das funções e processos de aprendizado com os processos psicológicos de tomada de decisão. Permite pela sua vez que a divisão entre aprendizagem explícita (declarativa – saber o que fazer) e implícita (processual – saber como fazer) seja unida às formas de tomada de decisão em esportes, considerando e integrando as decisões intencionais e incidentais" (Raab, 2002).

Mas o que isso tem a ver com o treinamento tático? A resposta a essa pergunta se depreende da caracterização das interações entre os mecanismos de recepção e elaboração de informação (percepção), das condições da estruturação informacional, ou seja, das interações presentes entre os processos de *top-down* e *bottom-up*, já que esses processos serão norteadores do modelo de treinamento tático formado mais adiante.

Segundo Raab (2002), resulta importante compreender que, quando a decisão é caracterizada por uma série de passos na qual a situação é percebida, sendo que o ambiente mostra o que fazer ao atleta, o modelo da decisão a ser considerado se relaciona com os processos de *bottom-up*. Já quando se recebe informação, ela é elaborada, comparada com as armazenadas na memória, e, perante diferentes alternativas, é tomada uma decisão, que se relaciona com processos de *top-down*. Esses ensaios são conhecidos hoje com o nome de teorias computacionais. A segunda alternativa é caracterizada pela existência, de forma paralela, de interações entre os processos de *bottom-up* e *top-down*, ou seja, apresenta-se uma constante troca de informações entre eses dois processos, o que leva, de forma dinâmica, à tomada de decisão. Essas teorias são denominadas teorias dos sistemas dinâmicos (van Gelder, 1998; entre outros).

O termo *bottom-up* ou processamento da informação impelido pelo estímulo, ou seja, pelo ambiente (Eysenck & Keane, 1994), é utilizado para referir-se àqueles processos em que a fonte de informação está influenciada apenas pelo *input* sensorial, ou seja, a passagem das sensações pelas vias aferentes, informação do ambiente que é levada aos centros de decisão. Refere-se também a processos de aprendizagem nos quais a aproximação aos conteúdos se realiza de forma implícita, processual, isto é, muitas vezes não é impreterivelmente consciente que a pessoa está aprendendo sobre essa situação, sua tarefa inicialmente pode ser outra. A regulação perceptiva dos aspectos presentes no ambiente que atuam como determinantes da solução torna-se fundamental. A tomada de decisão não é explicada unicamente pelo conhecimento que o atleta detém em uma situação, e sim pelo ambiente que está presente e que determina a decisão a ser tomada pelo atleta, ou seja, a resposta "emerge" do ambiente. O ambiente leva a uma adequada escolha da resposta para a ação. Segundo Araujo (2005a), no contexto se encontra a informação, "o jogador é que pode não estar sensível, afinado a ela, está "cego" às informações relevantes".

Já o termo *top-down* ou processamento da informação impelido pela concepção mental da situação (Eysenck & Keane, 1994; Sternberg, 2000) abrange a fonte de informação sensorial integrada à experiência adquirida, ou seja, há elaboração de informação em diferentes centros (cérebro-cerebelo, etc.) com base no contexto, nos conceitos e nas representações mentais que a pessoa detém. A representação do conhecimento como uma forma de experiência é discutida em diferentes modelos e teorias de aprendizagem. Considera-se que o resultado da aprendizagem é o saber, o conhecimento, sendo as representações as estruturas que guardam, conservam, arquivam esse conhecimento. As informações vindas do ambiente são relacionadas com o conhecimento que se tem dos eventos passados, portanto, com a memória. Essas informações vindas do ambiente são comparadas e incorporadas na resposta motora que se procede "de cima para baixo" (do SNC – do córtex – para a musculatura) pelos canais eferentes. Os processos de *top-down* são entendidos como produto de situações de aprendizado explícito (verbalizável, isto é, que pode ser verbalizado), nas quais se procura desenvolver regras de comportamento do tipo "se-então" passíveis de serem verbalizadas. As regras de comportamento tático são obtidas por meio da elaboração de informação via treinamento. Por exemplo, uma regra "sim-então" no handebol: "se" o defensor sai a marcar, "então" realizar a finta, ou "se" o defensor não sai a marcar, "então" lançar. Os processos de *top-down* apresentam em si próprios os componentes da tomada de decisão que decorrem da análise explícita de uma situação com objetivos táticos predeterminados.

Não cabem dúvidas que o comportamento do ser humano ocorre pela interação dos processos de *bottom-up* e *top-down*. Conforme Edelmann (1987), ocorre um paralelo intercâmbio entre esses dois sistemas de processamento. Nos jogos esportivos coletivos, essa interação se relaciona com o conhecimento tático, com os princípios táticos e com os objetivos táticos do esporte em questão. Assim, os participantes efetuam permanentemente as relações:

• por meio da seleção visual (entre outros canais de informação) de estímulos relevantes, de "sinais relevantes" (Greco, 1987, 1999; Tavares, 1994), que se constituem em uma das mais importantes habilidades cognitivas apresentadas pelos experts, o que os diferencia de atletas novatos ou com pouca experiência;
• pela antecipação da situação, com base no enorme conhecimento que possuem.

Uma adequada seleção de informações, o reconhecimento da situação, por meio principalmente da antecipação dos sinais relevantes, libera a atenção a detalhes significativos do contexto ambiental, oferecendo subsídios para a tomada de decisão (Prinz & Hommel, 2002).

Essa visão é só parcialmente compartilhada pelos defensores das teorias ecológicas (Araujo 2005; Davids et al., 2005). Segundo Araujo (2005a, 2005b), "o jogador resolve a situação agindo, o seu conhecimento está na sua ação. O jogador, com as suas características pessoais, só atua enquanto tal no contexto do seu desporto, visando um dado objetivo. Sendo assim, é o que a situação proporciona que guia a sua ação". Segundo esse autor, o objetivo do comportamento tático é antecipar a intenção o mais rápido possível, portanto é necessário o controle informacional da ação no jogo, daquilo que a situação proporciona, pois isso é que "decide" a ação do jogador. Ou seja, para Araujo (2005a, 2005b) e autores que se apoiam nas teorias ecológicas, "o próprio contexto reclama ações dos participantes". No enfoque ecológico-dinâmico se assume que existe uma relação direta e mútua entre o sujeito e o ambiente. A informação que está no ambiente é recebida, percebida pelo sujeito de forma direta. Percepção e ação não se separam, constituem uma unidade que se apoia em uma *affordance* (oferecer), uma percepção-ação.

Descritas as diferenciações conceituais, e perante a variabilidade de alternativas e da multiplicidade de fatores a se considerar nas situações de jogo que o indivíduo enfrenta, considera-se possível que não exista uma única estratégia para se chegar a uma solução. Ela vai depender do problema e de como cada pessoa vê e interpreta cada situação.

Aparentemente as duas posições, das teorias de *bottom-up* (ecológico-dinâmico) e de *top-down* (cognitivas), seriam incompatíveis de serem relacionadas. Porém, na tomada de decisão ambos os processos são estritamente necessários para uma adequada solução da tarefa.

Paradigmas teóricos estão em permanente dinâmica, a produção de conhecimento se amplia e se modifica constantemente. Segundo Roth (1999) e Raab (2002), a "teoria do controle anticipativo do comportamento" formulada por Hoffmann (1993) se apresenta como alternativa plausível de oferecer o marco interativo faltante entre os ensaios que defendem cada uma das formas de se processar a tomada de decisão (*bottom-up* e *top-down*). Relaciona também os processos de aprendizado (incidentais e formais) e ainda permite que sejam realizadas considerações metodológicas para a formulação de processos de treinamento tático. A proposta de Hoffmann (1993) é classificada dentro das teorias cognitivas, nas denominadas teorias funcionais; nela é descrita a necessidade que todo ser humano tem de apresentar um controle anticipativo e efetivo do seu comportamento. Essa necessidade de antecipar as consequências dos próprios atos permite que, em determinadas situações da vida, quando a pessoa sabe de forma antecipada quais são as consequências dos seus atos, sinta uma sensação de autossegurança, um sentimento de domínio da situação. Quando não se tem essa antecipação das consequências dos atos, a pessoa se sente insegura, sente dúvida e demora.

Basicamente, Hoffmann (1993) apresenta uma nova estruturação dos processos de aprendizado, destacando as diferentes formas em que se aprende (incidental e intencional), o que complementa a posição de Raab (2002), bem como a de Kröger & Roth (2002), quando os autores afirmam que aprender também é determinado pelas necessidades do sujeito.

Hoffmann (1993) destaca o valor das antecipações do comportamento em relação aos objetivos formulados, afirmando que elas podem ser consideradas como mecanismos que explicam as formas de aprendizado. Para Hoffmann, a aprendizagem (implícita ou explicita) depende tanto de como se identificam os objetos a serem alcançados (aprender), quanto do que é que se quer alcançar. Por isso deve-se observar como a pessoa seleciona a informação (percepção) e como pode ser importante a memória nesse processo de aprendizado, permitindo considerar e relacionar as informações passadas com as que levam a futuras antecipações. Na Figura 6 é apresentado o modelo de Hoffmann (1993). Ele foi aplicado nos esportes – entre outros trabalhos – nas pesquisas de Raab (2002), e particularmente em Roth & Raab (1997, 1999) na formação de regras táticas nos esportes coletivos, e por Roth et al. (2000) em estudo de pesquisa comparativa sobre nível de criatividade de jovens alemães e brasileiros. Por sua vez, Kröger & Roth (2002) também utilizam o modelo no texto "Escola da Bola" como teoria de fundo para explicar e relacionar a importância da aprendizagem incidental no desenvolvimento da capacidade tática do indivíduo.

Todo processo de aprendizado tem relação e depende de muitos fatores, como da situação de aprendizado (ambiente), da tarefa a ser aprendida e da pessoa (p. ex., sua motivação, suas intenções). Segundo Hoffmann (1993), esses fatores influenciam a formação das estruturas que serão aprendidas, sendo que as relações entre aspectos sensoriais e motores devem ser

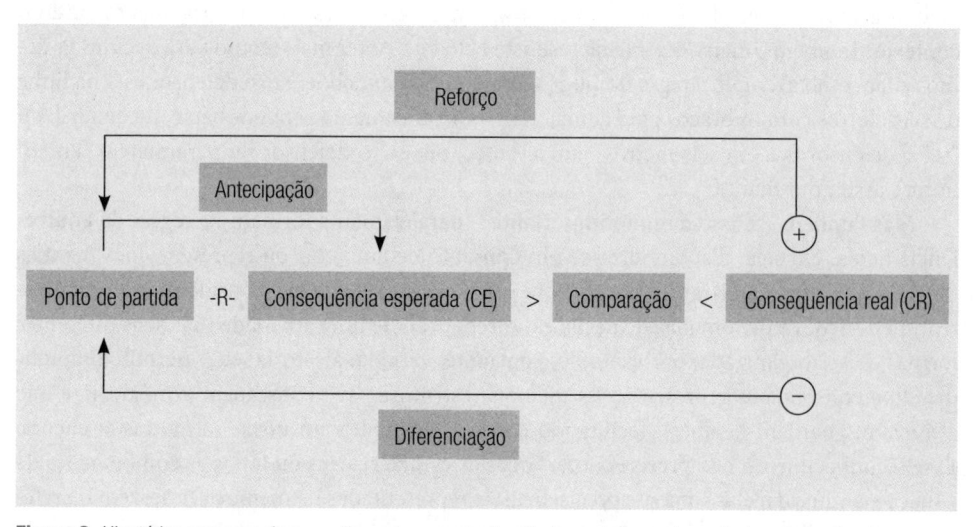

Figura 6 Hipotético processo de aprendizagem para construção das estruturas de controle antecipativo do comportamento voluntário (Hoffmann, 1993).

garantidas no processo de aprendizado. Segundo Hoffmann (1993), processos de aprendizado simples controlam e dirigem o comportamento de forma a facilitar o alcance dos objetivos; o desempenho cognitivo tem o papel de controle de antecipação de comportamentos e pode ser entendido como mecanismos de regulação do comportamento. Raab (2002) coloca que a aquisição de conhecimentos práticos ("de" e "para" a ação), isto é, aprender depende de quais e como se identificam os objetos (percepção), como essa informação é selecionada (percepção seletiva) e, finalmente, como o conhecimento adquirido é armazenado em objetivos comportamentais (antecipações do objetivo).

Importante: a aquisição de experiências de forma incidental, por meio de jogos organizados conforme suas características e elementos de pressão presentes na situação de jogo, leva ao desenvolvimento por si próprio de um "mecanismo de aprendizado autoprovocado" (Hoffmann, 1993). Isso já foi citado na literatura em português em vários ensaios sobre metodologia da iniciação esportiva (Greco, 1998; Greco & Benda, 1998; Greco & Silva, 2008). Postula-se que, dessa forma, os iniciantes adquirem segurança e podem antecipar, cada vez mais, de forma mais precisa os resultados das ações táticas que planejam. Segundo Hofmann (1993), a percepção da situação se dá por meio de controles antecipativos para otimização do comportamento em paralelo com a construção de classes de equivalências, que facilitam não somente a identificação da situação, mas também a transferência para adaptação da decisão em situações semelhantes. Procede-se a uma seleção como pré-requisito da elaboração de informações perceptivas que formam os conjuntos de equivalências táticas.

A construção por meio de jogos (p. ex., como se apresenta em Greco, 1998 e Greco & Silva, 2008, nos denominados jogos para desenvolvimento da inteligência e criatividade tática) e atividades com situações táticas (p. ex., Greco, 1998 e Greco & Silva, 2008 nas denominadas estruturas funcionais) possibilita a aquisição de experiências que levam à formação de estruturas antecipativas de controle do comportamento tático. O conhecimento de regras táticas permite que o atleta experiente tenha uma leitura mais veloz e mais eficiente na situação de jogo. Mais veloz, pois ele observa somente os sinais relevantes, não precisa analisar todo o contexto. Também é mais eficiente na resposta pelo fato de ter mais tempo para decidir. Podemos citar como exemplo a regra do tipo "se-então": no handebol, "se" o defensor está na linha de seis metros com os braços para acima, "então" o lançamento será por baixo, de quadril; ou "se" o defensor fica em seis metros "então" lanço, ou "se" o defensor sai para marcar "então" finto, e assim por diante.

Mas também – e isso é muito importante – paralelamente formam-se regras de equivalência tática. Ou seja, disponibiliza-se um conjunto de amostras ou representações mentais flexíveis que suportam transferências para situações que o cérebro considera da mesma estrutura de ações e de tomadas de decisões. A repetição de uma atividade (nas suas diferentes formas de ser organizada, por exemplo, constante, variada, aleatória, etc.) permite o aprendizado e consolida as representações mentais (estruturas que constituem a memória e que arquivam, guardam o saber), facilitando o reconhecimento em novas ou outras situações. Esse reconhecimento não precisa conter todas as características ou todas as combinações da situação conhecida, elas somente precisam estar representadas na memória, e servem de referência para a distinção, a diferenciação, com alguma situação semelhante ou não, facilitando a decisão, encurtando temporalmente o processamento de informação.

Para explicar isso dentro do modelo de Hoffmann, pode-se colocar (outros exemplos em Kröger & Roth, 2002) que um jogador tem a antecipação de lançar a gol (R – ponto de partida), a qual é acompanhada de antecipações (CE). Essas antecipações apresentam no seu conteúdo as expectativas que o jogador tem sobre os supostos resultados da sua decisão. Por exemplo, ele já observou que o defensor não sai frequentemente a marcar, também sabe que nesse caso quando não se tem defensor na frente, é importante lançar a gol. Portanto, deve lançar para forçar o defensor a sair na marcação. Assim ele terá espaço para fintar, para passar ao pivô, etc. Espera-se que essas antecipações sejam comparadas com as consequências reais (CR) que se apresentam na situação de jogo no momento da ação do defensor – está este realmente na linha de seis metros? Explicando de forma simplificada, pode-se dizer que o atleta, quando obtém sucesso na sua ação (CR = CE), resolverá as situações de jogo (R – ponto de partida) pelo reforço que o sucesso em situações anteriores sedimentou. Caso não tenha êxito, ou seja, caso a ação termine com insucesso (CR ≠ CE), ele terá a experiência de que a estrutura de ação nessa situação (R – ponto de partida) não pertence à classe de situações de jogo que ele desejava solucionar com a tomada de decisão realizada e, portanto, deve ser avaliada de forma diferenciada. Dessa forma, assim como indica a seta na Figura 6, realiza-se o processo de diferenciação para análise das consequências que permitirão melhores antecipações em futuras ações.

O efeito das antecipações no controle da ação, bem como do conhecimento e do pensamento tático, já foi objeto de vários estudos na psicologia do esporte (por exemplo, Farrow & Abernethy, 2002; Gigerenzer 2000).

Os seres humanos aprendem constantemente. Um atleta, por exemplo, em todo momento está sendo confrontado com situações de jogo nas quais ele adquire conhecimento. Este é agrupado em um tipo ou conjunto de soluções que está dentro de uma determinada classe ou estrutura, o que permite realizar equivalências com situações semelhantes. Segundo Kröger & Roth (2002), citando Hoffmann (1993), "as antecipações são corrigidas por meio das condições momentâneas na situação. Estas acompanham de forma contínua as consequências reais do comportamento e refletem este, de forma contínua". Na realidade, o processo todo funciona na forma de um círculo que se retroalimenta de forma constante. Hoffmann (1993) postula que as antecipações de início (R) se dão por meio da percepção (por isso a importância de saber o que perceber, dos sinais relevantes), da seleção de aspectos importantes e da avaliação das características da situação por meio da representação mental dos objetivos do comportamento.

Conforme colocado, o processo de treinamento tático solicita uma fundamentação teórica que sustente a elaboração de modelos para a práxis. A análise dos modelos tradicionais levou a considerar insuficientes as alternativas por eles elencadas. O modelo do "controle antecipativo do comportamento voluntário" formulado por Hoffman (1993) aparentemente permitiria cobrir essas lacunas, pois permite integrar as posições apresentadas nas teorias cognitivas e nas teorias ecológicas, valorizando os aspectos do ambiente (teorias ecológicas) nos processos de *bottom-up* e os processos cognitivos de *top-down*.

Segundo Raab (2002), a teoria do controle antecipativo do comportamento formulada por Hoffmann (1993) constitui importante referencial utilizado para justificar o *situation model of anticipated response tactical decision* (SMART), que, se traduzido livremente, seria denominado de "modelo de antecipação das consequências das respostas em situação de decisões táticas". Esse modelo será descrito e complementado com exemplos para a prática, assumindo a função de modelo básico para a formatação de processos de treinamento tático. O SMART permite relacionar os processos cognitivos com processos de aprendizagem tanto incidental quanto intencional, com as possibilidades decorrentes dessa interação na tomada de decisão. A proposta de atividades e sugestões de treinamento tático aqui sugerida é elaborada a partir da concepção do SMART, porém segue uma concepção eminentemente prática, que reflete a visão e experiência do autor no treinamento de equipes de handebol.

MODELO DO TREINAMENTO TÁTICO: DO SMART ÀS ADAPTAÇÕES PARA A PRÁXIS

Segundo Raab (2002, 2007), o SMART se apoia em uma perspectiva de racionalidade ecológica. O modelo foi validado experimentalmente (Raab, 2002), o que o torna amplamente confiável do ponto de vista acadêmico e apresenta qualidades que o tornam muito simples de ser aplicado na prática. Esse modelo identifica em qual situação um mecanismo específico de aprendizagem pode ser benéfico, e para isso é "fundamental reconhecer que a escolha de um modelo adequado depende da tarefa e das pessoas envolvidas no ambiente específico" (Raab, 2002). O SMART fornece critérios de seleção de tomada de decisão utilizáveis nos esportes, tornando possíveis reflexões que orientem a concepção e planificação dos processos de treinamento tático.

Segundo Raab (2007), o SMART é um modelo que se apoia e relaciona os processos de aprendizado implícito e explícito dependendo do nível de complexidade da situação de jogo. Ainda de acordo com o mesmo autor (2002), a aprendizagem implícita permite melhor aquisição de conhecimentos táticos em situações de jogo que apresentem baixa complexidade. Já em situações de alta complexidade (elevado número de alternativas), os processos de aprendizagem intencional/formal têm se mostrado mais eficientes.

O SMART contempla os processos subjacentes à tomada de decisão tática considerando as duas possíveis estratégias de tratamento da informação presente na situação de jogo, de forma implícita ou explícita. O SMART permite a transferência de conhecimento tático de forma eficaz em situações em que se apresenta uma mesma regra básica do tipo "se-então". Por outro lado, a prática de uma série de situações semelhantes permitirá à pessoa diferenciar melhor uma situação (p. ex., o goleiro de handebol sabe que o ponteiro adversário lança frequentemente de "rosca"; portanto treina essa situação com seus colegas), o movimento (p. ex., o ângulo do braço, a posição da munheca, do cotovelo, etc.), e o efeito esperado (p. ex., a bola quica próximo do pé de apoio). Reconhecer uma situação seja de forma implícita ou explícita permite que se escolha uma antecipação que gera uma resposta adequada à situação. Para a práxis, deduz-se que se deve apresentar no treinamento atividades direcionadas a favorecer o reconhecimento da situação tanto de forma implícita quanto explícita, isto é, para favorecer o desenvolvimento de antecipações no treino devem ser sistematizadas as alternativas de reconhecimento da situação conforme os mecanismos de *bottom-up*, ou seja, de baixo para cima, do ambiente, incidentais, e *top-down*, de cima para baixo, por meio de regras de conhecimento tático.

Na Figura 7, que ilustra o SMART, observa-se uma interação vertical e outra horizontal no reconhecimento da situação de jogo. O reconhecimento da situação, a "leitura do jogo" ocorre tanto de forma implícita, em que o ambiente indica ao jogador o que fazer, quanto explícita, na primeira instância do processo decisional. A leitura do jogo está relacionada com as antecipações das consequências das ações que o atleta realiza (relação com o modelo de Hoffmann, 1993). A decisão se segue a partir de uma constante geração de alternativas e formulação de escolhas nas quais tanto verticalmente quanto horizontalmente ampliam-se e trocam-se as informações entre os processos de *bottom-up* e *top-down*. Esses processos levam, em algum momento, verticalmente falando, a se tomar uma decisão por uma das opções geradas. As setas na Figura 7, conforme formuladas por Raab (2002), apresentam contrastes de tamanho mais fortes/suaves para indicar a constante troca de informações nos diferentes planos.

No modelo se observa que a situação de jogo pode ser percebida via processos de reconhecimento implícito (*bottom-up*) ou explícitos (*top-down*). Nesse reconhecimento são paralelamente relacionadas as informações presentes na situação com as antecipações que o atleta realiza. As antecipações se apoiam na experiência que o atleta tem em relação às expectativas de sucesso do seu comportamento – da sua decisão para as situações de jogo. Simultaneamente, o atleta gera opções para decisão até que realiza uma escolha conforme a premência de tempo, conforme o tempo hábil disponível na situação de jogo. O processamento em paralelo pode ser justificado na teoria de Edelmann (1987), como será visto mais adiante. Essa decisão é guardada na memória (efeito da escolha no modelo SMART) e serve, conforme sua eficiência, para novas antecipações, ela é classificada em uma estrutura de equivalências em um conjunto de possibilidades de ação que o atleta detém. Segundo Raab (2002), os processos implícitos de *bottom-up* descrevem de forma primária os processos de percepção do ambiente, do qual emerge a resposta, e os processos explícitos de *top-down* descrevem a formação dos objetivos da ação. Os dois processos interagem de forma diferenciada dependendo da complexidade da situação, por exemplo, do tempo disponível, ou de acordo com o número de

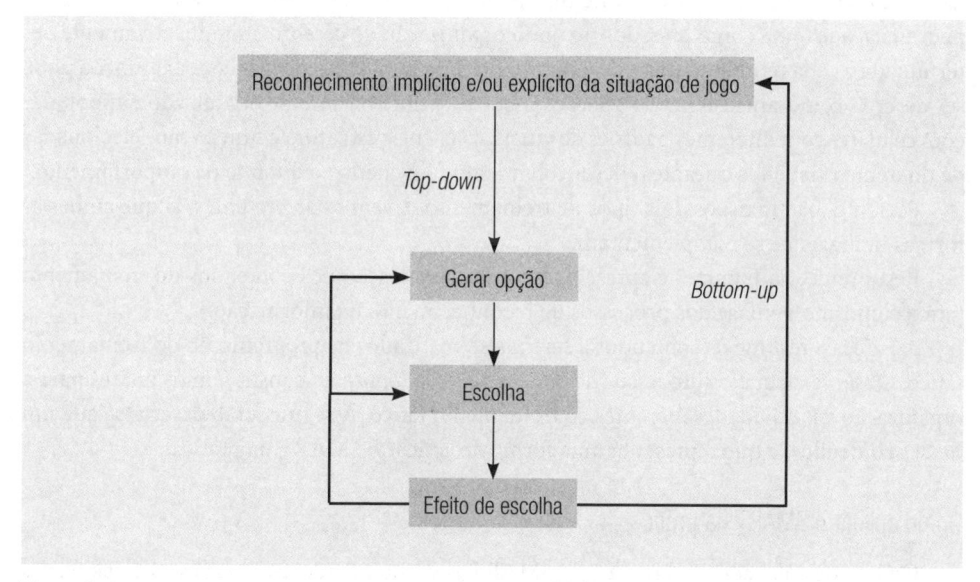

Figura 7 SMART: *situation model for anticipated response consequences of tactical decisions* (modelo de antecipação das consequências das respostas em situação de decisões táticas) (Raab, 2002, 2007).

alternativas, das probabilidades de sucesso na escolha por "X" ou "Y", de qual é a técnica que melhor se "encaixa" nas suas potencialidades ou na situação de jogo, qual é a ação previsível do defensor, e assim por diante.

Raab (2007) afirma que no treino, quando as regras "se-então" para tomar decisões são verbalizadas explicitamente tanto pelos treinadores quanto pelos atletas, ou seja, as informações são comentadas, caracteriza-se um processo de aprendizado intencional, o que consequentemente leva ao conhecimento explícito. Com o tempo, e pelo efeito de muitas repetições e de efeitos semelhantes, chega-se ao que Anderson (2005) denomina como "proceduralização" do conhecimento. De tanto fazer alguma coisa, ela é automatizada, incorporada na memória e o sujeito muitas vezes não consegue explicar como é que faz, ele simplesmente sabe fazer. Um exemplo simples disso é: você consegue explicar com todos os detalhes, passo a passo, como faz para andar, como faz para andar de bicicleta, para nadar? Muitas vezes, não! Vão faltar detalhes na explicação, algumas partes serão lembradas somente com um esforço específico de detalhar todos os gestos. Mas eles estão guardados na memória como produto de um processo de aprendizado.

No entanto, voltando ao modelo SMART, quando as regras "se-então" são adquiridas sem intencionalidade, resolvendo situações que emergem do próprio jogo, sem que exista uma procura específica ou uma conscientização direcionada a isso, caracteriza-se como um processo de aprendizado incidental. Um detalhe importante é que jogos que não estão diretamente ligados ao esporte em si (p. ex., o jogo dos setores ou o jogo da velha – descritos mais adiante) agregam experiências que permitem o reconhecimento de situações semelhantes e formular equivalências quando geradas no esporte. Esse processo de aprendizado também leva à formação de um conhecimento tático implícito.

A proposta de relacionar de forma paralela os processos de reconhecimento da situação (explícitos-implícitos) se relaciona com os postulados desenvolvidos por Edelmann (1981). Esse autor elaborou um conceito interdisciplinar que sustenta a teoria da seleção de grupos neuronais, que toma como pressuposto que a organização do cérebro é significativamente determinada a cada momento por um conjunto ou uma população de células, cuja função pode ser descrita como um sistema de seleção. O córtex é dinamicamente organizado em populações celulares com diferentes padrões de vinculação, cujas estrutura e função são selecionadas de diferentes maneiras durante o desenvolvimento filogenético e durante o comportamento.

Portanto, na práxis, os dois tipos de treinamento devem estar presentes, já que ambas as formas interagem e se complementam.

Resumindo, na Figura 8 é apresentada uma classificação dos conteúdos do treinamento tático conforme a ênfase dos processos de reconhecimento da informação.

A Figura 8 resume os conteúdos a serem sistematizados na programação do treinamento tático. Observa-se que os processos de *bottom-up* e de *top-down* constituem os pilares para a organização das atividades inerentes ao treinamento tático. A seguir serão descritos cada um desses conteúdos, o que representa uma forma de aplicar o SMART na prática.

Como aplicar o SMART na prática

Conforme colocado na Figura 8, o SMART permite pensar nas duas estratégias para a formulação do treinamento tático. Em relação ao direcionamento do processo, as estratégias

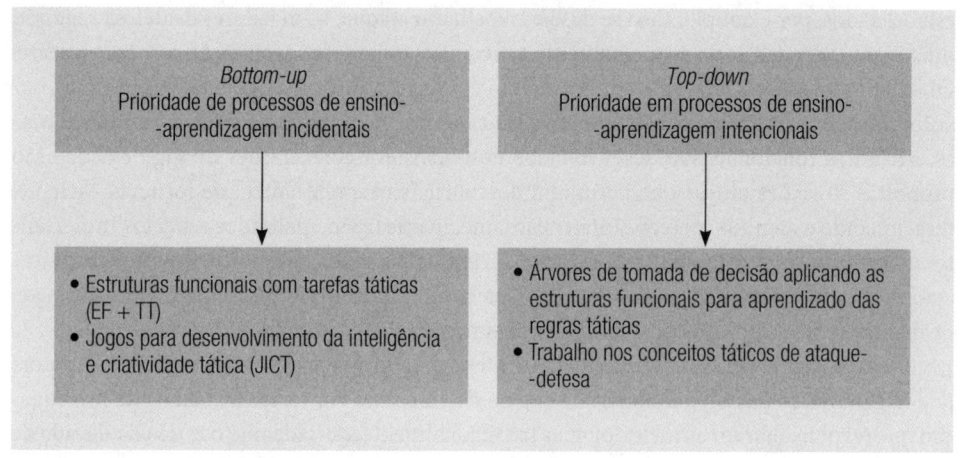

Figura 8 Os conteúdos do treinamento tático.

são antagônicas, especificamente no que se refere aos processos atencionais, porém ambas as estratégias são complementares, em relação à função e aos efeitos que provocam.

- *Top-down*: uma estratégia está direcionada a desenvolver a capacidade tática via processos intencionais de treinamento (*top-down*). Nesse item, sugere-se trabalhar com duas possibilidades:

1. Estruturas funcionais: a partir de situações de jogo cujas decisões podem ser desenhadas, elaboradas em árvores de tomada de decisão.
2. Conceitos de ataque/defesa: trata-se de ações ofensivas ou defensivas que se apoiam em amostras de movimentações, em que as funções, o posicionamento e o deslocamento de jogadores e da bola são relativamente estáveis, conhecidas. As movimentações de jogadores e da bola não são inflexíveis, como em uma jogada programada. Procura-se que a cada passagem da bola, em cada posição, cada jogador disponha de um conjunto de alternativas de tomada de decisão, de diferentes possibilidades de definição da sua ação. Isso exige do jogador não somente o pensamento tático, a inteligência para encontrar soluções, mas também seu repertório técnico para a escolha de uma tomada de decisão adequada à situação de jogo.

A oferta de exercícios nas estruturas funcionais permite que o jogador aperfeiçoe os processos de tomada de decisão dentro do denominado complexo de cognição-ação nos mecanismos de *top-down* via processos de aprendizagem formal, intencional. Portanto, objetiva-se aproveitar as influências positivas que se apresentam nas formas de aprendizado explícito, intencional, e paralelamente construir de modo gradativo o conhecimento tático declarativo (por meio da melhoria dos processos cognitivos de memória/pensamento/inteligência tática) e processual, por meio do fazer. Nessas atividades recorre-se a diferentes técnicas de verbalização das possibilidades táticas, bem como do reconhecimento (treinamento da percepção) dos sinais relevantes de uma ação. Por meio da repetição de comportamentos previamente estabelecidos, por exemplo, caso se deseje trabalhar o ataque, os jogadores de defesa seguirão uma regra (veja decálogo do treinamento tático mais adiante) específica de comportamento. Objetiva-se o aprendizado, o reconhecimento e a fixação dos sinais relevantes em uma situação tática, e a exercitação das respectivas alternativas de tomada de decisão. Utilizando-se as estruturas funcionais são desenvolvidos exercícios em constelações de jogo em que são propostas situações táticas que permitem descobrir "sinais relevantes" de forma consciente, direcionando a atenção (percepção/atenção/antecipação). São analisados aspectos importantes do próprio comportamento ou do adversário que permitem reconhecer o momento situacional e assim consolidar regras de comportamento tático do tipo "se-então" para a tomada de decisão, o que significa construir o conhecimento tático do jogador (Memmert, 2006).

Os efeitos de processos de aprendizado intencional formal foram tema de debate, proposta e reformulação das metodologias de ensino dos esportes em vários trabalhos de investigação que revolucionaram as metodologias tradicionalmente aplicadas até o início da década de 1980 (Griffin et al., 1997). Esses resultados estiveram sempre confrontados com os benefícios dos processos de aprendizado incidental (Kröger & Roth, 2002).

* *Bottom-up*: outra estratégia está direcionada a desenvolver a capacidade tática a partir de situações de jogo em que seja possível aperfeiçoar os processos de tomada de decisão nos mecanismos de *bottom-up*, isto é, enfatizando os processos de aprendizagem incidental. Nesse caso recorre-se à utilização de dois tipos diferentes de atividades:

1. Estruturas funcionais, nas quais se joga com tarefas táticas nas quatro fases que integram o ciclo do jogo (defesa, contra-ataque, ataque e retorno defensivo).
2. Jogos para desenvolver a inteligência e criatividade tática (JICT), jogos diferentes da modalidade esportiva.

Em relação aos JICT é necessário explicar esse conceito de forma mais detalhada. No treinamento tático torna-se importante compreender a importância de "jogar para aprender e aprender jogando" (Greco & Silva, 2008). A estrutura metodológica para o treinamento tático (particularmente dos esportes coletivos) deve considerar os elementos comuns que constituem as diferentes modalidades esportivas dentro e fora de seus espaços regulamentares, isto é, bola, espaço ou campo de jogo, objetivo do jogo (gol/ponto), colegas, adversários, público, arbitragem, regras do jogo e, finalmente, o parâmetro "situacional", isto é, a situação específica nesse momento, nesse jogo (Bayer, 1986; Greco, 1995; Greco & Benda, 1998; Greco & Silva, 2008), para que os participantes desenvolvam potencialidades inerentes à criatividade (Greco et al., 2004).

Os JICT consistem em jogos que tenham momentos de oposição-colaboração, de superação do adversário, muita dinâmica, uma grande variabilidade e situações cambiantes, instáveis. Jogos com alternância dos processos cognitivos de atenção-percepção-decisão e que, portanto, solicitem constantemente o pensamento tático. Esses jogos possibilitam interações entre o conhecimento que está na memória, nas representações mentais, na busca de soluções não só inteligentes, isto é, adaptadas à situação, mas também às vezes inovadoras, criativas. Os JICT caracterizam-se também pela solicitação de alternância veloz da concentração/distribuição da atenção, constante recurso do pensamento convergente (buscar a melhor solução) e do pensamento divergente (elaborar muitas alternativas para resolver a situação), e pelas situações de oposição e colaboração simultâneas, com ou sem invasão do campo da equipe adversária, de preferência (no caso de jogos de invasão) com muitas variações das formas de marcação individual (para o leitor interessado, mais exemplos em Greco & Silva, 2008).

Foi citado anteriormente que os mecanismos de *top-down* e *bottom-up* ocorrem paralelos entre si, interagem e se complementam, de forma dinâmica, e são oportunizados por meio das diferentes formas de aprendizado (incidental-intencional) que são enfatizadas conforme os objetivos que se perseguem em cada unidade de treinamento. Portanto, o processo de treinamento tático para desenvolvê-los segue dois direcionamentos diferentes. Mas, e por mais contraditório que pareça em um primeiro momento, sugere-se recorrer ao mesmo tipo de atividade: utilizar as denominadas estruturas funcionais. Ao jogar nas estruturas funcionais o professor pode didaticamente modificar, "manipular" os objetivos que se deseja alcançar recorrendo a leves (porém importantíssimas) variações na sua forma de realização. Por exemplo, jogar nas estruturas funcionais organizadamente nas árvores decisionais, ou de forma livre, com tarefas táticas. Ou seja, alternar os objetivos da aplicação dessas tarefas, utilizando-as ora direcionadas às formas incidentais de aprendizado, ora às formas intencionais de aprendizado.

O objetivo geral tanto nas estruturas funcionais quanto nos jogos de desenvolvimento da inteligência e criatividade tática consiste no desenvolvimento da capacidade tática individual e grupal.

Para uma melhor compreensão do processo de treinamento tático, a seguir definem-se os termos estruturas funcionais (EF) e conceitos de ataque (CcAt).

Estruturas funcionais são constelações de jogo com oposição-colaboração de jogadores em número reduzido ao que se tem na modalidade esportiva oficialmente. Por exemplo, handebol, basquetebol, futsal, voleibol, futebol, etc.: jogar 1 x 1; 2 x 2; 3 x 3. O jogo ocorre tanto na quadra toda quanto em um espaço específico dela. Joga-se com número reduzido de jogadores, porém o jogo transcorre contemplando de forma inclusiva as opções do denominado ciclo do jogo. Ou seja, ataque/defesa, como fases principais, e o retorno defensivo/contra-ataque, como fases de transição. Levam o nome de estruturas funcionais porque nessas constelações de jogadores eles desenvolvem as funções de atacantes e/ou defensores, conforme a posse ou não da bola, como no jogo formal, desempenhando uma dessas funções táticas. Metodologicamente, é possível, de forma gradativa, incorporar mais jogadores, o que aumenta a variabilidade de ações táticas disponíveis, bem como a complexidade das situações táticas a serem defrontadas. As constelações das estruturas funcionais podem se apresentar no treinamento tático em situações de igualdade numérica, superioridade/inferioridade numérica e com a presença do +1, do "curinga" (Greco, 1998). A figura do curinga é de suma importância, pois esse jogador pode não fazer gol, mas está sempre auxiliando o jogador ou a equipe que ataca. Ou seja, é um jogador livre de marcação que serve de apoio, opção de passe, para organização e reorganização do ataque. O curinga desenvolve sua ação de apoio fora do campo demarcado, por exemplo, na linha lateral, ou dentro do campo, paralelo aos atacantes, ou em espaços reservados previamente delimitados em diferentes setores do campo. Pode-se jogar com mais de um curinga, o símbolo +1 só indica que há a presença do curinga. A defesa, por sua vez, não pode marcar o curinga, o que significa que se trabalham duas possibilidades diferentes: os defensores optam por marcar em linha de passe ou continuar a marcação individual ou por zona ou individual em zona.

Destaca-se que nas estruturas funcionais o professor determina o direcionamento que se deseja dar ao processo de treinamento tático na unidade de treino. Ou seja, as estruturas funcionais podem ser jogadas com o direcionamento do ensino-aprendizado tanto intencional (tipo *top-down,* nas árvores decisionais – ver exemplo na Figura 9) quanto incidental, realizando jogos, por exemplo, no futsal, de 3 × 3 + 1, sem goleiro, com gols de 2 metros de largura, marcados por cones, e a tarefa tática da defesa consiste em realizar marcação individual a um metro de distância do jogador com bola.

As árvores decisionais (ver exemplo na Figura 9) têm o objetivo de organizar e estruturar o processo de ensino-aprendizagem tático por meio de processos verbalizáveis, através da descoberta de sinais relevantes. Visando uma formação sistemática de regras táticas especí-

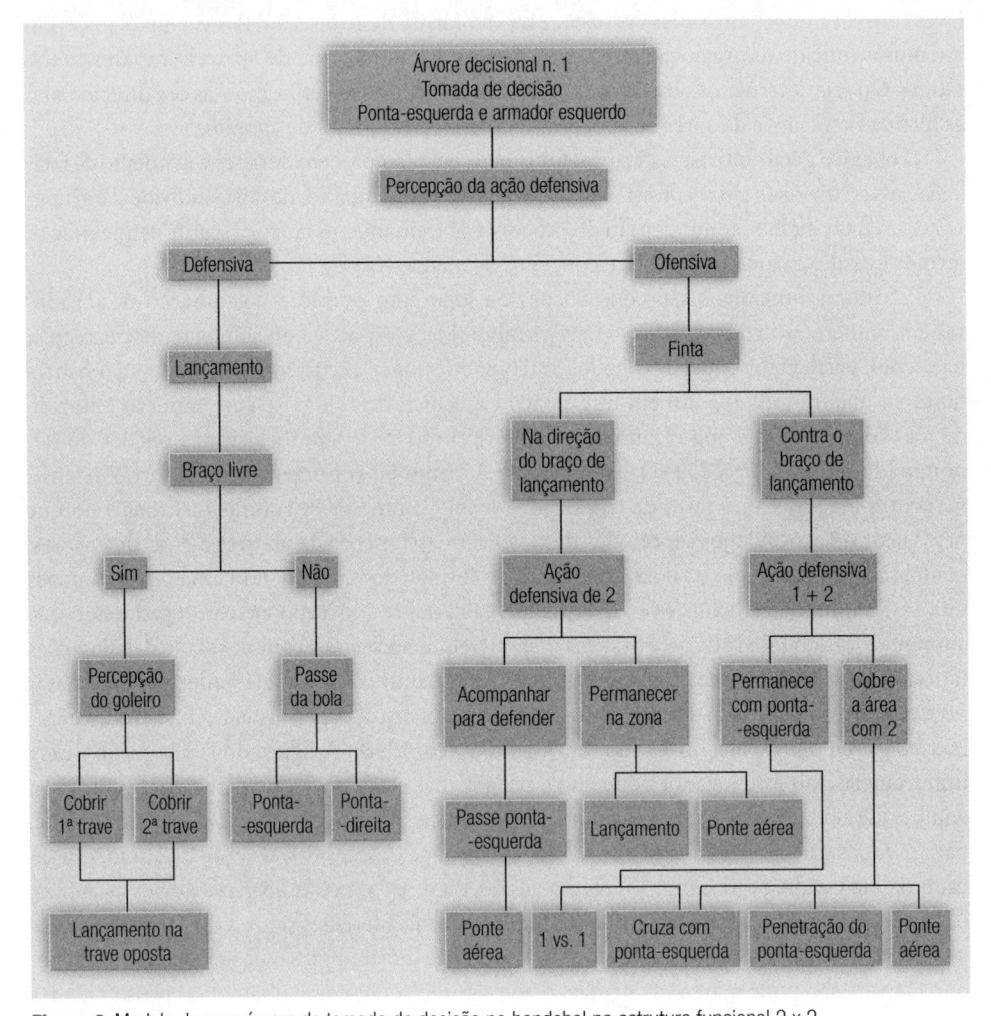

Figura 9 Modelo de uma árvore de tomada de decisão no handebol na estrutura funcional 2 x 2.

ficas, será construído o conhecimento tático (declarativo e processual, ou seja, saber "o que fazer", mas também "saber fazer"). As árvores decisionais são construídas considerando os possíveis comportamentos dos jogadores na interação ataque-defesa em diferentes situações de jogo estruturado. Objetiva-se configurar o conhecimento tático por meio da formação de uma rica gramática decisional. Na interação treinador-aluno, no processo de ensino-aprendizado tático é oferecido pelo treinador um "suporte", a sustentação do conhecimento por meio da descoberta dos sinais relevantes, o que facilita as decisões a serem concretizadas no jogo. São favorecidas formas de aprendizado ligadas aos mecanismos de *top-down*.

Importante: depende do treinador a escolha de como o processo de ensino-aprendizado no treinamento tático será conduzido. Portanto, é fundamental que ele conheça as diferentes alternativas que se relacionam com os mecanismos decisionais de *bottom-up* e *top-down*.

Por sua vez, "concepções de jogo de conjunto" é uma terminologia que tem sido cada vez mais utilizada no esporte de alto nível a partir dos anos 1990. Enfatiza-se que, nas concepções de jogo de conjunto, em cada posição cada jogador, conforme os delineamentos táticos gerais, pode e deve finalizar a ação, ou pode construir a sua sequência, de forma a criar melhores chances de sucesso para o colega.

Formas de treinamento tático top-down: as árvores para uma gramática decisional

Em qualquer situação de jogo é importante o jogador saber "o que" decidir e também saber "como fazê-lo". Nas estruturas funcionais, o ensino-aprendizado de regras táticas do tipo "se-então" organiza-se em árvores de tomada de decisão, de forma a completar uma gramática decisional. As árvores de tomada de decisão consistem na estruturação hierárquica de possibilidades de comportamentos de atacantes e/ou defensores em diferentes situações de jogo e constelações de jogadores. Trata-se de construir esquemas de possibilidades de decisão, considerando as regras de comportamento tático. Por exemplo, no futsal, em uma estrutura funcional de jogo 2 × 2, perante a marcação individual, a tabela (passe e vai) constitui uma opção tática para se superar a defesa. Na tabela, o atacante em posse de bola pode se antecipar: "se" o defensor me ataca, "então" passo a bola a meu colega que iniciou o desmarque e corro para buscar a devolução. Essa forma de organização do processo de ensino-aprendizagem tático facilita a compreensão das funções, das opções táticas do jogador e, fundamentalmente, a descoberta dos sinais relevantes que permitem antecipar suas decisões, etc. Exercita-se, de forma sistematizada e organizada hierarquicamente, diferentes situações táticas nas quais, por exemplo, a defesa terá uma sequência de comportamentos previamente estabelecidos, para facilitar a memorização dos sinais relevantes.

A descoberta de sinais relevantes propicia interações com as antecipações de comportamentos (Hoffmann, 1993). O procedimento metodológico segue uma sequência ordenada de comportamentos, seja dos defensores, seja dos atacantes (conforme o objetivo do treinamento), nos quais procede-se explicitamente a exercitar até memorizar de forma motora, seja por meio da verbalização ou da repetição das regras de tipo "se-então".

Na Figura 9 é apresentada uma árvore de tomada de decisão no handebol na estrutura funcional 2 × 2 na qual se descrevem alternativas de ação do jogador na ponta-esquerda e do armador esquerdo.

No movimento de engajamento do armador, ele realiza a finta para fora, saindo para a direção contrária ao braço de lançamento. Nesse caso, "se" o ponta da defesa fecha e ajuda o segundo defensor, "então" a regra tática diz que o armador deve realizar o passe para o ponta--esquerda de ataque, que entra em paralelo, definir. Dessa forma repete-se várias vezes esse comportamento de ataque e defesa, variando no ataque, por exemplo, a velocidade da finta, as linhas de corrida prévias e depois da finta, o tipo de passe ao ponta-esquerda em ataque, por exemplo, quicado, indireto, tipo ponte aérea, por trás das costas, etc., entre outros aspectos a serem variados. A defesa varia também a velocidade de sair a marcar, a posição corporal, etc., mas não varia seu comportamento tático defensivo, o ponta na defesa (o defensor 1, no caso o ponta direita da defesa) sempre irá ajudar o segundo defensor, de forma que esse sinal seja aprendido pelos atacantes. O treinador deve permanentemente trabalhar os aspectos de percepção e tomada de decisão preocupando-se primeiro com os aspectos do "que" decidir e depois com os aspectos da técnica utilizada, ou seja, do "como" decidir.

Os sinais perceptivos devem ser explicados declarativamente tantas vezes quanto necessário. Isso solicita a colaboração entre os jogadores, o que torna o treinamento mais agradável, dividindo-se as responsabilidades, integrando o jogador nas decisões. As atividades nas estruturas funcionais permitem a rotação de posições (o armador se torna ponta, o ponta vira armador; da mesma forma na defesa, o primeiro defensor vai à posição de segundo defensor, e assim por diante), bem como a troca de papéis, de funções (ataque-defesa). Na árvore, observa-se uma construção de jogo em conjunto entre o ponta-esquerdo e o armador esquerdo, ambos no ataque. O armador esquerdo recebe, por exemplo, a bola do armador central (pode ser um curinga também) e no movimento de engajamento deve aprender a perceber os sinais relevantes da situação de jogo. Qual é o comportamento do defensor durante sua movimentação para receber a bola?

O que deve ser percebido pelo jogador em ataque, no handebol, pode ser considerado em relação a uma percepção geral ou à percepção específica ao posto, conforme a função do jogador (ataque ou defesa) e sua posição na quadra. Entre os aspectos de percepção geral no ataque, por exemplo, o jogador deve perceber sinais relevantes como:

- Sistema defensivo utilizado pelo adversário.
- Comportamento dos defensores dentro do sistema defensivo.
- Estado físico e psicológico do adversário no jogo.
- Comportamento defensivo dos jogadores com cartão ou com punição de dois minutos.
- Atitude dos adversários em situações de superioridade e inferioridade numérica no ataque e na defesa.

Mas esses são critérios gerais quanto ao comportamento do jogador no ataque, daí depreendem-se os específicos a cada posto. No caso da árvore decisional, elenca-se o que é importante que seja percebido pelo armador no movimento de engajamento no seu jogo em uma estrutura funcional 2×2 em conjunto com o ponta-esquerda:

1. Comportamento do defensor direto:
a. Posição básica = pernas? Braços?

b. Raio de ação = longe do gol/perto de 6 metros.

2. Comportamento do companheiro de ataque mais próximo, em especial, o ponta:
a. Contato visual.
b. Distância que se encontram.
c. Direção do seu deslocamento.

3. Obter uma ótima visão periférica:
a. Ângulo de visão.
b. Não aproximar-se em demasia do defensor.

4. Contato visual com os colegas, particularmente com seu ponta.

5. Perceber o comportamento do defensor mais próximo que marca seu colega (visão periférica):
a. Fecha o espaço ou fica com seu marcador?
b. Apresenta comportamentos antecipativos/defensivos?
c. Pontos fracos quando marca a finta.

6. Percepção do goleiro:
a. Posição no gol. Posição básica que adota.
b. Trabalho de braços.
c. Perna de apoio.

Claro que esses são alguns exemplos, o leitor pode observar que existem outros aspectos importantes a serem percebidos, poderá, portanto, considerar, conforme sua experiência, outros sinais relevantes na elaboração da cadeia de sinais relevantes a ser aprendida. Objetiva-se criar as situações de jogo com comportamentos preestabelecidos de forma clara, para facilitar a sua percepção. Isso exige muita colaboração do jogador que está na situação de oposição (defensor ou atacante, conforme o que esteja sendo trabalhado), solicita muita disciplina tática dos participantes.

Formas de treinamento tático bottom-up

Dentro das formas incidentais de ensino-aprendizagem apresentam-se duas alternativas de organização de atividades: as estruturas funcionais com tarefas táticas e os jogos para desenvolver a inteligência e criatividade tática.

Em relação aos jogos para desenvolver a inteligência e criatividade tática, apresenta-se a seguir dois exemplos de atividades.

O jogo se denomina campo minado, e o seu objetivo é induzir o conceito tático da "tabela" por meio de jogos utilizando passe e recepção. No jogo, são colocados na quadra vários aros com distâncias variadas entre si. Em duplas, um aluno conduz (futsal) ou dribla (basquete/handebol) a bola até o aro mais próximo; estando nele, passa para o colega e corre para receber à frente do próximo aro. E assim sucessivamente, até se alcançar a linha de fundo da quadra. No retorno, invertem-se os papéis. Nas variações, muda-se o tipo de passe, a corrida, passando pela frente e por trás do colega, com mudança de direção, etc.

Outro jogo denomina-se "cadê você?". Objetiva-se o desenvolvimento da percepção, e da atenção, utilizando técnicas de passe e recepção em setores específicos da quadra. A turma é dividida em grupos com até 4 alunos cada, sendo necessária uma bola para cada grupo. Cada aluno terá um número entre 1 e 4, e todos se deslocam livremente pela quadra, sempre misturados de forma aleatória. Um aluno de cada grupo se desloca conduzindo (futsal) ou driblando (handebol/basquete) a bola pela quadra. Quando o professor anuncia um número, o aluno de posse de bola deve efetuar o passe para o colega escolhido, que deverá receber a bola e dar sequência ao jogo. A atividade continua até que todos tenham realizado passes várias vezes.

Outro jogo interessante pelas exigências no pensamento, atenção, memória, etc. é o jogo da velha (Figura 10), que pode ser jogado com as mãos ou com os pés, em equipes, por exemplo, na estrutura funcional de 3 × 3. Por exemplo, duas equipes, cada uma com 6 jogadores. Cada equipe é dividida em 2 grupos de 3 jogadores cada, sendo distribuídos em dois campos retangulares de 6 × 6 metros (utilizando, por exemplo, as linhas demarcatórias da quadra de voleibol). No meio dos campos, montam-se os 9 bambolês que fazem o jogo da velha. Dois grupos com 5 bolas cada (p. ex., 5 bolas de handebol para a equipe A e 5 bolas de voleibol para a equipe B) são colocadas do lado dos bambolês, e serão usadas para fazer o jogo da velha. Em cada campo há uma equipe em ataque e uma em defesa. Por sorteio, determina-se que a equipe A começa em ataque em um campo e em defesa no outro campo. A equipe B distribui seus jogadores de forma inversa. Quando são feitos por alguma das equipes, por exemplo, 5 passes, o aluno em posse da bola passa-a a um colega e vai até os aros. Nesse momento toma uma das bolas do seu grupo e a coloca em um aro, procurando completar o jogo da velha. Imediatamente após colocar a bola, volta a seu espaço e continua o jogo. Ganha a equipe que fechar uma coluna com o jogo da velha primeiro, ou que consiga colocar 5 bolas nos arcos. Nesse jogo existem inúmeras variações que oferecem diferentes dinâmicas, por exemplo, se jogar com curingas, que entram em campo completando os passes enquanto o colega corre para posicionar uma bola no jogo da velha, etc.

Nesse tipo de jogo se desenvolve o pensamento divergente que permite elaborar mentalmente muitas alternativas de solução para a situação de jogo. Também se desenvolve o pensa-

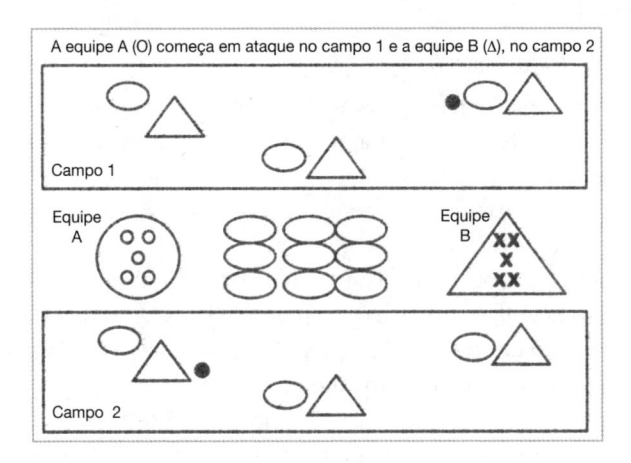

Figura 10 Representação do jogo da velha.

mento convergente que se caracteriza, em uma situação de jogo, quando a pessoa escolhe uma alternativa entre as várias possíveis.

Johnson & Raab (2003) desenvolveram um estudo no qual comprovaram a importância do jogador escolher a primeira opção que elabora, pois esta frequentemente está mais ligada à sua antecipação. Geralmente essa é a melhor alternativa; ela se apresenta a partir da percepção, dos constrangimentos do ambiente. Essa forma de decisão se contrapõe à geração de alternativas e à escolha de uma destas. Os achados de alguma forma confirmam a importância de se oportunizar momentos no treinamento tático nos quais se enfatizam os processos que provocam o aprendizado incidental.

*Linhas didáticas para aplicação nas atividades (*bottom-up *e* top-down*)*

Na Tabela 1 apresenta-se um "decálogo" das medidas metodológicas e das linhas didáticas a serem seguidas no treinamento tático. Esse decálogo está direcionado prioritariamente para os processos de *top-down*; sua aplicação nos processos de *bottom-up* depende de como o professor reestruturar as medidas metodológicas.

Tabela 1 Decálogo do treinamento tático para os processos intencionais de ensino-aprendizagem (*top-down*)

Medidas metodológicas	Alternativas didáticas, exercícios
1 Desenvolvimento do conhecimento tático processual global à ação	Sem oposição ou com oposição reduzida
2 Exercitação de uma resposta perante o comportamento esperado do adversário	Com comportamento do adversário previamente definido Comportamento **"A"**
3 Exercitação de uma resposta perante o comportamento esperado do adversário (comportamento diferente/antagônico ao anterior)	Com comportamento do adversário previamente definido Comportamento **"B"**
4 Treinamento da tomada de decisão. Desenvolvimento da ação básica, ou da amostra do conceito tático, nas estruturas funcionais ou nos conceitos de ataque (trabalho técnico-tático individual)	Com comportamento do adversário alternando entre "A" e "B" de forma previamente definida (sequência definida e conhecida pelos jogadores dos comportamentos de "A" e "B")
5 Treinamento da tomada de decisão em situação que solicita a realização em velocidades e uso da técnica próxima à realidade de competição	Com comportamento do adversário alternando entre "A" e "B" de forma indefinida (sequência indefinida e desconhecida pelos jogadores dos comportamentos de "A" e "B")
6 Treinamento da variabilidade técnico-tática, em situações próximas à realidade da competição	Com alternância desconhecida do comportamento do defensor entre "A" e "B", porém com a exigência de variabilidade técnica do atacante, por exemplo, linhas de corrida, velocidades de corrida, de passe, de lançamento, etc.
7 Aplicação das alternativas de ação em exercícios em complexo sem pressões físicas, psíquicas ou técnicas	Com variação das alternativas de ação e/ou aumento da quantidade e variabilidade de situações ***standard*** conhecidas
8 Aplicação das alternativas de ação em exercícios em complexo com pressões físicas, psíquicas ou técnicas	Com direcionamento da atenção à ação do colega mais próximo para combinar sequência de ações
9 Treinamento em situação de competição. Complementar com exercitação isolada das possibilidades de definição	Com desvio da atenção do atacante para analisar o nível de automatização na realização da técnica na situação de jogo. Treino da técnica de lançamento e suas variações
10 Avaliação do rendimento tático em situação de competição	Análise de jogo, planilhas de observação de jogo com detalhamento da eficiência e eficácia técnico-tática no jogo

CONSIDERAÇÕES FINAIS

No treinamento tático (neste capítulo, mais orientado aos esportes coletivos) objetiva-se a melhora do comportamento tático (comportar-se taticamente de forma adequada no jogo é factível de aprendizado). Nos jogos esportivos coletivos – aqui se mostraram exemplos de handebol e voleibol –, se comportar taticamente de forma correta significa realizar ações inteligentes e também ações criativas. Isso depende muito da sistematização do processo de ensino-aprendizagem-treinamento tático, do modelo de treinamento da tomada de decisão com o qual o atleta seja confrontado.

Como citado no capítulo "Treinamento técnico nos esportes", a capacidade tática (inteligência e criatividade) pode ser desenvolvida através da melhora das capacidades cognitivas, particularmente do conhecimento técnico-tático do atleta. O desenvolvimento da capacidade tática deve ser relacionado com a técnica, prioritariamente de forma a integra-lá no processo de ensino-aprendizagem.

É importante desenvolver a capacidade do jogador de formular antecipações, no sentido do modelo de Hoffmann (1993). A proposta de SMART (Raab, 2002) se apresenta como uma opção importante para se integrar, no ensino-aprendizagem, processos de *top-down* e *bottom-up*. As estruturas funcionais e os conceitos de jogo (intencionais) e os jogos de desenvolvimento de inteligência e criatividade apresentam-se como opções didático-metodológicas importantes para alcançar os objetivos do treinamento tático que foram citados. A formação de antecipações permite a criação de uma representação mental para solução do problema no jogo. Esta se desenvolve com êxito por meio da combinação de processos de ensino-aprendizagem intencionais e incidentais, além de complementar com o treinamento da técnica, em solicitações de tática individual e grupal.

O desenvolvimento das capacidades cognitivas de percepção e de tomada de decisão aporta benefícios para a solução dos problemas no esporte. Os processos cognitivos se relacionam entre sim, permitindo a otimização tanto do conhecimento tático declarativo, quando do conhecimento tático processual. Os processos de percepção e tomada de decisão auxiliam na escolha de solução das situações de jogo. Particularmente na tomada de decisão se reflete o potencial tático de um jogador.

Segundo Roth (1989), após a escolha de uma opção – tomada de decisão de primeiro tipo – o atleta decide como executar a tarefa – tomada de decisão de segundo tipo –; por isso, é necessário, no trabalho do dia a dia, que sejam variados os parâmetros constitutivos das técnicas (ver capítulo Treinamento técnico nos esportes, item Variabilidade), para oferecer mais chances de êxito. Quando, na situação de competição, são empregadas habilidades táticas com êxito em ações diferentes, reduz-se o nível de gasto intelectual na análise e na escolha da tomada de decisão de segundo tipo.

No processo de treinamento tático, a aprendizagem deve ser direcionada para que o principiante aprenda a "ler" o jogo, tenha "leitura" do jogo. Isso facilitará sua compreensão e sua orientação tática no jogo. Mas, para jogar, ao mesmo tempo é necessário que o principiante desenvolva sua capacidade de "escrever" o jogo, ou seja, de saber fazer. Nesse momento procede-se à integração e adequação do treinamento técnico em situação de jogo. Deve-se, nesse momento, alertar sobre os perigos de uma iniciação no esporte aplicando-se o método analítico, pois ele pode levar a uma especialização precoce, conduzir as crianças a uma limitação da sua criatividade e à formação de estereótipos motores.

REFERÊNCIAS BIBLIOGRÁFICAS

1. Anderson JR. Aprendizagem e memória: uma abordagem integrada. Rio de Janeiro: LTC; 2005.
2. Araujo D. A acção táctica no desporto: uma perspectiva geral. In: Araujo D. O contexto da decisão. A acção táctica no desporto. Lisboa: Visão e Contextos; 2005a.
3. Araujo D (ed.). O contexto da decisão. A acção táctica no desporto. Lisboa: Visão e Contextos; 2005b.
4. Bayer C. La enseñanza de los juegos deportivos colectivos. Barcelona: Editora Hispano-Europea; 1986.
5. Berry DC, Dienes Z. Implicit learning: theoretical and empirical issues. Hove: Lawrence Erlbaum Associates; 1993.
6. Born A. Taktisches Handeln und Taktiktraining – Organisationsebenen und Organisationsprinzipien. In: Brack R, Hohmann A, Wieland H (eds.). Trainingssteuerung. Konzeptionelle und trainingsmethodische Aspekte. Stuttgart: Nagelschmid; 1994. p. 231-7.
7. Davids K, Button C, Bennet SJ. Acquiring movement coordination: a constraints-based framework. Champaign: Human Kinetics; 2005.
8. Davids K, Williams AM, Button C, Court D. An integrative modeling approach to the study of intentional movement behavior. In: Singer R, Housenblas H, Janeller C (eds.). Handbook of sport psychology. 2nd ed. New York: John Wiley; 2001. p. 144-73.
9. Edelmann G. Group selection as the basis of higher brain function. In: Schmidt F, Warden FG, Adelman G, Dennis SG (eds.). Organization of the cerebral cortex. Cambridge: MIT Press; 1981. p. 535-63.
10. Eysenck MW, Keane MT. Psicologia cognitiva. Um manual introdutório. Porto Alegre: Artes Médicas; 1994.
11. Farrow D, Abernethy B. Can anticipatory skills be learned through implicit video based perceptual training? J Sports Sci. 2002;20:471-85.
12. Frensch PA. One concept, multiple meanings: on how to define the concept of implicit learning. In: Stadler MA, Frensch PA (eds.). Handbook of implicit learning. Thousand Oaks: Sage; 1998. p. 47-104.
13. Garganta J. Para uma teoria dos Jogos desportivos colectivos. In: Graça A, Oliveira J (eds.). O ensino dos jogos desportivos. Porto: Universidade do Porto; 1995. p. 11-25.
14. Garganta J. O treino da táctica e da técnica nos jogos desportivos à luz do compromisso cognição-ação. In: Barbanti VJ, Amadio AC, Bento JO, Marques AT (orgs.). Esporte e atividade física. Interação entre rendimento e saúde. Barueri: Manole; 2002.
15. Gibson JJ. Wahrnehmung und Umwelt. München: Urban & Schwarzenberg; 1982.
16. Gigerenzer G. Adaptive thinking. Rationality in the real world. Oxford: Oxford University Press; 2000.
17. Gigerenzer G, Todd PM. ABC Research Group: simple heuristics that make us smart. Oxford: Oxford University Press; 1999.
18. Graça A. Os como e os quando no ensino dos jogos. In: Graça A e Oliveira J (eds.). O ensino dos jogos desportivos. Porto: Universidade do Porto; 1994.
19. Greco PJ. Cogni(a)ção: processos cognitivos e modelos de ensino-aprendizagem-treinamento para o desenvolvimento da criatividade (tática). Rev Port Ciên Desp. 2004;4(supl 2):56-9.
20. Greco PJ. Iniciação esportiva universal. Metodologia da iniciação esportiva na escola e no clube. vol. 2. Belo Horizonte: Ed. UFMG; 1998.
21. Greco PJ. Modernes Angriffstraining. In: Mueller HJ (ed.). Beiträgue zur Trainings und Wettkampfs-entwicklung in Handball. Saarbrucken: Muller, H.J.; 1987.

22. Greco PJ. O ensino do comportamento tático nos jogos esportivos coletivos: aplicação no handebol. Tese de Doutorado em Educação. Campinas: Unicamp, 1995. 224p.

23. Greco PJ, Benda RN. Iniciação esportiva universal. Da aprendizagem motora ao treinamento técnico. vol. 1. Belo Horizonte: Ed. UFMG; 1998.

24. Greco PJ, Chagas MH. Considerações teóricas da táctica nos jogos desportivos coletivos. Rev Paulista Ed Fis. 1992;6(2):47-58.

25. Greco PJ, Roth K, Schörer J. Kleines 3 mal 3 der kreativität. Handball Training. 2004;4:17-22.

26. Greco PJ, Silva SA. Handebol. In: Fundamentos pedagógicos para o programa segundo tempo. vol. 1. Porto Alegre: UFRGS; 2008. p. 255-65.

27. Griffin LA, Mitchell SA, Oslin JL. Teaching sport concepts and skills: a tactical game approach. Champaign: Human Kinetics; 1997.

28. Hoffmann J. Vorhersage und Erkenntnis. Göttingen: Hogrefe; 1993.

29. Johnson J, Raab M. Take the first: option generation and resulting choices. Organ Behav Hum Decn Proc. 2003;91:215-29.

30. Klein GD. Theoretische Überlegungen zur Durchfürung von Täuschungen. In: Müller HJ (eds.). Beiträge zur Trainings und Wettkampfentwicklung im Hallenhandball. Band 19. Saarbrücken: WZB; 1981.

31. Konzag G, Konzag I. Anforderungen an die kognitiven Funtionen in der psychischer Regulation sportlicher Spielhandlungen. Theorie und Praxis der Körperkultur. 1981;31:20-31.

32. Konzag I. Kognition Im Sportspiel - Herausforderung an den Ausbildungsprozess im Nachwuchsbereich. In: Leistungssport. Münster: Philippka Verlag; 1990. p. 11-6.

33. Kröger C, Roth K. Escola da Bola. Um ABC para principiantes. São Paulo: Ed. Phorte; 2002.

34. Mahlo FO. O acto táctico no jogo. Lisboa: Compendium; 1974.

35. Martin D, Carl K, Lehnertz K. Handbuch Trainingslehre. 3a ed. Schorndorf: Hofmann; 2001.

36. Memmert D. Förderung von Kreativität und Spielintelligenz: Sportspielübergreifend oder sportspielspezifisch? In: Müller L, Büsch D, Fikus M (eds.). Begründungsdiskurs und Evaluation in den Sportspielen. Abstractband zum 3. Symposium der dvs-Kommission Sportspiele. Bremen: Universität; 2002. p. 24-5.

37. Newell KM. Constraints on the development of coordination. In: Wade MG, Whiting HTA (eds.). Motor development in children: aspects of coordination and control. Dordrecht: Martinus Nijhoff; 1986. p. 341-60.

38. Nitsch J. Ecological approaches to sport activity: a commentary from an action-theoretical point of view. Intern J Sport Psych. 2009;40:152-76.

39. Nitsch JR. Sportliches Handeln als Handlungsmodell. Sportwissenschaft 1975. 5(1):39-55.

40. Prinz W, Hommel B (eds.). Common mechanisms in perception and action. Attention and Performance XIX. Oxford: Oxford University Press; 2002.

41. Raab M. Taktiklernen im Sportspiel. In: Krug GJ, Hartmann C (eds.). Praxisorientierte Bewegungslehre als Angewandte Sportmotorik. Sankt Augustin: Academia; 1999. p. 205-11.

42. Raab M. Techniken des Taktiktrainings – Taktiken des Techniktrainings. In: Ferger K, Gissel N, Schwier J (eds.). Sportspiele erleben, vermitteln, trainieren. Hamburg: Czwalina; 2002. p. 219-24.

43. Raab M. Think SMART, not hard – teaching decision making in sports from an adaptive cognition perspective. Phys Edu Sport Pedag. 2007;12:1-18.

44. Reber AS. Implicit learning and tactic knowledge. J Exper Psych: General. 1989;118:219-35.

45. Roth K. Bewegung und Training. Unveröffentlichtes Manuskript. Institut für Sport und Sportwissenschaft, Universität Heidelberg; 2001.

46. Roth K. Die Fähigkeitsorientierte Betrachtungsweise. In: Roth K, Willimczik K (eds.). Bewegungswissenschaft. Reinbek: Rowohlt; 1999. p. 227-87.

47. Roth K. Entscheidungsverhalten im Sportspiel. Sportwissenschaft. Schorndorf: Hofmann. 1991;21(3):229-46.

48. Roth K. Taktik im Sportspiel. Band 69. Bundes Institut für Sport und Sport-wissenschaft. Schorndorf: Hofmann; 1989.

49. Roth K, Raab M. Intentionale und inzidentelle Regelbildungsprozesse im Sportspiel. BISp-Jahrbuch. Köln: Sport und Buch Strauß; 1998. p. 143-7.

50. Roth K, Raab M. Taktische Regelbildungen: "Mühsam, Konzentriert, intentional oder mühelos, nebensächlich, inzidentell?". In: Wegner M, Wilhelm A, Janssen J-P (eds.). Empirische Forschung im Sportspiel Methodologie, Fakten und Reflektionen. Kiel: Eigenverlag; 1999. p. 73-84.

51. Roth K, Raab M, Greco PJ. Das Modell der inzidentellen Inkubation: Eine Überprüfung der Kreativitätsentwicklung brasilianischer und deutscher Sportspieler. Unveröffentlichter Projektbericht, Institut für Sport und Sportwissenschaft, Universität Heidelberg; 2000.

52. Schnabel G, Harre D, Borda A. Trainingswissenschaft. Berlin: Sport und Gesundheit; 1994.

53. Sichelschmidt P, Eisser W, Späte D (eds.). Entscheidungstraining für Angreifer. Münster: Philippka Verlag; 1994.

54. Squire LR, Kandell G. Memória. Da mente às moléculas. Porto Alegre: Artmed; 2003.

55. Sternberg RJ. Psicologia cognitiva. Porto Alegre: Artmed; 2000.

56. Tavares F. O processamento da informação nos jogos desportivos. In: Graça A, Oliveira J (eds.). O ensino dos jogos desportivos. Porto: Centro de Estudos dos Jogos Desportivos, Faculdade de Ciências do Desporto e de Educação Física, Universidade do Porto; 1994. p. 35-46.

57. Tavares F, Greco PJ, Garganta J. Perceber, conhecer, decidir e agir nos jogos esportivos coletivos In: Pedagogia do desporto. Rio de Janeiro: Guanabara Koogan; 2006. p. 284-98.

58. Westphal W, Gasse M, Richtering G. Entscheiden und Handeln im Sportspiel. Münster: Philppka Verlag; 1987.

59. Williams AM, Davids K, Williams JG. Visual perception and action in sport. London: E. & F.N. Spon; 1999.

60. Wulf G, Prinz W. Bewegungslernen und Instruktion: Zur Effektivität ausführungs- vs. effektbezogener Aufmerksamkeitsfokussierungen. Sportwissenschaft. 2000;30:289-97.

Capítulo 11

Monitoramento e prevenção do *overtraining*

Dietmar Martin Samulski
Rauno Álvaro de Paula Simola
Luciano Sales Prado

INTRODUÇÃO

Hans Selye (1956) descreveu a forma pela qual sistemas biológicos reagem ao estresse por meio da chamada síndrome da adaptação geral (SAG). Embora originalmente a SAG se refira a ambientes essencialmente biológicos, essa teoria tem sido utilizada também para explicar como um indivíduo se adapta às cargas de treinamento (Fry et al., 2005). Quando o indivíduo é submetido a algum tipo de estresse como o exercício físico, ocorre a chamada fase de alarme. Nessa fase, o sistema neuroendócrino é ativado e várias reações possibilitam ao indivíduo enfrentar a situação de estresse ou continuar o exercício (Guyton & Hall, 1998). Ao completar uma ou várias sessões de treinamento, ocorre então a fase de resistência ou supercompensação, na qual várias adaptações ocorrem e o indivíduo atinge um nível superior de desempenho físico. Entretanto, caso o indivíduo não responda adequadamente à fase de alarme, ou ainda quando a carga de treinamento supera sua capacidade de adaptação, ele evolui para a fase de exaustão, uma condição similar ao *overtraining* (Fry et al., 2005).

DEFINIÇÕES

Vários termos já foram utilizados para descrever essa condição, a saber: *staleness*, sobretreinamento, supertreinamento, síndrome do supertreinamento, síndrome do excesso de treinamento, entre outros (Simola et al., 2007). Recentemente, Nederhof et al. (2006) propuseram as terminologias *overreaching* funcional, *overreaching* não funcional e síndrome do *overtraining* para diferenciar os diferentes estágios do *overtraining*. Budgett et al. (2000) redefiniram o *overtraining* como a síndrome da queda do desempenho esportivo inexplicável (UUPS – *unexplained underperformance syndrome*), fazendo uma alusão à dificuldade de se estabelecer a etiologia desse fenômeno.

O *overtraining* pode ser definido como um desequilíbrio entre estresse e recuperação ou uma carga de estresse excessiva com pouca regeneração. É importante ressaltar que o estresse pode ser proveniente do próprio treinamento e de fatores extratreinamento (Lehmann et al., 1993), como treinamentos monótonos, viagens desgastantes exigidas por patrocinadores, conflitos familiares, medo de falhar, desejo descontrolado de vencer, entre outros. Esse desequilíbrio entre estresse e recuperação tem sido classificado como *overtraining* de curto prazo (*overreaching*) ou longo prazo (síndrome do *overtraining*) (Lehmann et al., 1993; Kreider et al., 1998; Nederhof et al., 2006).

Devido à ampla utilização dos termos *overreaching* e síndrome do *overtraining* pela literatura nacional e internacional, utilizaremos ao longo do texto essas terminologias para fazer referência ao *overtraining* de curto e longo prazos, respectivamente.

Lehmann et al. (1993) e Budgett et al. (2000) consideram que os sintomas do *overreaching* podem durar até 2 semanas. Embora esteja associado com alguns sintomas negativos, após o *overreaching* é possível que ocorra fase de supercompensação. Por isso mesmo é uma estratégia de treinamento comumente utilizada. Diferente do *overreaching*, a supercompensação não ocorre após o *overtraining* de longo prazo (Lehmann et al., 1993; Halson & Jeukendrup, 2004). Caso o desequilíbrio entre estresse e recuperação persista, o *overtraining* de longo prazo é instalado e a recuperação, bem como seus sintomas, podem durar semanas, meses (Lehmann et al., 1993; Kreider et al., 1998) ou até alguns anos (Halson & Jeukendrup, 2004).

Uma das maiores dificuldades na área é distinguir o limite entre o *overreaching* e o *overtraining* de longo prazo. Acredita-se que os mesmos sintomas do *overtraining* de longo prazo são observados no *overreaching*. Entretanto, a severidade desses sintomas no primeiro caso seria maior (Halson e Jeukendrup, 2004).

INCIDÊNCIA DO *OVERTRAINING*

A incidência do *overtraining* varia de acordo com a modalidade esportiva. Esportes que tradicionalmente são caracterizados por volumes elevados de treinamento, como natação, ciclismo, remo e modalidades de corrida, frequentemente demonstram maior ocorrência de *overtraining* (Alves et al., 2006). Morgan et al. (1987) relataram que aproximadamente 60% dos corredores fundistas, homens e mulheres, investigados pelos mesmos pesquisadores, já experimentaram sintomas de *overtraining*. Sintomas de *overtraining* foram percebidos em 21% dos nadadores da seleção australiana de natação durante metade de uma temporada (Hooper et al., 1995) e em mais de 50% de jogadores de futebol semiprofissionais após cinco meses de uma temporada (Lehmann et al., 1992). Gould et al. (1998) concluíram que dos 296 atletas entrevistados de 30 diferentes esportes, participantes das Olimpíadas de Atlanta-1996, 84 atletas americanos apresentavam sinais de excesso de treinamento. Gould et al. (1999) revelaram que 10% dos atletas americanos de 13 diferentes esportes participantes das Olimpíadas de Inverno de Nagano-1998 sofreram com o *overtraining*. Além disso, os mesmos atletas disseram que descansariam mais e viajariam menos se pudessem se preparar novamente para o mesmo evento esportivo. Além disso, Raglin et al. (2000) verificaram sintomas de *overtraining* em mais de 200 nadadores gregos, japoneses, suecos e americanos, com idade média de 14,8 anos. Esses dados sugerem excesso de treinamento em atletas jovens e de alto rendimento, além da natureza multicultural do *overtraining*.

O *overtraining* tornou-se um problema significativo no esporte de alto rendimento, comprometendo temporadas esportivas inteiras e até mesmo abreviando carreiras atléticas promissoras. Portanto, é importante a compreensão dos sintomas do *overtraining* e de seus mecanismos para que estratégias adequadas de prevenção sejam desenvolvidas (Samulski et al., 2009; Simola et al., 2007; Costa & Samulski, 2005a; Alves et al., 2006).

SINTOMAS DO *OVERTRAINING*

Fry et al. (1991) relataram dezenas de sinais relacionados ao *overtraining*, incluindo variáveis fisiológicas, psicológicas, imunológicas, bioquímicas e relacionadas ao processamento de informações, além da queda do desempenho físico, considerada seu principal sintoma (Halson & Jeukendrup, 2004). Entre essas variáveis se destacam necessidade de recuperação prolongada, sensação de fadiga crônica, apatia, insônia, redução nos níveis de testosterona, aumentos nos níveis de cortisol, alterações na frequência cardíaca de repouso durante exercício e recuperação, redução nos níveis de glicogênio muscular, aumento nas concentrações de ureia e maior suscetibilidade a lesões e infecções. É importante ressaltar que as variáveis citadas auxiliam no diagnóstico do *overtraining*, desde que não seja diagnosticada nenhuma enfermidade ou patologia no indivíduo (Urhausen & Kindermann, 2002; Halson & Jeukendrup, 2004).

Um fator que gera confusão nessa linha de pesquisa é a ausência de estudos que avaliaram o desempenho esportivo (Halson & Jeukendrup, 2004). A avaliação do desempenho esportivo é fundamental para a detecção do *overtraining*, bem como para distinção entre sua forma de curto e longo prazo. Considerando que a diferença entre o *overreaching* e a síndrome do *overtraining* seja o tempo de recuperação, são necessárias avaliações físicas antes, imediatamente após o período de treinamento e após alguns dias e/ou semanas. Isso não foi realizado em vários estudos, sendo que em alguns deles nem sequer foram realizados quaisquer tipos de avaliação de desempenho, não garantindo que os sintomas observados sejam relacionados ao *overtraining*.

A maioria das pesquisas relacionadas ao *overtraining* investigaram esportes de resistência (Kuipers & Keizer, 1988; Fry et al., 1991; Urhausen et al., 1998). Entretanto, segundo Fry et al. (2005), os sintomas do *overtraining* experimentados por atletas de esportes de força/potência podem ser diferentes. Além disso, é importante ressaltar que devido a questões éticas, a grande maioria das pesquisas se restringe à investigação do *overreaching*, pois não seria ético induzir deliberadamente voluntários de pesquisa à síndrome do *overtraining* (Halson & Jeukendrup, 2004). São utilizados geralmente dois modelos de pesquisa na área do *overtraining* (Silva et al., 2006). No primeiro, os atletas são avaliados durante a temporada esportiva e suas respostas fisiológicas e psicológicas são comparadas entre diferentes períodos de treinamento. Uma das vantagens desse método é que os atletas são avaliados no seu contexto real de treinamento, sem intervenções. No segundo modelo, o treinamento é intensificado propositalmente durante um determinado período, geralmente de algumas semanas. A desvantagem desse modelo é que as cargas de treinamento podem não corresponder a realidade.

Concentrações de lactato sanguíneo [La] e limiar anaeróbio (LAn)

Reduções de [La] submáximo e máximo e, curiosamente, aumentos da intensidade correspondente ao LAn têm sido observados em corredores de fundo e meio-fundo, nadadores, ciclistas, triatletas e judocas em *overtraining* (Urhausen & Kindermann, 2002). Essas alterações têm sido explicadas por reduções dos estoques de glicogênio muscular e/ou menor sensibilidade às catecolaminas circulantes (Snyder et al., 1995). Durante períodos de treinamento caracterizados por cargas muito elevadas é possível que o indivíduo não faça uma ingestão adequada de carboidratos. Logo, as [La] serão reduzidas, uma vez que esse metabólito é um dos produtos da degradação da glicose ou glicogênio. Entretanto, devido a adaptações do sistema oxidativo, menores [La] submáximas são também verificadas em indivíduos bem condicionados. Jeukendrup & Hesselink (1994) afirmam que a análise de [La] submáximas não é o suficiente para uma avaliação precisa do condicionamento físico ou do monitoramento do *overtraining*. Para tal, os mesmos autores sugerem também uma avaliação das [La] máximas. Caso sejam verificadas reduções das [La] submáximas e máximas, é provável que o indivíduo não esteja se adaptando adequadamente ao processo de treinamento. Ao contrário, reduções nas [La] submáximas e aumentos nos seus valores máximos indicam uma adaptação positiva ao treinamento. Contudo, em termos práticos, muitas vezes testes máximos são contraproducentes devido aos riscos envolvidos e à necessidade de grande motivação por parte dos avaliados.

Relação entre concentração de lactato sanguíneo e percepção subjetiva de esforço

Devido à ocorrência de sintomas fisiológicos e psicológicos de *overtraining*, uma variável que combina um aspecto fisiológico (concentração de lactato sanguíneo – [La]) e psicológico (percepção subjetiva de esforço – PSE) tem sido investigada no diagnóstico do *overtraining*: a relação [La]:PSE (Snyder et al., 1993; Bosquet et al., 2001). Essa variável poderia auxiliar em um diagnóstico mais preciso do condicionamento físico, uma vez que são esperadas reduções das [La] após um período de treinamento eficiente e, paradoxalmente, após períodos de *overtraining* também (Urhausen & Kindermann, 2002). Segundo Snyder et al. (1993), após um período eficiente de treinamento, as [La], bem como a PSE, seriam reduzidas para uma mesma carga de treinamento. Dessa forma, a relação [La]:PSE permaneceria constante. Após um período de *overtraining*, enquanto as [La] seriam reduzidas, a PSE permaneceria constante ou aumentaria, reduzindo a relação [La]:PSE. Entretanto, segundo Bosquet et al. (2001), essa variável não é um marcador mais preciso do que as [La] isoladas.

Testosterona, cortisol, razão testosterona:cortisol (T:C)

É provável que, o sistema neuroendócrino seja o mais investigado na área do *overtraining* (Fry et al., 2005). A testosterona é um hormônio de características anabólicas, enquanto o cortisol, de catabólicas. A T:C tem sido proposta como uma variável de equilíbrio entre a atividade anabólica e a catabólica. Por isso mesmo, após um período de treinamento eficiente, espera-se que as concentrações de testosterona aumentem e o cortisol diminua. Adlercreutz et al. (1986) observaram aumentos nas concentrações de cortisol e reduções nas concentrações de testosterona e na T:C após períodos de cargas elevadas de treinamento. Entretanto, a relação do comportamento desses hormônios com o *overtraining* não está bem estabelecida. Vários outros estudos não confirmaram modificações nas concentrações desses hormônios em repouso em atletas de esportes de resistência ou de força em estado de *overtraining* (Urhausen & Kindermann, 2002; Coutts et al., 2007). Segundo Steinacker et al. (2000) e Lehmann et al. (1993), após o *overreaching* e *overtraining* de longo prazo, as concentrações de cortisol podem diminuir devido a uma redução da sensibilidade da glândula adrenal ao hormônio adreno-corticotrópico (ACTH).

Atividade plasmática da enzima creatina quinase (CK)

A atividade plasmática da CK em repouso está entre as variáveis mais estudadas no monitoramento do *overtraining* (Mäestu et al., 2006; Coutts et al., 2007; Jürimäe et al., 2004, 2002; Steinacker et al., 2000).

A atividade plasmática da CK reflete o estresse muscular causado pela intensidade e pelo volume do exercício, particularmente quando são realizadas ações musculares excêntricas, às quais os indivíduos não estão habituados (Hartmann & Mester, 2000; Urhausen & Kindermann, 2002). Danos na musculatura esquelética, os quais ocorrem especialmente nesse tipo de ação muscular, provocam vazamento de alguns componentes do músculo para a corrente sanguínea, dentre eles, a CK (Staron & Hikida, 2003). As consequências desse tipo de dano muscular incluem, entre outras, dores musculares, reduzida amplitude de movimento, elevada percepção subjetiva de esforço, diminuição de força e potência muscular (Jones et al., 1986; Gleeson et al., 1995). Outro efeito negativo gerado pela lesão muscular induzida pelo exercício é o comprometimento dos estoques de glicogênio muscular (O'Reilly et al., 1987). A musculatura lesada apresenta dificuldade na captação de glicose sanguínea, o que dificulta o processo de ressíntese do glicogênio muscular. Entretanto, atletas bem treinados que realizam ações musculares excêntricas muitas vezes não apresentam grandes aumentos na atividade plasmática da creatina quinase, embora ainda se queixem de dores musculares. Essas dores musculares podem ser causadas por danos e processo inflamatório gerados nos tecidos conectivos (Gleeson, 2002). Elevações na atividade da CK podem não ser parâmetros fidedignos para o diagnóstico de *overtraining*. Segundo Urhausen & Kindermann (2002), alguns atletas apresentam apenas pequenos aumentos na atividade da CK.

Catecolaminas

Devido à relação entre estresse e *overtraining* (Lehmann et al., 1993), uma hipótese de diagnóstico dessa condição seria o aumento das concentrações de catecolaminas. Hooper et al. (1993) observaram níveis plasmáticos de noradrenalina aumentados em atletas durante *overtraining*. Entretanto, Lehmann et al. (1998) observaram reduções nas concentrações basais de catecolaminas em atletas em estado de *overtraining*. Essas diferenças podem estar relacionadas com diferentes metodologias de pesquisa utilizadas (Halson & Jeukendrup, 2004).

Frequência cardíaca (FC) e variabilidade da frequência cardíaca (VFC)

Algumas pesquisas observaram aumentos da frequência cardíaca de repouso (FCrep) em atletas em estado de *overtraining* (Stone et al., 1991). Entretanto, esses achados não foram confirmados em outros estudos (Urhausen et al., 1998). Israel (1976) propôs uma classificação de *overtraining* baseada no sistema nervoso autônomo: a forma simpática e a forma parassimpática de *overtraining*. Um maior valor de FCrep pode ser observado na forma simpática, enquanto na forma parassimpática menores valores de FCrep são observados (Kuipers & Keizer, 1988).

Quanto à frequência cardíaca máxima (FCmax), foram observadas reduções muito discretas em atletas em *overtraining*, dificultando a utilização dessa variável como diagnóstico desse fenômeno (Urhausen & Kindermann, 2002). Jeukendrup et al. (1992) e Urhausen et al. (1998) observaram uma redução na FCmax após aumentos da carga de treinamento. Segundo Halson & Jeukendrup (2004), as reduções observadas na FCmax após um período de cargas de treinamento elevadas podem ser uma consequência de uma redução do tempo de exercício em testes até a exaustão, e não de alguma limitação cardiovascular por si só.

VFC é o termo utilizado para descrever a variação de tempo observada entre batimentos cardíacos consecutivos. Essa variável é avaliada examinando os intervalos entre as ondas R do complexo QRS do eletrocardiograma (Achten & Jeukendrup, 2003). Segundo os mesmos autores, o treinamento físico estaria associado a maiores valores de VFC. A VFC ainda possui índices relacionados à atividade simpática e parassimpática do miocárdio. Cargas muito excessivas de treinamento ou *overtraining* estariam associadas a uma maior atividade simpática, enquanto uma maior atuação do sistema nervoso autônomo parassimpático estaria associada a uma condição de treinamento adequada (Mourot et al., 2004).

Mourot et al. (2004), ao avaliarem indivíduos em *overtraining*, bem treinados e destreinados, observaram maiores níveis em índices da VFC associados à atividade simpática em indivíduos em *overtraining*. Os mesmos autores sugerem o monitoramento da VFC na detecção do *overtraining*.

Hedelin et al. (2000) monitoraram diferentes respostas fisiológicas em canoístas após um aumento de 50% na carga de treinamento em um período de 6 dias. Algumas variáveis, como tempo até a fadiga, VO_2max, frequência cardíaca máxima e submáxima, além da produção máxima de lactato, diminuíram. Entretanto, todos os índices relacionadas a VFC não se alteraram.

Embora diferentes pesquisas tenham apresentado diferentes resultados, é possível que um perfil individual da frequência cardíaca ao longo do tempo (considerando diferentes períodos de treinamento e níveis de condicionamento) seja um marcador confiável (Carbon et al., 2006).

Perfil de estado de humor (POMS)

O POMS (McNair et al., 1992) é um questionário que avalia o estado de humor através das escalas vigor, tensão, depressão, raiva, fadiga e confusão. Quanto maior a pontuação obtida no teste, maiores os distúrbios de humor. Em um estudo longitudinal de dez anos, Morgan et al. (1987) observaram que os distúrbios de humor se correlacionam positivamente com aumentos da carga de treinamento e com o *overtraining*. Esse instrumento foi traduzido e validado para a língua portuguesa (Pelluso, 2003; Rohfls et al., 2005). Uma versão reduzida do POMS para a língua portuguesa (BRUMS) com 24 questões está em processo de validação (Rohlfs et al., 2008).

Questionário de estresse e recuperação

O questionário de estresse e recuperação para atletas (RESTQ-Sport®) é um instrumento que avalia de forma sistemática o estado de estresse e recuperação do indivíduo mediante sua própria percepção. Esse estado indica a extensão na qual o indivíduo está estressado fisicamente e/ou mentalmente e sua capacidade em utilizar suas estratégias de recuperação, bem como quais estratégias são utilizadas (Kellmann et al., 2009; Kellmann & Kallus, 2001). Validado em várias línguas e recentemente na língua portuguesa (Costa & Samulski, 2005b), através de uma avaliação simultânea do estado de estresse e do estado de recuperação, um gráfico da percepção de estresse e recuperação é obtido (Figura 1). Esse instrumento permite mensurações diretas dos eventos, atividades e diferentes processos estressantes e de recuperação nos últimos 3 dias/noites. Esse gráfico é gerado por meio de um produto específico, o programa RESTQ-Sport® (Kellmann et al., 2009). Ao utilizar 19 escalas multidimensionais, sendo 12 escalas gerais e 7 escalas específicas do esporte, é possível obter informações sobre rotinas no treinamento e fora do ambiente de treinamento e competição (Kellmann, 2002). Adicionados aos itens relacionados ao comportamento e desempenho, itens relacionados às emoções, aspectos físicos e sociais do estresse e recuperação são considerados no RESTQ-Sport®. Para Kenttä & Hassmén (1998), o RESTQ-Sport® é um dos poucos instrumentos psicométricos que se propõe a avaliar as complexidades dos processos de estresse e recuperação. Além disso, ele tem sido utilizado em várias pesquisas sobre monitoramento do *overtraining* e respostas psicofisiológicas a diferentes cargas de treinamento (Kellmann, 2010; Kellmann et al., 2009, Coutts et al., 2007; Simola et al., 2011, 2007; Kellmann & Günther, 2000).

Quanto à interpretação dos seus resultados, em geral, valores baixos a moderados nas escalas referentes ao estresse e altos valores nas escalas relacionadas com a recuperação indicam um estado de percepção de estresse e recuperação favorável ao desempenho esportivo, enquanto que altos valores nas escalas referentes ao estresse e baixos valores nas escalas relacionadas à recuperação indicam um estado propício para a incidência do *overtraining* (Kellmann, 2010).

Uma relação dose-resposta tem sido observada entre a carga de treinamento e a percepção de estresse e recuperação (González-Boto et al., 2008; Coutts et al., 2007; Mäestu et al., 2006).

González-Boto et al. (2008) investigaram a percepção de estresse e recuperação de 9 nadadores em diferentes ocasiões de uma temporada de treinamento ao longo de 6 semanas. Após a fase de maior volume de treinamento, houve aumento significativo em duas escalas de estresse (lesões e exaustão emocional) e redução em três escalas de recuperação (sucesso, recuperação física e autoeficácia). Na última fase, caracterizada pelo menor volume de treinamento, foi verificado um aumento na escala de recuperação sucesso.

Coutts et al. (2007), ao avaliarem 16 triatletas australianos de nível internacional através de variáveis fisiológicas e do RESTQ-Sport®, observaram que somente este último foi capaz de detectar uma queda do desempenho dos voluntários. As demais variáveis apresentaram o mesmo comportamento nos atletas diagnosticados em *overreaching* e bem condicionados. Além disso, durante a fase *taper*, foi observada uma melhora no estado de estresse e recuperação, acompanhada de alterações fisiológicas e uma melhora no desempenho físico.

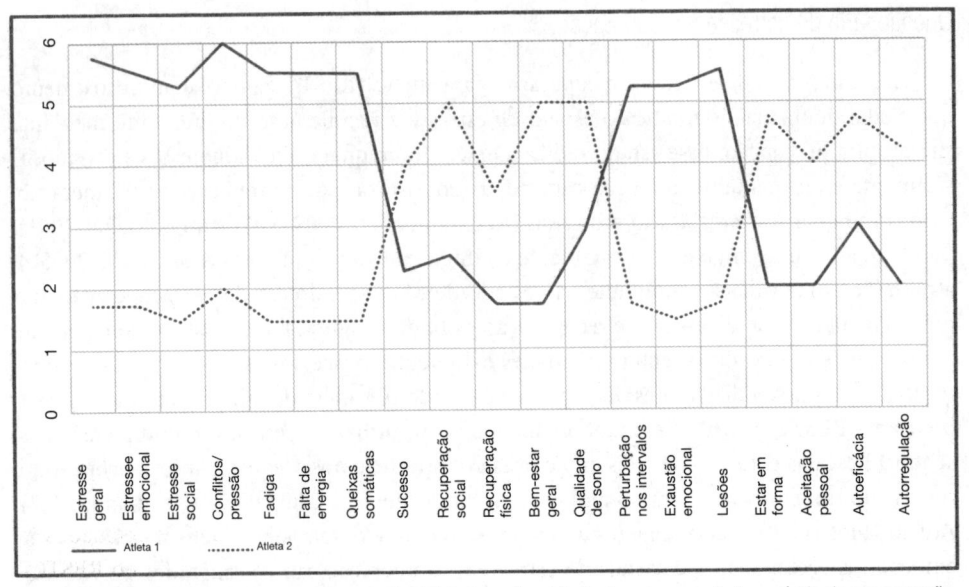

Figura 1 Percepção de estresse e recuperação. Atleta 1 = altos níveis de estresse e baixos níveis de recuperação. Atleta 2 = baixos níveis de estresse e altos níveis de recuperação.

Mäestu et al. (2006), após monitorarem o treinamento de remadores olímpicos estonianos através do RESTQ-Sport®, da creatina quinase e do cortisol, encontraram uma correlação positiva e significativa entre o aumento do volume de treinamento e os escores das escalas de estresse, assim como uma relação inversa entre o aumento do volume de treinamento e os escores das escalas de recuperação.

Diferentes hipóteses têm sido propostas para explicar a fisiopatologia do *overtraining*, associando esse fenômeno a distúrbios metabólicos e neuroendócrinos. Além disso, outras pesquisas investigam a relação do *overtraining* com a fadiga central e com o sistema imunológico (Smith, 2000). Contudo, segundo Halson & Jeukendrup (2004), Nederhof et al. (2006), Meeusen et al. (2006) e Hartmann & Mester (2000), atualmente não existe uma única variável precisa o suficiente para detecção do *overtraining*, ou ainda, que indique uma falha no processo de adaptação às cargas de treinamento. Entretanto, o *overtraining* está fortemente associado com distúrbios psicológicos e estados afetivos negativos (Halson & Jeunkendrup, 2004). Além disso, dados psicométricos podem ser analisados com maior agilidade e economia (Raglin & Wilson, 2000). Algumas pesquisas, ao investigar a eficácia da utilização de variáveis fisiológicas e psicológicas como marcadores de *overtraining*, observaram alterações apenas de marcadores psicológicos após períodos de cargas elevadas de treinamento (Slivka et al., 2010; Coutts et al., 2007).

Mesmo considerando as limitações já citadas, para o diagnóstico e monitoramento do *overtraining* deve-se estabelecer o nível basal de diferentes marcadores a partir de um grande número de dados, coletados nos mesmos horários e condições. Valores alterados por mais de 2 a 3 dias em conjunto com a queda ou dificuldade de manutenção de desempenho podem representar uma redução na tolerância ao programa de treinamento (Hartmann & Mester,

2000). Segundo os mesmos autores, é importante ressaltar que a relação entre parâmetros bioquímicos e a carga de treinamento varia consideravelmente entre indivíduos.

PREVENÇÃO DO *OVERTRAINING*

As medidas preventivas de *overtraining* baseiam-se principalmente em estratégias de prevenção de estresse, otimização da recuperação e uma distribuição adequada da carga de treinamento, a saber:

- Considerar que diferentes atletas possuem diferentes níveis de tolerância às cargas de treinamento (Hooper e Mackinnon, 1995), bem como diferentes capacidades de recuperação (Kellmann et al., 2009).
- Realizar um registro preciso da carga diária de treinamento e dos resultados obtidos em treinamentos e competições através de diários de treinamento ou questionários (Meeuseun et al., 2006).
- O monitoramento regular por meio de uma combinação de variáveis de desempenho, fisiológicas, bioquímicas, imunológicas e psicológicas parece ser a melhor estratégia para identificar aqueles atletas que não conseguem se adaptar a todas as demandas do processo de treinamento (Simola et al., 2007; Meeusen et al., 2006).
- Desenvolver a comunicação entre treinadores e atletas (Kellmann & Günther, 2000).
- Manter uma dieta equilibrada, com ampla variedade de nutrientes. Segundo Gleeson & Robson-Ansley (2006), a adequada ingestão de carboidratos e vitaminas C e E pode proteger o sistema imunológico dos efeitos deletérios do *overtraining*.
- Analisar o estilo de vida do atleta e fatores externos ao treinamento (O'Toole, 1988; Lehmann et al., 1993). Atletas extremamente motivados são mais suscetíveis a desenvolver *overtraining* (Kreider et al., 1998; McCann, 1995). Esses atletas constantemente treinam no seu limite e ignoram os períodos de recuperação.
- Rowbottom et al. (1998) propõem que o planejamento do treinamento deve ser periodizado. Para cada três semanas de cargas progressivas de treinamento, deveria haver uma semana de recuperação. Durante a semana de recuperação, a intensidade ou o volume da carga poderiam ser reduzidos, com o objetivo de diminuir as demandas fisiológicas e psicológicas do treinamento.

Samulski et al. (2009) e Simola et al. (2007) sugerem as seguintes medidas:

- O ambiente de treino, bem como a carga de treinamento, devem variar, evitando monotonia.
- Evitar competições em excesso.
- Fazer a progressão das cargas de treinamento de acordo com a capacidade de adaptação individual.
- Estabelecer metas de competição e treinamento.
- Desenvolver capacidades de autorregulação como relaxamento, mentalização e autoconversa positiva pode ajudar no controle de situações de estresse.

- A manutenção de uma boa condição física gera autoconfiança e, com isso, maiores possibilidades de superar situações estressantes.
- Monitorar estressores psicológicos de origem externa ao treinamento físico. Caso os fatores estressantes se tornem altos, recomenda-se uma redução da carga de treinamento.

CONCLUSÕES

O diagnóstico do *overreaching* ou da síndrome do *overtraining* é uma tarefa difícil. Contudo, alguns fatores não devem ser ignorados, como queda de rendimento esportivo em vários níveis, necessidade de maior tempo de recuperação, maior percepção de estresse, alterações comportamentais e fadiga constante. Apesar de várias pesquisas não detectarem precisamente o *overreaching* ou a síndrome do *overtraining* por meio de marcadores fisiológicos e bioquímicos, essas variáveis podem fornecer informações importantes sobre o processo de instalação do *overtraining* de forma individual.

REFERÊNCIAS BIBLIOGRÁFICAS

1. Achten J, Jeukendrup AE. Heart rate monitoring. Applications and limitations. Sports Medicine. 2003;33(7):517-38.
2. Adlercreutz H, Härkönen M, Kuoppasalmi K, Näveri H, Huhtaniemi I, Tikkanen H, et al. Effect of training on plasma anabolic and catabolic steroid hormones and their response during physical exercise. International Journal of Sports Medicine. 1986;7(supl 1):27-8.
3. Alves RD, Costa LOP, Samulski D. Monitoramento e prevenção do supertreinamento em atletas. Revista Brasileira de Medicina do Esporte. 2006;12:291-6.
4. Bosquet L, Léger L, Legros P. Blood lactate response to overtraining in male endurance athletes. European Journal of Applied Physiology. 2001;84(1-2):107-14.
5. Budgett R, Newsholme E, Lehmann M, Sharp C, Jones D, Jones T, et al. Redefining the overtraining syndrome as the unexplained underperformance syndrome. British Journal of Sport and Medicine. 2000; 34(1):67-8.
6. Carbon RJ, Whyte G, Budgett R, McConnell AK. Medical conditions and training. In: White G (ed.). Advances in sport and exercise science series: the physiology of training. Philadelphia: Elsevier; 2006. p. 191-228.
7. Costa LOP, Samulski DM. Overtraining em atletas de alto nível – uma revisão literária. Revista Brasileira de Ciência e Movimento. 2005a;13(2):123-34.
8. Costa LOP, Samulski DM. Processo de validação do questionário de estresse e recuperação para atletas (RESTQ-Sport) na língua portuguesa. Revista Brasileira de Ciência e Movimento. 2005b:13(1):79-86.
9. Coutts AJ, Wallace LK, Slattery KM. Monitoring changes in performance, physiology, biochemistry, and psychology during overreaching and recovery in triathletes. International Journal of Sports Medicine. 2007;28:125-34.
10. Fry AC, Steinacker JM, Meeusen R. Endocrinology of overtraining. In: Kraemer WJ, Rogol AD (eds.). The endocrine system in sports and exercise. Malden: Blackwell Publishing; 2005. p. 579-99.
11. Fry RW, Morton AR, Keast D. Overtraining in athletes: an update. Journal of Sports Medicine. 1991;12(1):32-65.
12. Gleeson M. Biochemical and immunological markers of overtraining. Journal of Sports Science and Medicine. 2002;1:31-41.

13. Gleeson M, Blannin AK, Zhu B, Brooks S, Cave R. Cardiorespiratory, hormonal and haematological responses to submaximal cycling performed 2 days after eccentric or concentric exercise bouts. Journal of Sports Sciences. 1995;13(6):471-9.

14. Gleeson M, Robson-Ansley P. Immune responses to intensified training and overtraining. In: Gleeson M (ed.). Advances in sport and exercise science series: Immune function in sport and exercise. Philadelphia: Elsevier; 2006. p. 115-38.

15. González-Boto R, Salguero A, Tuero C, González-Gallego J, Márquez S. Monitoring the effects of training load changes on stress and recovery in swimmers. Journal of Physiology and Biochemistry. 2008;64(1):19-26.

16. Gould D, Guinan D, Greenleaf C, Medbery RE, Peterson K. Factors affecting Olympic performance: perceptions of athletes and coaches from more and less successful teams. The Sport Psychologist. 1999;13(4):371-94.

17. Gould D, Guinan D, Greenleaf C, Medbery R, Strickland M, Lauer L, et al. Positive and negative factors influencing U.S. Olympic athletes and coaches: Atlanta Games assessment. Final grant report submitted to the U.S. Olympic Committee Sport Science and Technology Division. Colorado Springs; 1998.

18. Guyton AC, Hall JE. Fisiologia humana e mecanismos das doenças. 6ª ed. Rio de Janeiro: Guanabara Koogan; 1998. 639 p.

19. Halson SL, Jeukendrup AE. Does overtraining exist? Sports Medicine. 2004;34(14):967-81.

20. Hartmann U, Mester J. Training and overtraining markers in selected sport events. Medicine and Science in Sports and Exercise. 2000;32(1):209-15.

21. Hedelin R, Kentta G, Wiklund U, Bjerle P, Henriksson-Larsén K. Short-term overtraining: effects on performance, circulatory responses, and heart rate variability. Medicine and Science in Sports and Exercise. 2000;32(8):1480-4.

22. Hooper SL, Mackinnon LT. Monitoring overtraining in athletes. Sports Medicine. 1995;20(5):321-7.

23. Hooper SL, Mackinnon LT, Howard A, Gordon RD, Bachmann AW. Markers for monitoring overtraining and recovery. Medicine and Science in Sports and Exercise. 1995;27(1):106-12.

24. Hooper SL, Mackinnon LT, Gordon RD, Bachmann AQ. Hormonal responses of elite swimmers to overtraining. Medicine and Science in Sports and Exercise. 1993;25(6):741-7.

25. Israel S. The problem of overtraining from the internal and performance physiological perspective. Medizin und Sport. 1976;16:1-12.

26. Jeukendrup AE, Hesselink MK. Overtraining. What do lactate curves tell us? British Journal of Sports Medicine. 1994;28(4):239-40.

27. Jeukendrup AE, Hesselink MKC, Snyder AC, Kuipers H, Keizer HA. Physiological changes in male competitive cyclists after two weeks of intensified training. International Journal of Sports Medicine. 1992;13(7):534-41.

28. Jones DA, Newham DJ, Round JM, Tolfree SEJ. Experimental human muscle damage: morphological changes in relation to other indices of damage. Journal of Physiology. 1986;375:435-48.

29. Jürimäe J, Mäestu J, Purge P, Jürimäe T. Changes in stress and recovery after heavy training in rowers. Journal of Science and Medicine in Sport. 2004;7(3):335-9.

30. Jürimäe J, Mäestu J, Purge P, Jürimäe T, Sööt T. Relations among heavy training stress, mood state, and performance for male junior rowers. Perceptual and Motor Skills. 2002;95(2):520-6.

31. Kellmann M. Preventing overtraining in athletes in high-intensity sports and stress/recovery monitoring. Scandinavian Journal of Medicine and Science in Sports. 2010;20(supl s2):95-102.

32. Kellmann M. Underrecovery and overtraining. In: Kellmann M (ed.). Enhancing recovery, preventing underperformance in athletes. Champaign: Human Kinetics; 2002. p. 1-24.

33. Kellmann M, Günther KD. Changes in stress and recovery in elite rowers during preparation for the Olympic Games. Medicine and Science in Sports and Exercise. 2000;32:676-83.

34. Kellmann M, Kallus KW. Recovery-stress questionnaire for athletes. User manual. Champaign: Human Kinetics; 2001.

35. Kellmann M, Kallus K, Samulski DM, Costa L, Simola RAP. Questionário de estresse e recuperação para atletas – manual do usuário. Belo Horizonte: Escola de Educação Física, Fisioterapia e Terapia Ocupacional/UFMG; 2009.

36. Kenttä G, Hassmén P. Overtraining and recovery. Sports Medicine. 1998;26(1):1-16.

37. Kreider RB, Fry A, O'Toole ML. Overtraining in sport: terms, definitions, and prevalence. In: Kreider RB, Fry A e O'Toole ML (ed.). Overtraining in sport. Champaign: Human Kinetics; 1998. p. VII-IX.

38. Kuipers H, Keizer HA. Overtraining in elite athletes: review and directions for the future. Sports Medicine. 1988;6(2):79-92.

39. Lehmann M, Foster C, Dickuth HH, Gastmann U. Autonomic imbalance hypotheses and overtraining syndrome. Medicine and Science in Sports and Exercise. 1998;30(7):1140-5.

40. Lehmann M, Foster C, Keul J. Overtraining in endurance athletes: a brief review. Medicine and Science in Sports and Exercise. 1993;25:854-61.

41. Lehmann M, Schnee W, Scheu R, Stockhausen W, Bachl N. Decreased nocturnal catecholamine excretion: parameter for an overtraining syndrome in athletes? International Journal of Sports Medicine. 1992;13(3):236-42.

42. Mäestu J, Jürimäe J, Kreegipuu K, Jürimäe T. Changes in perceived stress and recovery during heavy training in highly trained male rowers. The Sport Psychologist. 2006;20:24.

43. McCann S. Overtraining and burnout. In: Murphy S (ed.). Sport psychology interventions. Champaign: Human Kinetics; 1995. p. 347-69.

44. McNair DM, Lorr M, Droppleman LF. Profile of mood states manual. San Diego: Educational and Industrial Testing Service; 1992.

45. Meeusen R, Duclos M, Gleeson M, Rietjens G, Steinacker J, Urhausen A. Prevention, diagnosis and treatment of the Overtraining Syndrome: ECSS Position Statement 'Task Force'. European Journal of Sport Science. 2006;6:1-14.

46. Morgan WP, Brown DR, Raglin JS, O'Connor PJ, Ellickson KA. Psychological monitoring of overtraining and staleness. British Journal of Sport Medicine. 1987;21(3):107-14.

47. Mourot L, Bouhaddi M, Perrey S, Cappelle S, Henriet MT, Wolf JP, et al. Decrease in heart rate variability with overtraining: assessment by the Poincaré plot analysis. Clinical Physiology and Function Imaging. 2004;24(1):10-8.

48. Nederhof E, Lemmink KAPM, Visscher C, Meeusen R, Mulder T. Psychomotor speed: possibly a new marker for overtraining syndrome. Sports Medicine. 2006;36(10):817-28.

49. O'Reilly KP, Warhol MJ, Fielding RA, Frontera WR, Meredith CN, Evans WJ. Eccentric exercise-induced muscle damage impairs muscle glycogen repletion. Journal of Applied Physiology. 1987;63(1):252-6.

50. O'Toole ML. Overreaching and overtraining in endurance athletes. In: Kreider RB, Fry A, O'Toole ML (eds.). Overtraining in sport. Champaign: Human Kinetics; 1988. p. 3-18.

51. Pelluso MAM. Alterações de humor associadas a atividade física intensa. 231 p. Tese de Doutorado em Medicina. São Paulo: Faculdade de Medicina da Universidade de São Paulo; 2003.

52. Raglin J, Sawamura S, Alexiou S, Hassmén P, Kentta G. Training practices and staleness in 13-18 years old swimmers: a cross-cultural study. Pediatric Exercise Science. 2000;12:61-70.

53. Rohlfs ICPM, Rotta TM, Andrade A, Terry PC, Krebs RJ, Carvalho T. The Brunel of mood scale (BRUMS): instrument for detection of modified mood states in adolescents and adults athletes and non athletes. Fiep Bulletin. 2005;75:281-4.

54. Rohlfs ICPM, Rotta TM, Luft CB, Andrade A, Krebs RJ, Carvalho T. A escala de humor de Brunel (BRUMS): instrumento para detecção precoce da síndrome do excesso de treinamento. Revista Brasileira de Medicina do Esporte. 2008;14(3).

55. Rowbottom DG, Keast D, Morton AR. Monitoring and preventing of overreaching and overtraining in endurance athletes. In: Kreider RB, Fry AC, O'Toole ML (eds.). Overtraining in sport. Champaign: Human Kinetics; 1998.

56. Samulski DM, Costa LOP, Simola RAP. Overtraining e recuperação. In: Samulski DM (ed.). Psicologia do esporte: conceitos e novas perspectivas. Barueri: Manole; 2009. p. 405-27.

57. Selye H. The stress of life. New York: McGraw-Hill; 1956.

58. Silva ASR, Santhiago V, Gobatto CA. Compreendendo o overtraining no desporto: da definição ao tratamento. Revista Portuguesa de Ciências do Desporto. 2006;6(2):229-38.

59. Simola RAP, Cordeiro AHO, Quinan GR, Samulski DM, Prado LS. A percepção de estresse e recuperação e o overtraining em nadadores. EFDeportes.com Revista Digital. 2011;155.

60. Simola RAP, Samulski DM, Prado LS. Overtraining: uma abordagem multidisciplinar. Revista Iberoamericana de Psicología del Ejercicio y el Deporte. 2007;2:61-76.

61. Slivka DR, Hailes WS, Cuddy JS, Ruby BC. Effects of 21 days of intensified training on markers of overtraining. Journal of Strength and Conditioning Research. 2010t;24(10):2604-12.

62. Smith LL. Cytokine hypothesis of overtraining: a physiological adaptation to excessive stress? Medicine and Science in Sports and Exercise. 2000;32(2):317-31.

63. Snyder AC, Jeukendrup AE. Hesselink MK. A physiological/psychological indicator of overreaching during intensive training. International Journal of Sports Medicine. 1993;14(1):29-32.

64. Snyder AC, Kuipers H, Cheng B, Servais RE, Fransen E. Overtraining following intensified training with normal muscle glycogen. Medicine and Science in Sports and Exercise. 1995;27(7):1063-70.

65. Staron RS, Hikida RS. Respostas musculares ao exercício e ao treinamento. In: Garret WE, Kirkendall DT (eds.). A ciência do exercício e dos esportes. São Paulo: Artmed; 2003. p. 188-201.

66. Steinacker JM, Lormes W, Kellmann M, Liu Y, Reibnecker S, Optiz-Gress A, et al. Training of junior rowers before World Championships. Effects on performance, mood state and selected hormonal and metabolic responses. Journal of Sports Medicine and Physical Fitness. 2000;40(4):327-35.

67. Stone MH, Keith RE, Kearney JT. Overtraining: a review of the signs and symptoms and possible causes. Journal of Applied Sport Science Research. 1991;5:31-50.

68. Urhausen A, Gabriel H, Weiler BE, Kindermann W. Ergometric and psychological findings during overtraining: A long-term follow-up study in endurance athletes. International Journal of Sports Medicine. 1998;19(2):114-20.

69. Urhausen A, Kindermann W. Diagnosis of overtraining. What tools do we have? Sports Medicine. 2002;32(2):95-102.

Capítulo 12

Nutrição esportiva

Cristiane Rocha Dayrell
Luciano Sales Prado

IMPORTÂNCIA DA ALIMENTAÇÃO PARA A PRÁTICA DESPORTIVA

A prática de atividades esportivas pode proporcionar benefícios à composição corporal, à saúde e à qualidade de vida. No entanto, a participação no esporte competitivo nem sempre representa equilíbrio no organismo. As alterações fisiológicas e os desequilíbrios nutricionais gerados pelo esforço físico podem conduzir o atleta ao limiar da saúde e da doença, se não houver a compensação adequada desses eventos. Contudo, as consequências físicas resultantes do exercício parecem estar associadas à interação de diferentes variáveis, como a natureza do estímulo, a duração e intensidade do esforço, o grau de treinamento e o estado nutricional do indivíduo (Panza et al., 2007).

O papel da alimentação como fator fundamental no desempenho esportivo tem sido demonstrado por diversos autores, não restando dúvidas quanto à influência de alimentos e bebidas consumidos pelo atleta em sua saúde, peso e composição corporal, e quanto ao modo como afeta a disponibilidade de substratos energéticos para um melhor desempenho (ACSM, ADA, 2009).

Sabe-se que o impacto fisiológico decorrente da prática frequente de exercícios físicos e a inadequação dietética expõem os praticantes de atividade física a problemas orgânicos. Têm-se registrado casos de anemia, perda mineral óssea, distúrbios alimentares, relacionados a atletas de ambos os sexos, e amenorreia como as principais disfunções que acometem os desportistas (Cabral et al., 2006).

A alimentação dos atletas é diferenciada daquela dos demais indivíduos em função do gasto energético relativamente elevado e da necessidade de nutrientes, que varia de acordo com o tipo de atividade, da fase de treinamento e do momento de ingestão. Os nutrientes são classificados em macronutrientes: proteínas, carboidratos e lipídios; e em micronutrientes: vitaminas e minerais (Tirapegui, 2005).

Os macronutrientes são ingeridos em grande quantidade e, por serem estruturas grandes, precisam ser quebrados em unidades menores para serem absorvidos pelo organismo. Ao serem transformados em compostos menores, fornecem energia ao organismo por meio de processos bioquímicos complexos denominados metabolismo. Já os micronutrientes não fornecem energia ao nosso organismo, mas são essenciais para o adequado funcionamento do nosso corpo. São necessários em pequenas quantidades e, em geral, são absorvidos em nível intestinal sem sofrer alteração. Todo alimento contém a maioria dos nutrientes em quantidades variáveis e cada nutriente tem uma função específica no organismo (Tirapegui, 2005).

O consumo adequado de alimentos que são fonte de carboidratos é fundamental para a otimização dos estoques iniciais de glicogênio muscular, a manutenção dos níveis de glicose sanguínea durante o exercício e a reposição das reservas de glicogênio na fase de recuperação. Além disso, a ingestão de carboidrato pode atenuar as alterações negativas no sistema imune decorrentes do exercício. Existem evidências de que o consumo de dieta rica em carboidrato, em período de treinamento intenso, pode favorecer não somente o desempenho como o estado de humor do atleta (Panza et al., 2007).

A manutenção da massa corporal magra depende diretamente da ingestão adequada de carboidratos, pois na deficiência desse nutriente, a proteína é utilizada como substrato energético, ocasionando a diminuição da massa muscular. O glicogênio muscular e o hepático são as reservas de energia imediata do organismo e constituem a principal fonte de glicose no exercício físico. Os carboidratos devem ser consumidos adequadamente para manter os níveis de glicogênio no organismo, evitando que a proteína seja utilizada como fonte de energia e, dessa forma, propiciando a manutenção da massa muscular (McArdle et al., 2003).

O organismo armazena o excesso de carboidratos, sobretudo nos músculos e no fígado, sob a forma de glicogênio. Por essa razão, o consumo de carboidratos influencia diretamente a reserva de glicogênio muscular e a capacidade para treinar e competir em eventos de média e longa duração (Wilmore & Costill, 2001; Wolinsky & Hickson, 2002).

ESTIMATIVA DO GASTO CALÓRICO TOTAL DO DIA

De acordo com a Sociedade Brasileira de Medicina Esportiva – SBME (2009), as necessidades energéticas são calculadas por meio da soma da necessidade energética basal (protocolo de livre escolha), do gasto energético médio em treino e do consumo extra ou reduzido para o controle da composição corporal. O gasto energético total do dia representa 1,5 a 1,7 vez a energia produzida, o que, em geral, corresponde a um consumo entre 37 e 41 kcal/kg de peso/dia e, dependendo dos objetivos, pode apresentar variações entre 30 e 50 kcal/kg/dia. Os cálculos podem ser efetuados por meio da medida da frequência cardíaca durante a atividade física, já que esta se relaciona com o consumo de oxigênio, fornecendo, assim, os chamados equivalentes metabólicos ou METs (Mahan, 2005).

O Compêndio de Atividades Físicas (CAF), proposto por Ainsworth et al., em 1993, e atualizado em 2000, é um sistema de classificação que agrupa atividades físicas de acordo com seus contextos e permite, de maneira flexível, a determinação do seu dispêndio energético. Auxilia, mesmo com algumas limitações, no cálculo do gasto calórico do exercício físico (Farinatti, 2003).

RECOMENDAÇÕES NUTRICIONAIS DOS MACRONUTRIENTES

Estima-se que a ingestão de carboidratos correspondente a 60-70% do aporte calórico diário atende à demanda de um treinamento esportivo. No intuito de aprimorar os processos de recuperação muscular, recomenda-se que o consumo de carboidratos esteja entre 5 e 8 g/kg/dia. Em atividades de longa duração e/ou treinos intensos há necessidade de até 10 g/kg/dia para a adequada recuperação do glicogênio muscular e/ou aumento da massa muscular (SBME, 2009).

Segundo o American College of Sports Medicine – ACSM (2009), é importante oferecer a quantidade de carboidratos baseada no plano alimentar do atleta. Quando o plano alimentar é de 4.000 a 5.000 kcal, 50% em carboidratos resultariam em 500 a 600 g, correspondendo a aproximadamente 7 a 8 g/kg para um indivíduo de 70 kg, quantidade considerada suficiente para a manutenção do glicogênio muscular no dia a dia de treinos. Mas se o teor calórico for de 2.000 kcal, será necessário oferecer uma quantidade maior de carboidratos (60% ou mais) para propiciar a manutenção do glicogênio muscular.

O consumo de proteínas sugerido para indivíduos que têm como objetivo aumento da massa muscular é a ingestão de 1,6 a 1,7 g/kg/dia. E esportes em que o predomínio é da resistência, com a ingestão de 1,2 a 1,6 g/kg/dia, teriam sua demanda atendida. É importante conscientizar que o aumento do consumo proteico na alimentação além dos níveis recomendados não leva ao aumento da massa magra. Há um limite para o acúmulo de proteínas nos diversos tecidos do organismo (SBME, 2009).

Segundo o ACSM (2009), estudos sobre o balanço nitrogenado em atletas atuantes em modalidades de média e longa duração mostram que a ingestão de 1,2 a 1,4 g/kg/dia é suficiente para a reparação dos tecidos. O aporte energético, principalmente de carboidratos, é fundamental no metabolismo das proteínas, ou seja, para favorecer a síntese proteica e evitar a oxidação das proteínas para suprir a demanda energética. Para o aumento da massa muscular, a recomendação aumenta para 1,2 a 1,7 g/kg/dia, pois existe a necessidade de uma quantidade maior de aminoácidos para proporcionar a hipertrofia muscular.

Um adulto necessita diariamente de cerca de 1 g de gordura por kg/peso corporal, o que significa 30% do valor calórico total (VCT) da dieta. A parcela de ácidos graxos essenciais deve ser de 8 a 10 g/dia. Para os atletas, tem prevalecido a mesma recomendação nutricional destinada à população em geral. Dentre os tipos de gordura, a proporção recomendada seria de 10% em gorduras saturadas, 10% de poli-insaturadas, 10% de monoinsaturadas e incluindo ácidos graxos essenciais (ACSM, 2009; SBME, 2009).

Alimentação antes da atividade física

A escolha de alimentos que serão ingeridos antes da atividade física deve respeitar as características gastrintestinais do esportista. O volume da refeição e a sua composição em proteínas e lipídios podem exigir mais de 3 horas para serem digeridos. Em situações em que o tempo disponível é inferior ao citado, deve-se evitar refeições com fibras e dar preferência aos carboidratos, que devem sempre ter uma preparação de consistência leve ou líquida e que deve já fazer parte do hábito alimentar do atleta (SBME, 2009).

Algumas diretrizes devem ser seguidas para uma boa alimentação pré-exercício: ingerir líquido suficiente para a manutenção da hidratação, alimentos pobres em gorduras e fibras para facilitar o esvaziamento gástrico e minimizar desconfortos intestinais, maior quantidade de carboidratos para a manutenção da glicose sanguínea e maximização dos estoques de glicogênio muscular, moderada quantidade de proteína, e respeitar os hábitos do atleta (ACSM, 2009).

Didaticamente, considerando um período próximo ao exercício (de até 1 hora), pode-se dividir o fornecimento de alimentos antes do exercício físico em três momentos. Seriam eles: imediatamente antes, 30 minutos antes e até 1 hora antes. A escolha do momento vai depender da realidade de vida do esportista. Em cada situação existem particularidades e preocupações que influenciarão no desempenho físico.

Imediatamente antes:

- Objetivo: normalizar a glicose sanguínea para o início do exercício.
- O que oferecer: alimentos ricos em carboidratos e de fácil digestão.
- Como oferecer: na forma líquida, em gel ou em pequenos volumes, para não provocar um mal-estar no exercício físico. Por exemplo: bisnaguinha de carboidrato em gel, fruta, maltodextrina em pó, suco, rapadura (a quantidade deve ser definida pelo nutricionista).
- Índice glicêmico: qualquer índice glicêmico, pois nessa situação não há risco de ocorrer hipoglicemia de rebote. O momento em que a glicose está subindo coincide com o início do exercício, e nesse momento a insulina é inibida, diminuindo a probabilidade de um pico de insulina a ponto de provocar a hipoglicemia. Muitos atletas optam por índices glicêmicos mais elevados, alegando uma sensação melhor para o início do exercício.
- Proteínas, fibras e lipídios: preferencialmente não oferecer, pois têm digestão mais lenta e podem desencadear desconforto intestinal.

Trinta minutos antes:

- Objetivo: normalizar a glicose sanguínea para o início do exercício.
- O que oferecer: alimentos ricos em carboidratos e de fácil digestão.
- Como oferecer: na forma líquida, em gel ou em pequenos volumes, para não provocar um mal-estar no exercício físico. Pode haver uma flexibilidade maior do que na situação anterior. Por exemplo: bisnaguinha de carboidrato em gel, fruta, maltodextrina em pó, suco, rapadura, pão com geleia, torradas com mel (a quantidade deve ser definida pelo nutricionista).
- Índice glicêmico: preferir baixo índice glicêmico. Porém, existem controvérsias sobre a justificativa. Muitos pesquisadores afirmam que ao oferecer alimentos de alto índice glicêmico 30 minutos antes do exercício pode ocorrer a hipoglicemia de rebote. Essa situação fisiológica caracteriza-se por um aumento da glicose sanguínea após a ingestão de carboidratos de alto índice glicêmico que provoca um pico de insulina e o momento da queda da glicose coincide com o início do exercício, resultando em uma queda maior dessa glicose, levando a desmaios, tontura e mal-estar. Não é uma regra, por isso é importante perceber se o atleta sente esse tipo de reação, pois, caso contrário, pode-se oferecer qualquer índice glicêmico tranquilamente.
- Proteínas, fibras e lipídios: preferencialmente não oferecer, pois têm digestão mais lenta e podem desencadear desconforto intestinal.

Uma hora antes:

- Objetivo: normalizar a glicose sanguínea para o início do exercício.
- O que oferecer: alimentos ricos em carboidratos e de fácil digestão.
- Como oferecer: na forma líquida, em gel ou em volumes moderados, para não provocar um mal-estar no exercício físico. Existe uma flexibilidade maior do que nas duas situações anteriores. Por exemplo: bisnaguinha de carboidrato em gel + 1 pão com geleia + 1 suco, ou 1 fruta + torradas com mel + suco, pão + queijo branco com menos gordura + suco + 1 colher de sopa de mel (a quantidade deve se definida pelo nutricionista).
- Índice glicêmico: qualquer índice glicêmico, porque ao ingerir carboidratos de alto índice glicêmico 1 hora antes do exercício, ocorrerá um aumento da glicose sanguínea, que provoca um pico de insulina, porém ainda há tempo para que ela se normalize até o início do exercício, não ocorrendo o risco de hipoglicemia de rebote.
- Proteínas, fibras e lipídios: se oferecer, optar por produtos com baixo teor de gordura e que sejam de fácil digestão.

Considerando a alimentação antes do exercício no período de 2 a 4 horas, as características são diferentes. O objetivo dessa alimentação está mais relacionado com o processo de recuperação do glicogênio muscular que já está em andamento desde o último exercício.

As quantidades oferecidas podem ser de aproximadamente 200 a 300 g de carboidratos. Dados são contraditórios em relação a qual índice glicêmico oferecer para melhorar o desempenho (ACSM, 2009).

Alimentação durante a atividade física

A energia consumida durante os treinos e competições depende da intensidade e duração dos exercícios. Quanto maior a intensidade, maior será a participação dos carboidratos como fornecedores de energia, sendo que a quantidade de glicogênio utilizado depende, naturalmente, da duração do exercício (SBME, 2009).

Para provas longas é recomendado ingerir entre 0,7 g/kg de peso ou de 30 a 60 g de carboidrato para cada hora de exercício, no intuito de se evitar a hipoglicemia (ACSM, 2009).

- Objetivo: evitar a hipoglicemia e retardar a depleção do glicogênio hepático durante o exercício.
- O que oferecer: alimentos ricos em carboidratos e de fácil digestão.
- Como oferecer e quando: na forma líquida, em gel ou em pequenos volumes, para não provocar um mal-estar no exercício físico. A cada 1 hora de exercício intenso, se torna interessante o fornecimento de carboidrato. Por exemplo: bisnaguinha de carboidrato em gel, maltodextrina em pó diluído em água, uma fruta, pedaço de rapadura. Isso dependerá da situação de treino e da facilidade de ingerir o alimento proposto (a quantidade deve ser definida pelo nutricionista).
- Índice glicêmico: preferencialmente alto índice glicêmico, porque, ao ingerir carboidratos de alto índice glicêmico, rapidamente eles estarão disponíveis na corrente sanguínea, evitando, assim, uma situação de hipoglicemia.

- Proteínas, fibras e lipídios: não oferecer, pois têm digestão mais lenta, podem desencadear desconforto intestinal e não existe a necessidade.

Alimentação após a atividade física

É importante oferecer carboidratos, entre 0,7 a 1,5 g/kg no período de 4 horas, pois isso é suficiente para a ressíntese plena de glicogênio muscular. A ingestão proteica após o exercício para hipertrofia favorece o aumento da massa muscular quando combinada com a ingestão de carboidratos, reduzindo a degradação proteica. Recomendam-se 10 g de proteínas e 20 g de carboidratos. O aumento da massa muscular ocorre como consequência do treinamento e da demanda proteica (SBME, 2009).

Ingestão de carboidratos nos primeiros 30 minutos até 2 horas após o exercício é fundamental para a recuperação do glicogênio muscular. O fornecimento de carboidrato no decorrer das 24 horas posteriores ao exercício deve ser adequado para continuar garantindo os níveis apropriados de glicogênio muscular (ACSM, 2009).

- Objetivo: recuperação do glicogênio muscular e regeneração das microlesões das fibras musculares decorrentes do exercício.
- O que oferecer: alimentos ricos em carboidratos e proteínas.
- Como oferecer e quando: na forma líquida, em gel, e refeições com volumes adequados ao indivíduo. Imediatamente após a atividade física, oferecer somente carboidratos de alto índice glicêmico para adequar e aprimorar a recuperação do glicogênio muscular, que se encontra no ápice da captação de glicose para formar glicogênio. Até 1 hora após o exercício, oferecer proteínas juntamente com carboidratos. Por exemplo: imediatamente depois do exercício, recomenda-se bisnaguinha de carboidrato em gel, maltodextrina em pó diluído em água, uma fruta, pedaço de rapadura. Até 1 hora depois, recomenda-se sanduíche (pão + queijo) + vitamina de leite com frutas e mel ou arroz + feijão + carne + salada (a quantidade deve ser definida pelo nutricionista).
- Índice glicêmico: preferencialmente alto índice glicêmico, porque, ao ingerir carboidratos de alto índice glicêmico, rapidamente eles estarão disponíveis na corrente sanguínea, evitando, assim, uma situação de hipoglicemia.
- Proteínas, fibras e lipídios: não oferecer, pois têm digestão mais lenta, podem desencadear desconforto intestinal e não existe a necessidade.

SUPLEMENTOS ESPORTIVOS

Proteínas

Atualmente, a utilização de suplementos ergogênicos cresce a cada dia. Diariamente produtos são colocados no mercado com a promessa de aumentar a massa muscular e melhorar o desempenho esportivo.

Alimentos ou componentes dos alimentos que aumentam o desempenho de um indivíduo são denominados ergogênicos. A palavra ergogênica é derivada das palavras gregas *ergo* (trabalho) e *gen* (produção de) e é comumente definida como a melhora do potencial para produção de trabalho (Tirapegui, 2005).

Os suplementos proteicos são frequentemente recomendados para intensificar a retenção de nitrogênio e, com isso, aumentar a massa muscular, para evitar o catabolismo proteico durante o exercício prolongado e promover a ressíntese do glicogênio muscular após o exercício. A proteína dietética é composta por 20 aminoácidos diferentes que, se ingeridos individualmente, têm potencial ergogênico, pelo menos teoricamente, e podem ser comercializados como suplementos esportivos para indivíduos fisicamente ativos. A teoria ergogênica dos aminoácidos defende que eles melhoram o desempenho de diversas maneiras, tais como aumentando a secreção de hormônios anabólicos, modificando o uso da energia durante o exercício e evitando os efeitos adversos em treinos em excesso e fadiga mental (Williams, 2004).

Aminoácidos de cadeia ramificada (BCAA)

Algus estudos indicam que uma ingestão de aminoácidos de cadeia ramificada (BCAA) pode retardar o surgimento da fadiga central durante o exercício físico, principalmente de natureza prolongada, por meio da geração de energia e redução da produção de um neurotransmissor específico, chamado serotonina. A evidência científica é, entretanto, contraditória, e alguns pesquisadores assinalam que esses aminoácidos ingeridos em um estado de depleção de carboidratos podem até mesmo ser deletérios ao desempenho (Tirapegui, 2005).

Os aminoácidos de cadeia ramificada, que são a leucina, a isoleucina e a valina, por serem potentes moduladores da captação de triptofano pelo sistema nervoso central, estimulariam a tolerância ao esforço físico prolongado. Entretanto, esses dados, relatados em alguns estudos, são pouco reprodutíveis, não sendo justificado, à luz do atual conhecimento científico acerca deste aspecto, o consumo desses aminoácidos com finalidade ergogênica. Outro ponto a ser considerado com relação aos aminoácidos ramificados é o seu consumo visando aprimoramento da atividade do sistema imunológico após atividade física intensa, para o que, também, há carência de evidências científicas. Desse modo, recomenda-se que não seja utilizada a suplementação de aminoácidos com finalidade ergogênica (SBME, 2009).

Tem sido registrado que os BCAA diminuem a degradação muscular induzida pelo exercício e promovem um efeito hormonal anticatabólico. São considerados um suplemento possivelmente efetivo. Existem alguns estudos comprovando as teorias, porém é necessário mais pesquisas para determinar como afetam o treinamento e o desempenho (Kreider et al., 2010).

Proteína do soro do leite (whey protein)

Durante o exercício, o processo de síntese proteica é reduzido e há um aumento do processo de oxidação dos aminoácidos. Já na fase pós-exercício ocorre um aumento da síntese proteica, tanto em decorrência da atividade de força, quanto da aeróbia de intensidade moderada, cerca de uma a duas horas após o término do exercício. Esse processo de síntese proteica no músculo esquelético é controlado por processos hormonais e nutricionais, destacando-se a ação da insulina e a disponibilidade de aminoácidos (Bacurau, 2005).

Os aminoácidos participam da estrutura dos tecidos musculares e são responsáveis pela síntese proteica muscular. Sendo assim, muitos pesquisadores acreditam que a ampla oferta de aminoácidos essenciais para o músculo, uma a três horas antes ou após o exercício, pode ajudar a intensificar a síntese de proteína muscular (Lancha Jr., 2004).

A ingestão de tipos específicos de proteínas consideradas de alta absorção como as existentes na *whey protein* tem sido proclamada como a mais efetiva para aumentar a hipertrofia muscular. Por outro lado, vários autores sustentam que ainda não há evidências de que o consumo de misturas especiais de aminoácidos, ou de certos tipos de proteínas, ofereça qualquer vantagem adicional em relação ao ganho muscular, comparados com proteínas de alto valor biológico provenientes de alimentos. A superioridade da *whey protein*, no que diz respeito à maior promoção de ganho muscular, comparada com outros tipos de proteínas, não está bem clara na literatura científica. Estudos realizados com indivíduos fisicamente ativos sugerem que a velocidade de digestão da proteína é um fator regulador independente da retenção proteica pós-prandial. Proteína de rápida absorção mostrou menor eficiência pós-prandial na utilização proteica, comparada à proteína de absorção lenta. A proteína de rápida absorção induziu a um intenso, rápido e transitório aumento da aminoacidemia e do fluxo e oxidação de leucina. Por outro lado, a ingestão de proteínas de absorção lenta resultou em elevação moderada desses parâmetros, mas a longo prazo (Panza, 2007).

Um estudo recente demonstrou que a digestão de proteínas de rápida absorção não é necessariamente superior à de outro tipo de proteína considerada de absorção lenta. Nesse estudo constatou-se que embora a *whey protein* apresente uma absorção mais rápida de seus aminoácidos, o nível destes no plasma permanece elevado por curtos períodos (Bacurau, 2005).

O consumo de aminoácidos, sob a forma de suplementação, tem sido sugerido como estratégia que visa atender a uma solicitação metabólica específica para as necessidades do exercício. A ingestão de aminoácidos essenciais após o treino intenso, adicionados a soluções de carboidratos, determinaria maior recuperação do esforço seguido de aumento da massa muscular. Do consumo de aminoácidos isolados, apenas os essenciais apresentam alguma sustentação na literatura científica (SBME, 2009).

O uso de aminoácidos essenciais para aumento da massa muscular e desempenho é considerado um suplemento aparentemente efetivo. É um suplemento que auxiliaria os indivíduos no ganho de massa muscular, e a maioria das pesquisas mostra efetividade e segurança. Ingerir uma quantidade de proteínas superior à recomendada diariamente não tem valor ergogênico (Kreider et al., 2010).

Evidências atualizadas indicam que os suplementos de proteína ou de aminoácidos são mais ou menos efetivos para o ganho da massa muscular quando a alimentação tem um aporte adequado de energia. Embora muitos indivíduos os utilizem, existe a grande preocupação quanto à composição de alguns produtos, pelo aparecimento de substâncias ilícitas (como a nandrolona) sem estarem especificadas no rótulo (ACSM, 2009).

Creatina

Na célula muscular, a creatina, em sua forma fosforilada, fosfocreatina (PC), constitui uma reserva de energia para a rápida regeneração do trifosfato de adenosina (ATP) em exercícios de alta intensidade e curta duração (Peralta & Amancio, 2002).

A creatina é um composto orgânico não essencial, tendo duas fontes: a síntese pelo próprio organismo realizada no fígado, rins e pâncreas a partir de três aminoácidos (arginina, glicina e metionina) e a ingestão de alimentos, especificamente carnes e peixes (Silva & Bracht, 2001).

Segundo Borges & Gonzalvo (2004), a necessidade de creatina no organismo pode ser suprida por meio de uma dieta adequada e balanceada, em que, além da creatina, venham incluídos os alimentos compostos que são necessários para sua síntese endógena, como metionina, arginina e glicina. Esses autores acreditam que a creatina deve ser obtida pelo organismo de forma natural mediante uma dieta apropriada, sendo filosoficamente contra a suplementação desta e de qualquer substância que "converta o atleta em mercadoria" e que "está ao alcance somente de alguns privilegiados".

O protocolo de suplementação mais comumente utilizado é a ingestão diária de um total de 20 a 30 g de creatina, usualmente monoidrato de creatina, em quatro doses iguais de 5 a 7 g dissolvidos em cerca de 250 mL de líquido, que deve ser ingerido em três dosagens ao longo do dia por um período de 5 a 7 dias. Quando baseada no peso corporal, a dose recomendada é de 0,3 g/kg de massa corporal (Fontana et al., 2003).

Com o objetivo de investigar os efeitos da administração oral de creatina sobre o desempenho, pico de lactato sanguíneo e composição corporal, 12 nadadores jovens foram divididos em dois grupos: suplementado (GS, n = 6) e de controle (GC, n = 6). Durante 5 dias, 4 vezes ao dia, administrou-se suplementação de 5 g de creatina mais 50 g de maltodextrina para o GS, e apenas 50 g de maltodextrina para o GC. Com o estudo pode-se concluir que não houve diferenças significativas para o tempo e lactato sanguíneo em exercícios aeróbios e anaeróbios após suplementação para ambos os grupos. Verificou-se, para GS, retenção hídrica corporal de 1,5 litro e consequente aumento de 1 kg na massa magra, porém sem efeito significativo sobre o desempenho e lactato sanguíneo em nadadores jovens (Moraes et al., 2004).

Outro estudo teve como objetivo verificar se a suplementação de creatina exerce efeito ergogênico durante a execução do exercício concorrente. Dezesseis universitárias foram divididas aleatoriamente em dois grupos: placebo (P) e creatina (CRE). A suplementação foi realizada seguindo o modelo duplo-cego, 20 g de placebo ou creatina durante cinco dias e posteriormente 3 g por sete dias. Os sujeitos foram submetidos ao teste de repetições máximas no *leg press* 45° e teste de corrida, não tendo sido observada diferença no desempenho deles. Após o teste de corrida, foi observado decréscimo no número de repetições máximas no grupo placebo que não foi observado no grupo creatina. Concluiu-se que a execução do exercício de *endurance* provocou fadiga residual que afetou a capacidade de realização de repetições máximas. Uma das possíveis causas da fadiga no exercício de força está relacionada à depleção dos estoques de PC. Provavelmente, o maior conteúdo de PC, induzido pela suplementação, acelerou a ressíntese da ATP, servindo como um substrato energético adicional para o exercício concorrente (Gomes & Aoki, 2005).

Embora os resultados ainda sejam controversos, vários estudos apontam que a creatina teria seu efeito ergogênico em indivíduos que possuem uma diminuição na quantidade de creatina exógena alimentar, como os vegetarianos e idosos, sendo somente para esses casos específicos, após análise do profissional especializado, justificável o seu uso, embora ainda com fraco grau de recomendação (SBME, 2009).

A creatina pode, eventualmente, ser efetiva para a melhora do desempenho em atividades de alta intensidade e curta duração, onde se utiliza predominantemente o sistema ATP-CP. Entretanto, como anteriormente apontado, são frequentes os efeitos adversos para o usuário, como aumento de peso (devido à retenção hídrica), cãibras, náusea e diarreia (ACSM, 2009).

Carboidratos

Como alguns atletas treinam intensamente e têm suas necessidades energéticas consideravelmente superiores às de indivíduos sedentários, é interessante fazer uso de suplementos à base de carboidratos. Porém, esses suplementos não devem substituir os alimentos, somente fornecer calorias e carboidrato extra quando houver necessidade, e podem ser ingeridos antes, durante e após o exercício físico (Tirapegui, 2005).

A maltodextrina é um polímero de glicose que é formado a partir de uma hidrólise parcial do amido de milho. Entre suas principais características estão o rápido esvaziamento gástrico e rápida digestão e absorção por causa de um efeito osmótico menor do que o dos açúcares simples. Os polímeros de glicose conseguem fornecer glicose e fluidos com maior eficácia (Williams, 2002).

Estudos indicam que uma bebida com 8% de carboidrato ocasiona maior lentidão na absorção e no esvaziamento gástrico em comparação com a água e com as bebidas que contêm 6% de carboidrato. É importante dar preferência à mistura de glicose, frutose e sacarose. O uso isolado de frutose pode provocar distúrbios gastrintestinais e retardar a sua absorção (SBME, 2009).

Ingerir combinações de glicose adicionada de sacarose ou maltodextrina adicionada de frutose tem sido a melhor forma de oxidação de carboidratos exógenos em relação às outras formas de carboidrato. Estudos indicam uma proporção de 1-1,2 de maltodextrina para 0,8-1,0 de frutose (Kreider et al., 2010).

A utilização de carboidrato em gel pode ser interessante durante o exercício ou em outro momento (quando necessitar) e cumpre papel na reposição de carboidratos. Seu uso deve ser acompanhado cd uma ingestão regular de água, para que a associação garanta a manutenção do desempenho de um organismo corretamente hidratado (SBME, 2009).

Diabéticos tipo 1 e indivíduos hipoglicêmicos não devem usar esse tipo de suplemento porque o índice glicêmico é elevado e afetaria diretamente o organismo dessas pessoas, provocando malefícios para a saúde.

HIDRATAÇÃO (SUDORESE, DESIDRATAÇÃO E REPOSIÇÃO HÍDRICA)

Iniciar um exercício bem hidratado é muito importante para a manutenção de níveis desejados e esperados de desempenho físico. Isso porque a desidratação aumenta os riscos de doenças do coração, hipertermia e pode levar, inclusive, a alterações cognitivas (ACSM, 2009).

Efeitos maléficos da desidratação podem aparecer mesmo que seja leve ou moderada, com até 2% de perda do peso corporal, agravando-se à medida que ela se acentua. Com 1 a 2% de desidratação inicia-se o aumento da temperatura corporal em até 0,4°C para cada percentual subsequente de desidratação. Em torno de 3%, há redução importante do desempenho e com 4 a 6% pode ocorrer fadiga térmica; a partir de 6% existe risco de choque térmico, coma e morte (SBME, 2009).

A perda de água na forma de suor em atletas é de aproximadamente 0,5 a 2 L/hora, dependendo da temperatura ambiente, umidade, intensidade do exercício e da resposta do organismo em relação à própria sudorese. Atletas não conseguem ingerir e absorver uma quantidade tão elevada de líquidos para a manutenção do equilíbrio hídrico, mas prevenir a desidratação é importante (Kreider et al., 2010).

A taxa de sudorese pode ser expressa em mililitros por hora, ou seja, quanto de suor o indivíduo é capaz de perder por unidade de tempo. O cálculo pode ser realizado da seguinte forma: pesa-se o atleta antes e depois da atividade física. A diferença de peso corporal deve ser somada com a ingestão de líquido durante o exercício e descontada a eliminação de líquido por diurese. Atingido o resultado em mililitros, deve-se dividi-lo pelo tempo de atividade e, então, obtém-se a taxa de sudorese (Tirapegui, 2005).

O risco de desidratação aumenta em ambientes quentes e úmidos. Quando a temperatura ambiente é maior do que a corporal, o calor não pode ser dissipado por radiação. E o potencial de eliminar calor por evaporação é muito diminuído quando a umidade relativa do ar é alta (ACSM, 2009).

Segundo o ACSM (2009), as recomendações para uma boa hidratação seriam:

• Antes do exercício:

Quatro horas antes do exercício é importante ingerir aproximadamente 5 a 7 mL/kg de água ou de uma bebida esportiva. É tempo suficiente para otimizar a hidratação e o excesso ser eliminado pela urina.

• Durante o exercício:

A quantidade de líquido oferecido tem como objetivo repor as perdas ocorridas durante o exercício. Recomenda-se a ingestão de 500 a 1.000 mL por hora (uma média de 120 a 250 mL a cada 15 min).

Juntamente com a água, o suor possui uma quantidade variada de sódio, em aproximadamente 50 mmol/L a 1 g/L, e modestas quantidades de potássio e de alguns minerais como magnésio e cloro. Consumir bebidas contendo eletrólitos e carboidratos (principalmente em atividades intensas e prolongadas) pode ajudar no equilíbrio hídrico e eletrolítico. Fluidos contendo sódio e potássio podem repor os eletrólitos perdidos, e os carboidratos, a energia.

• Depois do exercício:

Muitos atletas não consomem a quantidade suficiente de fluidos durante o exercício em relação às perdas pelo suor e terminam o exercício físico desidratados. Com a alimentação posterior ao exercício muitas vezes é possível repor os líquidos e eletrólitos, porém em desidratações maiores isso não ocorre. É recomendado ingerir 450 a 675 mL de fluido para cada 0,5 kg de peso corporal perdido durante todo o exercício para uma reidratação completa e ingestão de alimentos salgados para garantir a reposição de sódio perdido.

CONDUTA NUTRICIONAL PARA REDUÇÃO DO PERCENTUAL DE GORDURA

Para diminuir a massa gorda, a redução de 10 a 20% na ingestão calórica total promove alteração na composição corporal, não provocando fome e fadiga, como ocorre em situações de planos alimentares com valores calóricos muito baixos (SBME, 2009).

Segundo Williams (1999), a perda de peso por meio de um plano alimentar adequado deve ser de 0,5 a 1 kg por semana e, para alcançar esse resultado, a restrição calórica deve ser de 500 a 1.000 kcal/dia. Segundo o autor, restrições mais drásticas poderiam comprometer a recuperação após o treino e as reservas de energia do organismo.

CONDUTA NUTRICIONAL PARA O AUMENTO DA MASSA MUSCULAR

Para um adequado ganho de massa muscular é necessário aumentar a ingestão de proteínas (de acordo com as recomendações nutricionais) e aumentar o aporte de carboidratos, resultando em um aumento das calorias diárias. Porém, é importante ficar atento ao aumento dessas calorias, para que não ocorra o aumento de massa gorda. Sendo assim, o acréscimo de calorias deve ser criterioso (Biesek et al., 2005).

Segundo Williams (1999), para a síntese de 1 g de proteína por semana seriam necessárias de 5 a 8 kcal adicionais. Para obter um aumento de 2 kg por mês, ou seja, 500 g por semana, seriam necessárias 2.250 kcal a 4.000 kcal adicionais por semana. Dividindo por 7 dias, seria uma média de 300 a 500 kcal por dia.

MICRONUTRIENTES

Os micronutrientes participam dos processos de produção de energia, síntese de hemoglobina, manutenção dos ossos, sistema imunológico e proteção em relação aos radicais livres. Ainda reparam os tecidos musculares na recuperação de um exercício ou lesão. A rotina de exercícios pode aumentar o *turnover* e perdas desses nutrientes do organismo, levando a uma necessidade maior desses micronutrientes (ACSM, 2009).

Vitaminas

Embora pesquisas estejam mostrando que vitaminas específicas podem trazer benefícios para o organismo (vitaminas C, E, niacina e ácido fólico, entre outras), poucas têm demonstrado efeitos ergogênicos para atletas. No entanto, algumas vitaminas ajudariam a suportar melhor os efeitos fisiológicos do exercício, como a redução da produção de radicais livres, ou seja, atuando como antioxidantes (Kreider et al., 2010).

Para atletas em treinamento intenso, é sugerida a utilização da suplementação de vitamina C e vitamina E entre 500 a 1.500 mg/dia, a qual proporcionaria melhor resposta imunológica e antioxidante. Porém, existe controvérsia a respeito dessa afirmação, e essa atitude se baseia em baixo grau de evidência científica (SBME, 2009).

Os suplementos de vitamina C não mostram efeitos ergogênicos se o indivíduo estiver com uma ingestão adequada na sua alimentação (ACSM, 2009).

Ingestão adequada de vitaminas do complexo B (tiamina, riboflavina, niacina, vitamina B6, ácido pantotênico, biotina, folato, vitamina B12) é importante para o bom funcionamento da produção de energia e reparação dos tecidos musculares. As vitaminas, com exceção da vitamina B12, participam diretamente na produção de energia, enquanto a B12 está intimamente relacionada com a produção de células vermelhas do sangue, pela síntese de proteínas e reparação de tecidos. Estudos sugerem uma necessidade maior dessas vitaminas para atletas, no entanto, com a ingestão aumentada de energia o consumo desses micronutrientes é suficiente (ACSM, 2009).

Minerais

Minerais são elementos inorgânicos essenciais para o processo metabólico. Eles participam das estruturas de tecidos, são componentes de enzimas e hormônios e regulam o controle neural e metabólico. A suplementação de minerais para atletas que são diagnosticados com alguma deficiência é recomendada, e a capacidade de realizar o exercício aumenta, como, por exemplo, a suplementação de ferro em atletas com anemia ou a suplementação de cálcio para atletas com osteoporose prematura. De acordo com o ACSM, a ingestão de sódio durante exercícios prolongados deve ser de 300 a 600 mg de sódio por hora ou 1,7 a 1,9 g de sal (Kreider et al., 2010).

O zinco está envolvido no processo de respiração celular e sua deficiência nos atletas pode levar à anorexia, perda de peso, fadiga, queda no rendimento e a risco de osteoporose. As evidências científicas não justificam o uso sistemático de zinco em suplementação nutricional, somente se o acompanhamento requerer a necessidade (SBME, 2009).

Existem poucas evidências científicas de que boro, cromo e magnésio afetam a capacidade ou adaptações do organismo ao exercício físico em indivíduos com uma alimentação adequada (Kreider et al., 2010).

REFERÊNCIAS BIBLIOGRÁFICAS

1. Ainsworth BE, Haskell WL, Whitt MC, Irwin, ML, Swartz AM, Strath SJ, et al. Compendium of physical activities: an update of activity codes and MET intensities. Med Sci Sports Exerc. 2000;32(Suppl9):S498-516.
2. American College of Sports Medicine, American Dietetic Association, and Dietitians of Canada. Joint position statement: nutrition and athletic performance. Med Sci Sport Exerc. 2009;41(3):709-31.
3. Bacurau RF. Nutrição e suplementação esportiva. 3ª ed. São Paulo: Phorte; 2005. 294p.
4. Biesek S, Alves LA, Guerra I. Estratégias de nutrição e suplementação no esporte. Barueri: Manole; 2005.
5. Borges CJD, Gonzalvo AA. Creatina: ¿suplementación natural o dopaje? Facultade de Cultura Física de Cienfuegos. Departamento de Ciências Aplicadas. Revista Digital. Buenos Aires. 2004;10(71).
6. Cabral CA, Rosado GP, Silva CHO, Marins JCB. Diagnóstico do estado nutricional dos atletas da Equipe Olímpica Permanente de Levantamento de Peso do Comitê Olímpico Brasileiro. Rev Bras Med Esporte. 2006;12(6).
7. Farinatti PTV. Apresentação de uma versão em português do compêndio de atividades físicas: uma contribuição aos pesquisadores e profissionais em fisiologia do exercício. Rev Bras Fisiol Exerc. 2003;2:177-208.
8. Fontana KE, Casal HMV, Baldissera V. Creatina como suplemento ergogênico. Revista Digital. Buenos Aires. 2003;9(60).
9. Gomes RV, Aoki MS. Suplementação de creatina anula o efeito adverso do exercício de endurance sobre o subseqüente desempenho de força. Rev Bras Med Esporte. 2005;11(2).
10. Kreider RB, Wilborn CD, Taylor L, Campbell B, Almada AL, Collins R, et al. International Society of Sports Nutrition Exercise & Sport Nutrition Review: research & recommendations. J Intern Soc Sports Nutri. 2010;7:7.

11. Lancha Jr. AH. Nutrição e metabolismo aplicados à atividade motora. São Paulo: Atheneu; 2004. 194p.

12. Mahan LK, Stump SE. Krause: alimentos, nutrição e dietoterapia. 11ª ed. São Paulo: Roca; 2005.

13. McArdle WD, Katch FI, Katch VL. Fisiologia do exercício. 5ª ed. Rio de Janeiro: Guanabara Koogan; 2003.

14. Moraes MR, Simões HG, Campbell CSG, Baldissera V. Suplementação de monoidrato de creatina: efeitos sobre a composição corporal, lactacidemia e desempenho de nadadores jovens. Matriz. 2004; 10(1):15-24.

15. Panza VP, Coelho MSPH, Di Pietro PF, de Assis MA, Vasconcelos G. Consumo alimentar de atletas: reflexões sobre recomendações nutricionais, hábitos alimentares e métodos para avaliação do gasto e consumo energético. Rev Bras Nutr. 2007;20(6).

16. Peralta J, Amancio OMS. A creatina como suplemento ergogênico para atletas. Rev Nutr. 2002; 15(1):83-93.

17. Silva EGBS, Bracht AMK. Creatina, função energética, metabolismo e suplementação no esporte. Rev Ed Fís/UEM. 2001;12(1):27-33.

18. Sociedade Brasileira de Medicina do Esporte – SBME. Diretriz da Sociedade Brasileira de Medicina do Esporte. Rev Bras Med Esporte. 2009;15(2).

19. Tirapegui J. Nutrição: fundamentos e aspectos atuais. São Paulo: Atheneu; 2005. 351p.

20. Williams MH. Nutrition for health, fitness & sport. 5th ed. Boston: McGraw-Hill; 1999.

21. Williams MH. Nutrição para saúde, condicionamento físico e desempenho esportivo. 5ª ed. Barueri: Manole; 2002.

22. Williams M. Suplementos dietéticos e desempenho esportivo: metabólitos, constituintes e extratos. Rev Nutr Pauta. 2004;12(68):18-22.

23. Wilmore JH, Costill DL. Fisiologia do esporte e do exercício. 2ª ed. Barueri: Manole; 2001.

24. Wolinsky I, Hickson JF. Nutrição no exercício e no esporte. 2ª ed. São Paulo: Roca; 2002. p. 2.

Capítulo 13

Prevenção de lesões esportivas

Anderson Aurélio da Silva
Luciana De Michelis Mendonça
Natália Franco Netto Bittencourt
Giovanna Mendes Amaral

O QUE É PREVENÇÃO NO ESPORTE?

Prevenir lesões é um dos maiores desafios para os profissionais envolvidos com o esporte. É senso comum que a prevenção deve antecipar, e ser priorizada, em relação à reabilitação. Por esse motivo, e por questões sociais, econômicas e éticas, dentre outras, os profissionais de saúde que atuam no esporte, destacando o educador físico e o fisioterapeuta, implementam, cotidianamente, ações que visam diminuir ou minimizar a ocorrência de lesões em atletas.

O conceito de lesão é pouco específico. São consideradas lesões quaisquer anormalidades apresentadas por um tecido ou organismo vivo. No ambiente esportivo e competitivo, os principais conceitos e classificações utilizados para definição de lesões costumam levar em conta o impacto dessas lesões para a prática esportiva, ou seja, as lesões são muitas vezes caracterizadas por sua localização, pelo tratamento médico utilizado ou pelo tempo de afastamento do esporte necessário para a reabilitação. Uma lesão pode, por exemplo, não ser considerada lesão se não provoca gastos médicos ou afastamento do atleta da prática esportiva; por outro lado, a gravidade da lesão pode ser avaliada de acordo com o impacto que ela representa. Se, por um lado, a caracterização por tipo de tratamento pode acabar superestimando o efeito de lesões que não representam grande impacto para a performance (lesões que impõem gastos médicos, mas não provocam afastamento), por outro, a classificação por tempo de afastamento pode subestimar o efeito de lesões por *overuse* que não possuem grandes consequências a curto prazo, mas que podem impactar negativamente a performance e até mesmo a "vida útil" do atleta a longo prazo, reduzindo seu tempo de carreira.

Conceituar prevenção nos esportes também não é uma tarefa das mais fáceis. Caso se considere o aspecto multifatorial inerente aos mecanismos de lesões, principalmente as crônicas/microtraumáticas, deve-se também, por consequência, relevar que a prevenção deve ter uma abordagem interdisciplinar, bem como entendê-la como um processo (Silva, 2008).

Assim, a prevenção pode ser entendida como um processo caracterizado pela inter-relação estabelecida entre profissionais e atletas visando evitar ou minimizar disfunções que afetem o movimento e/ou impedindo a instalação de sequelas de uma disfunção já existente, garantindo a manutenção da performance e da participação no esporte.

A abordagem das lesões no esporte deve ser abrangente e inclui várias áreas de formação e especialização profissional. Fisiologistas do exercício, biomecânicos, nutricionistas, psicólogos do esporte, preparadores físicos, enfermeiros, médicos, *athletic trainers* e fisioterapeutas estão legitimamente envolvidos nesse processo. Certamente, cada uma dessas áreas de especialização contribui de forma significativa para a saúde e para a performance atlética, proporcionando condições adequadas para o atleta na participação esportiva, auxiliando-o a atingir potencial máximo na performance e guiando-o para retornar aos níveis de competição após uma lesão. A questão fundamental é definir exatamente em que e como esses profissionais podem melhorar as condições de saúde da população atlética (Silva, 2008).

Apesar das controvérsias quanto ao papel de cada profissional e quanto à formação de seus integrantes, a equipe de saúde parece atuar em pelo menos quatro grandes domínios: prevenção, atendimento emergencial, reabilitação e retorno do atleta à atividade. A prevenção tem papel crucial para redução dos custos nos demais domínios, pois atletas com capacidade de responder às demandas impostas nas mais diversas situações se tornam menos propensos às lesões e, consequentemente, aos afastamentos e aos processos de reabilitação e retorno, economicamente onerosos para o esporte.

Vários modelos teóricos são construídos para nortear o entendimento dos processos de surgimento de lesões no esporte, com intuito de direcionar estudos e embasar a atuação preventiva, identificando os fatores relacionados à incidência de lesão naquela população específica. Para isso é necessário reconhecer a contribuição de fatores clínicos (médicos/patológicos), comportamentais (psicológicos, sociológicos e organizacionais), fisiológicos e biomecânicos.

Van Mechelen et al. (1987) descreveram quatro etapas para o processo de investigação em prevenção de lesões:

a. identificar a magnitude do problema e descrevê-lo em termos de incidência e severidade das lesões esportivas;
b. identificar os fatores de risco e os mecanismos de lesão;
c. introduzir medidas que provavelmente irão reduzir o futuro risco e/ou severidade de lesão esportiva (pode ser baseado em informação de fatores etiológicos ou no mecanismo de lesão identificado no item b;
d. avaliar o efeito das medidas propostas, que pode ser analisado pela comparação entre antes e após intervenção, como por exemplo, comparando o tempo médio de recuperação de lesão. Entretanto, esse modelo de análise se torna limitado, pois não considera a natureza multifatorial das lesões.

Por outro lado, o modelo proposto por Meeuwisse, em 1994 (Figura 1), é caracterizado por uma abordagem epidemiológica na qual a lesão, apesar de poder ser causada por um evento incitante, na verdade resulta de uma complexa interação entre fatores de risco intrínsecos e extrínsecos, considerando a natureza multifatorial da lesão esportiva. Fatores de risco intrínsecos como idade, sexo e composição corporal podem aumentar o risco, predispondo o atleta a lesões. Fatores extrínsecos, como, tipos de calçado ou de piso, podem modificar o risco de lesão, tornando o atleta mais suscetível à lesão. Entretanto, somente a presença desses fatores não é suficiente para produzir lesões. A somatória desses fatores e a interação entre eles aumentam a possibilidade do atleta sofrer uma lesão em dada situação. Meeuwisse descreve o evento incitante como a "gota d'água" de uma cadeia que causa lesão.

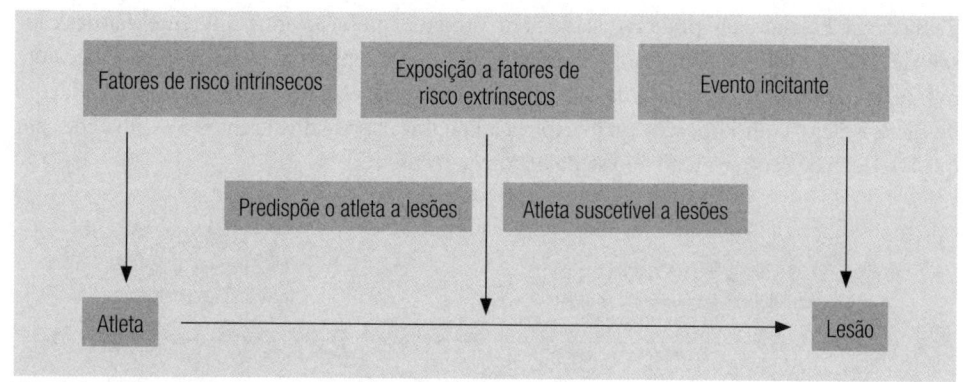

Figura 1 Modelo multifatorial de etiologia de lesões no esporte (adaptado de Meeuwisse, 1994).

Em um estudo coorte que buscou identificar fatores de risco utilizando o modelo multifatorial de Meeuwisse, foram avaliados 306 atletas de duas divisões do futebol islandês. Foram registrados altura, peso, composição corporal, flexibilidade, potência dos extensores dos joelhos, altura no salto vertical, consumo máximo de oxigênio (VO_2 máximo), estabilidade articular e história de lesão prévia. Os resultados do estudo indicaram que a presença de lesão prévia e a idade são fatores de risco. Esse fato sugere que mudanças na estrutura dos músculos e tendões e/ou a formação de um tecido cicatricial fraco podem resultar de uma reabilitação inadequada ou retorno antecipado, predispondo o atleta a reincidências de lesão ou novas lesões associadas. Os autores preconizam que entender os fatores de risco individuais e aplicar um modelo multifatorial para explorar a inter-relação entre os vários fatores é necessário para programar medidas preventivas eficazes.

McIntosh (2005) desenvolveu um modelo biomecânico que propõe uma lesão como equivalente a uma falência da máquina (sistema musculoesquelético) ou de uma das suas estruturas (tecido muscular, ligamentar, tendíneo, articular, entre outros). Segundo o autor, uma lesão resulta da baixa tolerância dos tecidos corporais à energia externa gerada durante o movimento, e a falha do sistema em absorver essa energia leva ao colapso tecidual, resultando em lesão. Tal modelo está orientado para promover intervenções focadas na modificação de cargas internas e externas que atuam sobre o corpo humano. Assim, considera-se que tanto as propriedades teciduais, quanto as características da carga imposta, ou seja, as propriedades dos tecidos, tais como flexibilidade e força, determinam como o organismo responde às cargas físicas que lhe são impostas durante a atividade. A reação do tecido depende da sua composição, do tipo e natureza da carga, da frequência de repetição da carga, da magnitude da transferência de energia e de fatores intrínsecos como idade, sexo e condição física. Entretanto, uma limitação desse modelo é não considerar a competitividade e a repetitividade natural de cada esporte e os fatores comportamentais, psicológicos e adaptações biomecânicas, isoladas ou em conjunto, que acompanham a competição.

Em 2005, Bahr propôs um modelo (Figura 2) de prevenção no qual se nota, além da conjugação do modelo epidemiológico com o biomecânico, o enfoque nas características do esporte em questão, naquilo que o autor denomina modelo causador de lesão. Nessa proposta, fatores de risco internos e externos podem afetar a carga aplicada sobre o atleta e a tolerância a essa carga. Esse modelo pode ser usado para estudar a interação entre diferentes fatores causais de lesão, possibilitando uma prevenção efetiva ao se considerar a descrição do mecanismo de lesão dentro do contexto da modalidade. Contudo, esse modelo considera as relações de causa e efeito como lineares e não explica a não linearidade dos eventos e as situações em que a relação de causa e efeito não se dá de forma tão direta.

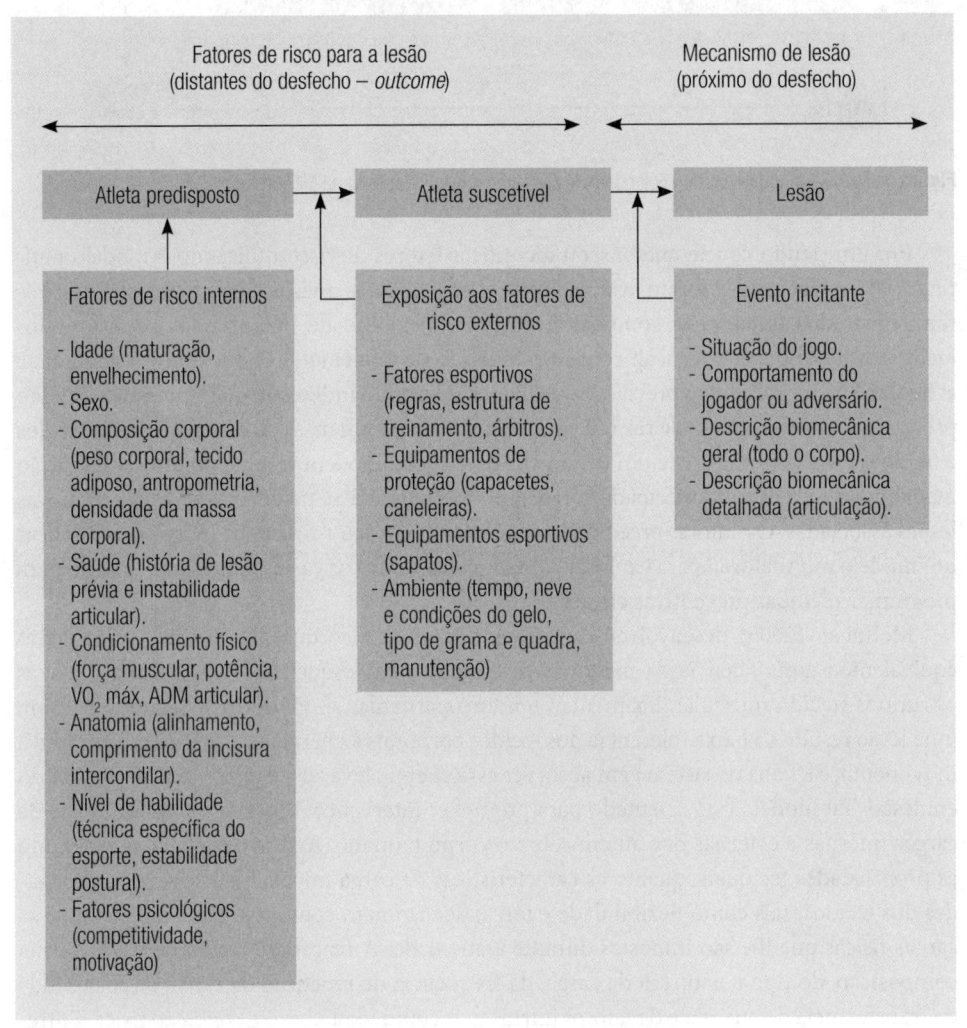

Figura 2 Modelo abrangente para causa de lesões (adaptado de Bahr, 2005).

Em um novo referencial teórico (capacidade × demanda), os fatores associados à ocorrência de lesões esportivas são analisados de maneira mais global, fugindo da lógica normalmente estabelecida por outros modelos. Nesse contexto, ter ou não lesão em um determinado esporte é muito mais definido pelas demandas que aquele esporte impõe associadas às capacidades (competências físicas) que o indivíduo possui para lidar com essas demandas. A compreensão das capacidades individuais e suas relações com as demandas específicas do esporte aplicadas às estruturas corporais pode ser primordial para implementação de ações preventivas eficazes e para o tratamento das lesões musculoesqueléticas. Para produzir o movimento coordenado e para proteger tecidos biológicos de lesões, o sistema musculoesquelético deve ter a capacidade para gerar, transferir e dissipar energia. Essa capacidade constitui os recursos dinâmicos disponíveis para lidar com as demandas, minimizando as possíveis sobrecargas. Consequentemente, a compreensão de como as estruturas do sistema musculoesquelético, como os músculos e os tecidos passivos (ligamentos, cápsulas e fáscias) se organizam para cumprir essas exigências, pode guiar os esforços da reabilitação dirigidos para melhorar a capacidade dinâmica (força, resistência, comprimento do músculo e rigidez) a fim de prevenir e tratar lesões.

Além dos fatores físicos como desequilíbrio muscular, fadiga física e *overtraining* serem considerados causas de lesões esportivas, fatores psicológicos e sociais também podem contribuir para o surgimento de lesões. Em 1988, Andersen & Williams propuseram um modelo denominado modelo de estresse e lesão esportiva (Figura 3), estabelecendo uma relação entre variáveis psicológicas e a lesão esportiva. Segundo esse modelo, o atleta, durante a prática esportiva, experimenta diversas respostas cognitivas às situações potencialmente estressantes, podendo ser positivas (desafio, excitabilidade) ou negativas (ansiedade e desconforto). As respostas negativas podem ocasionar alterações fisiológicas/tensionais exageradas, tais como modificações endócrinas e no sistema nervoso autônomo. Dessa forma, pode ocorrer aumento da respiração, tensão generalizada, tremor e labilidade emocional, além de aumento da distração. As alterações fisiológicas e tensionais determinam maior suscetibilidade à lesão devido a:

a. aumento generalizado da tensão muscular, gerando redução da flexibilidade e coordenação muscular;
b. redução do campo visual, dificultando a percepção pelo atleta de situações potencialmente lesivas;
c. aumento da distração, retirando o atleta do foco de atenção da tarefa a ser realizada, determinando assim maior risco na falha de execução do movimento e, consequentemente, elevando o risco de lesões.

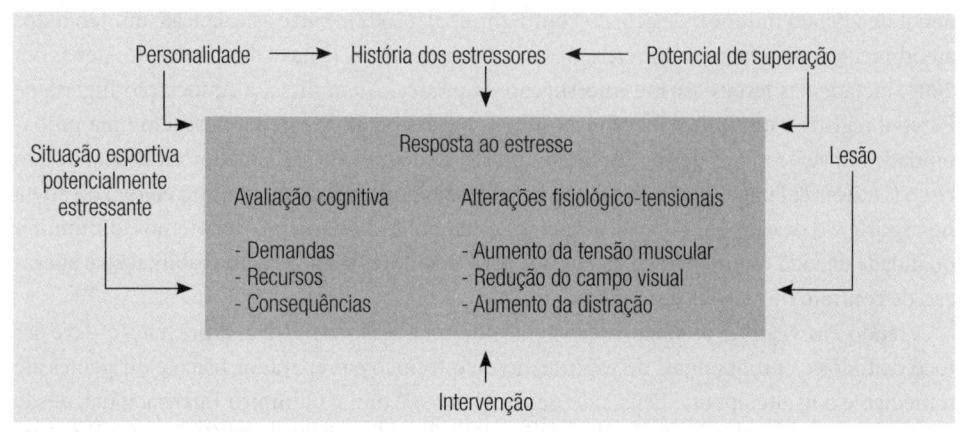

Figura 3 Modelo de estresse e lesão esportiva (adaptado de Andersen e Williams, 1988).

A literatura esportiva apresenta testes para medir composição corporal (adipometria, pesagem hidrostática), força (dinamometria), flexibilidade (goniometria), potência (salto vertical, teste de Jyuskala), *endurance* (corrida de 12 minutos) e equilíbrio (*balance-master*), entre outros. Apesar da relação entre os resultados desses testes e a incidência de lesões ainda não ser bem definida na literatura, vários autores sugerem que eles podem ser utilizados pelos profissionais para monitorar a efetividade do treinamento, a eficácia da reabilitação e possibilitar critérios para o retorno do atleta à atividade. Para implementação de ações preventivas eficazes, é necessário o entendimento das demandas específicas geradas em cada modalidade, das capacidades individuais de resposta e dos mecanismos relacionados às principais lesões, além de uma ação conjunta dos profissionais envolvidos no sentido de indentificar esses fatores e corrigir as possíveis disparidades.

POR QUE A PREVENÇÃO É NECESSÁRIA?

Durante a prática esportiva, diversas lesões ocorrem de forma acidental ou intencional, sendo em alguns casos até difíceis de serem explicadas. Entretanto, como as lesões seguem um padrão frequente, existe a possibilidade de estudá-las e, assim, implementar ações que reduzem o risco de ocorrência. Serão considerados, inicialmente, os aspectos biomecânicos que podem ser utilizados para identificar atletas com maior ou menor risco de desenvolvimento de lesão. Por exemplo, segundo Hewett (1999), o valgismo dinâmico do joelho é um mau alinhamento frequentemente encontrado no mecanismo de lesão do ligamento cruzado anterior (LCA). A identificação desse fator de risco é essencial para prevenção dessa grave lesão, uma vez que são esperadas pela National Collegiate Athletic Association (NCAA) mais de 2 mil lesões de LCA por ano e o custo para a reabilitação e a cirurgia por atleta ficou em torno de 17 mil dólares. Além dos prejuízos financeiros, a lesão de LCA afasta o atleta dos treinos por mais de 6 meses, ocasionando problemas técnicos e táticos para a equipe e também consequências emocionais e físicas para o atleta lesionado, como depressão e osteoartrose precoce no joelho.

Nos EUA, entre os anos de 1997 e 1998, 3,7 milhões de emergências hospitalares relacionadas à prática esportiva foram documentadas, representando 11% do total com um gasto anual de U$ 500 milhões, de acordo com Bahr et al. (2002). Entre as crianças, um terço dos atendimentos hospitalares são referentes a lesões esportivas. Já nas Olimpíadas de Atenas em 2004, metade das lesões causou interrupção da prática. Além disso, a Associação Inglesa de Futebol registrou um índice inaceitável: atletas profissionais de futebol possuem uma probabilidade mil vezes maior de apresentarem uma lesão do que um trabalhador industrial de alto risco (Drawer & Fuller, 2002). Dessa forma, as lesões podem reduzir o tempo efetivo do atleta no esporte e o desempenho físico, aumentar o tempo de afastamento dos treinos, diminuir a qualidade de vida e aumentar os gastos dos patrocinadores e clubes com reabilitação e alteração de contrato dos atletas lesionados.

Tendo em vista os prejuízos decorrentes de uma lesão esportiva, a prevenção deve ser foco de todos os profissionais do esporte, desde o técnico e preparador físico e dirigentes até o médico e o fisioterapeuta. Pensando dessa forma, o Comitê Olímpico Internacional, desde 2008, realiza o Congresso Mundial de Prevenção de Lesões Esportivas (IOC – World Conference on Sports Injury Prevention) com o objetivo de promover discussões e atualizações sobre o tema, envolvendo as principais instituições do esporte mundial. Pesquisadores, em seus trabalhos, entendem que a prevenção de lesões deve estar incluída no planejamento do treinamento esportivo, incluindo o treinamento técnico e tático. Ao se reduzir o número de lesões ou diminuir a sua gravidade, o atleta permanecerá mais tempo treinando e, portanto, terá maior capacidade de absorver os estímulos de treinamento de maneira efetiva, melhorando o seu desempenho esportivo.

COMO PREVENIR NA PRÁTICA ESPORTIVA?

A redução de lesões só é efetiva quando os exercícios preventivos são realizados em mais de 60% da temporada. O estudo de Steffen et al., em 2008, demonstrou que, quando a adesão pelos técnicos a esse tipo de programa preventivo era abaixo de 50% do total dos treinos da temporada, não houve efeito na redução de lesões. Esse resultado demonstra a necessidade do envolvimento efetivo dos técnicos e seus auxiliares nas ações preventivas como parte da periodização do treinamento, pois com o trabalho multidisciplinar entre comissão técnica, médicos e fisioterapeutas, podem ser estabelecidos os exercícios-alvos para a redução de lesões do esporte em específico. Dessa forma, como o técnico e preparador físico estão em contato diário com os atletas, eles se tornam agentes efetivos na identificação de fatores de risco (Myer et al., 2010). Por exemplo, o valgismo do joelho, fator associado a lesão do LCA, tendinopatia patelar, síndrome patelofemoral e fricção da banda iliotibial (Bolgla et al., 2008; Mendonça et al., 2005), pode ser reduzido por meio do aprimoramento da técnica de aterrissagem do salto vertical, exercícios pliométricos, exercícios em cadeia fechada unipodal e fortalecimento dos músculos do quadril, como glúteo máximo e médio (Myer et al., 2010). A Fédération Internationale de Football Association (Fifa), com a preocupação de reduzir o número de lesões em atletas de futebol, lançou, em 2003, o "The 11 +". São 10 exercícios de aquecimento preventivo mais o incentivo ao *fair play* (jogo justo) (Fifa, 2010). Esse programa preventivo mostrou-se efetivo para redução de 30% das lesões quando comparado com o aquecimento tradicional.

No estudo de Soligard et al. (2008) foram avaliados 1.900 atletas de futebol, e o grupo que realizou o "The 11 +" apresentou redução significativa de lesões agudas e crônicas graves e os atletas desse grupo não apresentaram mais que duas lesões por temporada. Nesse estudo, o técnico e o capitão de cada equipe pesquisada utilizaram instruções práticas dos exercícios, sem depender de médicos ou fisioterapeutas na rotina de treinamento. Sendo assim, a substituição do aquecimento tradicional por exercícios preventivos que também promovem a preparação para a prática esportiva pode ser uma ferramenta útil e simples na prevenção de lesões esportivas. Os vídeos dos exercícios, o pôster e mais informações estão disponíveis no website da Fifa (Fifa, 2010).

Tendo em vista as vantagens dos programas preventivos, estes devem ser realizados na pré-temporada, durante o campeonato e no período de transição entre as temporadas. Os exercícios podem ser inseridos na musculação, no aquecimento em quadra e/ou através de programas individualizados para os atletas identificados com alto risco de lesão. Por exemplo, no voleibol e basquete, esportes com grande demanda de saltos, deve ser focada a redução do valgismo dinâmico do joelho na aterrissagem do salto, e por isso exercícios para fortalecimento dos glúteos em situações funcionais, como o agachamento unipodal com rotação externa de quadril (Figura 4), devem ser priorizados no lugar do banco abdutor, que é pouco funcional e proporciona maior ativação do tensor da fáscia lata ao invés do glúteo médio (Figura 5). Além de auxiliar na redução do valgismo, esse exercício funcional de glúteo também pode promover o aumento da altura do salto vertical, uma vez que a exclusão dos músculos rotadores do quadril durante as análises biomecânicas do salto vertical reduziu em 28% a altura do salto (Nagano, 2005). Dessa forma, a comunicação efetiva entre o preparador físico e o fisioterapeuta deve ser prioridade no processo de elaboração das intervenções preventivas, sempre com o objetivo de adequar a capacidade do sistema musculoesquelético às demandas específicas impostas pelo esporte.

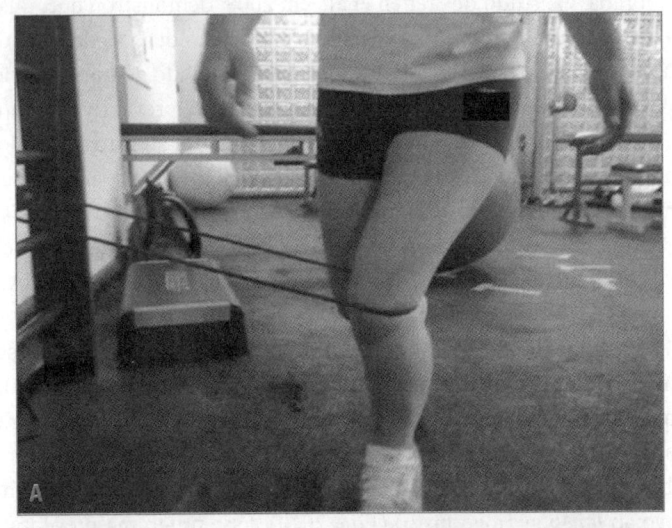

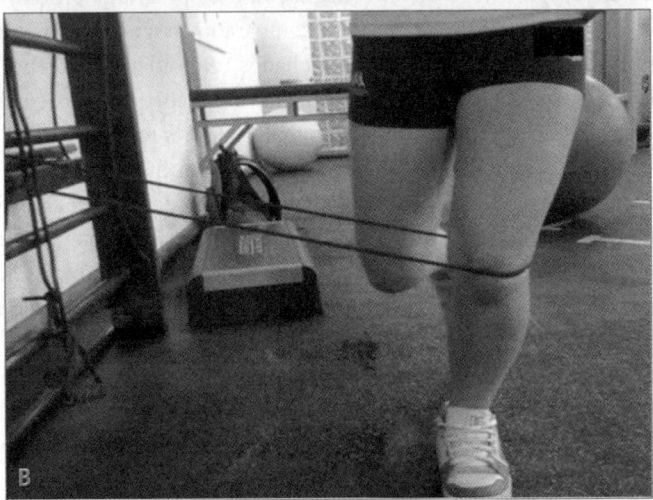

Figura 4 (A) Valgismo durante o agachamento unipodal (ocorre rotação interna do quadril). (B) Agachamento unipodal com rotação externa do quadril (não ocorre valgismo de joelho).

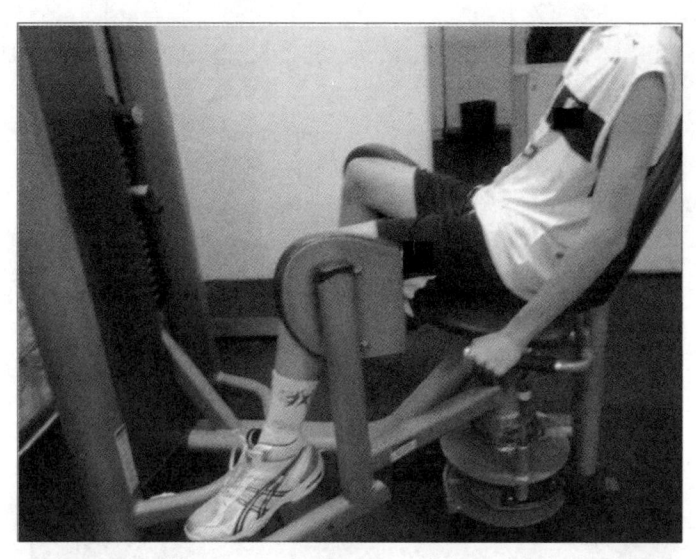

Figura 5 Exercício no banco abdutor.

O trabalho em equipe entre o fisioterapeuta e o preparador físico pode gerar ganhos na performance e promover adaptações ao treinamento esportivo de forma saudável e equilibrada. Sendo assim, algumas modificações na rotina da musculação, como adicionar exercícios excêntricos para quadríceps ao longo da periodização, além de promover hipertrofia muscular e melhorar a dissipação das forças de reação do solo decorrentes da aterrissagem do salto, irá fortalecer o tendão patelar, auxiliando na redução das queixas frequentes de tendinopatia patelar em atletas de basquete e voleibol. Da mesma forma, se o preparador físico utilizar simultaneamente uma base de apoio instável, como boia, tábua de equilíbrio ou balancinho, durante exercícios para os membros superiores, o atleta também irá realizar treinamento neuromuscular dos membros inferiores (Figura 6). A adição desse estímulo pode promover a redução das entorses de tornozelo, segundo Bahr et al. (2002), e também melhorar a estabilidade do tronco (*core*), essencial na transmissão de força entre os segmentos corporais e na redução de lesões como ruptura do LCA (Zazulak et al., 2008). Mais uma vez, todas essas ações preventivas realizadas pela comissão técnica e inseridas na rotina do treinamento podem contribuir para a melhora do desempenho esportivo e reduzir a ocorrência de lesões.

PREVENÇÃO DE LESÕES FUNCIONA?

Considerando a prevenção como o cuidado geral do atleta, deve-se ter em mãos algumas informações que auxiliam a traçar estratégias mais globais voltadas para a prevenção específica de lesões. Um ponto de partida interessante foi proposto no estudo de Schimikli et al. (2009), no qual se buscou determinar qual seria a população-alvo para aplicação dos programas de prevenção de lesões esportivas. Nesse caso específico, os autores fizeram uma pesquisa de inquérito (*survey*) na Holanda e analisaram fatores como sexo, idade e modalidade esportiva para determinar os subgrupos que deveriam ser envolvidos na prevenção de lesões. Como

Figura 6 (A, B) Treino de estabilização escapular associada à estabilização de tornozelo e (C) fortalecimento dos músculos rotadores de ombro associado à estabilização lombopélvica (direita).

resultado para esse grupo, o estudo revelou que a prevenção deve ser direcionada com maior intensidade para esportes com altos índices de lesão, para esportes com maior prevalência de lesões severas e que tenham como perfil acometimentos similares entre os gêneros. Nesse estudo, as modalidades mais envolvidas foram futebol de campo, tênis e corrida. Esse tipo de dado é imprescindível para se traçar estratégias para abordagem populacional. Entretanto, não existem pesquisas nacionais com esse enfoque.

Um outro tipo de pesquisa que auxilia na determinação das estratégias preventivas de uma modalidade esportiva são estudos epidemiológicos, que buscam traçar o perfil de lesões do esporte. Esse dado faz refletir sobre as características de cada modalidade esportiva, mecanismos de lesão e inclusive rever as regras do esporte no sentido de proteger a integridade física do atleta. Isso já aconteceu em esportes como o taekwondo, em que, a partir de dados alarmantes a respeito dos altos índices de concussão cerebral, a Federação Internacional de Taekwondo passou a exigir o uso de capacetes protetores nos eventos oficiais (Pieter & Zemper, 1999). Na abordagem epidemiológica é interessante inclusive comparar as lesões em subgrupos, como entre atletas em formação e de elite, entre mulheres e homens e entre crianças, adultos e idosos. Esse dado também auxilia na determinação de estratégias específicas de acordo com cada subgrupo. Leininger et al. (2007) investigaram o perfil de lesões em crianças de 2 a 18 anos praticantes de futebol nos Estados Unidos nos anos de 1990 a 2003. Esse levantamento prospectivo totalizou quase 1,6 milhão de lesões. A partir dos resultados desse estudo, recomendam uma maior cautela e acompanhamento das crianças, uma vez que possuem maiores índices de lesões na cabeça que necessitam de hospitalização. Dessa forma, esse dado auxilia na prevenção de lesões e repercussões mais severas nos atletas dessa faixa etária.

Nos últimos anos, uma maior atenção tem sido direcionada para a investigação sobre a eficácia dos programas preventivos em diversas modalidades esportivas. Grande parte dos estudos encontrados na literatura que objetivam investigar a eficácia de programas preventivos tem como população-alvo atletas de elite. Talvez uma das primeiras abordagens nesse sentido tenha sido a respeito da prevenção da lesão do ligamento cruzado anterior em atletas. Um grupo de pesquisadores do Oslo Sports Trauma Research Center, na Noruega, já desenvolveu diversas pesquisas sobre o tema e em 2003 publicou um interessante artigo fruto de um acompanhamento de três temporadas de uma equipe feminina de handebol. Aplicaram um programa de intervenção baseada em treinamento neuromuscular utilizando exercícios em cadeia fechada, aterrissagens de saltos e alguns acessórios como pranchas e boias com o objetivo de prevenir lesões do LCA (Figura 7). Encontraram diferenças estatísticas na incidência de rupturas do LCA principalmente no grupo de elite que executou todas as fases do programa (Myklebust et al., 2003). Sendo assim, é possível prevenir esse tipo de lesão desde que o atleta participe de todas as fases de intervenção e concomitante evolução dos exercícios.

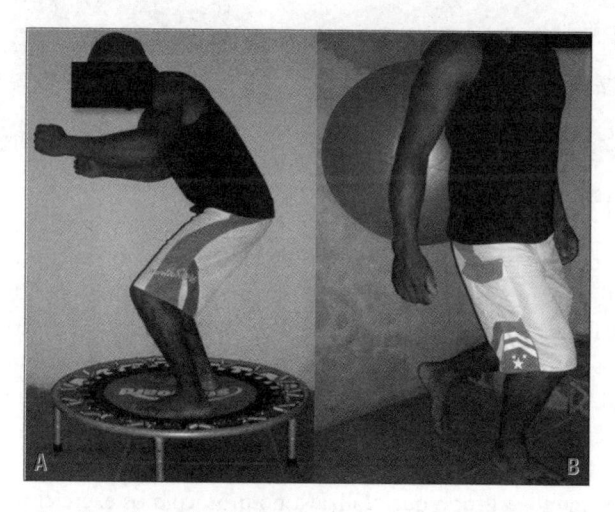

Figura 7 Aterrissagem de salto no trampolim (A) e agachamento unipodal usando bola para aumentar a demanda de controle – pode ser feito com ou sem calçado (B).

Além da ruptura do LCA, a entorse de tornozelo é outra lesão prevalente no meio esportivo e sua prevenção tem sido investigada por alguns pesquisadores. Verhagen et al. (2004) aplicaram um protocolo de treinamento proprioceptivo com tábuas de equilíbrio em atletas de voleibol de ambos os sexos. O objetivo era investigar se essa abordagem prevenia entorses de tornozelo no grupo estudado. Os pesquisadores aplicaram a intervenção durante as temporadas de 2001 e 2002 em 116 jogadores, distribuindo-os randomicamente em grupo controle e de tratamento. Os resultados revelaram que o protocolo foi eficaz somente na prevenção de recorrências de entorses, ou seja, somente aqueles atletas que já tinham sofrido entorse se beneficiaram com a intervenção (Figura 8). Apesar dos resultados serem parcialmente satisfatórios, uma vez que não preveniram esse tipo de lesão em todo o grupo, esse estudo mostra a eficácia de um programa preventivo em um grupo específico e que possui maior risco de sofrer entorse do tornozelo se comparado a um atleta que não possui histórico dessa lesão. Esse tipo de resultado guia a conduta de forma específica e mostra que se deve a todo tempo preocupar-se com a especificidade da aplicação do programa preventivo para cada atleta pertencente a uma equipe esportiva.

Figura 8 Treino de estabilização do tornozelo no trampolim.

Existem estudos de prevenção de lesões direcionados a outras disfunções do sistema musculoesquelético, como os estiramentos musculares. Arnason et al. (2008) investigaram qual seria a contribuição de um treino específico de fortalecimento excêntrico e flexibilidade na prevenção dos estiramentos de isquitiobiais em atletas de futebol. Inicialmente, acompanharam o índice dessa lesão durante duas temporadas em algumas equipes da Noruega e Islândia e em seguida aplicaram o protocolo que consistia em: aquecimento, alongamento passivo e ativo de isquiotibiais e exercício excêntrico de isquiotibiais (Figura 9). Os resultados mostraram que somente o grupo que realizava no protocolo os exercícios excêntricos apresentou diferenças na incidência de lesões em relação ao *baseline* (p = 0,001). Aqueles atletas que realizavam aquecimento e alongamento não obtiveram resultados satisfatórios. Esses achados reforçam o conhecimento prévio de que o treino excêntrico é responsável pela maior capacidade do músculo em absorver energia (Fonseca, 2007). Isso faz com que os isquiotibiais fiquem menos propensos a sofrerem rupturas, pois são capazes de absorver e dissipar a energia de uma maneira mais efetiva. Nesse sentido, deve-se inserir o treino excêntrico de grupos musculares usualmente acometidos em determinada modalidade esportiva, minimizando assim lesões como estiramentos e diminuindo as sobrecargas em estruturas passivas, como tendões.

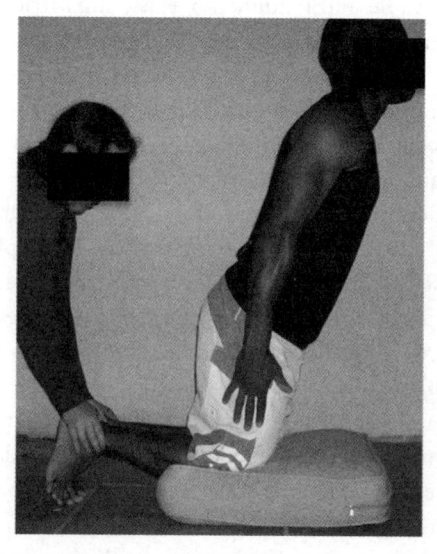

Figura 9 Treino excêntrico de isquiotibiais (exercícios nórdicos).

Analisando ainda a prevenção de lesões no futebol, Kirkendall & Dvorak (2010) fizeram uma revisão da literatura a respeito dos ensaios clínicos randomizados que abordavam a eficácia de intervenções preventivas nessa modalidade. Grande parte dos estudos investigou a prevenção das lesões dos membros inferiores, que são mais comuns nessa modalidade: entorses de joelho e tornozelo, estiramento de isquiotibiais e pubalgia. Aqueles estudos que encontraram redução no índice de lesão da equipe esportiva incorporavam no programa preventivo exercícios de flexibilidade, treino de equilíbrio, pliometria, agilidade, treino excêntrico de isquiotibiais, quadríceps e flexores plantares e treino de estratégias de aterrissagem e queda. Alguns somente orientavam os exercícios e os atletas os realizavam em casa e a maioria considerou a conscientização do grupo frente aos mecanismos de lesão e a importância do programa aplicado. Os autores dessa revisão concluíram que existe uma boa evidência sobre a eficácia de programas preventivos para as lesões mais prevalentes no futebol.

A investigação sobre eficácia de programas de prevenção no esporte está somente no início. Diversas patologias do sistema musculoesquelético, que são extremamente prevalentes, ainda não estão sob investigação. Um exemplo seria a tendinopatia patelar, que acomete jogadores de modalidades que envolvem alta demanda de saltos. As pesquisas que abordam essa temática contêm informações importantes para direcionar a atuação de toda a comissão técnica, não só do fisioterapeuta esportivo. Uma vez que a eficácia do programa preventivo depende da comissão técnica, as informações que auxiliam na construção de um programa preventivo eficaz devem ser de domínio de todos os envolvidos, pois reforçam sempre a necessidade dessa abordagem e seus benefícios a médio e longo prazo.

Exercícios preventivos e a melhora da performance esportiva

Com a prática esportiva de alto rendimento, existe uma tendência do sistema musculoesquelético em se adaptar às demandas impostas. Essas adaptações ocorrem a partir das características cinemáticas e cinéticas impostas pela repetição seriada do gestual esportivo (Codine et al., 1997; Kliber, 1998). Atletas do voleibol, por exemplo, possuem algumas características similares na articulação do ombro cuja ocorrência é determinada pelos movimentos repetitivos de saque e ataque. Nesse sentido, é comum observar uma maior magnitude dessas adaptações no membro dominante. O ombro dominante do atleta de voleibol geralmente possui uma grande amplitude de rotação externa, restrição da amplitude de rotação interna do ombro e uma relação de desequilíbrio na força dos músculos rotadores externos e internos da articulação do ombro. Essas adaptações são consideradas fatores envolvidos no processo de algumas disfunções articulares do ombro, como síndrome do impacto e tendinopatias (Briner, 1999). Com o objetivo de aumentar a potência do golpe, o atleta busca aumentar sempre a excursão em rotação externa do membro superior para permitir maior transferência de energia para a bola, uma vez que quanto maior for a distância da mão em relação à bola, maior será o acúmulo de energia cinética. A busca dessa amplitude a cada golpe faz com que ocorram adaptações dos tecidos periarticulares. Por exemplo, a cápsula articular terá maior extensibilidade anterior e menor posterior. Esse fato pode ser explicado pelo deslocamento anterior da cabeça do úmero a cada tentativa de aumentar a amplitude de rotação externa no ataque e saque e, como consequência, existe uma tendência da cápsula posterior do ombro de ficar encurtada pelo não direcionamento posterior da cabeça do úmero. Dessa forma, é esperado que, com o tempo, o atleta apresente uma restrição da rotação interna da articulação do ombro e por isso o alongamento da cápsula posterior e dos rotadores externos na rotina de treinamento pode ser uma ação preventiva eficaz na redução das queixas relacionadas ao ombro (Wang & Cochrane, 2001).

Por outro lado, as adaptações não ocorrem somente nas estruturas passivas do nosso sistema musculoesquelético. São necessárias força e potência dos músculos rotadores internos do ombro para promover um ataque eficaz. Entretanto, se essa especificidade é isoladamente trabalhada na preparação do atleta, pode-se observar que o atleta de voleibol pode apresentar uma relação desigual de forças entre os músculos rotadores externos e internos do ombro. O primeiro grupo muscular tem o importante papel de controle do membro que executa o ataque através de sua contração excêntrica (Mendonça et al., 2010). A literatura indica uma correlação positiva entre o desempenho concêntrico dos rotadores internos do ombro e a velocidade do ataque (Forthomme e al., 2005). Entretanto, uma relação de desequilíbrio considerável pode predispor a disfunções na articulação do ombro. Alguns estudos apontam índices de 66% para razão do torque gerado entre rotadores laterais e mediais do ombro na população não atleta. Mendonça et al. (2010) relataram índices de 62% para o membro dominante em atletas da categoria sub-21 da Seleção Brasileira Masculina de Voleibol. Essas características no atleta de voleibol podem limitar sua performance esportiva, uma vez que é necessária força excêntrica dos rotadores externos para evitar a sobrecarga das estruturas nobres do ombro, como lábrum e tendões. Nesse sentido, o fortalecimento dos rotadores externos deve ser incluído na periodização da musculação tanto através das contrações excêntricas quanto concêntricas para garantir o rendimento ideal do atleta através do equilíbrio entre a capacidade do seu sistema musculoesquelético com a demanda imposta pela atividade (Figura 10).

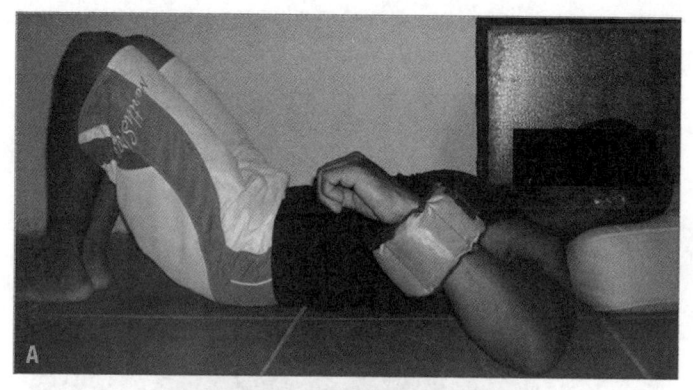

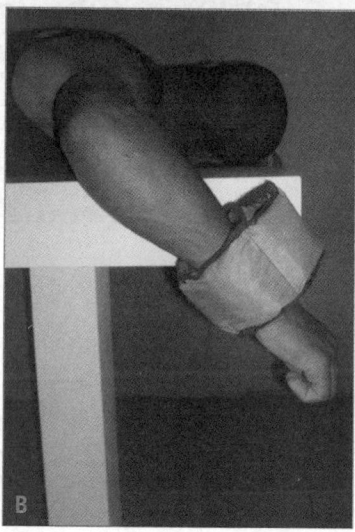

Figura 10 Treino concêntrico e excêntrico dos músculos rotadores externos do ombro.

É característico de um programa preventivo trabalhar fatores que minimizem os efeitos adversos da prática, tanto das estruturas ativas quanto das passivas do sistema, como melhorar a postura, aumentar a flexibilidade, a potência e resistências musculares. Para atletas de voleibol, seria necessário promover uma melhora da mobilidade da cápsula posterior do ombro, ganho de ADM de rotação interna da articulação do ombro e fortalecimento dos músculos rotadores externos (Wang & Cochrane, 2001, Malliou et al., 2004) (Figura 11). Esses quesitos são considerados também como interferentes na performance esportiva. A melhora nesses componentes minimiza a sobrecarga em estruturas passivas, como tendões, e ativas, como bíceps braquial. Uma vez que se deve direcionar o programa preventivo no sentido de aumentar a capacidade das estruturas com maior demanda do sistema musculoesquelético relacionada à modalidade, o que faz minimizar as lesões, entende-se que diretamente se está interferindo na performance esportiva. Nesse sentido, o trabalho preventivo objetiva intervir não só nos fatores associados à disfunção e que podem já estar presentes no atleta, mas também tem o foco no aumento da capacidade física do indivíduo a fim de evitar alguns padrões comuns a determinada modalidade e, portanto, melhorar a performance.

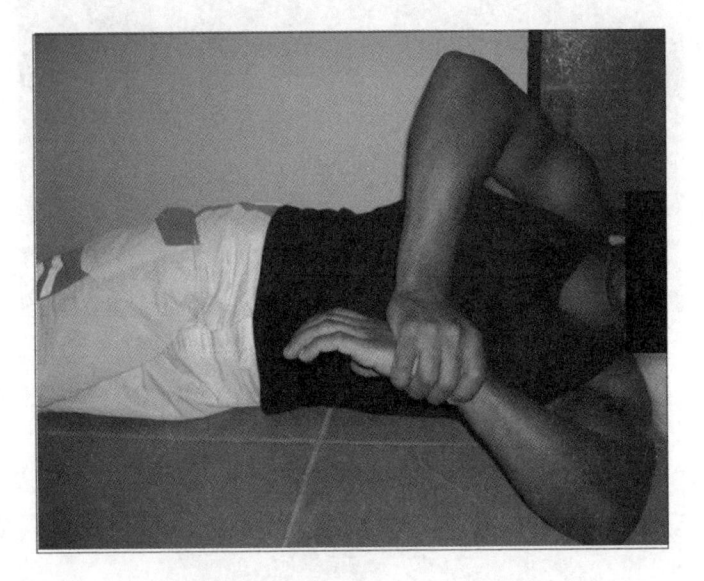

Figura 11 Alongamento da cápsula posterior do ombro.

Além da melhor condição do sistema musculoesquelético no sentido de prevenir lesões, o que condiciona diretamente a melhora do desempenho esportivo, a efetividade do programa preventivo e a redução no índice de lesão permitem que o atleta não sofra interrupção do ciclo de treinamento, o que leva ao aumento da performance de maneira cumulativa. Por exemplo, uma ruptura do tendão do músculo supraespinhoso em um atleta de voleibol envolve procedimento cirúrgico e pode gerar meses de afastamento (Ejnisman et al., 2001). A interrupção do ciclo de treinamento e retorno gradual à atividade após meses de inatividade acarreta prejuízos funcionais ao atleta, prejuízos de performance da equipe e prejuízos financeiros para o clube e patrocinadores. Portanto, a prevenção de lesões envolve a intervenção nos fatores de risco, mas também o aumento da capacidade do sistema musculoesquelético voltado especificamente para a modalidade em questão. Assim, o direcionamento da preparação física em geral que é dado ao atleta envolve a colaboração de diversos profissionais e deve seguir um objetivo em comum. A inserção do programa preventivo depende não só do fisioterapeuta esportivo, mas do preparador físico e dos demais componentes da comissão técnica. Seguem na Tabela 1 exemplos de circuito preventivo para algumas modalidades.

Tabela 1 Exemplos de circuito preventivo

Modalidade	Lesões prevalentes	Circuito preventivo
Voleibol	-Síndrome do impacto -Tendinopatia de supraespinhoso -Tendinopatia patelar -Entorse de joelho -Entorse de tornozelo	Treino excêntrico de rotadores externos de ombro e de quadríceps Treino de força de isquiotibiais e glúteos Treino de equilíbrio escapular Treino de equilíbrio e de estratégias de aterrissagem
Natação	-Síndrome do impacto -Lombalgia	Equilíbrio muscular de rotadores do ombro e estabilidade escapular Estabilização lombopélvica
Futebol	-Lesão do LCA -Estiramento muscular -Pubalgia -Entorse de tornozelo	Treinamento neuromuscular de joelho e tornozelo Fortalecimento excêntrico de isquiotibiais Estabilização lombopélvica
Judô	-Luxação de ombro -Lesão do LCM -Lombalgia	Fortalecimento e estabilização muscular de ombro e escápula Conscientização e treino da técnica Treino neuromuscular do joelho Estabilização lombopélvica

CONSIDERAÇÕES FINAIS

O processo de prevenção de lesões no esporte não deve ser preocupação apenas da equipe de saúde. É interesse dos clubes, confederações, patrocinadores e, principalmente, dos próprios atletas, a política e criação de hábitos que visem a redução dos custos gerados nos processos de reabilitação. O ônus de uma lesão afeta toda a equipe e o maior prejudicado é o próprio atleta.

Fisioterapeutas e preparadores físicos tornam-se peças-chave para a implementação de programas preventivos de lesões musculoesqueléticas, e esses programas devem ser cada vez mais voltados para os fatores individuais relacionados à capacidade do atleta e às demandas específicas do esporte praticado.

REFERÊNCIAS BIBLIOGRÁFICAS

1. Andersen MB, Williams JN. A model of stress and athletic injury: prediction and prevention. Journal of Sport and Exercise Psychology. 1988;10(3):294-306.
2. Arnason TE, Andersen I, Holme L, Engebretsen L, Bahr R. Prevention of hamstring strains in elite soccer: an intervention study. Scand J Med Sci Sports. 2008;18(1):40-8. Epub 2007 Mar 12.
3. Arnason A, Sigurdsson SB, Gudmundsson A, Holme I, Engebretsen L, Bahr R. Risk factors for injuries in football. Am J Sports Med. 2004;32:5S-16S.
4. Bahr R. Can we prevent ankle sprains? In: MacAuley D, Best TM. Evidence-based Sports Medicine. 2nd ed. BMJ Books; 2002.
5. Bahr R, Krosshaug T. Understanding injury mechanisms: a key component of preventing injuries in sport. Br J Sports Med. 2005;39:324-9.

6. Bolgla LA, Malone TR, Umberger BR, Uhl TL. Hip strength and hip and knee kinematics during stair descent in females with and without patellofemoral pain syndrome. Journal of Orthopaedic and Sports Physical Therapy. 2008;38:12-8.

7. Briner WW, Benjamin HJ. Volleyball injuries. Physician and Sports Med. 1999;27:65-71.

8. Codine P, Bernard PL, Pocholle M, Benaim C, Brun V. Influence of sports discipline on shoulder rotator cuff balance. Med Sci Sports Exerc. 1997;29:1400-5.

9. Drawer S, Fuller C. Evaluating the level of injury in English professional football using a risk based assessment process. Br J Sports Med. 2002;36(6):446-51.

10. Ejnisman B, Andreoli CV, Carrera EF, Abdalla RJ, Cohen M. Lesões músculo-esqueléticas no ombro do atleta: mecanismo de lesão, diagnóstico e retorno à prática esportiva. Rev Bras Ortop. 2001;36(10):389-93.

11. Fifa – Fédération Internationale de Football Association. The "11+". Disponível em: http://www.fifa.com/aboutfifa/developing/medicalplayershealth/the11/index.html. Acesso em 20 de dezembro de 2010.

12. Fonseca ST, Ocarino JM, Silva PLP, Aquino CF. Integration of stresses and their relationship to the kinetic chain. In: Magee DJ, Zachazewski JE, Quillen WS. Scientific foundations and principles of practice in musculoskeletal rehabilitation. St. Louis: Saunders Elsevier; 2007. p. 476-86.

13. Forthomme B, Croisier J, Ciccarone G, Crielaard J-M, Cloes M. Factors correlated with volleyball spike velocity. Am J Sports Med. 2005;33:1513-9.

14. Hewett TE, Lindenfeld TN, Riccobene JV, Noyes FR. The effect of neuromuscular training on the incidence of knee injury in female athletes: a prospective study. Am J Sports Med. 1999;27(6):699-706.

15. Kinkendall DT, Dvorak J. Effective injury prevention in soccer. The Physician and Sports Medicine. 2010;38(1):147-57.

16. Kliber WB. The role of scapular in athletic shoulder function. Am J Sports Med. 1998;22:325-37.

17. Leininger RE, Knox CL, Comstock D. Epidemiology of 1.6 million pediatric soccer-related injuries presenting to US emergency departments from 1990 to 2003. Am J Sports Med. 2007;35:288-93.

18. Malliou PC, Giannakopoulos K, Beneka AG, Gioftsidou A, Godolias G. Effective ways of restoring muscular imbalances of various training methods the rotator cuff muscle group: a comparative study. Br J Sports Med. 2004;38:766-72.

19. McIntosh AS. Risk compensation, motivation, injuries, and biomechanics in competitive sport. Br J Sports Med. 2005;39:2-3.

20. Meeuwisse WH. Assessing causation in sports injury: a multifactorial model. Clinical Journal of Sport Medicine. 1994;4:166-70.

21. Mendonça LD, Bittencourt N, Dos Anjos MS, Silva AA, Fonseca ST. Avaliação muscular isocinética da articulação do ombro em atletas das seleções brasileiras de voleibol sub-19 e sub-21 masculino. Rev Bras Med Esporte. 2010;16(2):107-11.

22. Mendonça LDM, Macedo LG, Fonseca ST, Silva AA. Comparação do alinhamento anatômico de membros inferiores entre indivíduos saudáveis e indivíduos com tendinose patelar. Revista Brasileira de Fisioterapia. 2005;9(1):101-7.

23. Myer GD, Ford KR, Khoury J, Succop P, Hewett TE. Development and validation of a clinic-based prediction tool to identify female athletes at high risk for anterior cruciate ligament injury. American Journal Sports Medicine. 2010;38(10):2025-33.

24. Myklebust G, Engebretsen L, Brækken IH, Skjølberg A, Olsen O, Bahr R. Prevention of anterior cruciate ligament injuries in female team handball players: a prospective intervention study over three seasons. Clinical Journal of Sport Medicine. 2003;13(2):71-8.

25. Nagano A, Komura T, Fukashiro S, Himeno R. Force, work and power output of lower limb muscles during human maximal-effort countermovement jumping. Journal of Electromyography and Kinesiology. 2005;15:367-76.

26. Pieter W, Zemper ED. Head and neck injuries in young Tae-kwon-do athletes. J Sports Med Phys Fitness. 1999;39:147-53.

27. Schmikli SL, Backx FJG, Kemler HJ, Van Mechelen W. National survey on sports injuries in the Netherlands: target populations for sports injury prevention programs. Clin J Sport Med. 2009;19(2):101-6.

28. Silva AA. Análise do perfil, funções e habilidades do fisioterapeuta do futebol e do voleibol no Brasil. Dissertação de mestrado. Belo Horizonte: Programa de Pós-Graduação em Ciências da Reabilitação, Escola de Educação Física, Fisioterapia e Terapia Ocupacional, Universidade Federal de Minas Gerais; 2008.

29. Soligard T, Myklebust G, Steffen K, Holme I, Silvers H, Bizzini M, et al. Comprehensive warm-up programme to prevent injuries in young female footballers: cluster randomised controlled trial. BMJ. 2008;337:a2469.

30. Steffen K, Myklebust G, Olsen OE, Bahr R. Preventing injuries in female youth football – a cluster-randomized controlled trial. Scandinavian Journal of Medicine & Science in Sports. 2008;18(5):605-14.

31. The International Olympic Committee. The International Olympic Committee (IOC) consensus statement on periodic health evaluation of elite athletes. Disponível em: http://www.olympic.org/Documents/Reports/EN/IOC-MEDIAGUIDE-2010-EN.pdf. Acesso em 18 de dezembro de 2010.

32. Van Mechelen W, Hlobil H, Kemper HCG. How can sports injuries be prevented? Nationaal Instituut voor SportsGezondheidsZorg publicatie nr 25E, Papendal; 1987.

33. Verhagen E, Van Der Beek A, Twisk J, Bouter L, Bahr R, Van Mechelen W. The effect of a proprioceptive balance board training program for the prevention of ankle sprains: a prospective controlled trial. The American Journal of Sports Medicine. 2004;32(6):1385-93.

34. Wang H, Cochrane T. Mobility impairment, muscle imbalance, muscle weakness, scapular asymmetry and shoulder injury in elite volleyball athletes. J Sports Med Phys Fitness. 2001;41:403-10.

35. Zazulak B, Cholewicki J, Reeves NP. Neuromuscular control of trunk stability: clinical implications for sports injury prevention. J Am Acad Orthop Surg. 2008;16(9):497-505.

Capítulo 14

Suplementação com carboidratos durante treinamentos e competições

Camila Nassif

Frank Marino

Emerson Silami Garcia

INTRODUÇÃO

O efeito da desidratação sobre a capacidade de desempenho físico tem sido um tema extensivamente estudado há várias décadas. Inicialmente, era discutida a necessidade de se adicionar sal à água, mas a partir da década de 1960, os pesquisadores passaram a sugerir a necessidade de se adicionarem outros minerais e também carboidratos (CHO), na tentativa de se obter uma bebida capaz de proporcionar aos atletas, além de um melhor equilíbrio hidroeletrolítico, um melhor desempenho. Após as primeiras publicações atribuindo propriedades ergogênicas às bebidas contendo quantidades elevadas de minerais e de carboidratos, surgiu no mercado a primeira bebida esportiva comercial. Ao longo das últimas cinco décadas, a popularidade das bebidas esportivas aumentou consideravelmente, pois os diversos fabricantes passaram a patrocinar grandes equipes esportivas e atletas famosos de todo o mundo, que passaram a consumir seus produtos. Além disso, campanhas publicitárias passaram a atribuir parte do sucesso dos atletas ao consumo dessas bebidas esportivas. Entretanto, ainda persistem muitas controvérsias sobre o assunto e elas serão discutidas nesta revisão de literatura, que inclui resultados de nossos estudos já publicados em periódicos nacionais e internacionais e também apresentados em eventos internacionais. A principal controvérsia está relacionada a um erro de interpretação que vem sendo repetido em dezenas, talvez centenas de publicações ao longo das últimas décadas.

DESIDRATAÇÃO E A IMPORTÂNCIA DA HIDRATAÇÃO

A desidratação é considerada um dos principais fatores no desenvolvimento da fadiga durante exercícios prolongados realizados em ambientes quentes (Sawka, 1992; Sawka et al., 1992; Gisolfi & Wenger, 1984; Sawka & Greenleaf, 1992; Guimarães & Silami-Garcia, 1993; Gonzáles-Alonso et al., 1997; Kay & Marino, 2000) e ela já era uma preocupação de pesquisadores desde as décadas de 1930 e 1940 (Adolph & Dill, 1938; McSwiney & Sprurrel, 1933; Pitts et al., 1944).

A desidratação involuntária durante o exercício pode ocorrer quando a taxa de sudorese é superior à taxa de esvaziamento gástrico ou quando o atleta não ingere água suficiente (Shi & Gisolfi, 1998; Burke & Hawley, 1997; Kay & Marino, 2003). O Colégio Americano de Medicina Esportiva (ACSM) publicou pela primeira vez, em 1975, um guia de recomendações para a prevenção da desidratação induzida pelo exercício (ACSM, 2007; Barr, 1999) e apesar de elas terem sido questionadas por Noakes (2007), são utilizadas no meio acadêmico e esportivo. As recomendações atuais do ACSM são que o volume de hidratação deve corresponder, tanto quanto possível, ao volume de suor perdido durante o exercício (ACSM, 2007). A ingestão de fluidos deve ser calculada também considerando as perdas hídricas não relacionadas à atividade física. O ACSM recomenda a ingestão de água antes, durante e após a realização de uma atividade esportiva prolongada, como forma de prevenir a desidratação, e recomenda a ingestão de CHO para atividades moderadas e/ou intensas com mais de uma hora de duração.

Noakes (2007) sugere que a combinação de uma sudorese elevada combinada com a ingestão apenas de água potável durante eventos que duram mais de 4 horas em ambientes quentes pode causar a hiponatremia, que é a baixa concentração de sódio (Na^+) no soro. A concentração normal de Na^+ é 140 mEq•L^{-1}. Concentrações de Na^+ abaixo de 130 mEq•L^{-1} podem causar crises convulsivas, edema pulmonar, coma e até a morte. Quando a concentração de Na^+ é menor que 135 mEq•L^{-1} podem ocorrer cefaleia, confusão mental, náuseas e cãibras.

A desidratação equivalente a apenas 2% de perda de massa corporal é vista como um potencial comprometedor das funções fisiológicas e pode afetar o desempenho negativamente, sendo que valores acima de 5% podem reduzir a capacidade de tolerância ao exercício em 30% (Maughan & Noakes, 1991). Adolph & Dill (1938) sugerem a possibilidade de morte quando os níveis de desidratação estão acima de 15%. Níveis menores de desidratação (2%) não representam o mesmo risco, mas podem prejudicar o desempenho (ACSM, 2007). Esse nível de desidratação é comum em uma variedade de esportes e pode ser atingido rapidamente quando atletas já iniciam o exercício em estado de desidratação. Sede, irritabilidade, desconfortos gerais seguidos de dores de cabeça, fraquezas, cãibras, calafrios, náusea e redução no desemprenho são sinais e sintomas de desidratação (NATA, 2000).

PERSPECTIVAS HISTÓRICAS DO APARECIMENTO E DO USO DE BEBIDAS ESPORTIVAS

No início da década de 1960, pesquisadores da Universidade da Flórida, nos Estados Unidos, desenvolveram uma bebida destinada a repor as perdas hídricas dos atletas durante treinamentos e jogos. Essa bebida, inicialmente, tinha uma composição química semelhante à do suor humano, mas foi alterada para ser mais palatável, quando então passou a ser comercializada como uma bebida esportiva em 1967. Antes de ser transformada na bebida esportiva mais conhecida do mundo, ela já era usada pelos jogadores de futebol americano da Universidade da Flórida (Gators).

O treinador de uma equipe derrotada pelos Gators em um jogo decisivo pelo campeonato nacional, em entrevista à revista *Sports Illustrated*, atribuiu a superioridade dos adversários àquela bebida que eles consumiam durante os jogos. A partir dessa declaração, a bebida usada pelos Gators adquiriu notoriedade, o que permitiu aos pesquisadores a venda de sua patente.

O resultado foi o lançamento da bebida esportiva mais conhecida e mais vendida no mundo desde então. A marca Gatorade Thirst Quencher tornou-se presença constante nos jogos da NFL. Em 1983, a marca foi adquirida pela Quaker Oats e tornou-se uma marca mundial. O nome Gatorade originou-se provavelmente da palavra Gators, que era a denominação dada ao time de futebol americano da Universidade da Flórida. Isso desencadeou um aumento do uso de bebidas esportivas em outros esportes e também maior interesse da comunidade científica em descobrir os reais e potenciais benefícios do uso dessas bebidas.

HIDRATAÇÃO E ADIÇÃO DE CARBOIDRATOS À ÁGUA

A ingestão de líquidos tem sido uma das estratégias mais estudadas para a manutenção e melhora do desempenho em ambiente quente, assim como outras estratégias como o pré--resfriamento (Schmidt & Brück, 1981; Lee & Haymes, 1995) e a aclimatação ao calor (Nielsen et al., 1993; Pandolf et al., 1977).

Muitos investigadores têm estudado os efeitos de uma variedade de bebidas esportivas sobre o desempenho (Coyle et al., 1986; Powers et al., 1990; Febbraio et al., 1996; Kang et al., 1996; Maughan et al., 1996; Nassis et al., 1998; Burke et al., 2000; McConell et al., 2000; Nassif et al., 2008; Silami-Garcia et al., 2004), apesar de o tipo e a quantidade de fluidos a serem ingeridos com o objetivo de se obter um efeito ergogênico estarem ainda em discussão (Noakes, 2007).

É importante ressaltar que já na década de 1940 pesquisadores estavam interessandos na ingestão de CHO (Pitts, 1944). Mas somente a partir da década de 1960 pode-se observar um interesse crescente por parte dos pesquisadores sobre o efeito da ingestão de CHO sobre respostas fisiológicas ao exercício e sobre a capacidade de desempenho físico. Entretanto, apesar da importância da ingestão de CHO antes e após o exercício já ter sido claramente estabelecida, controvérsias ainda existem em relação à ingestão de CHO durante o exercício (ACSM, 2007; DeMarco et al., 1999). Muitos estudos que avaliaram a reposição hídrica com adição de CHO durante exercícios prolongados tentaram verificar a possibilidade de se reduzir o uso das reservas de glicogênio. A redução no uso de glicogênio é considerada um dos fatores periféricos que contribuiriam para o retardamento da fadiga (Coyle et al., 1986; Coggan & Coyle, 1988; Hermansen et al., 1967; Hultman, 1967; Langenfeld et al., 1994; Maughan et al., 1996). Ainda existem controvérsias demonstradas pelos resultados contrastantes dos estudos da área, principalmente em relação à melhora do desempenho (Coggan & Coyle, 1987; Febbraio et al., 1996; Tsintzas et al., 1996; Nassis et al., 1998; McConell et al., 1999; Burke et al. 2000; McConell et al. 2000; Robinson et al., 2002; Carter et al., 2004a; Silami-Garcia et al., 2004; Nassif et al., 2008; Nassif, 2010).

A importância dos carboidratos na manutenção da glicose sanguínea e na prevenção do desenvolvimento de hipoglicemia é considerada um aliado nas atividades esportivas de longa duração, como a maratona e outras com duração ainda maior.

Durante o exercício prolongado, acredita-se que a ingestão de CHO ajuda a manter níveis adequados de glicose sanguínea, retardando o aparecimento da fadiga, limitando o efeito cascata dos eventos centrais e periféricos que ocorrem resultantes da hipoglicemia (Coyle et al., 1983; Davis, 1995; Chin & Allen, 1997; Tsintzas & Williams, 1998; Davis et al., 2000).

Especialmente a hipoglicemia é vista como um fator que contribui para a fadiga periférica devido à depleção dos estoques de glicogênio muscular (Coyle et al., 1986; Coggan & Coyle, 1988; Davis et al., 1988) e que reduz a capacidade de transmissão neuromuscular e/ou a excitação da membrana muscular (Stewart et al., 2007). Além disso, a hipoglicemia e a depleção do glicogênio muscular podem promover a fadiga central devido à transição progressiva da utilização de substrato, que aumenta a concentração de ácidos graxos (Fernstrom & Fernstrom, 2006; Chen et al., 2008) e, consequentemente, estimula a síntese de serotonina (Davis, 1995; Meeusen et al., 2006). Sendo assim, a importância dos CHO na manutenção da glicose sanguínea e na prevenção do desenvolvimento de hipoglicemia deve ser vista como um aliado nas atividades de longa duração como corridas, maratonas e provas de resistência como o triatlon, entre outras.

Essas diferenças, que podem ser observadas também em outros estudos mais recentes (Nassif et al., 2008; Carter et al., 2004a, 2004b; Nassif, 2010), sugerem que pesquisadores precisam planejar suas pesquisas de forma que elas possam avaliar os efeitos que os CHO exercem sobre o desempenho físico. Quando existe o interesse de se testar o real efeito de uma determinada substância, o efeito placebo (PLA) precisa ser considerado, já que as expectativas dos indivíduos em relação a uma determinada substância podem determinar o *feedback* intrínseco (Wilmore e Costill, 2001). Clark et al. (2000), ao estudar o efeito PLA de bebidas carboidratadas, relatou uma melhora no desempenho quando os indivíduos eram levados a acreditar que estavam ingerindo CHO, quando estavam realmente ingerindo PLA. Esses autores também sugeriram o uso do design em Quadrado Latino para um controle mais abrangente dos tratamentos. Os estudos realizados por Gomes (1999), Nassif et al. (2008) e Nassif (2010) usaram o design em Quadrado Latino – o que não é comum em estudos avaliando o efeito de CHO – e não verificaram um efeito positivo da ingestão de CHO sobre a capacidade de desempenho. As questões metodológicas em relação aos métodos de ingestão utilizados e como estes podem afetar o resultados dos estudos serão discutidos neste capítulo.

Os efeitos dos CHO no desempenho devem ser avaliados levando-se em consideração o ambiente em que as atividades esportivas são realizadas, já que uma maior demanda por CHO foi observada em ambientes quentes (Burke, 2001). A maioria dos estudos com a adição de CHO à água com o objetivo de se obter uma melhora no desempenho físico foi realizada em ambiente termoneutro (Coyle et al., 1983; Coyle et al., 1986; Powers et al., 1990; Wright et al., 1991). Somente na última década mais pesquisadores passaram a se preocupar em avaliar o efeito da ingestão dessas bebidas sobre o desempenho físico durante exercícios prolongados em ambiente quente (Silami-Garcia et al., 2004; Bilzon et al., 2000; Carter et al., 2003; Gomes, 1999; Febbraio et al., 1996; Galloway & Maughan, 2000; Nassif et al., 2008). Tem sido sugerido que o aumento da disponibilidade de CHO durante o exercício poderia resultar em uma redução da fadiga. Algumas pesquisas foram realizadas em ambiente termoneutro (Burke et al., 2000; Carter et al., 2004b; Chryssanthopoulos et al., 2002; DeMarco et al., 1999; Maughan et al., 1996; McConell et al., 2000; Nassis et al., 1998). Existem também alguns estudos que não mencionam as condições ambientais em que os experimentos foram realizados (Kang et al., 1996; McConell et al., 1999; Timmons et al., 2000; Robinson et al., 2002).

Os estudos realizados em ambiente termoneutro deixam dúvidas em relação à melhora no desempenho ocorrida quando bebidas carboidratadas são ingeridas durante o exercício.

Alguns estudos relataram uma melhora no desempenho (Coggan & Coyle, 1987; Coyle et al., 1983; Coyle et al., 1986; Chryssanthopoulos et al., 2002; DeMarco et al., 1999; Maughan et al., 1996; Tsintzas et al., 1996), enquanto outros não encontraram o mesmo resultado (Burke et al., 2000; Gomes, 1999; McConnel et al., 2000; Nassis et al., 1998; Powers et al., 1990), ou seja, o tempo até a fadiga foi semelhante quando indivíduos se exercitaram ingerindo PLA ou CHO. Todos os estudos citados, exceto o de Gomes (1999), usaram o método de soluções líquidas para a ingestão de CHO e minerais.

Coggan & Coyle (1988) estudaram o efeito da ingestão de CHO durante um exercício de alta intensidade e observaram que a redução da glicose sanguínea era menor e que o tempo até a fadiga aumentou em aproximadamente 30 minutos com a ingestão de CHO.

Coyle et al. (1983) observaram um retardamento da fadiga em 7 dos 10 indivíduos quando do CHO era ingerido durante um exercício prolongado. Na situação PLA o tempo até a fadiga foi de 134 ± 6 min e na situação CHO, o tempo foi de 157 ± 5 min.

Os resultados de estudos realizados em ambiente quente são controversos em relação à melhora do desempenho com a ingestão de bebidas carboidratadas. Os estudos de Bilzon et al. (2000), Galloway & Maughan, (2000) e Carter et al. (2003) não usaram cápsulas como método de ingestão, mas os estudos de Silami-Garcia et al. (2004), Gomes (1999) e de Nassif et al. (2008), que utilizaram cápsulas gelatinosas, não observaram diferenças no desempenho em exercício prolongado realizado em um ambiente quente (28°C) e úmido (79%). Silami-Garcia et al. (2004) avaliaram o desempenho anaeróbico após um exercício prolongado com a ingestão de CHO e minerais em forma de cápsula. Nesse estudo, após um exercício de 90 minutos em intensidade fixa de 60% do pico de potência (PP), os indivíduos realizaram o teste de Wingate, não sendo observadas diferenças na potência máxima quando as situações PLA e CHO foram comparadas.

Nassif et al. (2008) estudaram os efeitos da ingestão de CHO durante exercício prolongado, realizado em ambiente quente, a 60% PP até a fadiga em estudo duplo-velado com uso de cápsulas gelatinosas (CHO e PLA em cápsulas). Nesse estudo não foi observada nenhuma melhora com a ingestão de CHO, quando comparado com a situação PLA.

Nassif (2010) estudaram o efeito da ingestão de CHO e PLA em forma de bebida e em forma de cápsulas, usando também uma situação água durante um exercício de ciclismo de 60 km de intensidade autosselecionada. Cada um dos 10 indivíduos em estado alimentado que participaram do estudo realizaram as cinco situações experimentais usando Quadrado Latino em duplo-velado. O tempo gasto para completar 60 km na bicicleta não foi diferente entre as cinco situações experimentais da pesquisa.

Estudos recentes realizados por Carter et al. (2004a, 2004b) avaliaram o efeito de CHO sobre a capacidade de desempenho usando métodos de administração de CHO diferentes dos demais estudos. Carter et al. (2004b) relataram que a administração intravenosa de CHO não melhorou o desempenho. Carter et al. (2004a) observaram uma melhora do desempenho quando os indivíduos somente bochecharam com uma solução de CHO – em relação à substância PLA –, demonstrando que a melhora não foi causada por um efeito fisiológico de aumento da glicose sanguínea. Esse estudo sugere que o simples contato do açúcar com a mucosa da boca pode causar um aumento na atividade central ou motivacional do indivíduo. Sendo assim, a consideração do método de ingestão a ser utilizado é um fator crítico para o controle do efeito PLA que pode estar presente nestes estudos. A seguir, serão discutidos os métodos utilizados nas pesquisas com CHO atualmente e as suas dificuldades e limitações.

MÉTODOS DE INGESTÃO USADOS EM ESTUDOS SOBRE POSSÍVEIS EFEITOS ERGOGÊNICOS DE BEBIDAS CARBOIDRATADAS

Desde que a suplementação com CHO passou a fazer parte do ambiente científico e esportivo seu fornecimento vem ocorrendo principalmente na forma de bebidas, podendo ser soluções contendo água, CHO e minerais ou apenas água e CHO. À medida que novos estudos passaram a sugerir que a existência de um efeito PLA poderia estar presente, por questões motivacionais e psicológicas, houve a necessidade de se usar métodos que pudessem evitar ou minimizar esses efeitos.

Atualmente, existem três formas de fornecimento de CHO sendo utilizadas por pesquisadores. A forma tradicional é aquela em que o CHO e o PLA são fornecidos aos voluntários por via oral misturados com água (bebidas carboidratadas) ou CHO em forma de gel adicionado à ingestão de água. Outras formas menos utilizadas são a infusão intravenosa e a ingestão de cápsulas gelatinosas contendo CHO ou PLA, que evitam o contato da substância ingerida com a mucosa bucal, evitando assim a possibilidade de os voluntários identificarem o tratamento a que estão sendo submetidos.

As "bebidas esportivas" têm sido amplamente utilizadas nos estudos científicos que visam testar possíveis efeitos ergogênicos do CHO. A maioria dos estudos utiliza bebidas com concentrações de CHO entre 2 e 7%, e a bebida placebo que denominam PLA correspondente é constituída de uma mistura de água com adoçantes artificiais, muitas vezes contendo também minerais, corantes e sabor artificial para ficar semelhante à bebida de CHO. Muitos estudos utilizando as bebidas esportivas têm relatado resultados positivos em relação ao efeito ergogênico das bebidas com CHO (Coggan & Coyle, 1987; Coyle et al., 1983; Coyle et al., 1986; Chryssanthopoulos et al., 2002; DeMarco et al., 1999; Maughan et al., 1996; Tsintzas et al., 1996) apesar de outros não terem encontrado os mesmos resultados (Burke et al., 2000; Gomes, 1999; McConnel et al., 2000; Nassis et al., 1998; Powers et al., 1990). Considerando as controvérsias observadas nos resultados dos estudos que utilizaram o método de bebidas, faz-se necessária a exploração de outros métodos de ingestão, pois a falta de controle na preparação dessas bebidas pode não estar garantindo por completo o controle do efeito PLA. Assim se deu o surgimento de outros métodos de ingestão de CHO no meio científico, como as cápsulas (Gomes, 1999; Timmons et al., 2000; Silami-Garcia et al., 2004; Nassif et al., 2008; Nassif, 2010) e a infusão intravenosa (Carter et al., 2004b).

Em um estudo clássico de Ariel & Saville (1972) foi demonstrado claramente o possível efeito PLA quando pesquisadores testaram o efeito da ingestão de esteroides anabolizantes. Nesse estudo, Ariel & Saville (1972) usaram pastilhas como forma de ingestão, já que, com este método, os indivíduos não poderiam sentir o gosto do que estava sendo ingerido e, consequentemente, não saberiam quando estavam ingerindo os esteroides anabolizantes. Sendo assim, se a identificação de uma substância pelo paladar tiver um papel importante sobre como as pessoas se comportam, agindo como um fator motivacional que pode influenciar os resultados, os pesquisadores devem cuidadosamente selecionar o método de ingestão que será usado em seus estudos.

Esse possível fator motivacional pode ser originado da mídia, sugerindo, sem embasamento científico, que a substância tem um efeito positivo no desempenho. Apesar de sabermos desde a década de 70 do uso de pastilhas e cápsulas para se evitar o efeito PLA, essa forma de fornecimento de diferentes substâncias tem sido usada raramente em estudos com CHO, demonstrando que poucos pesquisadores têm se preocupado com a possibilidade da ocorrência do efeito PLA em estudos sobre efeitos de CHO no desempenho.

Clark et al. (2000), que examinaram o efeito PLA, não utilizaram o método de comprimidos ou cápsulas, mas, sim, o de bebidas. As bebidas (soluções contendo CHO ou a substância PLA) vêm sendo geralmente usadas na grande maioria dos estudos. Os pesquisadores tentam preparar uma bebida PLA com características semelhantes às da bebida carboidratada, mas que não contém calorias. Em muitos casos, não está claro se os voluntários da pesquisa foram capazes de distinguir a diferença entre as duas bebidas. A preferência pelo uso de bebidas para realizar este tipo de estudo é justificável porque essa é a forma pela qual os atletas se reidratam durante os eventos esportivos. Entretanto, isso somente pode ser feito se o pesquisador puder garantir que nenhuma diferença de sabor, textura e/ou cor pode ser percebida pelos atletas. A maioria dos estudos que usa as bebidas não informa como é feito o teste para garantir que as diferenças entre elas não sejam percebidas pelos participantes do estudo. Grande parte dos estudos sequer menciona ter feito algum teste estatístico para verificar os participantes podem identificar alguma bebida pelo paladar.

Os estudos de Gomes (1999), Timmons et al. (2000), Silami-Garcia et al. (2004), Nassif et al. (2008) e Nassif (2010) usaram cápsulas gelatinosas como método de ingestão de CHO e de PLA. Já os estudos realizados por Carter et al. (2004a, 2004b) utilizaram os métodos de bochecho e infusão venosa, respectivamente. O trabalho de Gomes (1999) foi o primeiro a utilizar cápsulas gelatinosas para comparar os efeitos da suplementação de CHO e eletrólitos sobre o tempo de tolerância ao exercício a 50% da PP, em ambientes termoneutro e quente e úmido. Os tratamentos foram fornecidos em cápsulas e em forma líquida. O tempo total de exercício foi semelhante nos dois ambientes e não foi observada melhora no tempo total de exercício com o uso de CHO.

O estudo de Timmons et al. (2000) investigou o efeito de uma bebida chamada SPORT[TM] no desempenho quando indivíduos se exercitaram a 100% VO_{2pico}. Nesse estudo, que também fez uso de cápsulas gelatinosas, os indivíduos ingeriram duas cápsulas de 500 mg uma hora antes do exercício e depois de cada carga de 60, 80 e 100% VO_{2pico}, num total de oito cápsulas ingeridas por experimento e 4 g de cada substância em cada experimento dependendo do tratamento. Esses autores não observaram melhora no tempo para a fadiga e o tempo de duração do exercício foi de 105 ± 44 e 103 ± 50 s na situação PLA e SPORT[TM], respectivamente. Sobre esse artigo, devemos considerar que seria pouco provável que 4 g de CHO fizessem algum efeito durante um exercício de duração tão curta. É possível que as cápsulas gelatinosas ainda não tivessem se disssolvido ao final do exercício. De acordo com o estudo de Nassif et al. (2008), cápsulas demoram aproximadamente 2 minutos para se dissolver no estômago, afetando muito pouco a digestão e a absorção do CHO ingerido. Mas em um estudo com uma duração de exercício tão curta, provavelmente não houve tempo dos CHO serem absorvidos, transportados pela corrente sanguínea e utilizados como fonte de energia.

Silami-Garcia et al. (2004) estudaram em ambiente quente e úmido o desempenho anaeróbico realizado após 90 min de exercício prolongado, com e sem a ingestão de cápsulas gelatinosas contendo CHO e minerais ou uma substância PLA. Além disso, foi investigado se a ingestão de uma mistura e CHO e minerais influenciaria as respostas termorregulatórias e a percepção subjetiva do esforço durante o exercício prolongado. Não foram observadas diferenças em nenhuma das variáveis estudadas entre as situações CHO e PLA.

Nassif et al. (2008) estudaram os efeitos da ingestão de CHO em ambiente quente durante exercício prolongado a 60% PP até a fadiga em estudo duplo-velado com uso de cápsulas gelatinosas (CHO e PLA em cápsulas). Nesse estudo, não houve diferença no desempenho entre as situações CHO e PLA, confirmando os resultados de Gomes (1999) e Silami-Garcia et al. (2004), que também não encontraram diferenças no tempo de tolerância ao exercício ou na potência máxima no teste de Wingate após 90 minutos de ciclismo, respectivamente. Nassif et al. (2008) também incluíram em seu estudo uma situação na qual os voluntários eram informados de que estavam recebendo CHO e, nessa situação, houve uma melhora de 24% no tempo total de exercício comparado com a situação PLA, o que sugere um potencial efeito psicológico adicional no desempenho quando indivíduos acreditam no efeito positivo de uma determinada substância, como já havia sido sugerido por outros autores como Carter et al. (2004a).

Carter et al. (2004a, 2004b) realizaram estudos avaliando o efeito da ingestão de CHO, mostrando claramente o possível efeito PLA e o papel importante do sabor quando se pretende estudar o efeito psicológico no desempenho quando CHO são ingeridos. Em um de seus estudos, em que o método de administração de CHO foi a infusão intravenosa, nenhum efeito no desempenho foi observado, considerando que o fator sabor foi removido do estudo com este método (Carter et al., 2004b). Em comparação, outro estudo realizado por Carter et al. investigou o efeito de um bochecho com uma solução de CHO. Retirando o efeito fisiológico da ingestão de bebidas com CHO, obteve-se um surpreendente resultado, mostrando que 4 dos 7 indivíduos que participaram do estudo foram capazes de corretamente distinguir qual bebida continha CHO, evidenciando mais uma vez o papel do sabor e como ele pode ser um possível determinante na melhora do desempenho (Carter et al., 2004a).

Recentemente, um estudo realizado por Chambers et al. (2009) mostrou mudanças e ativação de partes do cérebro relacionadas à área de recompensa quando indivíduos ingeriram glicose em forma de bebida. Melhoras no desempenho sugerem que isso pode estar relacionado à ativação de áreas específicas do cérebro para que os receptores orais da boca respondam de forma diferente na presença de CHO do que respondem ao sabor doce (*sweetness*). Esse estudo mostra como é importante o desenvolvimento de métodos que não permitam que os indivíduos reconheçam o que está sendo ingerido, já que o fato de os indivíduos saberem o que estão consumindo pode agir como fator motivacional e assim melhorar o desempenho, além de promover o benefício fisiológico (Nassif et al., 2008). Por esse motivo, infusão e cápsulas podem ser métodos mais apropriados para testar o real efeito de uma determinada substância e possibilitar o controle do efeito PLA e saber exatamente o real efeito da ingestão de CHO.

No estudo realizado por Nassif (2010), tanto o método de bebida quanto o de cápsulas gelatinosas foram utilizados para avaliar o efeito ergogênico dos CHO em um exercício de ciclismo de 60 km com intensidade autosselecionada. Nassif (2010) tambem utilizou uma situação controle com ingestão de água. Diferenças no desempenho não foram observadas nesse estudo, apesar de um aumento da glicose sanguínea ter sido observado sempre que houve ingestão de CHO. Isso nos leva a concluir que talvez a ingestão de CHO durante um exercicio prolongado, com indivíduos alimentados, não seja o principal fator decisivo para um melhor desempenho quando o efeito PLA é controlado de forma adequada.

Como demostrado anteriormente, o método de cápsulas gelatinosas tem sido usado com sucesso por alguns pesquisadores com o objetivo de testar o possível efeito ergogênico dos CHO, método que possibilita impedir que os sujeitos possam identificar o que está sendo ingerido. De acordo com o estudo de Nassif et al. (2008), cápsulas demoram aproximadamente 2 minutos para se dissolverem no estômago, afetando muito pouco a digestão e a absorção do CHO ingerido.

Outro aspecto a ser considerado diz respeito à concentração de CHO nas bebidas utilizadas. Alguns estudos sugerem que bebidas com concentrações de CHO mais baixas exercem um efeito mais positivo que bebidas com concentrações mais elevadas (Galloway & Maughan, 2000, Jentjens et al., 2005). Na maioria dos estudos, a concentração de CHO utilizada é de 6%. Outro aspecto que deve ser levado em consideração é a composição dos CHO utilizados. Estudos anteriores demonstraram que a absorção de glicose é maior quando são utilizadas bebidas contendo a combinação de diferentes tipos de CHO do que quando são usadas bebidas contendo apenas um tipo de CHO, como uma combinação de sucrose e glicose (Murray et al., 1989; Jentjens & Jeukendrup, 2005; Jentjens et al., 2006, Jentjens et al., 2005).

PROBLEMAS METODOLÓGICOS DE ESTUDOS ANTERIORES

Um aspecto importante e polêmico, presente nos métodos da maioria dos estudos sobre os efeitos da suplementação de CHO (Maughan et al.,1996; Febbraio et al., 1996; Galloway & Maughan, 2000; Fritzsche et al., 2000; Carter et al., 2003; Winnick et al., 2005), é o longo período de jejum a que os indivíduos foram submetidos antes da realização do exercício. Entretanto, a importância de uma alimentação adequada, principalmente no período da manhã, ao acordar, está bem estabelecida na literatura. Na tentativa de simular condições semelhantes àquelas ocorridas nos dias de competições, Silami-Garcia et al. (2004), Nassif et al. (2008) e Nassif (2010) excluíram o jejum da lista dos procedimentos que antecederam os procedimentos experimentais, fornecendo aos voluntários um desjejum completo por volta de 2 horas antes do início do exercício, de forma que eles não estivessem com fome ao iniciar os experimentos, atendendo às diretrizes de nutrição e desempenho propostas pelo ACSM (2007).

Estudos realizados com indivíduos bem alimentados têm maiores possibilidades de fornecer informações úteis aos atletas, já que estes não participam de eventos esportivos durante os quais seu desempenho será avaliado em jejum (Burke et al., 2000; Clark et al., 2000; Silami-Garcia et al., 2004; Nassif et al., 2008; Nassif, 2010). Os resultados desses estudos mostram que a redução significativa nos níveis de glicose sanguínea do início ao final do exercício nas situações PLA não era suficiente para levar os voluntários à hipoglicemia (Stewart et al., 2007; Abbiss et al., 2008; Nassif et al., 2008; Nassif, 2010).

As discrepâncias encontradas em estudos anteriores estão para serem discutidas com maior profundidade, mas podem estar relacionadas às diferenças entre os protocolos de exercício (Theurel & Lepers, 2008), o estado de alimentação dos indivíduos (Schabort et al., 1999), e/ou o histórico de treinamento dos atletas (Friedlander et al., 1997; Tsintzas & Williams, 1998).

Na maioria dos estudos que atribuem propriedades ergogênicas aos CHO, os pesquisadores submeteram os voluntários a duas situações experimentais, sempre após um jejum prolongado, isto é, eles chegavam ao laboratório após terem passado geralmente 10 a 12 horas sem ingerir alimento algum, dependendo do estudo (Hermansen et al., 1967; Hultman, 1967; Coyle et al., 1986; Tsintzas et al., 1996; Costill et al., 1973; Chryssantopoulos et al., 2002; Neufer et al., 1987; Langenfeld et al.1994; Maughan et al., 1996; McConnel et al., 2000; Jeukendrup et al., 1997; Timmons et al., 2000; Febbraio et al., 2000; Carter et al., 2003). Em outros estudos, o tempo de jejum foi ainda mais prolongado. No estudo de Coyle et al. (1986), foram de 14 a 16 horas de jejum e no de Tsintzas et al. (1996) foram de 12 a 16 horas. É evidente a existência de um erro de interpretação naqueles estudos que, ao comparar a capacidade de desempenho após um jejum prolongado com a capacidade de desempenho quando o atleta ingere CHO, concluem que os CHO têm propriedades ergogênicas. Nesse caso, deveriam concluir que o jejum prejudicou o desempenho, como era de se esperar. É sabido que, após várias horas de jejum, as reservas de glicogênio muscular e hepático são reduzidas, o que compromete a capacidade de desempenho físico. De acordo com Maughan et al. (2000), a depleção de glicogênio hepático pode limitar o desempenho de duas maneiras: causando uma depleção acelerada do glicogênio muscular e o desenvolvimento da hipoglicemia, o qual pode inibir a função neurológica.

Widrick et al. (1993) estudaram o efeito dos níveis iniciais de glicogênio muscular e da ingestão de CHO e observaram que tanto o desempenho quanto a potência produzida foram significantemente maiores quando os níveis de gligogênio muscular pré-exercício estavam elevados, o que não ocorreu quando os níveis de glicogênio muscular pré-exercício estavam reduzidos. Esses autores concluíram que a ingestão de CHO pode, parcialmente, compensar os níveis reduzidos de glicogênio muscular pré-exercício, permitindo que os indivíduos mantivessem o ritmo durante os estágios finais do exercício de intensidade autosselecionada. Mas a conclusão importante encontrada neste estudo foi que em indivíduos que desempenham um exercício de intensidade autosselecionada com níveis de glicogênio muscular pré-exercício aumentados os CHO ingeridos durante o exercício produzem pouco efeito ergogênico (Widrick et al., 1993).

Burke et al. (2000) estudaram o efeito de uma alimentação rica em CHO pré-exercício em atividade de ciclismo com intensidade autosselecionada de 100 km. Não foi encontrada diferença no desempenho quando comparadas uma dieta pré-exercício rica em CHO e outra com baixa concentração de CHO. Esses autores sugerem que a ingestão de CHO antes do exercício não produziu efeito significativo, reforçando a ideia de que o efeito ergogênico dos CHO relatados em diversos estudos era gerado por um efeito PLA ou, então, devido a uma concentração de glicogênio muscular pré-exercício elevada, que pode ter retardado o aparecimento da hipoglicemia durante o exercício prolongado.

Alguns estudos têm mostrado melhora no desempenho com a ingestão de CHO após um período de jejum quando comparado ao desempenho com a ingestão de um PLA correspondente (El Sayed et al., 1997; Millard-Stanford et al., 1992; Winnick et al., 2005). Não podemos deixar de lembrar, mais uma vez, que o jejum compromete a interpretação e a aplicabilidade desses estudos à realidade dos atletas, já que eles não participam de exercícios intensos em competições após um jejum prolongado. Além disso, conforme já dito, outros estudos que realizaram seus experimentos com indivíduos alimentados não observaram melhora do desempenho quando CHO foram ingeridos durante o exercício (Burke et al., 2000; St Clair Gibson et al., 2001; Silami-Garcia et al., 2004; Nassif et al., 2008; Nassif, 2010).

Não sabemos por que pesquisadores optaram historicamente por submeter os voluntários das pesquisas sobre efeitos de CHO no desempenho físico a um período prolongado de jejum antes de iniciarem os experimentos, sem entender que assim estariam estudando os efeitos da fome, não os efeitos ergogênicos dos CHO. Para verificar se os CHO iriam produzir um desempenho acima do normal (quando justificaria ser chamado de auxílio ergogênico), os voluntários deveriam estar alimentados antes de iniciar o exercício prolongado. Portanto, a maioria dos estudos publicados sobre o assunto não pode servir para dar suporte à hipótese de que a adição de açúcar à água ingerida durante uma atividade física moderada venha a produzir algum efeito ergogênico se a pessoa estiver bem alimentada e com as reservas de glicogênio em níveis elevados (Silami-Garcia, et al., 2004; Nassif et al., 2008; Nassif, 2010).

Outro problema metodológico presente na maioria dos estudos é o uso de adoçantes artificiais como PLA do açúcar, sem a realização prévia de um "teste de sabor" para saber se os voluntários seriam capazes de identificar qual era o tipo de bebida que estavam recebendo em cada situação experimental. Poucos estudos publicados sobre o tema mencionam se os voluntários eram capazes de saber quando estavam ingerindo açúcar ou adoçante, ou seja, se o estudo era realmente duplo-velado, ou se os pesquisadores apenas assumiam tal condição sem nenhum teste estatístico. Esse problema torna-se mais relevante quando se sabe que apenas o contato do açúcar com a mucosa da boca (Carter et al., 2004a) ou a consciência de que se está recebendo açúcar já proporcionam uma melhora no desempenho (Nassif et al., 2008).

Para complicar ainda mais a discussão sobre o efeito PLA, Swithers & Davidson (2008) sugerem a existência, em ratos, de receptores específicos localizados na boca que detectam a presença de açúcar e que podem ser importantes no controle da saciedade. Esse estudo, de certa forma, explica e complementa os resultados do estudo de Carter et al. (2004a) que relatou melhora no desempenho quando os voluntários apenas colocaram a bebida carboidratada na boca, bochechando-a apenas, sem ingeri-la. O sistema sensorial (tato, olfato e paladar) humano já possui reconhecidas ligações com o sistema nervoso central (SNC) visando informá--lo da ocorrência de diversos eventos antes que se possa ter consciência dos mesmos. Carter et al. (2004a) sugerem que o cérebro recebe diretamente a informação específica da presença de CHO na boca, independentemente do paladar, e processa a informação como se estivesse ingerindo o CHO.

CONCLUSÕES

A ingestão de CHO antes e após a realização de um exercício prolongado tem como objetivos a manutenção do glicogênio muscular e a recuperação após o treinamento ou a competição.

A ingestão de CHO durante um exercício prolongado exerce um papel importante na prevenção do desenvolvimento de um quadro de hipoglicemia.

Não podemos assegurar, com base na literatura atual, que o CHO possui propriedades ergogênicas, isto é, a ingestão de CHO irá aumentar a capacidade de desempenho do atleta, levando a uma melhora do desempenho em qualquer situação.

A maioria dos estudos publicados sobre os efeitos da suplementação de CHO pode conter erros de interpretação, já que a fome pode ter sido a causa das diferenças observadas. É óbvio que uma pessoa com fome, após ter jejuado por 10 a 16 horas, irá apresentar um desempenho físico pior durante um exercício prolongado quando ele ingerir uma bebida contendo PLA (sem calorias) do que quando ingerir uma bebida contendo CHO.

A possibilidade da ocorrência do efeito PLA não tem sido considerada adequadamente na maioria dos estudos que atribuem efeitos ergogênicos às bebidas esportivas.

Deve-se observar, ainda, que inúmeros estudos que atribuem propriedades ergogênicas a uma bebida esportiva foram patrocinados pelos fabricantes ou por entidades ligadas aos fabricantes do mesmo produto, que podem possuir interesses econômicos e financeiros na confirmação dos efeitos positivos dessas bebidas sobre o desempenho físico.

Não existem evidências de que atletas e demais praticantes de atividades físicas sejam imunes aos efeitos devastadores que a ingestão exagerada de CHO causa sobre o organismo humano, efeitos já reconhecidos pela Organização Mundial da Saúde.

REFERÊNCIAS BIBLIOGRÁFICAS

1. The Gatorade Company. http://www.answers.com/topic/the-gatorade-company.
2. Abbiss CR, Peiffer JJ, Peake JM, Nosaka K, Suzuki K, Martin DT, Laursen PB. Effect of carbohydrate ingestion and ambient temperature on muscle fatigue development in endurance-trained male cyclists. Journal of Applied Physiology. 2008;104(4):1021-8.
3. ACSM. American College of Sports Medicine Position stand: exercise and fluid replacement. Medicine in Science Sports and Exercise. 2007;377-90.
4. Adolph EF, Dill DB. Observations on water metabolism in the desert. American Journal of Physiology. 1938; 123(2):369-78.
5. Ariel G, Saville W. Anabolic steroids: the physiological effects of placebos. Medicine and Science in Sports and Exercise. 1972;4:124-6.
6. Barr SI. Effects of dehydration on exercise performance. Canadian Journal of Applied Physiology. 1999;24:164-72.
7. Bilzon JLJ, Allsopp AJ, Williams C. Short-term recovery from prolonged constant pace running in a warm environment: the effectiveness of a carbohydrate-electrolyte solution. European Journal of Applied Physiology. 2000;82:305-12.
8. Burke LM, Hawley JA. Fluid balance in team sports. Sports Medicine. 1997;24:38-54.
9. Burke LM, Hawley JA, Schabort, EJ, St Clair Gibson A, Mujika I, Noakes TD. Carbohydrate loading failed to improve 100-km cycling performance in a placebo trail. Journal of Applied Physiology. 2000;88:1284-90.
10. Burke LM. Nutritional needs for exercise in the heat. Comparative Biochemistry and Physiology. Part A, Molecular and Integrative Physiology. 2001;128(4):735-48.
11. Carter JM, Jeukendrup AE, Jones DA. The effect of carbohydrate mouth rinse on 1-h cycle time trial performance. Medicine and Science in Sports and Exercise. 2004a:36(12):2107-11.

12. Carter JM, Jeukendrup, AE, Mann CH, Jones DA. The effect of glucose infusion on glucose kinetics during 1-h time trial. Medicine and Science in Sports and Exercise. 2004b;36:1543-50.

13. Carter J, Jeukendrup AE, Mundel T, Jones DA. Carbohydrate supplementation improves moderate and high-intensity exercise in the heat. European Journal of Physiology. 2003;446:211-9.

14. Chambers ES, Bridge, MW, Jone DA. Carbohydrate sensing in the human mouth: effects on exercise performance and brain activity. The Journal of Physiology. 2009;587(8):1779-94.

15. Chin, ER, Allen DG. Effects of reduced muscle glycogen concentration on force, Ca^{2+} release and contractile protein function in intact mouse skeletal muscle. Journal of Physiology. 1997;498(Pt 1):17-29.

16. Chen YJ, Wong SH, Wong CK, Lam CW, Huang YJ, Siu PM. Effect of preexercise meals with different glycemic indices and loads on metabolic responses and endurance running. International Journal of Sport Nutrition and Exercise Metabolism. 2008;18(3):281-300.

17. Chryssanthopoulos C, Williams C, Nowitz A, Kotsiopoulou C, Vleck V. The effect of a high carbohydrate meal on endurance running capacity. International Journal of Sport Nutrition and Exercise Metabolism. 2002;12(2):157-71.

18. Clark VR, Hopkins WG, Hawley JA, Burke LM. Placebo effect of carbohydrate feedings during a 40-km cycling time trial. Medicine and Science in Sports and Exercise. 32(9):1642-7.

19. Coggan AR, Coyle EF. Reversal of fatigue during prolonged exercise by carbohydrate infusion or ingestion. Journal of Applied Physiology. 1987;63:2388-95.

20. Coggan AR, Coyle EF. Effect of carbohydrate feedings during high-intensity exercise. Journal of Applied Physiology. 1988;65(4):1703-9.

21. Costill DL, Bennett A, Branam G, Eddy D. Glucose ingestion at rest and during prolonged exercise. Journal of Applied Physiology. 1973;34:764-9.

22. Coyle EF, Coggan AR, Hemmert MK, Ivy JL. Muscle glycogen utilization during prolonged strenuous exercise when fed carbohydrate. Journal of Applied Physiology. 1986;61(1):165-72.

23. Coyle EF, Hagberg JM, Hurley BF, Martin WH, Ehsani AA, Holloszy JO. Carbohydrate feeding during prolonged strenuous exercise can delay fatigue. Journal of Applied Physiology. 1995;55(1):230-5.

24. Davis JM. Central and peripheral factors in fatigue. Journal of Sports Sciences. 1995;13:S49-53.

25. Davis JM, Alderson NL, Welsh RS. Serotonin and central nervous system fatigue: nutritional considerations. The American Journal of Clinical Nutrition. 2000;72(2):573S-8S.

26. Davis JM, Lamb DR, Pate RR, Slentz CA, Burgess WA, Bartoli WP. Carbohydrate-electrolyte drinks: effects on endurance cycling in the heat. The American Journal of Clinical Nutrition. 1988;48:1023-30.

27. DeMarco HM, Sucher KP, Cisar CJ, Butterfield GE. Pre-exercise carbohydrate meals: application of glycemic index. Medicine and Science in Sports and Exercise. 1999;31(1):164-70.

28. El-Sayed MS, Balmer J, Rattu AJM. Carbohydrate ingestion improves endurance performance during a 1 h simulated cycling time trail. Journal of Sports Sciences. 1997;15:223-30.

29. Febbraio MA, Murton P, Selig SE, Clark SA, Lambert DL, Angus DJ, Carey MF. Effect of CHO ingestion on exercise metabolism and performance in different ambient temperatures. Medicine and Science in Sports and Exercise. 1996;28(11):1380-7.

30. Febbraio MA, Chiu A, Angus DJ, Arkinstall MJ, Hawley JA. Effects of carbohydrate ingestion before and during exercise on glucose kinetics and performance. Journal of Applied Physiology. 2000; 89(6):2220-6.

31. Fernstrom JD, Fernstrom MH. Exercise, serum free tryptophan, and central fatigue. Journal of Nutrition. 2006;136(2):553S-559S.

32. Friedlander AL, Casazza GA, Horning MA, Huie MJ, Brooks GA. Training-induced alterations of glucose flux in men. Journal of Applied Physiology. 1997;82(4):1360-9.

33. Fritzsche RG, Switzer TW, Hodgkinson BJ, Lee S-H, Martin JC, Coyle EF. Water and carbohydrate ingestion during prolonged exercise increase maximal neuromuscular power. Journal of Applied Physiology. 2000;88:730-7.

34. Galloway SDR, Maughan RJ. The effects of substrate and fluid provision on thermoregulatory, cardiorespiratory and metabolic responses to prolonged exercise in a cold environment in man. Journal of Sports Sciences. 2000;18:339-51.

35. Gisolfi CV, Wenger CB. Temperature regulation during exercise - Old concepts, new ideas. Exercise and Sport Sciences Reviews. 1984;12:339-72.

36. Gomes TM. Estudo dos efeitos da ingestão de água ou solução carboidratada e eletrolítica durante a atividade física prolongada realizada em ambientes termoneutro ou quente e úmido. Dissertação de Mestrado em Educação Física – Treinamento Esportivo. Belo Horizonte: Escola de Educação Física, Fisioterapia e Terapia Ocupacional, Universidade Federal de Minas Gerais; 1999. p. 170.

37. González-Alonso J, Mora-Rodriguez R, Below PR, Coyle EF. Dehydration markedly impairs cardiovascular function in hyperthermic endurance athletes during exercise. Journal of Applied Physiology. 1997;82:1229-36.

38. Guimarães MT, Silami-Garcia E. Water replacement and thermoregulatory responses during prolonged exercise. Brazilian Journal of Medical and Biological Research. 1993;26:1237-40.

39. Hermansen L, Hultman E, Saltin B. Muscle glycogen during prolonged severe exercise. Acta Physiological Scandinavica. 1967;71(2):129-39.

40. Hultman E. Studies on muscle metabolism of glycogen and active phosphate in man with special reference to exercise and diet. Scandanavian Journal of Clinical and Laboratory Investigation. Supplementum. 1967;94:1-63.

41. Jentjens LPG, Jeukendrup AE. High rates of exogenous carbohydrate oxidation from a mixture of glucose and fructose ingested during prolonged cycling exercise. British Journal of Nutrition. 2005; 93:485-92.

42. Jentjens LPG, Underwood K, Achten J, Currell K, Mann CH, Jeukendrup AE. Exogenous carbohydrate oxidation rates are elevated after combined ingestion of glucose and fructose during exercise in the heat. Journal of Applied Physiology. 2006;100:807-16.

43. Jeukendrup AF, Brouns AJM, Wagenmakers WHM. Saris. Carbohydrate-electrolyte feedings improve 1h time trial cycling performance. Int J Sports Med. 1997;18:125-9.

44. Kang J, Robertson RJ, Goss FL, Da Silva SG, Visich P, Suminski RR, Utter AC, Denys BG. Effect of carbohydrate substrate availability on ratings of perceived exertion during prolonged exercise of moderate intensity. Perceptual and Motor Skills. 1996;82:455-90.

45. Kay D, Marino FE. Fluid ingestion and exercise hyperthermia: Implications for performance, thermoregulation, metabolism and the development of fatigue. Journal of Sports Sciences. 2000;18:71-82.

46. Kay D, Marino FE. Failure of fluid ingestion to improve self-paced exercise performance in moderate-to-warm humid environments. Journal of Thermal Biology. 2003;28:29-34.

47. Langenfeld ME, Seifert JG, Rudge SR, Bucher RJ. Effect of carbohydrate ingestion on performance of non-fasted cyclists during a simulated 80-mile trial. Journal of Sports Medicine and Physical Fitness. 1994;34:263-70.

48. Lee DT, Haymes EM. Exercise duration and thermoregulatory responses after whole body precooling. Journal of Applied Physiology. 1995;79(6):1971-6.

49. Maughan RJ, Noakes TD. Fluid replacement and exercise stress. A brief review of studies on fluid replacement and some guidelines for the athlete. Sports Medicine. 1991;12(1):16-8.

50. Maughan R, Gleeson M, Greenhaff PL. Bioquímica do exercício e do treinamento. 1. ed. São Paulo: Manole; 2000. p. 240.

51. Maughan RJ, Bethell LR, Leiper JB. Effects of ingested fluids on exercise capacity and on cardiovascular and metabolic responses to prolonged exercise in man. Experimental Physiology. 1996;81(5): 847-59.

52. McSwiney BA, Spurrell WR. The influence of osmotic pressure on the emptying time of the stomac. J Physiol London; 1933;79:437-42.

53. McConell GK, Canny BJ, Daddo MC, Nance MJ, Snow RJ. Effect of carbohydrate ingestion on glucose kinetics and muscle metabolism during intense endurance exercise. Journal of Applied Physiology. 2000;89:1690-8.

54. McConell G, Snow RJ, Proietto J, Hargreaves M. Muscle metabolism during prolonged exercise in humans: influence of carbohydrate availability. Journal of Applied Physiology. 1999;87(3):1083-6.

55. Meeusen R, Watson P, Dvorak J. The brain and fatigue: new opportunities for nutritional interventions? Journal of Sports Sciences. 2006;24(7):773-82.

56. Millard-Stafford ML, Sparling PB, Rosskopf LB, Dicarlo LJ. Carbohydrate-electrolyte replacement improves distance running performance in the heat. Medicine and Science in Sports and Exercise. 1992;24:934-40.

57. Murray R, Paul GL, Seifert JG, Eddy DE, Halaby GA. The effects of glucose, fructose, and sucrose ingestion during exercise. Medicine and Science in Sport and Exercise. 1989;21:275-82.

58. Nassif C. Carbohydrate ingestion and exercise performance in the heat: neuromuscular aspects of fatigue. Tese de Doutorado. Bathurst, Australia: Charles Sturt University; 2010. p. 225.

59. Nassif C, Ferreira AP, Gomes AR, Silva LM, Garcia ES, Marino FE. Double blind carbohydrate ingestion does not improve exercise duration in warm humid conditions. Journal of Science and Medicine in Sport. 2008;11(1):72-9.

60. Nassis GP, Williams C, Chisnall P. Effect of a carbohydrate-electrolyte drink on endurance capacity during prolonged intermittent high intensity running. British Journal of Sports Medicine. 1998;32:248-52.

61. NATA. Position statement: fluid replacement for athletes. Journal of Athletic Training. 2000;35(2): 212-24.

62. Neufer PD, Costill DL, Flynn MG, Kirwan JP, Mitchell JB, Houmard J. Improvements in exercise performance: effects of carbohydrate feedings and diet. Journal of Applied Physiology. 1987;62(3):983-8.

63. Nielsen B, Hales JRS, Strange S, Christensen NJ, Warberg J, Saltin B. Human circulatory and thermoregulatory adaptations with heat acclimation and exercise in a hot, dry environment. Journal of Physiology. 1993;460:467-85.

64. Noakes TD. Drinking guidelines for exercise: What evidence is there that athletes should drink "as much as tolerable", "to replace the weight lost during exercise" or "ad libitum"? Journal of Sports Sciences. 2007;25(7):781-96.

65. Tsintzas OK, Williams C, Boobis L, Greenhaff P. Carbohydrate ingestion and single muscle fiber glycogen metabolism during prolonged running in men. Journal of Applied Physiology. 1996;8192):801-9.

66. Pandolf KB, Burse RL, Goldman RF. Role of physical fitness in heat acclimation, decay and reincubation. Ergonomics. 1977;20(4):399-408.

67. Pitts GC, Johnson, RE, Consolazio FC. Work in the heat as affected by intake of water, salt and glucose. American Journal of Physiology. 1944;142:253-9.

68. Powers SK, Lawler J, Dodd S, Tulley R, Landry G, Wheeler K. Fluid replacement drinks during high intensity exercise effects on minimizing exercise-induced disturbances in homeostasis. European Journal of Applied Physiology. 1990;60(1):54-60.

69. Robinson EM, Graham LB, Moncada J, Jensen B, Jones M, Headley SA. Carbohydrate-electrolyte ingestion has no effect on high intensity running performance or blood metabolites. Journal of Exercise Physiology – Online. 2002;5:49-55.

70. Sawka MN, Greenleaf JE. Current concepts concerning thirst, dehydration, and fluid replacement: overview. Medicine and Science in Sport and Exercise. 1992;24(6):643-4.

71. Sawka MN. Physiological consequences of hypohydration: exercise performance and thermoregulation. Medicine and Science in Sports and Exercise. 1992;24(6):657-70.

72. Schmidt V, Brück K. Effect of a precooling maneuer on body temperature and exercise performance. Journal of Applied Physiology: Respiratory Environment Exercise Physiology. 1981;50(4):772-8.

73. Schabort EJ, Bosch AN, Weltan SM, Noakes TD. The effect of a preexercise meal on time to fatigue during prolonged cycling exercise. Medicine and Science in Sports and Exercise. 1999;31(3):464-1.

74. Shi X, Gisolfi CV. Fluid and carbohydrate replacement during intermittent exercise. Sports Medicine. 1998;25:157-72.

75. Silami-Garcia E, Rodrigues LOC, Faria MHS, Araujo-Ferreira AP, Nassif-Leonel C, Oliveira MC, et al. Efeitos de carboidratos e eletrólitos sobre a termorregulação e a potência anaeróbia medida após um exercício prolongado no calor. Revista Brasileira de Educação Física e Esportes. 2004;18:179-9.

76. St Clair Gibson A, Schabort EJ, Noakes TD. Reduced neuromuscular activity and force generation during prolonged cycling. American Journal of Physiology Regulatory Integrative and Comparative Physiology. 2001;281:R187-R196.

77. Stewart RD, Duhamel TA, Foley KP, Ouyang J, Smith IC, Green HJ. Protection of muscle membrane excitability during prolonged cycle exercise with glucose supplementation. Journal of Applied Physiology. 2007;103(1):331-9.

78. Swithers SE, Davidson TL. Role for sweet taste: calorie predictive relations in energy regulation by rats. Behavioral Neuroscience. 2008;122(1):161-173.

79. Theurel J, Lepers R. Neuromuscular fatigue is greater following highly variable versus constant intensity endurance cycling. European Journal of Applied Physiology. 2008;103(4):461-8.

80. Timmons BW, Newhouse IJ. Thayer RE, McAuliffe JE, McIllwaine S. The efficacy of SPORT™ as a dietary supplement on performance and recovery in trained athletes. Canadian Journal of Applied Physiology. 2000;25:55-67.

81. Tsintzas OK, Williams C, Boobis L, Greenhaff P. Carbohydrate ingestion and single muscle fiber glycogen metabolism during prolonged running in men. Journal of Applied Physiology. 1986;81(2):801-9.

82. Tsintzas K, Williams C. Human muscle glycogen metabolism during exercise. Effect of carbohydrate supplementation. Sports Medicine. 1998;25(1):7-23.

83. Widrick JJ, Costill DL, Fink WJ, Hickey MS, McConell GK, Tanaka H. Carbohydrate feedings and exercise performance: effect of initial muscle glycogen concentration. Journal of Applied Physiology. 1993;74:2998-3005.

84. Wilmore JH, Costill DL. Fisiologia do esporte e do exercício. 2a ed. Barueri: Manole; 2001.

85. Winnick JJ, Davis JM, Welsh RS, Carmichael MD, Murphy EA, Blackmon JA. Carbohydrate feedings during team sport exercise preserve physical and CNS function. Medicine and Science is Sports and Exercise. 2005;37(2):306-15.

86. Wright DA, Sherman WM, Dernbach AR. Carbohydrate feedings before, during, or in combination improve cycling endurance performance. Journal of Applied Physiology. 1991;71(3):1082-8.

Índice remissivo